JN027058

日本の介護現場における
外国人労働者

日本語教育、キャリア形成、
家族・社会保障の充実に向けて

編著 塚田典子 TSUKADA Noriko

明石書店

はじめに

　2020年は世界中が新型コロナウイルスで振り回された年だった。年が明けた2021年も終息の目途は立たず、4月23日から3度目の「緊急事態宣言」が発令され6月20日まで延長された。そのコロナ禍の影響で、雇い先から失踪、あるいは解雇されて仕事を失い、食べていく術をなくした技能実習生がネット上で解体した肉の闇営業をする姿や、住居をなくした実習生たちを支援する自治体、NPOやお寺の活動ドキュメントがテレビで紹介されるなど、技能実習制度の脆さが明るみになった年末年始でもあった（もちろん、仕事を失ったのは技能実習生だけではないのだが）。

　筆者は、2010年10月7日に『介護現場の外国人労働者——日本のケア現場はどう変わるのか』を明石書店から上梓させていただいた。その「はしがき」で、アメリカで社会老年学を学んだときのことを紹介し、「人口の少子高齢化は、どの国にも共通した社会問題——高齢者の能力活用や雇用、社会保障制度のひずみ、そして介護マンパワーの問題——を引き起こす、と机上で学んだことが実社会で起こるという、千載一遇の社会変革を目の当たりにすることになり驚いた」と記した。事実、経済連携協定（EPA）に基づき2008年から始まったインドネシアからのEPA介護福祉士候補者の受け入れは、日本が他の国から外国人介護労働者を入国させていくこととなるさまざまな制度の嚆矢となった。

　2008年から2020年度までで入国したEPA介護福祉士候補者は延べ5500人強。それから10年経たない2017年には、新しい在留資格「介護」が創設され、同年11月には介護特有の要件を設けて、技能実習制度に「介護業種」が加えられた。そして、いよいよ2018年12月に、専門職と単純労働者の間に位置づけられた技能レベルを持つ「特定技能1号」の在留資格が人材不足14分野を対象に創設され、技能実習と組み合わせると、介護福祉士の国家資格がなくても、最長10年間日本で生活をするチャンスが準備された。このように、前著書の出版から9年目にあたる2019年4月に施行された、「特定技能1号」による外国人介護労働者の入国は、コロナ禍の影響による入国制限があり今のところ低迷しているが、本格的な受け入れはこれから、とい

う、またしても歴史的な好機に本書を出版させていただくこととなった。

　さて、先例のない中で受け入れ始めたEPA外国人介護福祉士たちの10年間のパフォーマンスはどうなのか。島国で異文化コミュニケーション経験の少ない「労働鎖国」の国と呼ばれる日本で、介護現場は一体どのような受け入れ経験を積み重ねてきたのだろうか。ドイツは、移民政策ではなく、各国と双務協定を結んで（期限が過ぎたら母国へ戻る）「ゲスト」として海外から労働者を受け入れ、彼らの力を借りて戦後の復興を成し遂げた。しかし、最終的には受け入れを停止しても、ドイツ国内に（ドイツ側としては不本意に）労働者たちは定住していった。スイスの小説家Max Frischが言った、"We wanted workers, but we got people instead"（「欲しかったのは労働者。しかし、やって来たのは『人』だった*」）という名言は、今では介護現場に関わる誰もが知る言葉となったのではないだろうか。日本は、そのドイツの経験から、一度海外に開いた労働市場はなかなか閉めることができないこと学んだが、10年一区切り。ちょうどよい振り返りの時期である。改めて、老年学者の一人として一度立ち止まり、今後日本はどのような方向に進むべきかについて考えてみたいと思ったことが本書の執筆の動機である。また、人口高齢化がまだ日本ほど進んでいない東アジアの、三世代世帯の中で家族による高齢者へのケアが未だ成り立ち、専門職としての「介護」という概念のない国々からやってくる介護労働者を受け入れた、現場の様子についても記録してみたいと思った。

　本書は、4部と終章で構成されている。第Ⅰ部は「導入編」で3章からなる。第1章では、日本における介護分野の外国人労働者受け入れ制度を概観する。次の第2章では、そもそも論として、日本における介護福祉士育成の歴史と外国人留学生受け入れまでの流れを、介護福祉士養成校の人材育成の視点から論述していただいた。そして第3章では、EPA介護労働者受け入れの12年間の評価をしていただいた。

　次の第Ⅱ部「研究編」も3章で構成されている。第1章では、2009～2011年に「インドネシア人介護福祉士候補者受入れ施設における受け入れ体制の実態に関する研究」と題して足掛け1年半かけて行ったインタビュー

＊ George J. Borjas, *We Wanted Workers Unravelling the Immigration Narrative*, W. W. Norton & Company, 2016, p. 15.（筆者訳）

調査結果を紹介し、外国人労働者を歴史上初めて受け入れた現場の様子を浮き彫りにした。そして、その調査の約10年後（2020年2月）にフォローアップ調査が可能となったので、調査協力が得られた20施設のEPA介護福祉士受け入れ10年後の施設現場の様子を紹介した。次の第2章では、全国の高齢者施設の施設長および介護職員を対象として2014年8～9月に実施した「外国人介護労働者受け入れに関する全国アンケート調査」の結果を紹介した。これら第1章および第2章の結果の多くは、すでに、いくつかの論文として発表されているが、それらの結果に新しい分析も少し加えた。第3章では、日本の約10年間のEPA介護福祉士（候補者とEPA介護福祉士）受け入れから見えてきたその成果や課題について、他の研究者が蓄積してきた先行研究をレビューするとともに、技能実習制度の課題をまとめた。この度「介護」業種が加えられた「技能実習制度」に関する文献レビューは、制度発足が1993年であることから研究の歴史が長かった。

　第Ⅲ部「実践編」も3章からなるが、外国人介護労働者の受け入れを実施している施設に、異文化の相違について焦点を当てながら取り組み実践を報告していただいた。第1章では、在留資格「特定活動」で受け入れる、ワーキングホリデーで長く外国人介護労働者を受け入れている大阪の重度障害者施設での実践を、第2章では、EPAの介護福祉士候補者を制度発足当初から受け入れて今日まで成功裏に継続している横浜の特別養護老人施設での取り組みを、そして第3章は、海外の大学と協定を結ぶなど、昔からユニークなチャネルを模索しながら大学生を受け入れる工夫をしてきた、滋賀県の社会福祉法人の実践を報告していただいた。

　第Ⅳ部は「今後の展望」と表した2章構成で、第1章では、フィリピンから介護労働者を「特定技能1号」で送り出すため、現地の日本語学校で行われている人材育成の実態を紹介していただいた。次の第2章では、そのフィリピンから、「特定技能1号」で外国人介護労働者を初めて受け入れ始めた、足立区の医療法人社団の取り組みなど、まさにフロントラインの様子を報告していただいた。

　そして、終章では、「特定技能1号」で来日を夢見るフィリピンの日本語学校で勉強する生徒さんへ簡単なアンケート調査をする機会を得たので、その結果を紹介した後、今後日本はどのようにすれば外国人介護労働者の受け

入れを成功させることができるのかについて考察した。

　なお、本書の第Ⅲ部・第Ⅳ部の各章では、外国人介護労働者受け入れの取り組み実態とその経験を基に受け入れを成功させるためのアイディアをまとめていただいた。同時に、異文化のアジアからやってくる外国人介護労働者と共働する中で起こる、異文化ならではの課題についても述べていただいた。しかし、個々の分担執筆者の主張に対して編者は何ら介入をしていない。なぜなら、この本を手にとっていただいた方が、それぞれの立場で、目まぐるしく変わる日本の介護現場における外国人介護労働者受け入れ制度について、今一度立ち止まって考えていただくこと、また、今後日本はどのようにしていけばよいのかについて考えていただく契機の1つとなれば、と思っているからである。

　このように、4部＋終章構成となった本書には、日本における外国人介護働者の受け入れを成功に導くために何が重要なのか、何が足かせとなっているのかを考える重要な視点がちりばめられている。介護現場で日々外国人介護労働者を受け入れて奮闘する施設経営者や介護者、また、今後受け入れを考えている施設あるいは受け入れたばかりの施設現場の実践者の方々は言うまでもなく、介護・福祉領域の教員や研究者、そこで学ぶ学生や大学院生、そして政策立案に携わる人たちに、ぜひとも手にとっていただきたい。

　2020年度は、新型コロナウイルス感染拡大防止のため、講義開始を約1.5か月遅らせて全科目全教員がオンライン授業を開始するという異例の年であった。その結果、本書の原稿執筆が大幅に遅れてしまった。それにもかかわらず、本書の刊行に際して、明石書店の石井昭男顧問ならびに代表取締役社長大江道雅様には多大なご理解と惜しみないご協力をいただき、出版にこぎつけることができたことは望外の幸せであり、心から感謝を申し上げる次第です。また、最後まで忍耐強く編集の労をとっていただき、丁寧に導いて下さいました編集担当の伊得陽子氏に厚く御礼を申し上げます。

　2021年6月

編著者　塚田典子

日本の介護現場における外国人労働者

日本語教育、キャリア形成、家族・社会保障の充実に向けて

目 次

はじめに　3

第 Ⅰ 部　導入編

日本の介護現場における外国人労働者の受け入れ制度 ● 11

第1章　矢継ぎ早に拡げられる外国人介護労働者の受け入れ……………… 13
塚田　典子

　　第1節　日本の外国人労働者の受け入れ基本姿勢について　13
　　第2節　外国人介護労働者の受け入れ制度の変遷　18

第2章　日本の介護福祉士育成の歴史と外国人留学生の受け入れ………… 33
白井　孝子

　　第1節　日本の介護職員の需給予測と介護福祉士養成の制度的な歴史　33
　　第2節　これからの介護福祉士養成における課題と将来展望　55
　　　　　　──外国人介護人材の受け入れ環境の整備に向けた調査研究を基に
　　おわりに　68

第3章　EPAの動向と課題──国際厚生事業団の調査から…………………… 70
安里　和晃

　　はじめに　70
　　第1節　EPA介護福祉士候補者の実態分析の方法　73
　　第2節　EPAにおける人材育成と国家試験　75
　　おわりに　92

第 Ⅱ 部　研究編

日本の介護現場における外国人労働者に関する研究 ● 95

第1章　EPA介護福祉士候補者受け入れに関する訪問インタビュー調査
　　　　（2009～2011年）……………………………………………………… 97
塚田　典子

　　第1節　初めてEPA介護福祉士候補者を受け入れた施設現場の実態　97
　　第2節　初めてEPA外国人介護福祉士候補者を受け入れた施設への
　　　　　　10年後のフォローアップ・アンケート調査　110

第2章　外国人介護労働者の受け入れに関する全国アンケート調査(2014年) **118**

塚田　典子

第1節　研究の目的　118

第2節　調査の方法　118

第3節　調査結果（記述統計）　122

第4節　施設長の調査結果　136

第5節　介護職員の調査結果　141

第6節　考　察　146

第7節　本全国調査研究の課題　150

第3章　外国人介護労働者の受け入れに関する成果と課題……………… **153**

塚田　典子

第1節　EPA介護福祉士候補者／EPA介護福祉士の受け入れから
　　　　見えてきた成果と課題　153

第2節　技能実習制度の課題　162

第 Ⅲ 部　実践編

外国人介護労働者の受け入れを成功に導くために ●173

第1章　ワーキングホリデーによる重症心身障害者への支援…………… **175**

大槻　瑞文

第1節　ワーキングホリデースタッフの現状　175

第2節　相違点──日本には「仕事に限界はない？」　187

第3節　成功に向けて──「介護ロボット」にさせない　194

おわりに──「外国人施設長は可能か？」　201

第2章　「社会福祉法人千里会」における
　　　　外国人介護労働者の受け入れ ……………………………………… **205**

牧野　裕子

第1節　10年間のEPA介護福祉士候補生受け入れの成果と課題　205

第2節　介護・福祉に対する認識や技能の異文化間の違いや共通点　214

第3節　グローバルな外国人介護労働者の受け入れを成功に導くために　216

おわりに　221

第3章 「社会福祉法人近江ふるさと会」における
　　　　外国人介護労働者の受け入れ ……………………………… **225**

大久保　昭教

　はじめに　225
　第1節　大学間交流の想定外効果　226
　第2節　急展開する外国人介護人材の受け入れ制度　233
　おわりに　247

第 **IV** 部　今後の展望

動くアジアと日本——外国人介護労働者を日本に定着させるために ● **251**

第1章　日本の介護を世界に届ける！ ………………………………… **253**

福井　淳一

　第1節　フィリピン人と日本式介護の受験　253
　第2節　実体験から学んだ異文化理解力　263
　第3節　フィリピンにおける介護と福祉への認識　264
　第4節　外国人介護人材を日本に定着させるために　272
　おわりに　279

第2章　グローバル介護人材の受け入れに着手して ………………… **281**

深澤　優子

　第1節　アジアからの戦略的人材確保の実際と課題　281
　第2節　介護・福祉に対する認識や技能の異文化間の違いや共通点　299
　第3節　グローバル介護人材の定着の可能性と課題　301

終　章　外国人介護労働者の受け入れを成功させるために ……………… **309**

塚田　典子

　第1節　在留資格「特定技能1号」で入国を目指す人たちの姿　309
　第2節　外国人介護労働者の受け入れを成功させるために　316

導入編

日本の介護現場における
外国人労働者の受け入れ制度

第Ⅰ部導入編は3章構成で、第1章では、まず日本の外国人労働者の受け入れ基本姿勢を確認した。そして、その基本姿勢が緩和され、外国人介護労働者の受け入れのための在留資格が特定活動（EPA介護福祉士候補者）、介護、技能実習（介護）および特定技能へと拡大していったことを受け、外国人介護労働者受け入れ制度の変遷と現状について考察する。

　第2章では、日本において介護に携わる人々の職業としての嚆矢となった制度や国家資格（介護福祉士）の誕生、次に、資格の誕生から30年間の、教育内容や求められる介護福祉士像の変遷を概観した後に、外国人介護労働者を受け入れ始めた介護現場の現状と課題を、日本介護福祉士養成施設協会が2018（平成30）年に実施した、外国人留学生等に対する相談支援等の体制整備事業アンケート調査の結果を基に、介護福祉士養成校の視点から考察する。

　第3章では、経済連携協定（EPA）の枠組みで、日本で最初に外国人介護労働者を受け入れた、EPA外国人介護福祉士候補者受け入れ制度について、国際厚生事業団が毎年公表している「外国人介護福祉士候補者受入れ施設巡回訪問実施結果」を用いて、求人・求職動向、介護福祉士の合格率の推移、介護の質の変化や周囲への影響、来日動機の動向、候補者たちの学習態度や文書の理解度、学習時間の動向や体調等の観点から、評価・分析を行い、今後、介護労働者の受け入れのために必要となる要件について考察する。

第1章 矢継ぎ早に拡げられる 外国人介護労働者の受け入れ

塚田 典子

第1節　日本の外国人労働者の受け入れ基本姿勢について

(1) 戦前から戦後にかけて

　日本は戦前から1960年代前半までは、北米や南米などへの労働者の送り出し国であり、日本に外国人労働者が本格的に流入してきたのは、1970年代後半以降であると言われている（鈴木2006）。特に、1930年にアメリカが中国人に続いて日本人の移民を禁止した後は、移民先がブラジルへと変わり、そのブラジルも移民を禁止したため、日本人の海外移住は南洋・満州へと向かった。そして、第二次世界大戦後、南洋・満州からの引き揚げで帰国者は600万人を超え、日本の人口が急増したと言われている（高橋2018）。

　戦後の日本の入国管理政策の原型は、1951年10月公布・翌月に施行された、「ポツダム命令」の1つで、法律としての効力が与えられていた「出入国管理令」（昭和26年政令第319号）であるとされ、この時入国管理政策の根幹である在留資格制度が整えられた（明石2018）。しかし、その当時の管理の対象は、もっぱら在日韓国人・朝鮮人や在日中国人で、外国人労働者を受け入れることは想定していなかったと報告されている（山本2009）。この「出入国管理令」は、日本の国連難民条約への加入に伴って、1982年に現在の「出入国管理及び難民認定法」（入管法）に改称された。

(2) 1960年代半ば〜1970年代後半

　日本は、1950年代初期に朝鮮戦争（1950–1953）の特需を迎えた後、1960年代に戦後の高度経済成長期に入ると、人手不足が顕在化し始め、産業界からは外国人労働者受け入れの要望が上がってくるようになった。それでも政

府は、外国人労働者の受け入れには慎重で、1967（昭和42）年の「第1次雇用政策基本計画」の閣議決定の場で、「外国人労働者は受け入れない」ことが口頭で了解された。この基本姿勢は、1976（昭和51）年の「第3次雇用対策基本計画」まで踏襲された（鈴木2006；山本2009）。

　しかし、1970年代に欧米から商用で来日する人やインドシナ難民が増えたことに加え、東南アジアからの女性労働者や中国帰国者（その二世・三世）の流入が増えた。そこに、1985（昭和60）年のプラザ合意で円高が進行し、近隣諸国との賃金格差が拡大して、日本に流入する外国人労働者の数が増加していった。政府は、それでも単純労働者の受け入れを認めていなかったため、観光ビザや興行ビザで入国して帰国しなかった人や、農村に嫁いできた外国人花嫁らが外国人労働者として雇用されていった。つまり、単純労働者には正式（表向き）には門戸を閉ざしながら、現実には不法就労が容認され、低賃金や過酷な労働環境で働く外国人労働者が増加していった（高橋2018）。

（3）1989（昭和64）年の「出入国管理及び難民認定法」の改正

　政府は、単純労働者の受け入れは行わない姿勢を崩さなかったが、産業界からの外国人労働者受け入れの要望は大きく膨らんでいった。ちょうどこの頃日本では、一度目の外国人労働者受け入れをめぐる議論が盛り上がっていった（依光2005）。そのような中、「第6次雇用対策基本計画」で、外国人労働者を「専門的・技術的労働者」と「単純労働者」に分けて、「専門、技術的な能力や外国人ならではの能力に着目した人材の登用は、……可能な限り受け入れる方向で対処」するとした一方で、「いわゆる単純労働者の受け入れについては、諸外国の経験や労働市場を始めとする我が国の経済や社会に及ぼす影響等にもかんがみ、十分慎重に対応する」（国立社会保障・人口問題研究所1988）という方針が出された。

　この方針に従って、1989（昭和64）年に「出入国管理及び難民認定法」（以下「入管法」）を改正（翌1990〈平成2〉年施行）し、在留資格に「定住者」が新設された。これにより、従来は日系一世・二世に対してのみ与えられていたが、日系三世とその家族等にも「定住者」という在留資格が与えられ、制限なく就労できるようになった（経済産業省2003）。その結果、日系人の単純労働者の入国が急増していった（鈴木2006；山本2009；高橋2018）。ま

た、この「入管法」の改正で、「医療」の在留資格（医師、歯科医師、薬剤師、保健師、助産師、看護師などを対象）を創設したが、「介護分野」は含まれていなかった。そして、もう1つ。「研修」の在留資格が創設され、後述する「研修・技能実習制度」に発展していくことになった。

（4）1990年代の終わり頃〜2010年代前半

　バブル景気が崩壊した1990年代の終わり頃から2000年代初めにかけて日本では、少子高齢化に伴う人口減少による労働力不足への対応策が必要となり、いったん下火となっていた外国人労働者受け入れの議論が再燃することとなった。しかし、それでも政府は、1999（平成11）年の「第9次雇用対策基本計画」で、「いわゆる単純労働者」の受け入れは、「国民のコンセンサスを踏まえつつ、十分慎重に対応することが不可欠」と閣議決定した。つまり、この時点でも日本政府は、外国人労働者、中でも「いわゆる単純労働者」の受け入れには非常に消極的な姿勢をとっていたのである。当時介護職は、専門的・技術的な労働者としては位置づけられていなかったため、こうした政府の基本方針の下で設けられていた在留資格には、前述したように「医療」はあっても「介護」は存在していなかった。

　さて、政府は2012（平成24）年5月7日から、高度外国人材の受け入れを促進するため、ポイント制度を活用して、就労の在留資格に関する要件（在留資格該当性・上陸許可基準適合性）を満たす者の中から、高度外国人材を認定する、出入国在留管理上の優遇措置を講ずる制度を導入している。具体的には、高度外国人人材の活動内容を、「高度学術研究活動」「高度専門・技術活動」および「高度経営・管理活動」の3つに分類し、それぞれの特性に応じて「学歴」「職歴」「年収」などの項目ごとにポイントを設け、そのポイントの合計が一定点数（70点）に達した場合には、出入国在留管理上の優遇措置（例えば「高度専門職2号」には「高度専門職1号」の優遇措置に加え、無期限の在留期間を認めたり、全ての就労活動を認めたりするなど）を与えることとした（法務省）。その一方で、「移民は受け入れない」「いわゆる単純労働者は受け入れない」と表明している。しかし、現実的には、日系人や「研修・技能実習制度」で「単純労働者」を受け入れる、という「バックドア政策」による「単純労働者」の受け入れを行っているとの指摘がある（高橋2018）。

（5）2018（平成30）年以降

　そしていよいよ2018（平成30）年6月に、政府は「経済財政運営と改革の基本方針2018（骨太の方針）」を閣議決定し、「従来の専門的・技術的分野における外国人材に限定せず、一定の専門性・技能を有し即戦力となる外国人材を幅広く受け入れていく」（傍点は筆者）仕組みを構築する必要があるとされ、これまでの外国人労働者に対する政府の姿勢は、ここにきて大きく舵を切られることとなった。このように、日本は長く外国人労働者の受け入れに対してかなり慎重であったことがわかる。この事実を知ると、2017（平成29）年以来推し進められている、外国人介護労働者の受け入れ制度の拡大は、にわかに信じられないほどの速さである。

　さて政府は、1967（昭和42）年に、「第1次雇用対策基本計画」を発表して以来9回、基本計画を出している。外国人労働者に対する基本姿勢について主にその基本計画の中などで述べられている部分を表1にまとめた。表に示すように、1988（昭和63）年6月に閣議決定された「第6次雇用対策基本計画」では、「専門的、技術的な能力や外国人ならではの能力に着目した人材」の受け入れは「可能な限り受け入れる方向で対処」するが、「いわゆる単純労働者」の受け入れについては「十分慎重に対応する」とされた。また、この姿勢は、「国民のコンセンサスを踏まえつつ」と言葉を足しながら、1999（平成11）年の「第9次雇用対策基本計画」まで踏襲されたことがわかる。そして2003（平成15）年に閣議決定された『通商白書2003』では、これまで長く使用されてきた「単純労働者」の言葉が初めて使われなくなったと報告されている（鈴木2006）。

　なお、この「単純労働者」については、そもそも定義が曖昧であり、その曖昧なものに対して「国民のコンセンサス」を形成することは難しいのではないかという指摘や、1989（昭和64）年の「入管法」改正によって、結果的には、日系人をはじめ技能実習生、資格外活動の留学生や就学生などの外国人単純労働者を受け入れている、との指摘がある（鈴木2006）。また、この政府の基本姿勢の下で、政府が長年積極的に受け入れてきた「はず」の高度外国人材雇用については、企業は皮肉なことにそれほど積極的ではなかったことや（労働政策研究・研修機構2013）、専門的・技術的分野の高度外国人

表1　外国人労働者の受け入れに対する政府の基本姿勢について

	閣議決定されたもの	政府の基本姿勢
1967.3 1973.1 1976.6	第1次雇用対策基本計画 第2次雇用対策基本計画 第3次雇用対策基本計画	労働大臣が口頭で了解を得る形で「単純労働者は受け入れない」 （山本2009）
1988.6	第6次雇用対策基本計画	「専門、技術的な能力や外国人ならではの能力に着目した人材の登用は、……可能な限り受け入れる方向で対処」するが、「いわゆる単純労働者の受入については、諸外国の経験や労働市場を始めとする我が国の経済や社会に及ぼす影響等にもかんがみ、十分慎重に対応する」（国立社会保障・人口問題研究所1988）
1992.7	第7次雇用対策基本計画	「専門的・技術的分野の労働者は可能な限り受け入れること」とするが、「いわゆる単純労働者の受入れ」については、「国民のコンセンサスを踏まえつつ、十分慎重に対応する」「労働力不足への対応といった視点から外国人労働者の受入れを考えることは適当ではない」（国立社会保障・人口問題研究所1992）
1999.8	第9次雇用対策基本計画	「専門的、技術的分野の外国人労働者の受入れをより積極的に推進」するが、「いわゆる単純労働者の受入れについては、国内の労働市場にかかわる問題を始めとして日本の経済社会と国民生活に多大な影響を及ぼすとともに、送出し国や外国人労働者本人にとっての影響も極めて大きいと予想されることから、国民のコンセンサスを踏まえつつ、十分慎重に対応することが不可欠」である。（厚生労働省1999）
2003.7	『通商白書2003』	今後も「より積極的に高度人材を受け入れていく」としつつ、「高齢者や女性労働者が活躍できるような雇用環境の改善、省力化、効率化、雇用管理の改善等を推進していくことが重要である。……それでもなお今後、労働力不足が解消しない分野においては、『新たに外国人労働者』を受け入れるという選択肢も考えられる。……ただし、専門的・技術的労働者以外の労働者の受入れについては、日本の経済社会と国民生活に多大な影響を及ぼすと予想されること等から、国民のコンセンサスを踏まえつつ、十分慎重に対応することが不可欠」である。（経済産業省2003）
2005.3	第3次出入国管理基本計画	引き続き専門的・技術的労働者を積極的に受け入れるが、「人口減少時代における外国人労働者受入れの在り方を検討すべき時期に来ている」「我が国経済の活力及び国民生活の水準を維持する必要性、国民の意識及び我が国の経済社会の状況等を勘案しつつ、現在では専門的、技術的分野に該当するとは評価されていない分野における外国人労働者の受入れについて着実に検討していく」（出入国在留管理庁2015）
2018.6	経済財政運営と改革の基本方針2018（骨太の方針）	「真に必要な分野に着目し、移民政策とは異なるものとして、外国人材の受入れを拡大するため、新たな在留資格を創設する」とし、「現行の専門的・技術的な外国人材の受入れ制度を拡充し」「従来の専門的・技術的分野における外国人材に限定せず、一定の専門性・技能を有し即戦力となる外国人材を幅広く受け入れていく」（内閣府2018）

出典：表中に（　）で記した文献を参照して筆者作表。下線や太字は筆者加筆。

労働者の数が、「技能実習」や「留学」などの就労目的以外の在留資格者の数より少ないことが報告されている（渡邊2004；宮下2014）。さらに、日本にやってきたその高度外国人材も、雇用や生活環境、ジェンダー要因などで海外へ流出している、との報告さえあるのが現状である（大石2018）。

　日本は、2019（平成31）年に合計特殊出生率1.36をマークし、人口置換水準（2.1）を約半世紀にわたって下回っている。また、2020（令和2）年9月15日の敬老の日の政府発表によると、高齢化率は世界最高の28.7％であった。今後もこの傾向が20～30年継続すると予想されているため、少子化による生産年齢人口の減少と人口高齢化の中で、外国人介護労働者を含む外国人労働者全般の受け入れが続くことが予想される。その受け入れが、果たして中長期的な国の姿を十分に考えて進められていくかどうかについては、これから始まる歴史が教えてくれるだろう。

　以上、日本の外国人労働者受け入れに対する基本姿勢の歴史的推移を概観した。次節では、日本はいつ頃から、また、どのような在留資格と目的で外国人介護労働者を受け入れてきたのかについて述べていく。

第2節　外国人介護労働者の受け入れ制度の変遷

　表2は、法務省出入国在留管理庁から出された2019（令和元）年7月現在の日本の在留資格一覧を示したものである（最新の令和2年9月現在の在留資格と同じ）。表2に示すように現在日本には、在留資格が29個あり、活動に基づく25の在留資格と身分または地位に基づく4つの在留資格に大別される。本書の主題である外国人介護労働者は、表中 ➡ をつけた4つの在留資格で働くことができるようになっている。以下、これら4つの在留資格を古いものから順に、その特徴を整理する。

（1）在留資格「特定活動」で受け入れるEPA介護福祉士候補者

　日本は、フィリピンやインドネシアからの強い要望を受け、2008（平成20）年8月に国の施策として歴史上初めて、経済連携協定（Economic Partnership Agreement: EPA、以下「EPA」）の枠組みで在留資格「特定活動」の下、インドネシアから介護福祉士候補者を受け入れ、翌2009（平成21）

表2　日本の在留資格一覧表

就労が認められる在留資格（活動制限あり）

在留資格	該当例
外交	外国政府の大使，公使等及びその家族
公用	外国政府等の公務に従事する者及びその家族
教授	大学教授等
芸術	作曲家，画家，作家等
宗教	外国の宗教団体から派遣される宣教師等
報道	外国の報道機関の記者，カメラマン等
高度専門職	ポイント制による高度人材
経営・管理	企業等の経営者，管理者等
法律・会計業務	弁護士，公認会計士等
医療	医師，歯科医師，看護師等
研究	政府関係機関や企業等の研究者等
教育	高等学校，中学校等の語学教師等
技術・人文知識・国際業務	機械工学等の技術者等，通訳，デザイナー，語学講師等
企業内転勤	外国の事務所からの転勤者
➡ 介護	介護福祉士
興行	俳優，歌手，プロスポーツ選手等
技能	外国料理の調理師，スポーツ指導者等
➡ 特定技能（注1）	特定産業分野（注2）の各業務従事者
➡ 技能実習	技能実習生

身分・地位に基づく在留資格（活動制限なし）

在留資格	該当例
永住者	永住許可を受けた者
日本人の配偶者等	日本人の配偶者・実子・特別養子
永住者の配偶者等	永住者・特別永住者の配偶者，我が国で出生し引き続き在留している実子
定住者	日系3世，外国人配偶者の連れ子等

就労の可否は指定される活動によるもの

在留資格	該当例
➡ 特定活動	外交官等の家事使用人，ワーキングホリデー等

就労が認められない在留資格（※）

在留資格	該当例
文化活動	日本文化の研究者等
短期滞在	観光客，会議参加者等
留学	大学，専門学校，日本語学校等の学生
研修	研修生
家族滞在	就労資格等で在留する外国人の配偶者，子

（注1）平成31年4月1日から
（注2）介護，ビルクリーニング，素形材産業，産業機械製造業，電気・電子情報関係産業，建設，造船・舶用工業，自動車整備，航空，宿泊，農業，漁業，飲食料品製造業，外食業（平成30年12月25日閣議決定）
※ 資格外活動許可を受けた場合は一定の範囲内で就労が認められる（コロナ禍帰国困難者対応含む）。
出典：出入国在留管理庁（2019a）の表に「➡」を筆者が加筆。

年5月には就労コースでフィリピンから外国人介護福祉士候補者を迎え入れた（高橋2018）。そして、5年後の2014（平成26）年には、ベトナムからも候補者を受け入れ始めた。

EPAの枠組みでの外国人介護福祉士候補者（以下「EPA介護福祉士候補者」）の受け入れ目的は、足りない介護労働者を補うことではなく、二国間協定を結んだ相手国の経済の発展に寄与する国際貢献であって、言うまでもなく移民政策でもなかった。そのため、EPA介護福祉士候補者たちの受け入れ条件は高く、しかも受け入れは各国、2年間で600人（1年間で300人）という上限も課せられている。また、日本は国際厚生事業団が窓口で、送り出し国も、「インドネシア海外労働者派遣・保護庁（ナショナル・ボード）」「フィリピン海外雇用庁（POEA）」そして「ベトナム労働・傷病兵・社会問題省海外労働管理局（DOLAB）」に受付窓口が限られている。しかし、何はともあれ、EPA介護福祉士候補者の受け入れを開始したという事実は、日本の歴史上で初めて介護労働市場を外国人労働者に開放した、非常に画期的な出来事であったと言っても過言ではない。

さて、図1は、2008（平成20）年以来受け入れてきた、各年度のEPA介護福祉士候補者の合計人数の推移を看護師候補者数とともに棒グラフで示したものである。図からわかるように、第1陣のインドネシア介護福祉士候補者の受け入れ人数（濃い棒グラフ）は104人で始まり、その後数年間は受け入れ人数が伸び悩み、制度の存続が危ぶまれる声もあった。この時期の落ち込みについて角田（2019）は、候補者の日本語能力が期待されたほどではなく、施設の負担が大きかったからではないかと報告している。しかし、2014（平成26）年度頃から求人数も受け入れ人数も増加し始め、2018（平成30）年度は773人、2019（平成31）年度も761人（インドネシアから300人、フィリピンからは285人、ベトナムからも176人）が入国しており（国際厚生事業団2020）、受け入れを開始した2008（平成20）年から13年間で、就学コースを含めて延べ5538人のEPA介護福祉士候補者を受け入れた実績を誇っている。

この地道な受け入れ経験をバネに、今後も制度の枠内で、安定したEPA介護福祉士候補者の受け入れが継続していくのではないかと考えている。なお、図からもわかるように、EPA看護師候補者の受け入れは、求人数と受け入れ人数共に伸び悩んでいる。この要因の1つとして、表3に示すように、

図1　EPA候補者（看護師・介護福祉士）の求人数・受け入れ数の推移

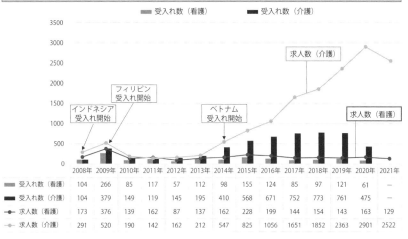

2020年度までに看護師候補者1482名、介護福祉士候補者5538名（就学コース含む）が来日。
2014年度以降、介護福祉士候補者の求人数が増加。

	2008年	2009年	2010年	2011年	2012年	2013年	2014年	2015年	2016年	2017年	2018年	2019年	2020年	2021年
受入れ数（看護）	104	266	85	117	57	112	98	155	124	85	97	121	61	—
受入れ数（介護）	104	379	149	119	145	195	410	568	671	752	773	761	475	—
求人数（看護）	173	376	139	162	87	137	162	228	199	144	154	143	163	129
求人数（介護）	291	520	190	142	162	212	547	825	1056	1651	1852	2363	2901	2522

出典：国際厚生事業団（2021）p. 41

表3　看護師候補者・介護福祉士候補者の国家試験合格率（%）

	2009	2010	2011	2012	2013	2014	2015	2016	2017	2018	2019	2020	2021
看護師候補者	0.0	1.2	4.0	11.3	9.6	10.6	7.3	11.0	14.5	17.7	16.3	11.1	20.9
介護福祉士候補者				37.9	39.8	36.3	44.8	50.9	49.8	50.7	46.0	44.5	46.2

出典：厚生労働省の各年度の経済連携協定（EPA）に基づく外国人看護師候補者、介護福祉士候補者の国家試験の結果を基に筆者作表

　受け入れ開始3年間の低い合格率を除いたとしても、国家試験の合格率は約7〜21%を推移しており、介護福祉士候補者の合格率に比べると低迷していることが考えられる。

　次に、図2は、EPA介護福祉士候補者の日本での就労開始までの流れを示したものである。いずれの国の候補者たちも、本国で高等教育を受けて日本に入国している。しかし、制度の導入当初に実施されていた、訪日後6か月間の日本語研修では仕事にならないとの判断から、インドネシアやフィリピンからの候補者たちの日本語能力をいかに担保するかの試行錯誤を重ね、訪日前および訪日後6か月間の日本語学習を課した。そして、その成果をみたところで、2014（平成26）年度から受け入れを始めたベトナムからの候

補者には訪日前の日本語研修が12か月に延長されたと報告されている（佐藤2015）。同時に、ベトナムの候補生とのマッチングには、日本語能力試験「N3以上のみ」を条件とするハードルが課された。「N3」とは、「日常的な場面で使われる日本語をある程度理解することができる」レベルである（国際交流基金・日本国際教育支援協会2020）。

　厚生労働省の第7回介護人材確保地域戦略会議資料「福祉・介護人材確保対策について」（2019）によると、2025（令和7）年度末には介護人材245万人の需要があると予想されており、2016（平成28）年度の約190万人に加えて2025（令和7）年度末までに約55万人、年間6万人の介護人材が必要になると報告されている。このように介護領域の人材確保は、長期的に取り組むべき課題となっている。言うまでもなく、年間各国300人が受け入れ上限のEPA介護福祉士候補者受け入れ制度では、この介護人材不足を解消するこ

図2　EPAに基づく受け入れの枠組みについて（就労開始まで）

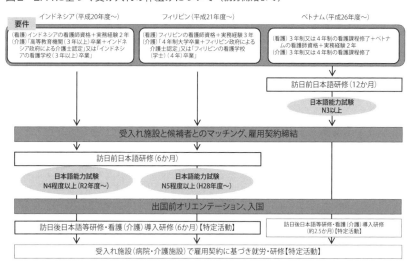

※【　】内は在留資格を示す。
※日本語能力試験N2以上の候補者は太枠の日本語研修を免除。
※フィリピン及びインドネシアにおいては日本語能力試験N4又はN3を取得した候補者は、訪日前日本語研修が免除。
※フィリピン及びベトナムにおいては上記の他に就学コースがある（フィリピンは平成23年度より、ベトナムは入国当初より受入れ実績なし。

（出典：厚生労働省（一部修正））

出典：国際厚生事業団（2020）p. 4

とは到底期待できないが、そもそも介護人材補塡が本制度の目的でもない。

(2) 在留資格「介護」の創設

　さて、2016（平成28）年11月18日に「出入国管理及び難民認定法の一部を改正する法律」（「改正入管法」）が成立し、新しい在留資格「介護」が創設された（翌年9月1日に施行）。この在留資格は、遅ればせながら、介護福祉士養成施設で学んだ留学生が介護福祉士の資格を取得した暁には、日本で介護業務に就くことができるようにしたものである。さて、その主役となる介護福祉士養成校の数は、2005（平成17）年の478校をピークに2008（平成20）年434校、そして2020（令和2）年には336校と減少傾向にある。また、定員充足率も2006（平成18）年の71.8％から徐々に低下し、2018（平成30）年には44.2％にまで落ちていた。しかし、「介護」の在留資格創設が介護福祉士養成校の追い風となったためか、2020（令和2）年には定員充足率が51.7％となり回復の兆しを見せている（日本介護福祉士養成施設協会2020）。

　日本介護福祉士養成施設協会は、2018（平成30）年に介護福祉士を目指す外国人留学生が安心して勉学に励み、円滑に就労へと結びつけることを目的として、介護福祉士養成施設、養成校に在籍する外国人留学生、都道府県および介護施設で働く外国人介護人材を対象とした大規模なアンケート調査を実施した。対象となった389の介護養成施設で回答があったのは277校（回収率71.2％）で、そのうち留学生が在籍している養成校は123校（44.4％）であった。その123校の94.3％にあたる116校が、留学生受け入れ意向についての質問に回答し、71校（61.1％）が留学生を「増やしたい」、42校（36.1％）が「現状を維持したい」と回答した（2019）。新しく「介護」の在留資格が設けられることにより、徐々に介護福祉士養成校の留学生増加につながっていくことが期待されている。ただし、この留学生についても、以下でみていく技能実習生と同じ問題——失踪者や不法労働、学費や生活費の困窮など——が潜在していることに留意しなければならない（湯川2019）。

(3) 在留資格「技能実習」で受け入れる介護技能実習生

①技能実習制度の歴史的変遷

　介護技能実習生について述べる前に、技能実習制度の歴史的変遷を概観し

たい。技能実習制度は、一定期間産業界で技能実習生を受け入れて、日本の「技能・技術・知識を修得させ、我が国の技能・技術・知識の発展途上国への移転を図り、当該発展途上国等の経済発展を担う『人づくり』に協力すること」を目的としている（総務省2013）。

　図3は、総務省の資料（2013）を基に、技能実習制度の変遷を在留資格の視点でまとめたものである。総務省によると、外国人を受け入れて技術研修を行うというニーズは1965（昭和40）年頃からあり、海外進出した日本企業からの、現地法人や取引関係のある企業の社員を日本で技能習得させたいとの要望を受けて、1981（昭和56）年の「入管法」改正によって、外国人研修生（当初は留学生の一形態としての位置づけ）を受け入れる制度が設けられた。その後、1989（昭和64）年の「入管法」の改正によって、独立した在留資格として「研修」が創設されたが、同時に、海外企業と関係がない国内の中小企業でも、事業協同組合や商工会議所などを通じた研修が可能となった。そして、前述したように、同年の「入管法」の改正で、在留資格に「定住者」が追加され、日系人の単純労働者が入国することとなった。

　1993（平成5）年には、研修を終えた人が引き続き1年間を限度に技能実習を行うことが在留資格「特定活動」の下で可能となり、さらには1997（平成9）年からはその滞在期間の上限が2年となって、1年の研修と合わせると日本への滞在期間は最長3年となった。このようにして、図3に示すように、結果的には最初は1年間の在留しか認められていなかった「研修」から、次第に、在留資格の名称を変えながら、2年、3年、そしてついに2017（平成29）年には日本の滞在期間が最長5年へと延びてきている。しかし、一定期間日本で滞在した後には、帰国が義務づけられているため、山口（2020）は、「ローテーション労働力」（p. 103）と表している。

　総務省（2013）によると「研修」は、労働関連法令が適用されない在留資格で、座学研修（非実務研修）が義務づけられ、2年目以降に労働関連法令が適用される「特定活動」（技能実習）の在留資格で活動する「研修・技能実習制度」が運用されていた。しかし、本来の目的を十分理解しない機関が、研修生を低賃金労働者として扱うという不正管理の問題が生じたため、研修生が「単純労働者受け入れの隠れ蓑」として機能しているのではないか、との指摘もあった（鈴木2006）。その結果、2009（平成21）年7月に「入

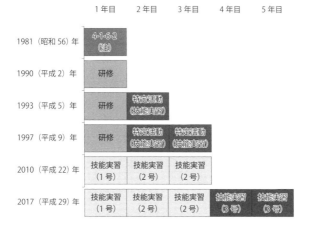

図3　技能実習制度の変遷

	1年目	2年目	3年目	4年目	5年目
1981（昭和56）年	4-1-6-2（注）				
1990（平成2）年	研修				
1993（平成5）年	研修	特定活動（技能実習）			
1997（平成9）年	研修	特定活動（技能実習）	特定活動（技能実習）		
2010（平成22）年	技能実習（1号）	技能実習（2号）	技能実習（2号）		
2017（平成29）年	技能実習（1号）	技能実習（2号）	技能実習（2号）	技能実習（3号）	技能実習（3号）

（注）入管法第4条第1項第6号の2の規定に基づく在留資格を指す。
※　技能実習1号は、入国1年目の技能実習生の在留資格、2号は2年目以降の技能実習生の在留資格、3号は4年目以降の技能実習生の在留資格を指す。
出典：総務省（2013）p. 2を基に筆者が加筆修正

管法」が一部改正され、1年目から「技能実習」の在留資格となって労働基準関連法令の適用を受けた労働者として認められることとなった。

　そして、2016（平成28）年11月18日には、「外国人の技能実習の適正な実施及び技能実習生の保護に関する法律」（以下「技能実習法」）が制定され（翌年11月1日施行）、「外国人技能実習機構」が設けられた。この機構は、実習生が技能の適正な修得および技能実習に専念できるようその保護に関して重要な役割を果たすこととなった。新生「技能実習制度」の誕生であった。

②介護技能実習制度

　実は「技能実習法」の2017（平成29）年の11月1日の施行にあわせ、1993（平成5）年に開始された技能実習制度に「介護」業種が追加された。その結果、技能実習制度の対象職種は77職種139作業となった（2021年3月16日現在の対象職種は85職種、156作業）。他の業種には日本語能力は求められなかったが、「介護」には同種業務従事経験に加え、入国時に「N4」程度（基本的な日本語を理解することができる）か同等以上のレベルが、2年目には「N3」程度（日常的な場面で使われる日本語をある程度理解することができる）

か同等レベルという介護の固有要件が追加され、2年目にN3を満たさない場合は帰国することになっていた。しかし、早くも2019（平成31）年3月29日に、介護技能実習生に関する日本語要件が緩和され、N3要件は撤廃された（厚生労働省2019）。介護の質を真に求めるのなら、もっと慎重になされるべき政策判断であったと考える。

　高橋（2018）は、技能実習制度に「介護」業種を追加することで、現在、EPAの枠組みで3か国から受け入れている外国人介護労働者だけでなく、実質的には発展途上の国々に介護労働市場の門戸を開いたことになった、と述べている。しかし、もっと根本的な問題として、技能実習制度は、当該発展途上国の「人づくり」に寄与することを制度の目的と掲げてはいるものの、①送り出し国には未だ「介護」ニーズはないためその目的は「建前」で、②安価な労働力確保のため以外の何ものでもない、との指摘がある（本多2017）。しかも、次項に述べる新たな在留資格である「特定技能1号」とあわせると、最長10年間もの在留が認められる、という選択肢が生まれた。

　また、「特定技能1号」の期間に介護福祉士の国家試験に合格すれば、日本に長期在留（永住）する道も開かれ、外国人介護人材を永続的に日本に引き留めておくことができる制度となっている。それ自体を否定するものではないが、そもそも技能実習制度の目的は、技術移転——日本の技能・技術・知識を修得させて、それらの開発途上国などへの移転を図り、当該国などの経済発展に資する「人づくり」に協力すること——であった。制度本来の目的を外れてくるという矛盾は否定できない。さらに、最長10年（技能実習生5年＋特定活動5年）の間、母国の家族と離れて暮らすことで「家族崩壊」になる恐れがあり、人道的にもよくないとの指摘もある（山口2020, p. 102）。

（4）在留資格「特定技能1号」で受け入れる介護人材

　さて、これまでにみてきた、介護労働者を受け入れる3つの制度（EPA、在留資格「介護」および「技能実習」）は、いずれも不足している介護人材の補充を目的とするものではなかった。そこで政府は、「出入国管理及び難民認定法及び法務省設置法の一部を改正する法律案」を2018（平成30）年12月8日の第197回国会（臨時会）において成立させ、人材が特に不足している分野の人材確保を図るための新たな在留資格「特定技能1号」を創設し、

図4　就労が認められる在留資格の技能水準

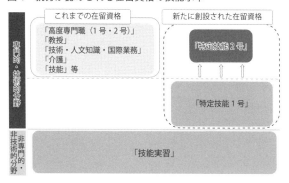

出典：出入国在留管理庁（2020b）p. 6

翌2019（平成31）年4月1日に施行した。その人材が特に不足する分野とは、介護、ビルクリーニング、農業、漁業、飲食料品製造業、外食業、素形材産業、産業機械製造業、電気・電子情報関連産業、建設業、造船・舶用工業、自動車整備業、航空業および宿泊業の14分野で、「特定技能2号」は、これらのうち建設業および造船・舶用工業の2分野を対象としている。

　法務省は制度導入後5年間で、14分野合わせて最大34万5150人を受け入れるとしているが、中でも「介護分野」の受け入れ人数が最も多く、5年間で最大6万人の受け入れが見込まれている（出入国在留管理庁2020b）。「特定技能1号」では、「同一業務区分内」「技能水準共通性が確認されている業務区分間」での転職が認められているため、受け入れ機関への隷属度が緩和される。この点で、人道上少なくとも技能実習制度よりは望ましいと考えられている（山口2020）。また、「技能実習」と「特定技能1号」の技能水準は図4のように示されており、特定の技能を持って来日する「特定技能1号」の労働者は「専門的・技術的分野」に分類されている。

　佐藤（2021）は、2016（平成28）年および2018（平成30）年の「入管法」の改正によって、日本では人材育成指向型の外国人労働者の受け入れシステムが構築されようとしており、これが日本の「移民政策」である、と主張する。つまり、これら「入管法」の改正により、「労働力輸入の時代から労働移民としての受け入れの時代へシフトしたということである。入国時点での移民ではなく、将来の移民を受け入れるのである」（p. 243）と記している。

表4　外国人介護職員を雇用できる4つの在留資格とその特徴（2021年5月現在）

	【A】特定活動	【B】介護	【C】技能実習 (1〜3号)	【D】特定技能1号
制度開始年	2008年8月	2017年9月	2017年11月 (但：技能実習制度自体は1993年に開始)	2019年4月
制度の目的	二国間の経済連携・国際連携の強化	専門的・技術的分野の外国人の受け入れ	日本から相手国への技術移転（国際貢献）	人手不足への対応のため、一定の専門性・技能を有する外国人の受け入れ
受け入れの上限	各国年間300人	無（但：養成施設入学定員は13,619人）（2020年現在）	無（法律上、労働市場に悪影響を及ぼさない程度）	初（2019）年度5,000人（但：5年間で5〜6万人）
受け入れ実績	2020年10月1日時点在留者数3,155人（うち資格取得者782人）	2020年6月末時点1,324人	2020年10月末時点申請件数：20,005件認定件数：18,034件	2021年3月末時点在留者数：1,705人
受け入れ国	インドネシア・フィリピン・ベトナムの3か国	制限なし	二国間協力覚書：ベトナム・カンボジア・インド・フィリピン・ラオス・モンゴル・バングラデシュ・スリランカ・ミャンマー・ブータン・ウズベキスタン・パキスタン・タイおよびインドネシアの14か国 注	二国間協力覚書：フィリピン・カンボジア・ネパール・ミャンマー・モンゴル・スリランカ・インドネシア・ベトナム・バングラデシュ・ウズベキスタン・パキスタン・タイおよびインドの13か国（イラン除外）注
雇用時の介護福祉士資格の有無	資格取得が目標	有資格者	資格不要（但：実務要件等を満たせば国試受験は可能）	資格不要（但：実務要件等を満たせば国試受験は可能）
配置基準	就労開始6か月後から算定（但：日本語能力試験N2以上は就労開始と同時）	就労開始と同時に算定	実習開始6か月後から算定（但：日本語能力試験N2以上の場合は就労開始と同時）	就労開始と同時に算定
施設の受け入れ人数枠	原則各年、各国2人以上、5人以内	無	最大で常勤介護職員の50%以内	日本人の常勤介護職員の総数以内
就労期間	資格取得前は4年（特例で5年）、資格取得後は永続的に就労可能。また4年間EPA介護福祉士候補者として適切に就労した後は【D】へ切り替え可能（技能および日本語能力試験免除）	「留学」ビザで来日し、資格取得後は【B】に切り替え、永続的に就労可能	最長5年（介護福祉士を取得すれば【B】で永続的に就労可能。また、3年目あるいは5年目まで修了した技能実習生は【D】に試験免除で変更でき【C】と【D】で8年〜最長10年間の在留が可能）	最長5年（介護福祉士を取得すれば【B】で永続的に就労可能）

	【A】特定活動	【B】介護	【C】技能実習 （1～3号）	【D】特定技能1号
家族帯同	不可（資格取得後は可）	可	不可	不可
母国での資格や学習、介護知識・経験等の要件	看護系学校の卒業生または母国政府から介護士認定が必要	無	監理団体の選考基準有（同等業務の従事経験がある等）	介護技能評価試験合格
来日前の日本語研修期間	6か月（ベトナムは1年間）	無	無	無
日本語能力	就労開始時点でN3程度（入国時：インドネシアはN4程度；フィリピンはN5程度；ベトナムはN3以上）	一部の養成校の入学要件にN2（程度）がある	入国時要件はN4程度（2年目にN3相当）	入国時要件は、①ある程度の日常会話ができ生活に支障がない程度（N4以上）、および②介護日本語評価試験合格（技能実習2号修了者は免除）
受け入れ調整機関等の支援の有無	国際厚生事業団（JICWELS）による受け入れ調整・支援有	無	監理団体による受け入れ調整・支援有	登録支援機関による支援有
就労可能な介護サービスの制限の有無	制限有（介護福祉士取得後は一定の条件を満たせば事業所内訪問系サービスは就労可）	制限無	制限有（訪問系サービスは就労不可）	制限有（訪問系サービスは就労不可）
夜勤の可否	資格取得前は雇用して6か月経過、あるいは日本語能力試験N1またはN2合格であれば可能	可	条件つきで可能（技能実習生以外の介護職員を同時に配置する、その他）	可
同一法人内での異動の可否	資格取得前は、原則不可。資格取得後は可能	可	可能（但：技能実習計画上、必要と認められる場合に限る）	可
介護職種での転職の可否	資格取得前は、原則不可。資格取得後は可能（要：在留資格変更）	可	原則不可	可

（注）二国間協力覚書は、「悪質な仲介事業者の排除を目的とし、……制度の運用状況等を踏まえ、当該国との情報連携及び協議を着実に進める」ために作成されている。また、この「政府間文書の作成に至っていない国であっても送り出しが想定されるものとの間では、同様の政府間文書の作成に向けた交渉を引き続き進める」とされている（令和2年7月14日　外国人材受入れ・共生に関する関係閣僚会議「外国人材受入れ・共生のための総合的対応策〈令和2年度改訂〉」p. 8）。

（注）その他の国を除外するものではない。

出典：厚生労働省、出入国在留管理庁、外国人技能実習機構、米沢（2019）、二波（2019）、定松（2019）、三菱UFJリサーチ＆コンサルティング株式会社（2019）、国際人材協力機構（2020）および東京都社会福祉協議会（2020）等の資料と出入国管理庁への電話ヒアリング（2021年5月6日）を基に筆者作表

（5）外国人介護労働者を受け入れる４つの在留資格の対比

　前頁の表4は、以上述べてきた外国人介護労働者を受け入れることが可能な4つの在留資格別にその概要をまとめたものである。実際は、これら4つの在留資格に加えて、もともと在留期間が無制限で就労制限もない「永住者」、そして在留期限があるものの就労制限のない「日本人の配偶者等」「永住者の配偶者等」「定住者」の在留資格がある。この12年間で外国人介護労働者を受け入れるためのチャネルがいかに多くなっているかがわかる。

【参考文献】

明石純一「歴史的概観」（4-1）移民政策学会設立10周年記念論集刊行委員会編『移民政策のフロンティア──日本の歩みと課題を問い直す』明石書店、pp. 39–44、2018

大石奈々「高度人材・専門人材をめぐる受入れ政策陥穽──制度的同型化と現実」『社会学評論』68（4）、459–566、2018

経済産業省『通商白書　2003』2003

厚生労働省「外国人労働者の受け入れに関する政府等の見解等　第9次雇用対策基本計画（抄）9　国際化への対応」資料1-1平成11（1999）年8月13日　閣議決定　https://www.mhlw.go.jp/topics/2002/07/dl/tp0711-1a1.pdf　最終閲覧2020.8.28

厚生労働省「『研修・技能実習制度研究会報告書』の公表について」平成20（2008）年6月20日（金）https://www.mhlw.gp.jp　最終閲覧2020.12.30

厚生労働省「特定の職種及び作業に係る技能実習制度運用要領－介護職種の基準について－の一部改正について」平成31年3月29日　https://www.mhlw.go.jp/content/000497766.pdf　最終閲覧2020.10.17

厚生労働省「第7回介護人材確保地域戦略会議　福祉・介護人材の確保に向けた取組について」「福祉・介護人材確保対策について──令和元年9月18日」https://www.mhlw.go.jp/content/12000000/000549665.pdf　最終閲覧2020.10.27

厚生労働省「介護分野における特定技能協議会運営委員会資料　令和2年度第1回　資料6　介護分野における　外国人の受入実績等」令和2年12月9日　https://www.mhlw.go.jp/content/12000000/000704359.pdf　最終閲覧2021.5.2

厚生労働省　政策会議「外国人材の受入れ・共生のための総合的対応策（令和2年度改訂）」令和2年7月14日外国人材受入れ・共生に関する関係閣僚会議　https://www.kantei.go.jp/jp/singi/gaikokujinzai/　最終閲覧2021.5.6

国際厚生事業団（JICWELS）「EPAに基づく外国人看護師・介護福祉士候補者 受入れの枠組み、手続き等について」2021年3月〈2022年度来日 経済連携協定（EPA）に基づく受入 説明会【第 1 部】〉 https://jicwels.or.jp/wp-content/uploads/2021/03/2022%E5%B9%B4%E5%BA%A6%E5%8F%97%E5%85%A5%E3%82%8C%E8%AA%AC%E6%98%8E%E4%BC%9A%E7%AC%AC1%E9%83%A8%E8%AA%AC%E6%98%8E%E8%B3%87%E6%96%99%EF%BC%88%E5%9B%BD%E9%9A%9B%E5%8E%9A%E7%94%9F%E4

%BA%8B%E6%A5%AD%E5%9B%A3%EF%BC%89R.pdf　最終閲覧2021.7.13

国際交流基金・日本国際教育支援協会「日本語能力試験　N1～N5：認定の目安」https://www.jlpt.jp/about/levelsummary.html　最終閲覧2020.10.27

国際人材協力機構（JITCO）ホームページ「外国人技能実習制度とは」「送出し国・送出機関とは」https://www.jitco.or.jp　最終閲覧2020.12.30

国際連合広報センター「移住者の人権に関する国連専門家、訪日調査を終了」10-019-J、2013年3月31日プレスリリース　https://www.unic.or.jp/news_press/features_backgrounders/2805/　最終閲覧2020.10.17

国立社会保障・人口問題研究所「1988年6月17日　第6次雇用対策基本計画　閣議決定」Ⅱ雇用対策の基本的事項　2 国際化の進展と外国人労働者問題への対応　http://www.ipss.go.jp/publication/j/shiryou/no.13/data/shiryou/roudou/520.pdf　最終閲覧2020.8.28

国立社会保障・人口問題研究所「1992年7月10日　第7次雇用対策基本計画　閣議決定」Ⅲ雇用対策の基本的事項　10 国際化への対応」http://www.ipss.go.jp/publication/j/shiryou/no.13/data/shiryou/roudou/521.pdf　最終閲覧2020.8.28

定松文「家事・介護労働市場における『外国人女性労働者』需要と日本社会の在り方」『生活経済政策』266、14–18、2019

佐藤忍「EPAに基づく外国人介護福祉士の受け入れ」『香川大学経済論叢』87（3・4）、51–82、2015

佐藤忍『日本の外国人労働者受け入れ政策―― 人材育成指向型』ナカニシヤ出版、2021

SankeiBiz 社会「外国人技能実習生3年で22人労災死　発生率は国全体より大幅高　厚労省が初のまとめ」2018年1月14日　https://www.sankeibiz.jp/　最終閲覧2020.12.31

出入国在留管理庁「第3次出入国管理基本計画　Ⅲ　1（2）人口減少時代への対応」2015年3月　http://www.moj.go.jp/isa/policies/policies/nyukan_nyukan40.html　最終閲覧2021.5.22

出入国在留管理庁「在留資格『特定技能について』」参考資料②、令和元年7月（2019a）https://www.meti.go.jp/press/2019/08/20190809002/20190809002-1.pdf#search='　最終閲覧2020.7.26

出入国在留管理庁『2019年版　出入国在留管理』「第4章　技能実習制度の実施状況」（2019b）http://www.moj.go.jp/　最終閲覧2020.10.17

出入国在留管理庁　報道発表資料「令和元年における外国人入国者数及び日本人出国者数等について（速報値）」2020年1月31日（2020a）http://www.moj.go.jp/nyuukokukanri/kouhou/nyuukokukanri04_00001.html　最終閲覧2020.10.17

出入国在留管理庁　特定技能制度　制度説明資料「新たな外国人材の受け入れ及び共生社会実現へ向けた取組」2020b　http://www.moj.go.jp/isa/content/001335263.pdf　最終閲覧2020.10.27

出入国在留管理庁『2020年版　出入国在留管理』「第5章　外国人の退去強制手続業務の状況」2020c　http://www.moj.go.jp/　最終閲覧2020.12.31

鈴木江理子「日本の外国人労働者受け入れ政策」（第8章）吉田良生・河野稠果編『国際人口移動の新時代』（人口学ライブラリー4）原書房、pp. 187–210、2006

総務省『外国人の受入れ対策に関する行政評価・監視－技能実習制度等を中心として－結果に基づく勧告　平成25年4月』2013

高橋和「日本の移民政策と外国人介護労働者の受け入れ――EPA協定で介護労働者は確保されるのか」『山形大学法政論叢』（68・69）1–28、2018

角田隆「EPAによる外国人介護人材の受入れ（特集 介護のゆくえ）」『リハビリテーション』（610）、15–19、2019

東京都社会福祉協議会「現場発！外国人介護従事者の受け入れガイドブック～多様性を認めあい、活かすために～」2020年3月　https://www.tcsw.tvac.or.jp/bukai/kourei/documents/gaikokujin.pdf　最終閲覧2020.12.30

内閣府「経済財政運営と改革の基本方針2018について　平成30年6月15日　閣議決定」「第2章4.新たな外国人材の受け入れ」https://www5.cao.go.jp/keizai-shimon/kaigi/cabinet/2018/2018_basicpolicies_ja.pdf　最終閲覧2020.8.28

日本介護福祉士養成施設協会「介護福祉士を目指す外国人留学生等に対する相談支援等の体制整備事業アンケート調査　報告書」2019年3月

日本介護福祉士養成施設協会「令和2年度　介護福祉士養成施設の入学定員充足度等に関する調査の結果について」2020年10月15日　http://kaiyokyo.net/index.php　最終閲覧2020.10.27

日本弁護士連合会「技能実習制度の見直しに関する有識者懇談会報告書に対する意見書」2015年2月27日

二渡努「介護職種の技能実習生の適正受入れに向けた示唆」『地域ケアリング』21(3)、12–17、2019

米国国務省人身取引監視対策部「2020年人身取引報告書（日本に関する部分）第2階層」2020年6月25日　在日米国大使館・領事館　https://jp.usembassy.gov/ja/trafficking-in-persons-report-2020-japan-ja/　最終閲覧2020.10.17

本多ミヨ子「介護分野での外国人労働者の現状と今後の課題——主としてEPA介護候補者と技能実習生に関連して」『国民医療』（334）、63–69、2017

法務省「高度人材ポイント制とは？」http://www.moj.go.jp/　最終閲覧2021.1.4

三菱UFJリサーチ＆コンサルティング株式会社「外国人介護職員の雇用に関する介護事業者向けガイドブック」2019年3月

宮下裕美「わが国の人材力強化に向けた外国人材の活用について」『Mizuho Industry Focus』164、2014年10月7日、みずほ銀行産業調査部、2014

山口裕子「日本の外国人受け入れ政策の変遷と課題——技能実習制度から2018年入管法改正までを中心に」『北九州市立大学文学部紀要』（90）、87–108、2020

山本克也「我が国における外国人看護師・介護士の現状と課題」『季刊・社会保障研究』45(3)、258–268、2009

湯川智美「外国人介護職員（技能実習生）の受け入れについて——外国人介護職員の受け入れを支える取り組み——技能自習生監理団体として」『介護福祉』（114）、35–39、2019

吉田美喜夫「外国人技能実習制度の現状と課題——JITCOの調査報告」『立命館国際地域研究』（36）、207–220、2012

米沢哲「外国人介護労働者受け入れ問題——日本医労連はこう考える」『ゆたかなくらし』（444）、24–27、2019

依光正哲『日本の移民政策を考える——人口減少社会の課題』明石書店、2005

労働政策研究・研修機構「調査シリーズNo.110 企業における高度外国人材の受入れと活用に関する調査2013年5月」https://www.jil.go.jp/institute/research/2013/110.html　最終閲覧2020.3.5

渡邊博순「事業所レベルでの外国人雇用について」『Business Labor Tend』2004年12月号、独立行政法人労働政策研究・研修機構、2004

第2章 日本の介護福祉士育成の歴史と外国人留学生の受け入れ

白井 孝子

第1節　日本の介護職員の需給予測と介護福祉士養成の制度的な歴史

（1）日本の介護職員の需給予測

　ここでは、厚生労働省が示した、日本の介護職員の需給予測と、人材確保のための課題を確認する。表1は、厚生労働省が2015（平成27）年6月に発表した2025（令和7）年に向けた介護人材の需給推計（確定値）を示したものである。

　表1に示す通り、現状のままで推移した場合、全国で37.7万人の介護人材が不足するという結果となった。今後人口高齢化が進展することが見込まれる一方、労働力人口の減少が進むためである。特に団塊の世代が後期高齢者となる2025（令和7）年には、多くの地域において、介護サービスの需要に対する介護人材の不足が最も顕著になるとみられるため、2025（令和7）年に向けた地域包括ケアシステムの構築が必要とされている。

　この介護人材不足は、介護福祉士養成校の状況からもみてとれる。また、少子高齢化が世間に周知され始めた1980年代に、介護福祉士養成は開始されている。当時から、介護福祉士養成校の入学者数は、少子高齢化の影響、高校生の大学への進学者数の増加などから減少することが推測できていた。

表1　2025年に向けた介護人材の需給予測（確定値）

介護人材の需要見込み（2025年度）	253.0万人
現状推移シナリオによる介護人材の供給見込み（2025年度）	215.2万人
需給ギャップ	37.7万人

出典：厚生労働省発表（2015.6.24）

図1　介護福祉士養成施設の入学定員・入学者数の推移

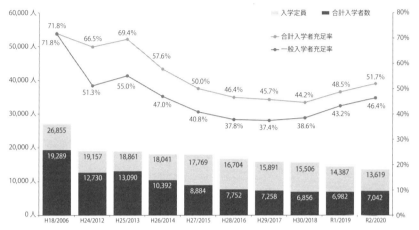

出典：介護福祉士養成施設協会（2020）

　しかし、資格創設時から2006（平成18）年頃までは、入学者数は増加し、介護福祉士養成校の新設も多くあったが、2007（平成19）年頃から、介護業界の労働環境に対する介護のマイナス・イメージなどが報道されるなどさまざまな要因があいまって入学定員数が減少し始めた。

　図1の介護福祉士養成施設の定員充足状況の推移をみると、学校数は2006（平成18）年の405校から2008（平成20）年には434校（＋29校）であったが、2020（令和2）年4月では352校にまで減少している。定員数と入学者数定員充足率をみると、2006（平成18）年には71.8％であったが、2019（令和元）年には48.5％と減少している。国はこの間、離職者訓練などを活用した入学者支援を実施しているが、減少傾向は続いているのが現状である。介護福祉士養成校の職員としては、日本の介護人材養成に、危機感を強く感じている。介護人材養成の要である介護福祉士には、適切な教育と十分整備された労働環境が必要であるとともに、いかに社会に認められる国家資格とするかの努力を重ねなければならないと日々感じている。また、介護福祉士になりたいという、介護の魅力を発信する責務も感じている。

（2）介護人材の現状とその課題

　厚生労働省は、介護人材の需給予測とともに第145回社会保障審議会介護

給付費分科会（2017〈平成29〉年8月23日）参考資料で介護人材の確保対策を発表している。ここでは、その取り組みに関する、主な項目に沿って、介護人材の現状とその課題について参照する。

①介護保険制度施行以降の介護職員数の推移
　2000年の介護保険制度施行後、要介護・要支援認定者数は増加しており、そのサービス量の増加に伴い介護職員数も15年間で3.3倍に増加している。

②介護職員の現状
　介護職員の現状は、以下の3つにまとめられている。
　1. 介護職員の就業形態は、非正規職員に大きく依存している。
　2. 介護職員の年齢構成は、介護職員（施設など）については、30～49歳が主流となっているが、訪問介護員においては、60歳以上が約3割を占めている。
　3. 男女別にみると、介護職員（施設など）、訪問介護員いずれも女性の比率が高く、男性は40歳未満が主流であるが、女性は40歳以上の割合がいずれの職種も過半数を占めている。

③有効求人倍率と失業率の動向など
　介護分野の有効求人倍率は依然として、全産業計よりも高い水準で推移している。また、介護分野の有効求人倍率は、地域ごとに大きな差異がある。

④離職率・採用率の状況
　介護職員の離職率は低下傾向にあるが、全産業と比べると、やや高い。

⑤現在の職場を選択した理由（図2参照）
　介護という仕事への思いに比べると、法人・事業所の理念・方針や職場の状況、子育てなどの面への関心は相対的に低い。また、通勤や労働条件について関心が高いことが報告されている。

⑥過去に働いていた職場を辞めた理由（図3参照）

　一方で、業務に関連する心身の不調や、職場の方針、人間関係などの雇用管理のあり方がきっかけで職場を辞めていると報告されている。

⑦2020年代初頭に向けた介護人材確保について

　厚生労働省は、「2020年代初頭に向けた介護人材確保について」において国の支援をまとめており、そこには介護人材の外国人確保対策につながるものが含まれている。そこで、以下に介護現場の状況についていくつか再確認しておく。図2の「現在の職場を選択した理由」と図3の「過去に働いていた職場を辞めた理由」についてである。この2つは、介護福祉士の複数回答結果である。介護福祉士は養成校卒業者や国家試験合格者など、一定の教育課程を経て介護現場で働く人材であることやこれからの介護現場を担う中心的な人材であることから、まずこれらの回答から読み取れることを考察したい。

　図2の「現在の職場を選択した理由」の個人の意識・意欲の項目として、「やりたい職種・仕事内容」（39.1％）や「能力や資格が活かせる」（31.3％）という結果に注目したい。一定の介護福祉士養成教育を受けた介護福祉士は、介護という仕事への意識や意欲が高いことが明確になっている。この

図2　介護福祉士が現在の職場を選択した理由（複数回答）

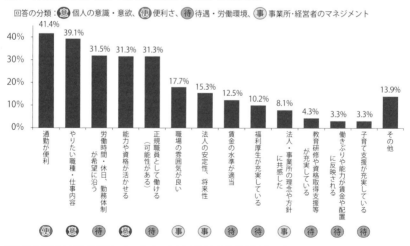

【資料出所】（財）社会福祉振興・試験センター「平成27年度社会福祉士・介護福祉士就労状況調査」

出典：厚生労働省（2017）p.6

ことは、介護人材確保における養成校での教育内容の評価にあたるのではないだろうか。また、介護福祉士は、事業所・経営者のマネジメントについて「職場の雰囲気が良い」（17.7％）、「法人の安定性、将来性」（15.3％）、「法人事業所の理念や方針に共感した」（8.1％）とも回答している。おそらく法人事業所の理念や方針に共感した8.1％の介護福祉士は、介護福祉士という仕事には、その業務の特性から、目的を明確にしたチームでの協働が重要であることを理解している人材であると考えられる。職場の雰囲気は介護福祉士それぞれの感じ方にもよるが、方針や理念が明確な職場は、職場の雰囲気にも共通した一貫性を感じることができる。

　また、図2では、待遇や労働環境に関する回答が示されているが、筆者は、その中で「教育研修や資格取得支援等が充実している」（4.3％）に注目した。なぜなら介護現場でのキャリア支援は働く意識や意欲を支えるものである。理念や方針に共感し働き始めた介護福祉士が、「働き続けたい」「自分の将来像を明確にしたい」と考えたとき、キャリア支援の有無というのは重要な人材確保対策の柱になると考える。その裏づけとして、図3の「過去に働いていた職場を辞めた理由」に注目した。図2の「現在の職場を選択した理由」（介護福祉士）と同じ項目が、図3では、離職の要因となっているからである。

図3　介護福祉士が過去に働いていた職場を辞めた理由（複数回答）

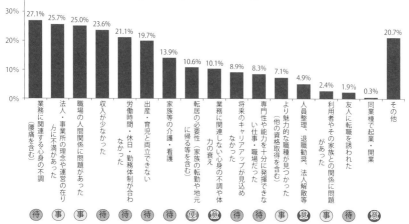

【資料出所】（財）社会福祉振興・試験センター「平成27年度社会福祉士・介護福祉士就業状況調査」

出典：厚生労働省（2017）p.7

「法人・事業所の理念や運営の在り方に不満があった」（25.7％）と「職場の人間関係に問題があった」（25.0％）の2つの項目は、事業所・経営者のマネジメントとして分類されているが、働く人の思いと事業所・経営者のマネジメントが一体となることが人材確保に重要な要因の1つだと考える。

(3)「介護人材の確保の総合的・計画的な推進～『まんじゅう型』から『富士山型』へ～」

　2015（平成27）年、厚生労働省社会・援護局福祉基盤課福祉人材対策室は「介護人材の確保の総合的・計画的な推進～『まんじゅう型』から『富士山型へ』～」という報告書を発表した。図4は、そのときの発表資料である。

　図4が示すように、現状は「まんじゅう型」で介護の専門性が不明確で役割が混在していることから、早期離職などにつながり、働く介護職には将来展望やキャリアパスが見えづらいと考え「富士山型」へ転換したのである。富士山型の頂点は、専門性の高い人材であり、資質向上のために山を高くする、つまり、専門性の明確化・高度化で、継続的な質の向上を促すものである。標高を定める（限られた人材を有効活用するため、機能分化を進める）とい

図4　介護人材の「総合的な確保方策」の目指す姿～「まんじゅう型」から「富士山型」へ～

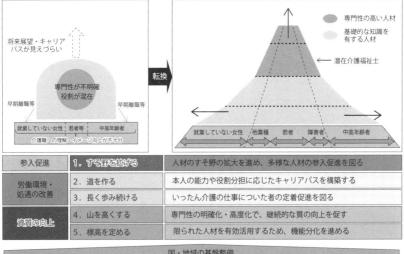

出典：厚生労働省（2015）p.6

う内容となっている。

　この頂点に来るのは、専門性の高い人材であることから、介護福祉士が目指すものであることがわかる。そしてその専門性の高い人を支えるには、労働環境・処遇改善のために道を作る（本人の能力や役割分担に応じたキャリアパスを構築する）ことや、長く歩み続ける（いったん介護の仕事についた者の定着促進を図る）ことの必要性が示されている。働く意欲を持ち続けるためには、報酬やキャリアパスが必要であることをわかりやすく示している。専門性の高い介護福祉士は、同時に就業していない女性、他業種、若者、障害者、中高年齢者の参入促進を進めるために必要な人材として位置づけられている。役割に応じた働き方を示し、助言していくためにも、専門性の高い介護人材が必要なのである。

　さらに、次の図5の総合的な人材確保の方策に示されているように、なぜキャリア支援を行うのかについて、予算、法令、報酬、および検討が明示されている。これが発表されて5年、介護福祉士の報酬は見直され、介護ロボットの導入やICT活用の実践例も報告されてきている。すそ野を広げるために家事などの支援に対しての取り組みも始められている。大きな目標に向

図5　「総合的な確保方策」の主要施策

	目指すべき姿	主要施策	
参入促進	1. すそ野を拡げる 〜多様な人材の参入促進を図る〜	・介護の3つの魅力（楽しさ・深さ・広さ）の情報発信によるイメージアップ ・高校教師・親の理解促進、地域志向型の若者の掘り起こしの強化 ・中高年齢者の地域ボランティア参画等の促進 ・他業種からの参入促進を図るため、通信課程を活用 ・福祉人材センターの機能強化（サテライト展開やハローワークとの連携 等）	【予算】 【予算】 【予算】 【法令】 【法令】
労働環境・処遇の改善	2. 道を作る 〜キャリアパスを構築する〜	・資格取得の支援（実務者研修の受講期間の柔軟化 等） ・離職した介護福祉士の届出制度創設と再就業支援対策の強化 ・介護人材のキャリアパスシステム整備の推進 ・代替職員の確保等による研修機会の確保	【法令】 【法令】 【報酬】 【予算】
労働環境・処遇の改善	3. 長く歩み続ける 〜定着促進を図る〜	・介護人材1人当たり月額1万2千円相当の賃金改善 ・人材育成に取り組む事業所の認証・評価の実施による取組の「見える化」の推進 ・エルダー・メンター制度の導入支援による早期離職の防止 ・事業所内保育所の運営支援による出産・育児との両立支援 ・雇用管理改善の推進（介護ロボット導入支援やICTの活用 等） ・社会福祉施設職員等退職手当共済制度を見直しによる定着促進	【報酬】 【予算】 【予算】 【予算】 【予算】 【法令】
資質の向上	4. 山を高くする 〜継続的な質の向上を促す〜	・介護福祉士の資格取得方法の見直しによる資質向上 ・介護福祉士の配置割合の高い施設・事業所に対する報酬上の評価 ・マネジメントや医療的ケア・認知症ケアなどの研修の受講支援	【予算】 【報酬】 【予算】
資質の向上	5. 標高を定める 〜人材の機能分化を進める〜	・限られた人材を有効に活用するため、その能力や役割分担に応じた適切な人材の組合せや養成の在り方を検討 ・介護福祉士養成カリキュラムの改正 等 ・未経験者等に対する入門的な研修等の構築	（検討） （検討） （検討）

国・地域の基盤整備	
・国が示す人材確保のための「基本的な指針」の対象を介護サービス全般へ拡大 ・地域の関係主体が連携する場を構築し、人材確保のプラットフォームを創設	【法令】 【予算】

出典：厚生労働省（2015）p. 7

かって歩き始めているという実感がある施策となっている。

　さて、図5の中の目指すべき姿「5.標高を定める」に記されているように、介護福祉士養成教育でも人材確保策が明示されている。そこで、次に、介護福祉士養成教育の歴史から今後の介護福祉士養成のあり方を確認していく。

（4）介護福祉士養成の制度的な歴史

①日本における介護福祉士誕生までの主な歴史

　専門的な知識と技術を持つ人材が行うサービスとしての介護の歴史は長くはなく、むしろ経済的に困窮している人を支えるために、篤志家が私財を投じて世話をしてきた長い歴史がある。

　困窮している人を長く支えてきたのは、家族を中心として身近にいる人、地域の人たちであった。しかし、経済発展などの変化に伴い、1960年代には、家族が介護を担うという家族機能としての介護を維持することが難しくなり、表2に示すように、1963（昭和38）年の老人福祉法の制定によって、養護老人ホーム、特別養護老人ホームおよび軽費老人ホームという3種類の施設が体系化された。

　これは、困窮している人を支えるためには、施設が必要であるということの表れでもあった。しかし1975（昭和50）年頃には、午後4時台に約8割の施設が夕食を提供したり、週2回の入浴回数、定期的な排泄介助、支援しやすい画一的な髪型であったりするなど、一般の人々の生活とはかけ離れた施設における生活のあり方が問題視されるようになった（日本介護福祉士養成施設協会2012）。また、当時施設で働くのは寮母と呼ばれる介護が未経験の

表2　老人福祉法によって規定された主な老人福祉施設

施設名称	施設目的
養護老人ホーム	65歳以上の者であって身体上もしくは精神上または環境上の理由及び経済的な理由により居宅において養護を受けることが困難なものを収容し、養護することを目的とする。
特別養護老人ホーム	65歳以上の者であって身体上または精神上著しい欠陥があるために常時の介護を必要とし、かつ、居宅においてこれを受けることが困難なものを収容し、養護することを目的とする。
軽費老人ホーム	無料または低額な料金で、老人を収容し、給食その他日常生活上必要な便宜を供与することを目的とする。（養護老人ホーム・特別養護老人ホームを除く）

出典：「老人福祉法」を基に筆者作表

女性が多く、専門的な知識や技術に欠け、教育も受けていなかった。

　一方、現在の訪問介護（ホームヘルプサービス）の始まりは、秋山ら（2019）によると、1956（昭和31）年に長野県上田市で開始された家庭養護婦派遣事業であったと言われている。この事業は、病気や障害などにより家庭内での家事が困難な場合に、原則として1か月以内の期間で臨時に雇用した家庭養護婦を派遣するというものであった。そして、この事業を契機に、1958（昭和33）年以降、地域でもホームヘルプサービス事業が開始されるようになり、1963（昭和38）年の老人福祉法の制定により、制度としての老人家庭奉仕員派遣事業へと発展していった。また、その事業の派遣の対象は、「老衰、心身の障害、傷病等の理由により、日常生活に支障をきたしている老人の属する要保護老人世帯とする」とされ、その対象は低所得世帯（所得税非課税世帯）であった。『厚生白書昭和37年版』によると、この老人家庭奉仕員の業務内容が中年の婦人に適していることから、中年婦人に就業の機会を与えるという副次的な効果があったと報告されている。

　このように、当時高齢者の介護を担う人材は、経験による技術を活用することで行われていた。その中で、特別養護老人ホームは、1980（昭和55）年には全国で1000施設を超え、それに伴い寮母として働く人材も増加した。そして高齢者介護に関わる人が増加することで、業務に関連する教育や研修への要望が生まれ、1979（昭和54）年に全国老人福祉施設協議会が主催す

表3　第1回福祉寮母講習会実施要領（抄）（1979〈昭和54〉年から）

教科名（単位）			
前期（基礎講座）		後期（処遇実践論講座）	
1　老人福祉論	（3単位）	1　老人ホームにおける処遇概論	（2単位）
2　老年医学	（4単位）	2　老人ホーム処遇とケースワーク	（3単位）
3　老年心理学	（2単位）	3　老人ホームにおけるリハビリテーション	（2単位）
4　看護学	（4単位）	4　老人ホームにおけるグループワーク	（1単位）
5　栄養学	（1単位）	5　レクリエーション概論と実技	（1単位）
6　家族社会学	（1単位）	6　介護技術の実践理念	（3単位）
7　地域福祉論	（1単位）	7　職務とチームワークのあり方	（1単位）
8　家政学	（1単位）	8　演習	（4単位）
9　特別講座	（1単位）		
計	（18単位）	計	（17単位）

出典：日本介護福祉士養成施設協会（2012）p. 11を基に筆者作表

る「福祉寮母講習会」が開始されたのである。

　当時の講習会の教育内容を表3に示す。表3からわかるように、基礎講座として高齢者を介護するために必要な基本知識、処遇実践論講座、前期、後期で合計35単位が組まれている。前期では高齢者の福祉の理解、高齢者の心身の変化の理解、生活を支えるための衣食住、および家族を含めた地域について学んでいる。後期では、老人ホームという施設において個人とどのように関わるのか、リハビリテーションを含めた考え方などをケースワークやグループワークを通じて学んでいる。また、介護技術の実践理念が入っていることから、なぜ介護技術が必要なのかその目的を明確にし、職務、チームワークなどを学んでいる。社会背景の変化に対応し、高齢者とその生活を支援するための基本項目が網羅されている。

　その後、1986（昭和61）年、兵庫県が福祉介護士認定制度を提唱した。「兵庫県福祉介護士認定制度研究会報告書」(1986) によると、「『福祉介護』とは、身体上又は精神上の障害などがあって日常生活を営むのに支障がある高齢者・心身障害者（児）等およびその家族に対し、その生活の安定が得られるよう、身体的、精神的及び社会的な側面において、これら対象者の生活を援助することをいう。ここで『援助する』とは、その従事者が業務遂行上において、他の専門職との協力や指導、助言を得て援助することを含む」としている（日本介護福祉士養成施設協会2012、p. 12）。この内容は、社会福祉士及び介護福祉士法のカリキュラム内容に通じるものがあり、介護福祉士教育の原点であると考えることができる。

　そして、施設入所者の増加に伴い、現場で働く寮母たちの数の不足や質向上の必要性から、1987（昭和62）年5月に制定された「社会福祉士及び介護福祉士法」の成立によって、国家資格としての介護福祉士が誕生した。以下は「社会福祉士及び介護福祉士法」について記述する。

②「社会福祉士及び介護福祉士法」の制定
●介護福祉士の誕生まで
　日本介護福祉士養成施設協会の創立20周年記念誌（『介護福祉士養成の歩み』pp. 151–154）には、介護福祉士誕生時に関わった方々の話が、座談会として掲載されていて、非常に学び深い内容なので、介護福祉士の誕生までの

歴史を紐解くために、以下に一部を紹介したい。

　介護福祉士誕生時に尽力された京極高宣氏（当時厚生省社会局庶務課社会福祉専門官、現在社会福祉法人浴風会理事長）は、当時の労働省との調整が必要であったと言っている。「労働省は療養者や傷病者などの世話を行っていた家政婦団体を所轄においており、その団体の現職の家政婦の人たちから、『学歴や教育歴でなく実務経験を踏まえた試験で資格を与えてくれるなら良い』」という要望があり、調整をしながらの介護福祉士国家資格誕生であったそうだ。後日、家政婦紹介所を運営する方にこのことについて尋ねると、家政婦紹介所の開始には、戦後の戦争未亡人などの支援を目的としていたということであった。日本の歴史の中で、介護福祉士が誕生する前にも現在の介護業界を支える人たちの存在があったこと、そしてその方々も支援しつつ介護福祉士が誕生したことに、当時のご苦労を感じる。

　また、同じく介護福祉士誕生時に尽力された辻哲夫氏（当時厚生省シルバーサービス振興指導室長、現東京大学教授）によると、介護の質の確保は絶対に必要であったため、当時のホームヘルパーには360時間研修があったという実態があり、これが法律にするための基本を理論的に説明することにつながったと報告されている。さらに、辻氏は、自立支援よりも介護が必要な人の世話が社会のニーズであったこと、また自立支援の必要性を当時から問われてはいたが、まずは社会のニーズに即した資格にすることが急がれていたという。今では「自立支援に向けた介護という方向性が明確になったことに歴史を感じる」とも話されている。

● 介護福祉士の誕生

　1987（昭和62）年5月に制定された「社会福祉士及び介護福祉士法」の下に生まれた介護福祉士は、日本の急激な人口高齢化、それを支えるマンパワーの量的・質的確保の必要性から生まれた資格制度である。当時の「社会福祉士及び介護福祉士法」提案の理由説明によると、介護福祉士制度は、増大する老人や身体障害者などに対する介護需要に対応するために、誰もが安心して、老人、身体障害者などに関する福祉に対する相談や介護を依頼することができる専門的能力を有する人材を養成、確保することを目的として創設された。ここで言われている「誰もが安心して福祉に対する相談や介護を

依頼することのできる専門的能力を有する人材養成、確保」は、介護を必要とする人たちのには現在も通じるものである。

当時の介護福祉士の定義は、「介護福祉士の名称を用いて、専門的知識及び技術をもって、身体上又は精神上の障害があることにより日常生活を営むのに支障がある者につき、入浴、排泄、食事その他の介護を行い、並びにその者及びその介護者に対して介護に関する指導を行うことを業とする者」とされていた（法律第2条第2項）。そしてこの「社会福祉士及び介護福祉士法」を受け、1988（昭和63）年4月に、全国で24施設25学科の介護福祉士養成校が開校し、介護福祉士の養成が開始された。

「社会福祉士及び介護福祉士法」の制定時には、介護福祉士になるための2つのルートがあった。1つは介護福祉士養成校に入学して資格を取得するルート（国家試験免除）と介護現場で3年間の実務経験を経て介護福祉士国家試験を受験し、合格することにより介護福祉士を取得するルートである。実務ルートで介護福祉士を取得するための国家試験は、1989（平成元）年に第1回が実施され、受験者は1万1973人、合格者は2782人（合格率23.2%）であった。

●介護福祉士養成カリキュラムの変遷

1987（昭和62）年に介護福祉士の養成が開始されたときのカリキュラムを表4に示す。表4からもわかるように、1530時間に及ぶ17の専門分野の講義、演習、および実習で構成されている。

筆者は、1990（平成2）年4月から、このカリキュラムでの介護福祉士養成教育に携わるようになった。当初は教えることに精一杯で、自分の科目をいかにうまく伝えるかを目標とした。また、介護福祉士養成校は国家試験を免除されていたので、実習に向かった学生は現場の職員から、「あなたたちは資格をお金で買うのね」「おむつ交換も満足にできないのでは困る」と言われ憤慨して帰校することもあった。そのような中、学内で介護福祉士教育内容の質向上に向けた取り組みを推進する役割を得て、実際にその取り組みを開始した。当時は、2000（平成12）年の介護保険制度の導入、支援費制度の実施、障害者自立支援法の成立などの大きな制度改革が行われると同時に、介護支援専門員（ケアマネジャー）やグループホームなど、新たなマン

表4　1987年当時の介護福祉士養成のカリキュラム

	社会福祉概論	講義	60時間
	老人福祉論	講義	60時間
	障害者福祉論	講義	30時間
	リハビリテーション論	講義	30時間
	社会福祉援助技術	講義	30時間
	社会福祉援助技術演習	演習	30時間
	レクリエーション論	演習	60時間
	老人・障害者の心理	講義	60時間
専門分野	家政学概論	講義	60時間
	家政学実習	実習	90時間
	医学一般	講義	90時間
	精神保健	講義	30時間
	介護概論	講義	60時間
	介護技術	演習	150時間
	形態別介護技術	演習	150時間
	介護実習指導	演習	90時間
	介護実習	演習	450時間
総合計の時間数			1,530時間

出典：厚生労働省資料より筆者作表

パワーやサービスも多く誕生し、時代が変化していった時期でもあった。

　2003（平成15）年、「高齢者介護研究会」（座長：堀田力さわやか福祉財団理事長）により「2015年の高齢者の介護——介護の尊厳を支えるケアの確立に向けて」の報告書がまとめられた。この研究会では、高齢者介護の基本理念を介護保険制度が目指す「自立支援」とその根底にある「尊厳の保持」とし、高齢者の尊厳を支えるケアの確立に向けていくことが示された。具体的には尊厳を支えるケアとして、それまでの身体のみのケアではなく、利用者の「その人らしさ」を心理的・社会的側面から支えることのできる知識と技術が求められた。また、2004（平成16）年には社会保障審議会介護保険部会で、介護職員は将来的には介護福祉士を基本とすべき、との提言があった。さらに、介護保険法改正の審議における付帯決議で、「介護需要が増大する中、介護労働の魅力を高め、優秀な人材を介護の職場に確保してゆくために、介護労働者の雇用管理や労働条件の改善、研修体系や資格のあり方についての見直しに取り組むこと」とされた。

　このような時代の要請の中で、2006（平成18）年「介護福祉士のあり方

及び養成プロセスの見直し等に関する検討会」が設置され、8回の検討会が開催された。検討会は介護福祉士養成に関わる養成校、福祉系高校、介護現場や職能団体などからプレゼンテーションを行う形で進められ、筆者はこの第5回検討会で介護福祉士養成施設協会の代表として「教員からみた介護福祉士養成について」というテーマでプレゼンテーションを行った。その概要は、介護福祉士養成における、①介護過程展開のための教育科目の必要性、②実習のあり方と実習指導について、そして、③教員資格要件、についてであった。特に、③の教員資格要件では、資格誕生時には介護福祉士資格取得者が少なく、介護福祉士を持つ教員が教授できる科目が限られているという問題点の指摘や、介護福祉士の魅力や働きがいを伝えることのできる介護福祉士教員が教授することの必要性を提言した。介護福祉士養成の中心は介護福祉士であるべきであり、そのことが結果的には介護人材確保にもつながると考えたからである。

　2006（平成18）年7月の検討会では、「これからの介護を支える人材について～新しい介護福祉士養成と生涯を通じた能力開発に向けて～」というテーマで報告書がまとめられた。この報告書を受けて厚生労働省では、2006（平成18）年7月、「介護福祉士養成課程における教育内容等の見直しに関する作業チーム」が設置された。また、社会保障審議会福祉部会では、その報告書の内容を踏まえ、介護福祉士のみならず社会福祉士についての制度の現状と課題を整理し、「社会福祉士及び介護福祉士法」の制度見直しについて審議された。

③「社会福祉士及び介護福祉士法」の改正

　2007（平成19）年12月、「社会福祉士及び介護福祉士法」が改正され、公布された。この改正の背景には、介護保険法や障害者自立支援法などの福祉を取り巻く法の制定があったことに加え、利用者がサービスを選択できるようになったこと、認知症高齢者が増加し利用者の尊厳保持の視点などがあった。つまり時代の変化に対応するため身体介護だけではない新たな介護サービスを提供することが求められた。また、介護職員には介護福祉士をという方向性や人材確保として人材の質を高めることなども検討されていった。これは現時点（2020〈令和2〉年度）における介護福祉士養成の基本ともなる

ものなので、主な法律の改正点を以下に確認していく。

　介護福祉士に関する法改正の主なポイントとしては、①定義規定の見直し、および、②資格取得方法の見直しがある。①の定義規定の見直しについては、表5にまとめた。まず、定義規定で見直されたのは、表中の下線部分である。ここに、従来の身体介護のみではない介護の必要性が含まれている。心身の状況に応じた介護を行うためには、知識と技術そして倫理観が必要である。また、実際に利用者の状況に応じた介護を実践するためには、学びが必要であり、そこに連動する形で、新しいカリキュラム体系が示されることになった。

　次に、資格取得方法の見直しでは、介護福祉士の資質向上を図る観点から、養成校ルート、実務者ルート共に、一定以上の教育課程により知識と技術を修得し、その修得状況を試験によって確認する、と変更された。しかし、介護福祉士養成校には経過措置がとられ、2020（令和2）年現在、経過措置が延長されている。したがって、本章では、基本は一定以上の教育課程終了後は国家試験受験を原則とする、と記すにとどめておく。

　さて、教育体系の再編において、図6に示すような資格取得時の到達目標と求められる介護福祉士像が示された。これは、資格取得時の到達目標を明確にしたもので、介護福祉士養成カリキュラムに反映される内容でもある。従来も科目目標は明確であったが、卒業時の介護福祉士像が見えにくかった。しかし、今回の見直しで介護福祉士像がわかりやすくなったといえる。

　図6に示す通り、2007（平成19）年の教育内容の変更の基本的考え方として、国家資格である養成課程における教育内容に求める水準は、介護を必要

表5　定義規定の見直し

従来の定義	改正後の定義
「介護福祉士」とは、第42条第1項の登録を受け「介護福祉士の名称を用いて、専門的知識及び技術をもって、身体上又は精神上の障害があることにより日常生活を営むのに支障がある者につき、**入浴、排泄、食事その他の介護を行い**、並びにその者及びその介護者に対して介護に関する指導を行うことを業とする者」とされていた。（法律第2条第2項）	「介護福祉士」とは、第42条第1項の登録を受け「介護福祉士の名称を用いて、専門的知識及び技術をもって、身体上又は精神上の障害があることにより日常生活を営むのに支障がある者につき、心身の**状況に応じた介護を行い**、並びにその者及びその介護者に対して介護に関する指導を行うことを業とする者」とされていた。（法律第2条第2項）

出典：厚生労働省 新旧対比表より

図6　養成の目標

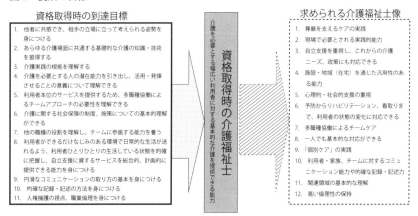

出典：厚生労働省（2007）p. 6

とする幅広い利用者に対する基本的な介護を提供できる能力、とされた。また、資格取得後も、現任研修などの継続的な教育を視野に入れた内容とされた。つまり、教育内容の変更に伴い、教員要件も大幅な変更が加えられ、介護福祉士が担う「介護福祉士教育」という形が明確にされた。図5でみた「総合的な確保方策」の中の、目指すべき姿「5.標高を定める」に示されているように、介護福祉士養成教育でも人材確保策が実践されている。

　また、介護福祉士養成校における実習は極めて重要視され、充実した実習には、養成校教員のみならず介護現場の協力が不可欠であることから、実習施設における指導者養成も必要とされた。実習施設は大きく、施設系と在宅系に分類されるが、施設系では介護福祉士の資格取得者が一定以上いることなどの要件とともに、介護福祉士実習指導者講習会（25時間）を受講していることとされた。

　図7は、2007（平成19）年の新カリキュラムにおける介護教育科目を示したものである。図に示すように、「介護教育科目」は、「人間と社会」「こころとからだのしくみ」および「介護」の3つの領域に変更され、それぞれの位置づけも、明確になった。介護福祉士養成の中心は介護領域であることが視覚的に示されたことは、未だ明確に定義されているとは言えない介護とは何かを、帰納法的にまとめることにつながると考えられた（法研2006）。また、履修時間は、1650時間から1800時間に増加し、利用者の状況に応じた

図7　介護教育科目──新カリキュラム

教育体系を「人間と社会」「介護」「こころとからだのしくみ」の3領域に再編

介護が実践の技術であるという性格を踏まえ、
　○その基盤となる教養や倫理的態度の涵養に資する「人間と社会」
　○「尊厳の保持」「自立支援」の考え方を踏まえ、生活を支えるための「介護」
　○多職種協働や適切な介護の提供に必要な根拠としての「こころとからだのしくみ」
の3領域に再構成する。

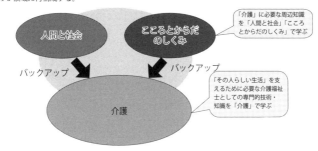

出典：厚生労働省（2007）p. 5

介護を提供するために、領域介護の中に新たに介護過程が150時間設けられたが、利用者の状況に応じた介護を実践できる介護福祉士を養成するうえでは、重要な改正点であったといえる。

④「社会福祉士及び介護福祉士法」のさらなる改正──医療的ケアの追加

2011（平成23）年「介護サービスの基盤強化のための介護保険法等の一部を改正する法律」により、介護福祉士の定義は次のように見直された。表6は、その新旧の定義をまとめたものである。この改正にあたり、医師法第17条の「医師でなければ、医業をしてはならない」という規定について一定の条件の下で実質的な違法性阻却解釈がとられたので、介護福祉士は医師の指示の下、喀痰吸引と経管栄養（医療的ケア）を業として行うことが認められた。これに伴い、介護福祉士養成のカリキュラムは医療的ケア（50時間以上）と演習が追加され、1850時間で4つの領域から構成されるカリキュラム編成となった。また、教員資格要件として、5年以上の実務経験を有する医師、保健師、助産師または看護師であって、医療的ケア教員講習会を終了した者が追加された。

図8は、介護福祉士、実務者研修、および初任者研修の養成時間と内容を示したものである。介護福祉士養成校で実施されるカリキュラムが介護福祉

表6　介護福祉士の定義の見直し

従来の定義	現在の定義
介護福祉士とは、第42条第1項の登録を受け介護福祉士の名称を用いて、専門的知識及び技術をもって、身体上又は精神上の障害があることにより日常生活を営むのに支障がある者につき、心身の状況に応じた介護を行い、並びにその者及びその介護者に対して介護に関する指導を行うことを業とする者（法律第2条第2項）	介護福祉士とは、第42条第1項の登録を受け介護福祉士の名称を用いて、専門的知識及び技術をもって、身体上又は精神上の障害があることにより日常生活を営むのに支障がある者につき、心身の状況に応じた介護（喀痰吸引その他のその者が日常生活を営むのに必要な行為であって、医師の指示の下に行われるもの（厚生労働省令で定めるものに限る。以下「喀痰吸引等」という。）を含む。）を行い、並びにその者及びその介護者に対して介護に関する指導を行うことを業とする者（法律第2条第2項）

出典：「社会福祉士及び介護福祉士法」を基に筆者作表

図8　介護福祉士、実務者研修、初任者研修の養成時間

介護福祉士養成施設養成課程（1850時間）

教育内容		時間数
情報　人間と社会		240
	人間の尊厳と自立	30以上
	人間関係とコミュニケーション	30以上
	社会の理解	60以上
	人間と社会に関する選択科目	
領域　介護		1,260
	介護の基本	180
	コミュニケーション技術	60
	生活支援技術	300
	介護過程	150
	介護総合演習	120
	介護実習	450
情報　こころとからだのしくみ		300
	発達と老化の理解	60
	認知症の理解	60
	障害の理解	60
	こころとからだのしくみ	120
情報　医療的ケア		50
	医療的ケア	
合計		1,850

実務者研修（450時間）

教育内容		時間数
情報　人間と社会		40
	人間の尊厳と自立	5
	社会の理解Ⅰ	5
	社会の理解Ⅱ	30
領域　介護		190
	介護の基本Ⅰ	10
	介護の基本Ⅱ	20
	コミュニケーション技術	20
	生活支援技術Ⅰ	20
	生活支援技術Ⅱ	30
	介護過程Ⅰ	20
	介護過程Ⅱ	25
	介護過程Ⅲ（スクリーニング）	45
情報　こころとからだのしくみ		170
	発達と老化の理解Ⅰ	10
	発達と老化の理解Ⅱ	20
	認知症の理解Ⅰ	10
	認知症の理解Ⅱ	20
	障害の理解Ⅰ	10
	障害の理解Ⅱ	20
	こころとからだのしくみⅠ	20
	こころとからだのしくみⅡ	60
情報　医療的ケア		50
	医療的ケア	
合計		450

初任者研修（130時間）

科目	時間
職務の理解	6
介護における尊厳の保持・自立支援	9
介護の基本	6
介護・福祉サービスの理解と医療との連携	9
介護におけるコミュニケーション技術	6
老化の理解	6
認知症の理解	6
障害の理解	3
こころとからだのしくみと生活支援技術	75
振り返り	4
合計	130

出典：厚生労働省（2014）p. 8

図9 求められる介護福祉士像

〈平成19年度カリキュラム改正時〉

1. 尊厳を支えるケアの実践
2. 現場で必要とされる実践的能力
3. 自立支援を重視し、これからの介護ニーズ、政策にも対応できる
4. 施設・地域（在宅）を通じた汎用性のある能力
5. 心理的・社会的支援の重視
6. 予防からリハビリテーション、看取りまで、利用者の状態の変化に対応できる
7. 多職種協働によるチームケア
8. 一人でも基本的な対応ができる
9. 「個別ケア」の実践
10. 利用者・家族、チームに対するコミュニケーション能力や的確な記録・記述力
11. 関連領域の基本的な理解
12. 高い倫理性の保持

〈今回の改正で目指すべき像〉

社会状況や人々の意識の移り変わり、制度改正等

1. 尊厳と自立を支えるケアを実践する
2. 専門職として自律的に介護過程の展開ができる
3. 身体的な支援だけでなく、心理・社会的支援も展開できる
4. 介護ニーズの複雑化・多様化・高度化に対応し、本人や家族等のエンパワメントを重視した支援ができる
5. QOL（生活の質）の維持・向上の視点を持って、介護予防からリハビリテーション、看取りまで、対象者の状態の変化に対応できる
6. 地域の中で、施設・在宅にかかわらず、本人が望む生活を支えることができる
7. 関連領域の基本的なことを理解し、多職種協働によるチームケアを実践する
8. 本人や家族、チームに対するコミュニケーションや、的確な記録・記述ができる
9. 制度を理解しつつ、地域や社会のニーズに対応できる
10. 介護職の中で中核的な役割を担う

＋

高い倫理性の保持

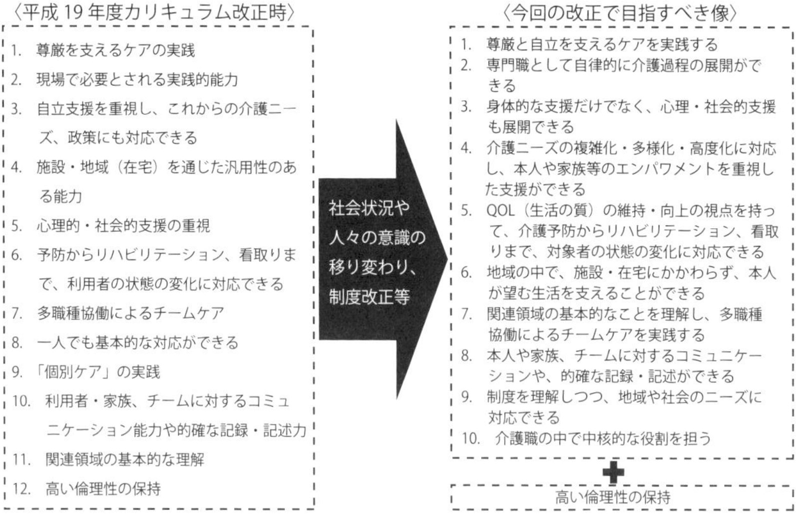

出典：厚生労働省（2018）p. 9

士職養成の基本研修とされるので、実際に利用者に対して医療的ケアを実施するためには、病院以外の場所での実地研修が必要となる。

⑤介護福祉士教育養成課程における教育内容の見直し

2017（平成29）年10月社会保障審議会福祉部会福祉人材確保委員会の報告書「介護人材に求められる機能の明確化とキャリアパスの実現に向けて」によると、先述した「介護福祉士像」に即した介護福祉士を養成する必要から、介護福祉士教育課程における教育内容の見直しが行われた。以下、2018（平成30）年2月に示された見直しの主な内容を確認する。

●求められる介護福祉士像の変更

前回2007（平成19）年改正から社会状況や人々の意識の変化、福祉制度改正などを踏まえて、2007（平成19）年度改正時の12項目を10項目にしたり、文言の整理が行われたりした。今回の見直しでは、冒頭で「尊厳と自立を支えるケアを実践する」と介護に最も必要なキーワードが明記され、「高い倫理性の保持」が全体にかかる形で「＋」と示された。前回の抜本的な改正から、時を経てさらに介護福祉士像の明確な目標が掲げられたといえる。

● 見直しの観点（図10）

今回の教育内容の見直しでは、以下のような5つの観点が示されている。

 ① チームマネジメント能力を養うための教育内容の拡充

 ② 対象者の生活を地域で支えるための実践力の向上

 ③ 介護過程の実践力の向上

 ④ 認知症ケアの実践力の向上

 ⑤ 介護と医療の連携を踏まえた実践力の向上

　カリキュラムに含まれるべき内容の詳細に関しては、厚生労働省の「社会福祉士及び介護福祉士法」をご参照いただきたい。①の見直しの観点では介護職のグループの中の中核的な役割やリーダーの下で専門職としての役割を発揮することが求められていることから、リーダーシップ、フォロワーシップを含めたチームマネジメントに関する教育内容の拡充を図るため、人間関係とコミュニケーションが30時間から60時間に増加され、教育に含むべき事項にチームマネジメントが追加されている。厚生労働省が示した「まんじゅう型」から「富士山型」でも示されており、介護職における介護福祉士の役割を実践するための拡充ととれる。このことは、介護福祉士の専門性にもつながり、介護職の人材育成は介護福祉士が中心となる。

　また、②〜⑤の見直しの観点で共通するキーワードとしてあるのは実践力である。実践力とは、理論を実践するための、学びの中で身につけた基本的な知識を利用者の状況に応じて展開できる力と解釈できる。そのためにも介護過程では、知識と技術の融合、介護実践に必要な観察力・判断力および思考力を養うことが重要になってくる。

● 介護福祉士教育にとって今後必要なこと──介護福祉士養成の制度的な歴史を振り返って

　介護福祉士が誕生して30数年、介護福祉士という資格は広く認知されてきたといえる。この間も高齢者を取り巻く現状はめまぐるしく変化してきており、それに対応すべく今の介護福祉士養成教育があるといっても過言ではない。少子高齢化はますます進み、「2025年問題」の年を、まもなく迎える日本は変化していくことが推察される。ということは介護福祉士を取り巻く

図10　介護福祉士養成課程の教育内容の見直し（主な事項）

- ○ 「報告書」に示された、今後求められる介護福祉士像に即し、「社会福祉士養成施設及び介護福祉士養成施設の設置及び運営に係る指針について（以下「指針」という。）」に示されている各領域の【目的】、教育内容の【ねらい】を体系的に整理。
- ○ 領域間で関連・重複する教育の内容の整理を含め、【教育に含むべき事項】の主旨を明確にするため、指針に【留意点】を追加。

① チームマネジメント能力を養うための教育内容の拡充　　　　　　　　　　　領域：人間と社会

介護職のグループの中での中核的な役割やリーダーの下で専門職としての役割を発揮することが求められていることから、リーダーシップやフォロワーシップを含めた、チームマネジメントに関する教育内容の拡充を図る。
　※人間と社会に関する選択科目に配置されていた「組織体のあり方、対人関係のあり方（リーダーとなった場合の）人材育成のあり方についての学習」を整理

- ○ **「人間関係とコミュニケーション」の教育に含むべき事項に、チームマネジメントを追加（30時間→60時間）**
　⇒ 介護実践をマネジメントするために必要な組織の運営管理、人材の育成や活用などの人材管理、それらに必要なリーダーシップ・フォロワーシップなど、チーム運営の基本を理解する内容

(参考 コミュニケーションに関する教育の内容を、各領域の目的に沿って整理)
- ○ 「人間関係とコミュニケーション（領域：人間と社会）」：人間関係の形成やチームで働くための能力の基盤となるコミュニケーション
- ○ 「コミュニケーション技術（領域：介護）」：介護の対象者との支援関係の構築や情報の共有化等、介護実践に必要なコミュニケーション

② 対象者の生活を地域で支えるための実践力の向上　　　　　　　領域：人間と社会　　領域：介護

対象者の生活を地域で支えるために、多様なサービスに対応する力が求められていることから、各領域の特性に合わせて地域に関連する教育内容の充実を図る。
- ○ 「社会の理解」の教育に含むべき事項に、**地域共生社会を追加**
　⇒ 地域共生社会の考え方と地域包括ケアシステムのしくみを理解し、その実現のための制度や施策を学ぶ内容
- ○ 「介護実習」の教育に含むべき事項に、**地域における生活支援の実践を追加**
　⇒ 対象者の生活と地域との関わりや、地域での生活を支える施設・機関の役割を理解し、地域における生活支援を実践的に学ぶ内容

注）「⇒」は、指針に示されるカリキュラムに反映する具体的な内容

③ 介護過程の実践力の向上　　　　　　　　　　　　　　　　　　　　　　　　領域：介護

介護ニーズの複雑化・多様化・高度化に対応するため、各領域で学んだ知識と技術を領域「介護」で統合し、アセスメント能力を高め実践力の向上を図る。
- ○ 領域「介護」の目的に、**各領域での学びと実践の統合を追加**
　⇒各領域で学んだ知識と技術を統合し、介護実践に必要な観察力・判断力及び思考力を養う
- ○ 「介護総合演習」と「介護実習」に、新たに【教育に含むべき事項】を追加
　⇒「介護総合演習」：知識と技術の統合、介護実践の科学的探求
　⇒「介護実習」：介護過程の実践的展開、多職種協働の実践、地域における生活支援の実践

④ 認知症ケアの実践力の向上　　　　　　　　　　　　　　　　　領域：こころとからだ

本人の思いや症状などの個別性に応じた支援や、地域とのつながり及び家族への支援を含めた認知症ケアの実践力が求められていることから、認知症の理解に関する教育内容の充実を図る。
- ○ 「認知症の理解」の教育に含むべき事項に、**認知症の心理的側面の理解を追加**
　⇒ 医学的・心理的側面から、認知症の原因となる疾患及び段階に応じた心身の変化や心理症状を理解し、生活支援を行うための根拠となる知識を理解する内容
- ○ 「認知症の理解」の教育に含むべき事項に、認知症に伴う生活への影響のみならず、**認知症ケアの理解を追加**
　⇒ 認知症の人の生活及び家族や社会との関わりへの影響を理解し、その人の特性を踏まえたアセスメントを行い、本人主体の理念に基づいた認知症ケアの基礎的な知識を理解する内容

⑤ 介護と医療の連携を踏まえた実践力の向上　　　　　　　　　　領域：介護　　領域：こころとからだ

施設・在宅にかかわらず、地域の中で本人が望む生活を送るための支援を実践するために、介護と医療の連携を踏まえ、人体の構造・機能の基礎的な知識や、ライフサイクル各期の特徴等に関する教育内容の充実を図る。
- ○ 「介護実習」の教育に含むべき事項に、**多職種協働の実践を追加**
　⇒ 多職種との協働の中で、介護職員としての役割を理解するとともに、サービス担当者会議やケースカンファレンス等を通じて、多職種連携やチームケアを体験的に学ぶ内容
- ○ 「こころとからだのしくみ」の教育に含むべき事項を、**こころとからだのしくみⅠ（人体の構造と機能を理解するための基礎的な知識）とⅡ（生活支援の場面に応じた心身への影響）に大別**
- ○ 「発達と老化の理解」の教育に含むべき事項の「人間の成長と発達」に、ライフサイクルの各期の基礎的な理解を追記
　⇒ 人間の成長と発達の基本的な考え方を踏まえ、ライフサイクルの各期（乳幼児期、学童期、思春期、青年期、成人期、老年期）における身体的・心理的・社会的特徴や発達課題及び特徴的な疾病について理解する内容

出典：厚生労働省（2018）pp. 2-3

社会情勢の変化の中で、介護福祉士養成はどうあるべきかが、見直される必要性も出てくる。近年は「人生の最終段階における医療・ケアの決定プロセスに関するガイドライン」（2018〈平成30〉年3月改定）やアドバンス・ケア・プランニング（Advance Care Planning: ACP）の必要性も唱えられ、実践的教育やその報告がなされている。

　介護福祉士は高齢者介護現場で働く機会が多いことから、死をどう迎えるか、医療・ケアの一員として関わることが多い職業でもある。そのため、今の介護福祉士養成を充実させ、尊厳と自立を支えるケアを実践することが必要で、そのためには、医療職との連携を図り、介護福祉士の専門性を確立し発揮していくことが求められる。また、死生観や死の準備教育と言われてきた内容を織り込んでいくことも必要である。社会生活の中での死は当たり前に受容できるものではなく、教育が必要な時代がきたと考えている。

　日本の介護福祉士養成の現場では、介護福祉士養成校の入学生が減少傾向にあることは否めず、それを補完する形で留学生が多くなっている。筆者が介護現場や介護人材の教育現場において多くの外国人と関わるようになったのは、経済連携協定（EPA）による介護福祉士候補生の受け入れが始まりであった。数年前、インドネシアを訪問し、インドネシア政府の方々と懇談する機会を得た際に、インドネシア政府の方から「日本の介護福祉士養成は利用者の尊厳と自立を考えた素晴らしいシステムであるのに、なぜそれをもっと他の国に示さないのか」「介護は人を支える素晴らしい職業であるとして、日本はそれを実践しているのに」と言われたことが印象深く残っている。

　介護に関わる私たち自身が日本にいるため、日本のシステムの良さがわかっていないのかもしれない。介護福祉士は介護の素晴らしさを実感しているのに、周囲に発信できていないのかもしれない。他職種に比べると多様な養成システムにより、質の確保が未成熟なのかもしれない。などなど自問自答することも多くある。一方で、EPA介護福祉士候補生や留学生から、「日本の介護は尊厳や自立をキーワードにしている」「高齢者の生活を支える良い教育だ」「自分の国ではまだこの考えが普及していない」「もし国に戻るときがあれば、ぜひ自分の受けた教育を自国に伝えたい」という言葉を聞くことも多い。このように、他国の留学生たちから教えられることが多くなり、自分自身の視野が広がってきたと感じている。自立と尊厳を支えるケアの専

門職を養成するための教育は必要である。と同時に、基礎教育としての介護福祉士養成を充実させ、関わる人全てに介護福祉士人材の素晴らしさを発信できる人材育成に取り組むことが必要であると考えている。

第2節　これからの介護福祉士養成における課題と将来展望
——外国人介護人材の受け入れ環境の整備に向けた調査研究を基に

　介護福祉士養成施設に外国人留学生が増加した背景には、2017（平成29）年9月からの在留資格「介護」が創設されると発表されたことにある。それまでも介護福祉士養成校では留学生を受け入れていたが、介護福祉士として就職ができないことから、「卒業後は母国に戻る」「日本に在留することを継続するが進学や別の在留資格で就労する」という状況があった。表7では、介護福祉士養成施設の定員における留学生の入学者数の増加が確認できる。2015（平成27）年度は、養成施設入学者のうち外国人留学生の割合は1.1%であったが、2019（令和元）年度には29.2%になっている。このたびの法改正で、外国人留学生の介護福祉士への道が開き、養成施設も積極的に留学生を受け入れるようになったためと考えられる。

　2019（平成31）年3月に、「介護福祉士を目指す外国人留学生等に対する相談支援等の体制整備事業に関するアンケート調査　報告書」（日本介護福祉士養成施設協会2019）が発表された。これは、介護福祉士養成校に入学した外国人留学生とその卒業生を対象として行われた大掛かりな調査である。調査目的は対象者により異なるが、共通することは外国人留学生・介護福祉士養成施設の学生・卒業生が円滑に学習・就労を行うことの支援策を検討する

表7　介護福祉士養成施設の定員等の推移

	平成27年度	平成28年度	平成29年度	平成30年度	令和元年度
養成施設数	404	401	396	386	375
定員【人】	17,769	16,704	15,891	15,506	14,387
入学者【人】	8,884	7,752	7,258	6,856	6,982
うち外国人留学生【人】	94	257	591	1,142	2,037
定員充足率（%）	50.0%	46.4%	45.7%	44.2%	48.5%
入学者のうち外国人留学生の割合（%）	1.1%	3.3%	8.1%	16.7%	29.2%

出典：厚生労働省（2019）p. 7

ことを目的としている。その調査結果は、全てが興味深い内容で、介護福祉士養成施設教員として考える課題——日本語能力・教育の体制・働く場の現状——に沿って、入学前の現状、在校時の教育現状および卒業後の現状について確認する。

（1）アンケート調査の概要

表8に示す5種類のアンケート調査が実施された。

（2）アンケート調査結果の概要

以下、本章の主題と関わる①養成施設への外国人留学生の受入れに関するアンケート調査、および、②養成校に在籍する外国人留学生へのアンケート調査の2つの結果の概要を報告する。

①「養成施設への外国人留学生の受入れに関するアンケート調査」結果

留学生が在籍する介護福祉士養成施設（123校）の調査結果概要を示す。

表8　5つのアンケート調査実施対象一覧

アンケート調査の名前	調査対象	配布件数	有効回収数（率）
① 養成施設への外国人留学生の受入れに関するアンケート調査	全国の介護福祉士養成施設	389件	277件（71.2%）留学生所属校123校および留学生所属なしの154校
② 養成校に在籍する外国人留学生へのアンケート調査	全国の介護福祉士養成施設に在籍する外国人留学生	1749件※1)	468件（26.8%）
③ 都道府県における外国人介護人材の支援に関するアンケート調査	日本介護福祉士養成施設協会支部を通じて、都道府県介護人材担当者	47件	39件（83.0%）
④ 介護施設における外国人介護人材の採用・雇用に関するアンケート調査	2018（平成30）年3月に介護福祉士養成施設を卒業した外国人留学生を採用した施設	79件	29件（36.7%）
⑤ 介護施設等で働く外国人介護職員に対するアンケート調査	2018（平成30）年3月に介護福祉士養成施設を卒業し、現在介護施設・事業所等で働いている外国人介護職員	—	回収数27人有効回収数：22人

※1) 日本語・英語・中国語簡体字・ネパール語・ベトナム語・インドネシア語・タガログ語で実施
出典：介護福祉士養成施設協会報告書（2019）を基に筆者作表

○回答者（養成施設）の基本属性について

- 123校の修業年限は「2年制」が8割以上。

○留学生に求める能力・資質について

- 97.4％の養成施設が留学生の入学試験で面談を実施。
- 93.1％の養成施設が日本語能力を入学要件としており、主に日本語能力試験（JLPT）のN3以上が入学要件。

○留学生の受け入れ体制について

- 養成施設の8割が留学生に対する何らかのサポート体制を実施。

○留学生の教育体制について

- 留学生比率が高い養成施設ほど留学生への独自の教育を実施。

② 「養成校に在籍する外国人留学生へのアンケート調査」結果

○2018（平成30）年4月時点、全国162校に計1749人の留学生が所属しているが、そのうち、82校計510人の留学生より回答有。

○回答者（留学生）の基本属性について

- 年齢は「25歳以下」（55.0％）、「26〜30歳」（33.7％）で、30歳以下が88.7％を占め、未婚者が84.4％、既婚者は15.6％。

○国籍は多い順にベトナム（44.7％）、中国（14.9％）、ネパール（12.0％）。

○養成施設での就学・学習状況について

- 入学直前は、86％が日本におり、そのうち90.5％が日本語学校に通っていて、日本語学校の教員に勧められて養成施設に入学。

○留学生の日本語習得状況について

- 留学生の保持する日本語に関する資格は日本語能力試験（JLPT）が最も多く、全留学生の3分の1はN2以上を保持。
- 約10人に1人の留学生が養成施設の授業を理解不可能。

○留学生自身について

- 留学生の4分の1は母国での最終学歴で大学・大学院以上を、4割が短期大学・専門学校を卒業。また、3分の1の留学生が母国で看護関連の資格・卒業資格を保持。

（3）アンケート調査結果の概要から見えること

　養成施設への外国人留学生の受入れに関するアンケート調査結果（以下「養成施設へのアンケート調査結果」）から、入学後の教育体制整備課題は、介護の専門科目に関する教材やテキスト準備などが挙げられる。現在、外国人留学生の直接指導にあたる介護福祉士養成校教員も教材開発研究を進めていく必要性を感じている。また、近年授業におけるICTの活用や翻訳機能つき機材が進歩してきている。従来の授業形態の変革と応用が、外国人留学生受け入れのための教育体制整備を推し進めていくのではないかと期待される。

　次に、養成校に在籍する外国人留学生へのアンケート調査結果（以下「留学生へのアンケート調査結果」）からは、10人に1人の留学生が「介護福祉士養成校の授業を理解できていない」という実態が明らかになった。留学生の比率が高い養成校ほど、留学生に向けた独自の教育が行われていると考えられるが、留学生の数が多くなれば、この「授業を理解できない」という留学生の数は多くなり、教員の教育活動にも影響を与えることが予想される。しかし、介護福祉士になりたいと介護福祉士養成施設に入学してきた学生を、日本語の基礎的能力を基に選ぶことができないのも現状なのである。

　留学生たちと関わる中で、母国で大学や専門学校での学びを修了して来日した留学生が、母国での学習者、生活者としての学びや経験を、日本語力が低いために日本で十分発揮できていない姿をみることがある。わかりやすく時間をかけることで、理解できることも多いのであるが、限られた時間内で、1人ひとりの留学生を手厚く支援しきれないことに、教員としてのジレンマを感じている。

（4）外国人留学生の状況など

　ここでは、養成施設に入学した外国人留学生の実態を、入学前、入学後、および卒業後の時系列でまとめてみる。

①入学前
●留学生へのアンケート調査結果
　○介護福祉士養成施設への入学を決めた時期と動機

- 「日本において日本語学校に通っていたとき」（42.7％）が最多で次が「母国において日本語学校に通っていたとき」（22.5％）。

このアンケート調査結果から、日本語学校における介護福祉士養成施設の認知度は高く、その理由として在留資格「介護」の創設が関与していると考える。また、本人たちの入学動機である「日本で働きたかったから」（46.8％）、「日本の介護技術を学びたかったから」（37.6％）、「将来、日本の介護福祉士の専門知識・技術、そして経験を生かして母国で仕事をしたいから」（34.3％）がマッチした結果といえよう（図11）。

図11　あなたが、日本の介護福祉士養成校に入学しようと思ったのはなぜですか。

（複数選択）（n＝449）

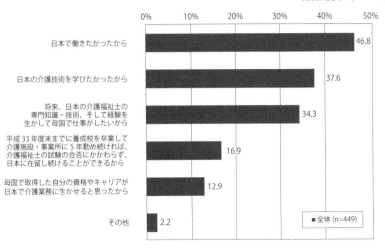

出典：報告書、問6、p. 79

● 養成施設へのアンケート調査結果

　介護福祉士養成施設では、外国人留学生の入学試験の方法は、「面接」（97.4％）が最も多く、次に「作文」（51.3％）、「筆記試験」（44.3％）の順で実施されていた。また、「日本語能力を入学要件としている」養成施設は91.3％あった（図12）。次に、介護関連の知識などは「入学要件としていない」が89.7％、「入学要件としている」が10.3％であった（図13）。

　このことから、介護関連の知識は就学期間内に介護福祉士養成校で修得す

ることである、という養成施設の姿勢が確認できる。また、外国人留学生の受け入れ体制については、介護学習、日本語学習、生活全般および就職などに対するサポート体制を実施していることから、日本で学習する意欲のある学生に対して、クラス担任や専任教員が入学から就職まで切れ目のない支援にあたる姿勢がうかがわれる。

図12　貴校では、外国人留学生の「日本語能力」を入学要件としているか。
(1つ選択) (n=115)

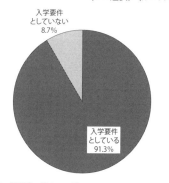

出典：報告書、問5、p. 15

図13　貴校では、外国人留学生の「介護に関連する知識等」を入学要件としているか。
(1つ選択) (n=117)

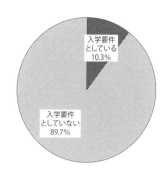

出典：報告書、問7、p. 21

図14　外国人留学生に対するサポート体制：日本語学習について
(複数選択) (n=103)

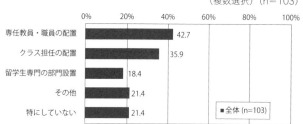

出典：報告書、問12-2、p. 28

②入学後

●養成施設へのアンケート調査結果

　介護福祉士養成施設では、介護学習に始まり、日本語学習、生活全般そして就職に関するサポート体制を幅広く実施している。これに加え、留学生が

国家試験に合格するためには、入学時に一定以上の日本語能力が必要であると考えている。専任教員やクラス担任が日本語学習サポートの役割を担っていることがわかった（図14）。

　また、入学後、「留学生に対して独自の教育」を「実施している」（41.2%）と「これからの実施を検討していく予定」（32.5%）とを合わせて7割強の養成施設は、留学生に対する教育の質を保つ努力をしていることがわかった。

③卒業後

　回答総数が29施設と少ないが、そのうち卒業した外国人留学生の雇用・勤務形態は、「正規職員・常勤」（20人）が卒業生の約7割を占めた。

　養成施設を卒業した外国人留学生を採用した多くの施設では、採用にあたり、職員への説明や職場の介護に関わる相談・指導担当、生活に関わる相談担当などを配置しており、受け入れ環境は整いつつあるのではないかと考えられる（図15）。

図15　外国人介護人材の採用にあたって、貴施設・貴事業所で新たに準備したことや見直したことがあれば教えてください。（複数選択）（n＝16）

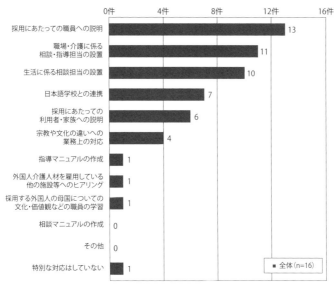

出典：報告書、問11-2、p.138

次に、養成施設で学習したことは29人のうち、「とても役に立っている」は14人、「役に立っている」は8人が答えており養成施設での学びは実践においても役立っていることがわかった。

　また、利用者・家族からの反応は「良い」が24件（83％）であることから養成施設における外国人留学生への教育の質は一定程度が評価されるのではないか。その一方で、職場で直面している困難としては、「自身の日本語能力」（16人：55％）「長期の休暇がとりづらく、思うように母国に帰ることができない」（6人：21％）などが続いている（図16）。

図16　あなたは、現在の職場で困っていることはあるか。（複数選択）（n＝22）

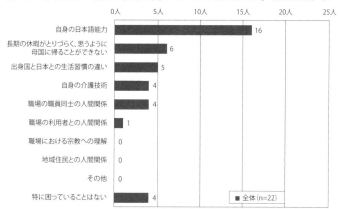

出典：報告書、問18、p. 175

（5）時系列でみた外国人留学生の姿のまとめ

　多くの外国人留学生は、日本語という新しい言語にまだ苦労している姿が浮き彫りにされた。近年、日本人卒業生でも、現場での継続教育の重要性を感じているが、外国人留学生に学びの機会を提供した養成施設には、外国人留学生のみならず、今後一貫した現場での継続教育を推進することが期待される。

（6）養成校の視点からみる現状と課題

　上記でみてきたアンケート調査結果から、卒業後の外国人留学生が利用者・家族、施設職員に受け入れられていることや、施設・事業所は積極的に

留学生受け入れ準備体制を整えていることがわかった。しかし、留学生の日本語能力には課題が残されていることも確認できた。養成施設は、介護福祉士を養成するという役割を持つ。特に「まんじゅう型」から「富士山型」へという指針が示されている現在、専門的な知識・技術、倫理観を持った人材を輩出するために何が必要か、何を教育の質の担保とするか、を考えたとき、留学生の日本語能力の問題は歴然と残る。

　以下に、介護福祉士養成施設職員として日々感じている外国人留学生に関する課題を確認する。

①国家試験結果からみる現状と課題

　介護福祉士養成施設における多くの外国人留学生は、専門学校の2年課程で学んでいる。前出表8の①の調査結果でも、2年制が8割以上を占めていた。現在介護福祉士養成施設は、1～4年の養成課程があり、どの課程を選ぶかは留学生の事情により異なっているが、卒業時の目標は共通しており、各校とも国家試験合格である。そして、目で見える形の「質」として、国家試験に合格させ介護現場に送り出すことが重要なのである。また、リーダーとして業務を担うという役割が、個々のモチベーションにつながり、ひいては生きがいをもって働き続けることができるのではないかと考えている。

　しかし、介護福祉士養成施設においては2020（令和2）年現在、資格取得のための経過措置があるため、国家試験を受験しない、または不合格であっ

表9　介護福祉士国家試験における養成施設卒業生の合格率の状況

	日本人卒業見込み者		外国人卒業見込み者	
第30回試験 【2018年1月実施】	合格率	89.1%	合格率	41.4%
	受験者	6268人	受験者	152人
	合格者	5586人	合格者	63人
第31回試験 【2019年1月実施】	合格率	90.9%	合格率	27.4%
	受験者	5439人	受験者	394人
	合格者	4945人	合格者	108人
	※日本人既卒		※外国人既卒者	
	合格率	42.5%	合格率	14.7%
	受験者	358人	受験者	34人
	合格者	152人	合格者	5人

出典：厚生労働省（2019）、p. 9を基に筆者作表

ても5年間継続して介護業務に就くことで介護福祉士登録が可能となる現状がある。2019（令和元）年、厚生労働省から報告があった養成施設卒業生の介護福祉士資格の合格率の状況は表9に示す通りである。直近2回の国家試験合格率をみてみると、日本人の合格率は89.1％と90.9％であまり差はないが、留学生の合格率は41.4％から27.4％と大幅に下がっている。また、留学生の既卒者でみてみても、単純に前回受験者（152人）から合格者（63人）を引くと、89人の不合格者がいる。次年度既卒受験者は34人であることからその89人の不合格者から受験者34人を除く残り55人は未受験者、ということになる。これらのことから、以下の2点が課題として浮かび上がる。

1. 国家試験合格を目指す介護福祉士養成施設には、日本語力の強化が必要なのか、それとも、別の何の学習についての強化が必要なのか。
2. 卒業後、国家試験受験に対する意欲が低下しているのではないか。また、資格がなくても働けるため、施設・事業所が留学生に試験合格を求めていないのではないか。

　特に、2に関する調査研究はまだ行われていないので、ここでは1の課題について、表8で紹介した①養成施設、および②外国人留学生を対象に実施されたアンケート調査結果を基に、まずは養成施設での外国人留学生の現状を確認した後、教育について考察する。

②介護福祉士養成校の外国人留学生の現状

●入学時の日本語要件

　日本語を入学要件としている養成校は91.3％で、そのうち多くの養成校が、JLPT N2以上（67.0％）またはN3以上（30.7％）を入学要件としている。

●国家試験対策

　時間割上の制約があり十分な教育ができていない施設が約4分の1あり、23.5％が「自習」を行わせていた。「その他」（31.3％）は、日本語や国家試験の独自の補講を行っているとした養成施設が多かった。また、特に「特別な対応はとっていない」養成施設も4分の1となっていた。

●外国人留学生の日本語レベル

　JLPTのN1が7.4％、N2は31.1％、N3は41.8％、N4は12.0％、および N5が7.7%であった。

●介護福祉士養成施設以外での日本語自主学習時間

　授業の有無にかかわらず、1〜2時間程度の自主学習を半数以上がしていた。

●使用場面ごとの日本語理解

　「わからない」（「あまりわからない」と「まったくわからない」の合計）が、日常生活、養成校の授業、介護施設・事業所でのアルバイト・介護実習での日本語理解ではいずれも1割未満。一方、介護福祉士の国家試験の勉強では2割以上が「わからない」であった。

●日本語学習の相談相手

　「学校の教員（クラス担任・ゼミ担当）」（69.6％）が最も多く、「友人・知人（日本人）」41.2％。「友人・知人（母国出身者）」29.5％、「学校の教員（クラス担任・ゼミ担当以外）」（24・4％）であった。

●授業内容の理解度

　授業の理解度は、「やや理解できる」（50.4％）、「どちらともいえない」（26.6％）、「十分理解できる」（13.2％）、「全く理解できない」（0.9％）の順で、「十分理解できる」は約13％であった。

●授業に対する満足度

　「満足」（44.9％）、「やや満足」（27.7％）、「どちらともいえない」（23.0％）、「やや不満」（3.1％）、「不満」（1.3％）で7割以上が授業に「満足」していた。

●介護福祉士養成施設を辞めたいと思った理由

　「勉強についていけないから」（32.9％）が最多で、次に「プライベートな理由」（29.6％）、「日本で暮らしていくのが大変だから」（16.2％）および「介護以外を学べる学校に行きたいから」（13.0％）が続いた。

③介護福祉士養成施設における教育に関する考察

　養成施設入学時の要件として一部の養成施設はN2以上（67％）としていることがアンケート結果から確認できた。これは、養成施設の教育内容を理解するためには、一定の日本語能力が必要であると判断しているためである。外国人留学生も同様の考えがあることが、授業のあるないにかかわらず、半数以上が自主学習を1〜2時間していることからわかる。

　日本語能力と授業内容の理解度との関連を分析してはいないが、留学生の授業内容の理解度では、「やや理解できる」（50.4％）が最も多く、授業に対する満足度は「満足」（44.9％）や「やや満足」（27.7％）が半数以上であったことから、養成施設教員が授業を理解させるための努力をしていると推測できる。このことは別の調査（三菱UFJリサーチ＆コンサルティング2019）でも、養成施設は「留学生を対象とした補講の実施」（41.1％）や「留学生用の補足教材・資料の用意」（33.6％）をしていると報告されていることからも確認できる。

　場面ごとの日本語理解では、日常生活、養成校の授業、介護施設・事業所でのアルバイト・介護実習ではいずれも1割未満が「わからない」と回答していた一方で、介護福祉士の国家試験の勉強では2割以上が「わからない」と答えていた。N2程度の日本語能力の目安は、「日常的な場面で使われる日本語の理解に加えて、より幅広い場面で使われる日本語を理解できる」とされているが、この幅広い場面で使われる日本語は、実習や演習授業、生活面では活用できているといえる。実際、介護福祉士養成施設の介護実習における利用者との会話や実習日誌の記録には十分生かされていると感じている。

　しかし、養成校卒業までの1850時間のうち実習時間は450時間で、他の多くの学びは学内での講義や演習である。専門用語も多く使用されている教科書を読み解くためには、通常の日本語に加えて、医学用語や介護用語の理解が必要である。また、介護の理念・概念、社会福祉に関する法律などは、N2取得者でも理解が難しいという声も聞かれる。ここで紹介した養成施設のアンケート調査結果では、「留学生を対象とした補講の実施」（41.1％）や「留学生用の補足教材・資料の用意」（33.6％）をしているが、通常の授業に加えて行う補講などは教員側の限界もある。さらに、介護福祉士養成施設の現状として、勉強と生活で疲弊感を感じる留学生もいる。その結果、合格し

なくても介護業務に就くことができるということを理由にして、学校での学びの意欲が低下し、ひいては国家試験合格に意欲を失う学生がいることは否めない。一方で、学習意欲が高く、日本語能力も個人で努力する姿勢のある学生は、補助教材などを有効活用し合格に向けて学びを深めている。結果的に、このような両者が存在する学習環境で教員は、悩みを抱えているともいえるのではないだろうか。

　今回、国家試験合格には、日本語力の強化が必要なのか、それとも別の何の学習についての強化が必要なのかという視点で、現状と課題を確認してみた。そこからわかることは、介護現場で働きながら、日本の介護の質を向上させていくためには、やはり養成施設の責任として、国家試験合格を卒業時の目標とすべきであるということである。試験に合格することで、外国人留学生は専門職である介護福祉士であることを自覚し、プライドを持ち、学び続ける姿勢につながり、ひいては介護現場に定着し、それが介護の質の向上にもつながると考えるからである。そのためには、国家試験の不合格の要因を留学生の「日本語力が不足するから」「学習時間が足りないから」と決めつけるのではなく、定められた期間の中で、より効果的な教育方法の見直しをしていく必要がある。

　2017（平成29）年の法改正により、介護福祉士養成施設には外国人留学生の入学が急増し、教育現場の受け入れ環境が十分整っていない現状があり、効果的な教育方法を早急に開発する必要性を強く感じている。では、具体的な方策は何か？　さらなる現状分析と方法論の確立のための対策を養成施設全体で取り組むことが第一歩となることは言うまでもない。

　さて、介護福祉士養成施設教員として、外国人留学生の入学者数増加に対応してきたここ数年の体験から言えることがある。それは、介護福祉士国家試験合格に必要なのは、教員の技術とモチベーションの向上ではないかということである。ここでいう教員の技術とは、難しいと言われる専門用語や日本語を、わかりやすく、理解できるよう教える技術とする。難しい専門用語、日本語をそのまま教えることはたやすいが、授業を受ける学生の立場に立ったらどうであろうか。学生の「難しい」「わからない」という構図を作り、結果的に学生のモチベーション低下につながることを教員は自覚することが必要がある。教員自身が経験した学びを「そのまま、外国人留学生に」

という姿勢では、外国人留学生を責任を持って介護福祉士にさせることは難しいと感じている。

　一方、モチベーションの向上とは、国家試験に合格させ、介護福祉士として働き続ける人材育成の要である教育者としてのモチベーションの向上を指している。確かに筆者自身、学びの成果が出にくい学生に対して、悩み、あきらめてしまったこともあるが、外国人留学生でも、日本人学生でも介護の質を向上させ、リーダーとなる役割を持つ人材養成が介護福祉士養成施設教員の仕事であると考えているからである。介護福祉士養成施設における介護教員には、現場での体験を有した介護福祉士や医療職で、いずれも介護を必要とする多くの利用者やその介護者と関わりを持ってきた専門職であることが求められている。介護教育の専門職として、あきらめずに、目標に向かい続けることを意識したい。

おわりに

　日本の介護人材養成にあたる介護福祉士養成施設および介護施設・事業所は、EPA介護福祉士候補生、留学生、技能実習生などのさまざまな外国人介護人材を受け入れてきた。その経験から、筆者は日本の介護の質は世界に通じる、と確信している。しかし、介護人材の養成に関わる介護福祉士養成施設の教育者および、介護実践の現場における指導者の数と質の確保が難しいのも現状である。志を持って日本に入国した外国人介護人材に対しては、教育現場における基本的な教育だけでなく、介護現場での実践教育も必須である。個々の外国人労働者を理解し、各々の状況に応じた人材養成ができているのか？　適切な対応はできているのか？　速やかに具体的な方策を講じていかなければ、外国人介護人材の定着と介護の質の確保は難しいだろう。外国人介護人材を取り巻くさらなる環境整備の1つとして、養成施設の教員、介護現場での指導者の教育力の育成が急務である。第32回介護福祉士国家試験では、外国人留学生はEPA介護福祉士候補生同様の試験時間となった。国の整備が進んでいることに感謝しつつ、介護福祉士養成施設に通う外国人留学生の教育の質の確保と向上にこれからも研鑽を重ねていきたい。

【参考文献】

秋山昌江・上原千寿子・川井太加子・白井孝子編集代表『最新 介護福祉士養成講座3　介護の基本Ⅰ』中央法規出版、2019

厚生労働省「平成19年度社会福祉士及び介護福祉士養成課程における教育内容の見直しについて〜介護福祉士養成課程における見直しについて〜」2007

厚生労働省「第3回福祉人材確保対策検討会　資料1」2014年7月1日

厚生労働省「介護人材確保地域戦略会議　第3回資料2-1」2015

厚生労働省「第145回社会保障審議会介護給付費分科会　参考資料　介護人材確保対策」2017年8月23日

厚生労働省「介護福祉士養成課程における教育内容の見直しについて」2018

厚生労働省「第86回社会保障審議会介護保険部会」　資料2「介護福祉士養成施設卒業生に対する国家試験の義務付けについて」2019年11月27日　https://www.mhlw.go.jp/content/12300000/000571171.pdf　最終閲覧2020.11.19

日本介護福祉士養成施設協会「介護福祉士を目指す外国人留学生等に対する相談支援等の体制整備事業　アンケート調査報告書」2019年3月

日本介護福祉士養成施設協会『創立20周年記念誌（介護福祉士養成の歩み）』2012

日本介護福祉士養成施設協会「令和2年度介護福祉士養成校の入学定員充足等に関する調査の結果について」2020年7月発表　http://kaiyokyo.net/news/2020/000772/　最終閲覧2020.12.28

法研『新しい介護福祉士の養成と生涯を通じた能力開発──介護福祉士のあり方及びその養成プロセスの見直し等に関する検討会報告』2006

三菱UFJリサーチ＆コンサルティング「平成30年度老人保健事業推進費等補助金　老人保健健康増進事業『外国人介護人材の受け入れ環境の整備に向けた調査研究事業報告書』」2019

第3章

EPA の動向と課題
──国際厚生事業団の調査から

安里　和晃

はじめに

　本章では、介護分野における海外人材受け入れの嚆矢となった、経済連携協定（Economic Partnership Agreement: EPA、以下「EPA」）における受け入れについて検討する。もともと自由貿易の深化が協定の目的とされていたが、介護人材の受け入れにおいては、人材の国家資格取得を目指すというものである。介護人材の受け入れは、EPAによる受け入れの後、複雑に展開していった。技能実習に「介護」の職種が追加され、また在留資格「介護」が設定されたので「介護留学」も来日のチャネルとなった。さらに特定技能が制度化されたので、実に4つものチャネルができたわけだが、それぞれの制度の特性を踏まえる上でも、まずはEPAの評価をすべきだろう。ここでは、EPA介護人材を対象に、その求人・求職動向、合格率の動向、介護の質の変化と周囲への影響、来日の動機、学習態度や口頭・文書指示の理解度、学習時間の動向、体調などについて、公益社団法人国際厚生事業団が毎年公表する「外国人介護福祉士候補者受入れ施設巡回訪問実施結果」を用いて明らかにする。

　まず、介護人材の受け入れについて概観しよう。2008（平成20）年に外国人介護従事者が導入されてから、13年が経った。導入以前は、日本介護福祉士会・介護福祉士養成施設協会・日本ホームヘルパー協会などの職能団体は、こぞって受け入れに反対であった。しかし後述の通り、受け入れが始まって以降は、EPAの評判が良かったこともあって、職能団体の考えも徐々に変化していった。また、人材不足を背景に、すでにあった技能実習制度の中に介護職種が追加され、介護のアルバイトに従事しながら日本語を勉強す

る留学生も増えた。

　ところで、これらの受け入れ制度には、それぞれ特徴がある。最近増えてきた技能実習制度や特定技能と比べて、EPAによる介護従事者の受け入れの特徴をいくつか挙げよう。EPAの場合は、政府間協定により、ほぼ全てのコストを日本政府と受け入れ機関が負担し、労働者本人による負担はほとんどない。それが大きな特徴である。斡旋手数料の負担は使用者で、国家試験に向けた研修は公費負担となっている。労働者負担となるのは、地方から首都圏までの国内移動費やパスポートの取得費用などで、極めて限定的である。技能実習制度や介護留学で高額斡旋料の徴収が問題となっているのとは対照的である。

　EPAによる受け入れでは、看護学校卒業水準が大多数を占めていて、繰り返すが来日に斡旋手数料は不要である。一方、技能実習制度では高等学校卒業が要件で、出身国に応じて異なる費用が必要となる。つまり、EPAと技能実習制度では、同じ介護従事者であっても、目的と移動経路、要件が全く異なることに注意を払わなければならない。

　EPAの場合、来日前後の研修期間は、フィリピンとインドネシアは1年、ベトナムは1年2か月に及ぶ。研修費用は使用者と公費負担であり、先述した通り労働者本人の負担はない。ベトナムからの来日者にはN3の取得が求められていて、インドネシアやフィリピンからの来日者はN4、N5に相当するレベルに達している。

　来日後、介護福祉士候補者は3年間にわたって介護業務に従事し、介護福祉士の受験資格を取得してから、4年目に介護福祉士国家試験を受験する。合格すれば介護福祉士として引き続き日本で介護業務に従事することができる。原則として、国家試験に合格しなかった者は帰国しなければならないが、要件を満たす限りにおいて、特例的に1年の滞在延長手続きをとることができる（平成31年2月22日閣議決定）。このようにEPAは公的な枠組みでの人の移動であるため、他の経路と異なる点に留意が必要である。

　EPAに関する調査には一定の研究蓄積がある。例えば、政策決定プロセスに関する研究として安里（2007）がある。介護福祉士は日本独自の国家資格であり、相応する資格が送り出し国に存在しない中で、どのように受け入れ枠組みが決められたのかについて、関係者への聞き取りを総合して詳細に論

じたものである。そこでは、農産物の交渉を回避すべく、巧みに人の移動が貿易協定に取り込まれていくプロセスが確認される。国内世論は二分されることになるが、職能団体や労働組合の多くは慎重な姿勢をとる。ポジションペーパーとしても日本看護協会の岡谷（2005）や、労働組合の河原（2005）などがあり、ケアの質が低下することへの懸念、低賃金化、研修費用が投入されることに関する「社会コスト」の懸念が多く指摘された。同様の指摘は、日本介護福祉士会、介護福祉士養成施設協会など職能団体からもあった。

　問題点は送り出し国からも指摘されており、人材流出による看護師不足の顕在化、語学習得に重点が置かれることで技能が停滞するなどが指摘された（ハミッド2009）。特に、看護師が介護職に従事することについてはフィリピン看護師協会、インドネシア看護協会ともに、異なる職業へのリクルートには倫理的課題があると強く抗議している。ハミッド氏は介護職への転向者には看護資格を付与しないなど強い姿勢が交渉過程であったことも筆者に話している。また、経済的便益の観点からも、いわゆる女性の活用や日系企業の海外展開による途上国の雇用を創出しつつ、海外展開に伴う人の移動の代替効果として、介護の雇用を国内で賄うほうが国際厚生を高めることができるとした（後藤2010）。さらに、EPAのような小規模な受け入れでは規模の経済が利かず、費用対効果が高止まりすることも示された。

　他方で、現場からは受け入れに期待する声もあった。塚田（2010）によれば、受け入れ初期の2008（平成20）年の調査時点で6割の施設は受け入れに肯定的であった。否定的な回答はテキストマイニング法を用いたところ、「言葉」「文化」「コミュニケーション」「日本人」が施設長や職員で共通に上位に位置していた。

　また、来日介護従事者の問題として、看護師が介護に従事することに対して「社会的地位が下降している」と当事者たちが考えていること、雇用契約書が十分に理解されていないなどの問題が指摘された（安里2008）。看護から介護への転向が、EPA介護従事者のストレスとなっている点も指摘された（Nugraha & Ohara-Hirano 2015）。この点は、2021（令和3）年時点でも聞かれる当事者の意見であり、看護師のリクルートの問題点でもある[1]。この

1　インドネシア人介護福祉士に対する聞き取りから（2021年6月6日）。

「社会的地位の下降」は日本の介護を理解していない者の見当違いという指摘もある（平野2018）。そもそも介護概念は医療概念ではなく、福祉系の概念であり、治療ではなく生活に重心を置く。したがって、介護福祉士は「生活モデル」に由来する専門人材である。こうした違いが、医療施設と介護施設における経済的ストレスと心理的ストレスの違いとなって表出するのであろう（Hirano & Tsubota 2016）。

　ただし、介護の専門性は介護保険以前から議論が続いており、「生活モデル」が、十分に理論化されていない点は否めない。また、看護概念そのものが生活を取り込んでいないかというとそれも適切ではない。EPA看護師へのインタビューにおいても、看護「ケア」概念は幅広く、キーワードとしてよく取り上げられるのはフィリピン系であれば優しい愛のあるケア（Tender Living Care: TLC）、インドネシア系であれば慈悲の心（Iklhas）といった生活や宗教に根差した概念が持ち出される（安里2018）。「医療モデル」とはいえ、基礎の部分では「生活モデル」にも通じる概念である。しかし、「生活モデル」概念としてのケアは「医療モデル」の下位概念であると理解されることも多い。こうした理解によって看護学校を卒業した多くの候補者は、来日して介護業務に従事することを「社会的地位の下降」と感じているのだろう。しかし、技能形成が来日の目的となる場合、「生活モデル」としての介護概念は、看護の下位概念ではなくなる。適切な日々の介護実践はより重要視され、それ自体が介護福祉士国家試験対策となる。後述の通り、こうした来日目的意識と合格率には相関がみられる。

第1節　EPA介護福祉士候補者の実態分析の方法

　EPAによる看護師候補者・介護福祉士候補者の受け入れでは、国際厚生事業団が唯一それに関する調整機関として定められている。この点は3か国（インドネシア、フィリピン、ベトナム）との二国間協定において政府間で定められていて、極めて公的な側面が強い。公益社団法人国際厚生事業団（以下「JICWELS」）は、1983（昭和58）年に厚生省から認可を受けた公益社団法人であり、2008（平成20）年からは経済連携協定に関する業務を担っている。JICWELSは、協定相手国の調整機関とマッチングなどを行うととも

に、さまざまな支援事業を担っている。その1つが、巡回訪問とアンケート調査である。これは労使双方の労務管理の実態を調べるもので、日本人との同等報酬要件を含む労働条件上の問題を確認する。また、労働者が給与明細や雇用契約の内容を理解しているかだけでなく、パスポートや在留カードの管理状況や健康状態などについても質問が及ぶ。さらに、日本語学習や試験対策の進捗状況も問われる。巡回訪問の結果は、「外国人介護福祉士候補者受入れ施設巡回訪問実施結果」として毎年公開されている。これは必ずしも学術的な調査報告書ではないが、EPAがどのように運用されているかを検討する上で貴重な資料である。今回は、公開されているこの報告書をもとにEPA介護福祉士候補者の実態について検討してみよう。

例えば、巡回訪問は各年実施されており、本章で用いるのは、調査項目が一貫している2012（平成24）年以降、利用可能な2018（平成30）年までである。調査は2014（平成26）年までがインドネシアとフィリピンからのEPA来日者を対象とし、それ以降はベトナムも加わっている。調査の対象となっている候補者は延べ8963名に及んでおり、それに対応する研修責任者も回答している。つまり、候補者と施設の双方から調査を実施している[2]。

調査の内容はたびたび変更されているが、大雑把には以下の通りである。施設関係者が回答する項目には、外国人介護従事者の受け入れに伴う職員・職場環境・利用者への影響、受け入れの目的と評価、雇用慣行や職員との協調といった適応力、労働時間、夜勤、口頭指示や文書指示の理解度、学習時間と態度などがある。また、候補者本人が回答する項目には、来日目的、コミュニケーション、学習時間、仕送り動向、給与明細の理解度、健康状態などがある。こうした項目から一部を用いて、以下EPA介護福祉士候補者の動向について検討する。

---

2 回答者数は2012年562名、13年473名、14年465名、15年732名、16年1117名、17年1543名、18年1893名、2019年2178名である。国籍別など詳細は個別の報告書を参照のこと。なお、この報告書はEPAで来日した介護福祉士候補者が対象であり、国家試験に合格したEPA介護福祉士は含まれていない点に留意する必要がある。

第2節　EPAにおける人材育成と国家試験

(1) EPAの求人・求職動向

　JICWELSの報告書をもとに、求人求職動向を通じて、介護人材がどのように受け入れられたのか、あるいは受け入れられなかったのかについてみてみよう。EPAの受け入れは、フィリピン、インドネシア、ベトナムの3か国からである。受け入れ枠はそれぞれ年間300名で、3か国から最大900名の受け入れが可能となっている。

　協定の交渉はフィリピンから始まり、看護師・介護福祉士の受け入れ枠組みが作られ、それが後の交渉でインドネシアやベトナムに適用された。ただ、交渉の進展の都合から、2008（平成20）年の受け入れはインドネシアから始まった。

　初年度の求人数は、最大300名の枠よりも少ない291名で、その中からマッチングを経て実際に来日した者は、わずか104名だった。つまり、187名はマッチングがうまくいかなかったのである。求人側からみると、マッチングの成功率はわずか35.7％であった。では、なぜミスマッチが多かったのだろうか。筆者は、2008（平成20）年に、インドネシア政府海外労働者派遣・保護庁（BNP2TKI）のEPA担当者であるハポサン氏に聞き取りをしたことがある。マッチングがうまくいかなかった者の多くは男性看護師で、ハポサン氏はその点を不思議に思ったそうである。筆者が「日本では介護職の多くは女性だ」と伝えると、「それを言ってくれていれば、看護学校に通知して、より多くの女性求職者を選んでいたのに」と悔やんでいた。つまりミスマッチの主な原因はジェンダーにあり、日本の施設側が男性看護師の選択に躊躇していたからと考えられる。

　2009（平成21）年には、フィリピンからの受け入れが始まった。先行のインドネシアと合わせると受け入れ枠は600名に広がったが、求人数は520名で、実際に受け入れたのは379名であった。マッチング成功率は73％である。また、受け入れ枠の600名に占める、実際の受け入れ数の割合（EPA充足率）は63％であった。

　EPAは、2010（平成22）年から「冬の時代」を迎え、求人数は大きく減

少した。厚生労働省などが施設に働きかけたにもかかわらず、600名の枠に対して求人数が200名に届かない状況が3年続いた。実際に来日する人の数はそれより少ないわけで、2011（平成23）年の受け入れ数はわずか119名、EPAの充足率は19.8％と最低を記録した。JICWELSの角田理事長も、「外国人介護従事者は日本に定着しないのではないか」と危機感を覚えたそうである[3]。ただし、買い手市場ということもあって、マッチング成功率は80％から90％程度と高い割合を記録した。

冬の時代を終焉に向かわせたのは、新たにベトナムから受け入れが始まったことが大きいだろう。インドネシア・フィリピンにベトナムが加わり、受け入れ枠は900名となった。求人数は2013（平成25）年の212名から547名に伸び、受け入れ数も410名に達した。この年から、EPA充足率は回復の一途をたどる。

ベトナムからの受け入れが好評だったのは、訪日前の日本語研修が1年間と充実しており、日本語能力試験N3に合格しなければ、マッチングの機会さえも与えられない点にあるだろう。つまり、受け入れ施設にとってはN3保持者が確実に受け入れられるわけで、候補者の能力が的確に予測でき、ある程度は即戦力として期待できた。そして、ベトナムからのEPA介護福祉士候補者たちの国家試験合格率が90％を超えるとすぐさま、さらに求人が伸びるようになった。

EPAの評価は一層、高まっている。少子化を背景とした労働力人口の伸び悩みによる有効求人倍率の高まりもあって、EPAの求人数は大きく伸び、2021（令和3）年には2522名にまで増加した。求人数の伸びは、ベトナムのみならず、インドネシアやフィリピンも大きく進展した。2020（令和2）年度の受け入れにおいては、フィリピン、インドネシアとも求人数がほぼ1000名に達していて、これにベトナムを加えると、実に2900名もの求人があった。また、受け入れ枠900名に対して、充足率も85％に達した。これは、EPAの「冬の時代」とは大きな違いである。

他方で、大きな問題も顕在化した。それは求職者数が伸びなくなっている点である。求職者数の3か国合計は、2018（平成30）年度が1260名である

3　2008年8月の聞き取り調査から。

のに対し、2020（令和2）年度は1087名、2021（令和3）年度は712名にまで落ち込んだ。特にベトナムはこの傾向が顕著で、求人数が700～900名に達しているにもかかわらず、求職者数は194名（2018年度）、198名（2020年度）、177名（2021年度）と推移していて、300名の受け入れ枠を大きく下回っている。実際に人材の確保に成功した人数と求人数を比した競争倍率は4～5倍となり、もはやベトナムからのEPA人材は介護人材の供給源としては当てにならない。EPAから人材を確保することは、事実上、困難となった。2020（令和2）年度の受け入れでは、求人倍率はベトナムで約5倍、求職者のマッチング成立割合は90％を超え、ミスマッチはほとんどなくなった。しかし、2010年代初頭の「冬の時代」における求人の伸び悩みとは逆に来日希望者の大幅減少という、新たな「冬の時代」が到来したのである。

　なぜEPA志願者が減っているのだろうか。その理由として、技能実習制度に介護の職種が追加され、介護での受け入れが始まったこと、さらには介護留学という形での来日者が増えたことが挙げられる。介護留学や技能実習などの新しい制度が始まったことにより、制度間での競争が激しくなっている。民間送り出し機関は、技能実習や介護留学の開始にともない、マーケティングを活発化させている。その結果、労働者負担の大きい技能実習や介護留学が活発化し、労働者負担がほとんどない公的斡旋のEPAの求職者が減少するという皮肉な状況に陥っている。

　これは、斡旋の構造と関係している。労働者負担分のある技能実習は、労働省系の政府機関から認証を受けた送り出し機関を通じてのみ、送り出しが可能である。また、介護留学は、労働省系の管轄ではなく、教育省系もしくは職業訓練局などの管轄下の日本語学校を通じた送り出しとなる。そして、多くの日本語学校は、技能実習とも関係がある。両者は同一法人でつながっていることも多く、利害が一致している。つまり、技能実習にせよ、介護留学にせよ、人材を確保すべく、日本側がベトナムの看護学校と提携関係を結ぶことが多いため、EPAの位置づけが相対的に弱くなっているのである。自己負担が少なく、受け入れ機関と公費負担の大きいEPAが弱体化しているのはこのためである。

　国別の介護福祉士国家試験合格率の推移をみてみよう。第24回試験（2011年度）では、全受験者（ほぼ日本人）の合格率は64％で、EPAの1期生（イ

ンドネシア）の初受験の合格率は37％であった。その後、全受験者の合格率は60％台前半で推移し、第29回試験（2016年度）以降は70％台に達するようになった。なお、第33回試験（2020年度）は71％であった。

　インドネシアとフィリピンからの来日者の合格率は、ほぼ同じような合格率で推移している。インドネシアに関しては、第27回試験（2014年度）と第28回試験（2015年度）の合格率は、全受験者のそれを上回った。ただし気になるのは、両国からの来日者の合格率が近年、低下傾向にあることだ。インドネシアは、第33回試験（2020年度）では、ピーク時と比べて20ポイント以上も下がっている。最近は日本人の合格率が高くなりつつあることを考えると、この低迷状態には何らかの理由があるのではないかと考えられる。

　2017（平成29）年が初受験だったベトナムからの来日者の合格率は、日本人よりもはるかに高い93.7％を記録した。その後も同レベルで推移したため、一過性のものではないことが証明され、驚きをもって迎えられた。それだけ優秀な人材を惹きつけ、良質な研修が行われたことの成果であろう。こうした人材の受け入れは、受け入れ施設にとっても大きな刺激となっている。

　ベトナムといえば、よく報道されるのは、技能実習における失踪率や刑事罰に処された件数の高さだが、EPAの結果は全く逆である。これは、異なる制度においては、異なる実績が生まれることを意味する。例えば、EPAのように斡旋料が使用者負担であれば、失踪の可能性が低くなるばかりでなく、就労や国家試験対策に集中できる。制度は人を育む。

（2）受け入れと介護の質について

　EPA介護従事者が介護の質にどう影響を及ぼすかについては、導入以前からさまざまな意見が飛び交っていた。巡回報告書では、「1．日本人職員への影響について」「2．職場環境への影響について」「3．利用者への影響について」の3つが問われている。2014年から2019年では、3つの問い全てにおいて、「プラスの影響」とされる割合が高い。「良い影響」「どちらかというと良い影響」と答えた割合は80％以上で、「どちらかというと悪い影響」「悪い影響」という回答はわずか1％、もしくはそれ以下となっている。

　経年変化についてみてみよう。2014年から2019年にかけての評価は、「日本人職員への影響」に着目すると、「どちらかというと悪い影響」「悪い影

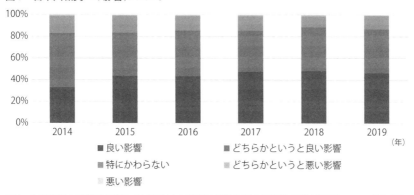

図1　日本人職員への影響について

凡例:
- 良い影響
- どちらかというと良い影響
- 特にかわらない
- どちらかというと悪い影響
- 悪い影響

出典：公益社団法人国際厚生事業団、各年「外国人介護福祉士候補者受入れ施設巡回訪問実施結果について」（以下同）

響」が1％程度で推移しており、傾向に大きな変化はない（図1）。さかのぼ
ることができる最も古い2010年の調査によると、「施設が提供するサービス
の質への影響」について、「どちらかというとサービスの質は低下した」と
いう否定的な回答は1件（0.5％）のみであった。EPAは、導入当初から今日
に至るまで、一般的な傾向として介護の質を低下させたとはいえず、むしろ
日本人職員には良い刺激となり、職場環境や利用者にも良い影響を与えてい
る。なお、否定的な評価の理由については、自由記載がないため詳細は不明
だが、聞き取りなどからすると、指導が負担であること、やる気が感じられ
ないことなどを挙げることができる。

（3）学習態度に関する評価

　全般的に、施設の研修責任者は介護福祉士候補者の学習態度に肯定的な評
価を与えている（図2～4）。「真面目に学習している」「普通」「やる気が感
じられない」の三択のうち、「真面目に学習している」と評された者の割合
は3か国平均で64％にのぼる。「やる気が感じられない」という最も低い評
価を下された者は、わずか3％にすぎない。
　「真面目に学習している」という評価は、滞在年数の長さや国家試験を直
前に控えた滞在4年目かどうかとは関係がない。むしろインドネシアやフィ
リピン出身者では、滞在年数が長くなると、評価が低下する傾向がある。低
評価は、必ずしも候補者本人の学習意欲減退を示すわけではないが、少なく

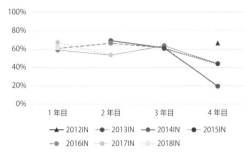

図2 まじめな学習態度の割合（インドネシア）

図3 まじめな学習態度の割合（フィリピン）

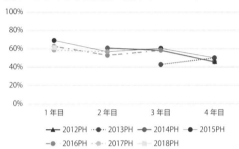

図4 まじめな学習態度の割合（ベトナム）

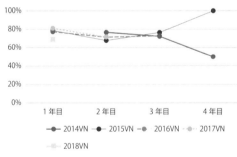

とも評価者の期待と実際との間に乖離が存在することを示す。

　仮に候補者本人の学習意欲が低下しているとすれば、それはおそらく国家試験合格に対する態度が二分されているからだろう。国家試験に向けて勤勉な候補者と、早々とあきらめている候補者に分かれるのである。特に、漢字や日本語でつまずいた候補者は、試験に対する学習意欲が高まらない。インドネシアやフィリピンからの候補者には語学の最低要件がないため、来日してから日本語でつまずくことが多い。早い段階で日本語能力を高める工夫、特に入国時の日本語力を高めることが重要であろう。

　ベトナムからの候補者については、学習意欲の低下は一貫してみられない。[4] この学習態度に関する高評価は、評価者の期待との一致を示している。また、ベトナムからの候補者は、夜勤の回数が多い。つまり、来日前のN3取得という日本語基礎力の早期涵養が、国家試験合格のモチベーションとなっており、そのことが夜勤などの職務実

4　2014年の割合が低下しているが、この年は対象とされるアンケート数がわずか2であるため、あまり有効とは言えない。

施能力も高めている。そしてそれが、最終的には合格率の高さに結びつくという好循環である。来日前の1年間の研修でN3程度の日本語能力が形成されることが、日本における学習と就労のベースとなるのであろう。

　学習態度への低評価は、インドネシアとフィリピンの平均でわずか3％程度であるが、これが4年目になると若干高くなる。インドネシア人の5％程度、フィリピン人の8％程度が低評価で、ベトナム人とは対照的である。学習意欲が低調な候補者に対しては、無理にでも試験対策を継続するか、それとも割り切って就労に集中させるかという選択が迫られる。なお、学習態度の評価と合格率には強い正の相関がある（$r=0.67, p<0.01$）。

（4）コミュニケーションに関する評価
①口頭／文書コミュニケーション理解度に関する自己評価
　EPA候補者たちの日本語能力について、口頭の理解度「利用者、日本人スタッフ等との日本語によるコミュニケーションについて」と、文書理解度「日本語の文字によるコミュニケーション」にわけて、まずは本人の自己評価をみてみよう。

　口頭・文書とも、「十分に理解できている」と自己評価した者の割合は、滞在年数とともに上昇している。ただし、N3取得後に入国するベトナム人のほうが、そうした要件のないインドネシア人よりも低いことからわかる通り、あくまでも本人の主観による自己評価なので、必ずしもこれが実際の日本語能力と対応しているとは限らない。来日前の1年間の研修＋実務経験4年目を迎えても、口頭コミュニケーション能力への高評価は5割に満たない。また、滞在年数とともに評価は向上するが、フィリピンにおいてはその伸びが緩慢である。これは、文書コミュニケーション理解度でも同じ傾向である。

　文書コミュニケーションの理解度は、口頭コミュニケーションの理解度と比べて、高評価の割合はかなり低い。「十分に理解できる」のは、4年目のベトナム出身者でもわずか3割足らずで、フィリピンは1割を下回る。9割以上の受験者が国家試験に合格するベトナムからの候補者でさえも、文書コミュニケーションの高評価は3割に満たないという点は、留意する必要がある。ベトナムからの候補者はN3という一つの分水嶺を超えることで、国家

試験合格率90％を超えた。しかし、だからといって介護業務における業務文書の理解が十分であると自己評価しているわけではない。これは、合格後においても適切な研修などの介入が必要であることを示している。

②口頭指示と業務文書の理解度に関する評価

　次いで、施設の研修責任者によるEPA候補者たちの日本語能力の評価についてみてみたい。口頭指示の理解度「日本人職員からの指示（口頭）の理解度と指示の実施状況について」と、業務文書の理解度「業務マニュアル等の記載内容に関する理解状況について」を、それぞれ施設研修責任者が評価している。

　前項の自己評価と共通するのは、口頭（口頭指示理解）のほうが、文書（業務文書理解）よりも理解度が高いという評価である。ただし、詳しくは後述するが、自己評価と施設評価者による他己評価は必ずしも一致しない。

　口頭指示と業務文書の理解度（図5、6）について、双方ともにベトナムは高評価で、特に業務文書の理解度は他の2か国と比べて高い。この評価の出身国別の差は1年目から明瞭であり、これは日本語能力をそのまま反映していると考えられる[5]。

　では、この自己評価と、施設による他己評価との乖離について検討しよう。全体的にみると、おしなべて研修担当者による他己評価のほうが自己評価よりも高い。特に口頭の指示やコミュニケーションについてはその差が大きく、

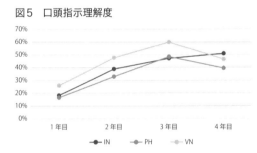

図5　口頭指示理解度

図6　業務文書理解度

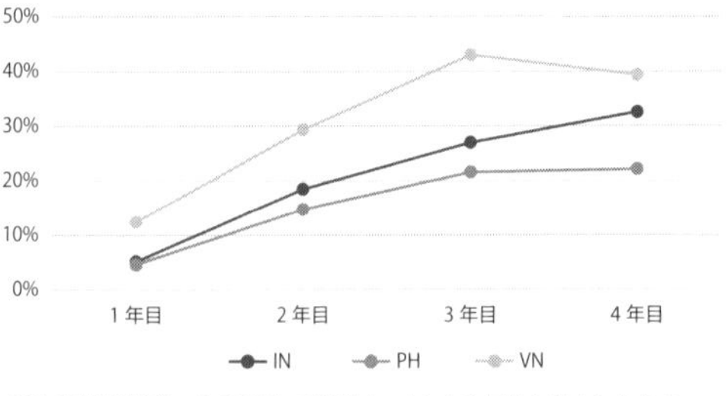

（注）研修責任者による評価で「問題ない」とする割合を計上したもの

───────
5　なお、口頭指示理解度に関し、ベトナムは4年目において若干評価が落ちているが、対象となった候補者数が7名であることに注意する必要がある。

「問題ない」とする自己評価と他己評価の差は10〜30％にも及び、施設による評価が楽観的であることを示す。これは口頭指示の理解では、日本語の聞き取り能力だけでなく、ジェスチャーなどのノンバーバルなコミュニケーション能力が必要であることを示している。また、看護や介護の知識を援用しながら理解を進めるため、言葉としては十分理解できなくても、知識や技能・ルーティーンで理解できることもあるだろう。そもそも出身国では看護師だった候補者が多いので、勘が良いのかもしれない。他方で、書類指示の理解では、日本語能力や読み書き能力そのものの実力が問われ、それ以外で埋め合わせる手掛かりが少ない。こうした事情により、自己評価と他己評価の乖離は小さく、差は10％未満で収まっていることが多い。

（5）夜勤従事について

　夜勤に従事するEPA候補生は、年々増えている。アンケートの対象となったインドネシア・フィリピン・ベトナムの3か国の候補者のうち、夜勤経験者は、2013年時点では2割程度でしかなかった。しかし定められた職員数の配置基準の算定にEPA候補者も入ったことから、2014年以降、その割合は高まった。2019年時点では57％である。

　受け入れ当時は、「介護の質に悪影響を与える懸念がある」として、人員配置基準の算定にEPA候補者は加えられなかった。日本人であれば、無資格者のアルバイトでも算入されていたにもかかわらず、である。EPA候補者の多くは送り出し国の看護師であり、1年に及ぶ研修が課されていたにもかかわらず、EPAに限って人員配置基準に算入されなかったことから、このEPAの例外規定が現場では問題視された。[6] 人員換算されずとも夜勤に従事していたEPA候補者は一定数いて、その満足度も比較的高かったので、現場には不満があったからである。

　2013（平成25）年に一転して、EPA候補者も職員の配置基準の算定に加

6　しかしながら、外国人材に対する夜勤の人員換算については、いまだに対応が統一されていない。無資格で日本語学校や専門学校に通う留学生は、夜勤の制限対象外である。技能実習生は、「夜勤業務は2年目以降に限定する」等の努力義務を、業界ガイドラインが規定している。三菱UFJリサーチ＆コンサルティング株式会社「外国人介護職員の雇用に関する介護事業者向けガイドブック」2019年3月。

えられることになり、受け入れ指針も改正された。厚生労働省は、EPA候補者が労働契約に基づいて就労している点を根拠として、1：3の基準や夜勤の配置基準の双方で、その算入を認めたのである。ただし夜勤の配置基準については、N2保持者は入職時点から、そうでないものは入職後6か月から算定することとなった。

　前述のように、この改正前から算定はされなくとも、実際には夜勤に従事している候補者はいた。告示改正を通じて算定が認められたので、EPA候補者全員が入職後6か月後には夜勤の即戦力として期待されたようである。というのも、1年目の夜勤従事率が徐々に高まっているからである。2015（平成27）年、2016（平成28）年入国者では、1年目の夜勤従事者が3割にのぼっている。来日4年目になると、夜勤の従事率は6割から7割に達した。候補者にとっても、夜勤従事には夜勤手当というメリットがあると考えられる。

　次に夜勤の勤務評価であるが、「夜勤業務は基本的に一人で行っており、どのような夜勤業務も概ね問題なく対応できる」という高評価について、その割合がどのように推移しているか、みてみよう。3か国平均で65〜70％程度が、施設側から高い評価を得ている。また、「1年目から一人で問題なく（夜勤を）実施できる」という評価は、インドネシア54％、フィリピン48％、ベトナム49％である。これが滞在4年目となると、それぞれ84％、86％、93％にまで上昇する。反対に、「日本人職員が付き添って指導すれば、一部の夜勤業務については、概ね問題なく対応できる」という低評価は、1割に満たない。

　なお、夜勤の回数は、滞在年数とともに増加する傾向にある。1年目の平均夜勤回数は月当たり3.6回であるが、4年目となるとこれが4.2回になり、ほぼ1週間に1回は夜勤になる。国籍別では、ベトナムが夜勤の回数が多く、4年目の月平均は4.6回である。

(6) 学習時間と国家試験合格率

　EPA候補者の、施設や自宅での学習時間についてもみてみよう。この質問は、候補者に施設と自宅（寮）における週当たりの学習時間を問うたものである。例えば、学習時間の最長は14.2時間（2009年調査）で、最低は9.9時間（2013年調査）である。EPAのいわゆる「冬の時代」には支援策が乏し

く、そのため学習時間も短い傾向にあったのかもしれない。

国家試験合格率と有意な相関があるのは、自宅での学習総時間である（図7）。しかも、国家試験直前の4年目だけの自宅学習時間よ

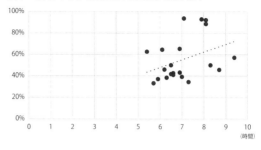

図7　自宅での学習総時間と国家試験合格率

りも、4年間全体の自宅学習時間の総和のほうが、より強い相関がみられる（前者r=0.33, p=0.14, 後者r=0.37, $p<0.1$）。合格率との関係でいえば、4年目の追い込み時期の学習時間よりも、むしろ4年間の自学自習の積み重ねがより重要だと解釈できる。なお、施設での学習時間は3か国間であまり差がなく、国家試験合格率との相関関係もみられない。施設と自宅の学習時間の合計も、合格率とは相関しない。

このように唯一、合格率との相関がみられる自宅での学習総時間であるが、それは自己学習の習慣が身についているかどうかにかかっている。来日前や来日後の1年以上に及ぶ研修では学習枠組みが規定されているが、その後の自己学習の習慣化がより重要となる。特に、来日者の日本語能力はN3程度で、国家試験に対応するには十分ではない。そこで、自己学習能力の形成が合格に大きく影響する。自宅での学習時間を延ばすためには、本人の意識も重要だが、前述の通り、夜勤の回数は滞在年数ともに増加する傾向にある。合格ラインの候補者に対しては、夜勤を減らすなどの工夫も必要だろう。

次に国別の比較だが、インドネシア人候補者の週当たりの学習時間（合計）の平均は、12.2時間である。これは、施設学習時間が5.4時間、自宅学習時間6.8時間の和である。1日当たりの学習時間の平均は、施設46分、自宅58分で、合計105分である。

では、来日1年目から4年目、つまり受験の年までの学習時間の推移をみてみよう。滞在年ごとに、勉強時間はどのように変化するだろうか。インドネシア人候補者の週当たりの学習時間（合計）は、1年目から順に11.8時間、10.6時間、14.0時間、12.5時間と推移する。学習時間は2年目が最低、3年目が最長で、国家試験を控えているにもかかわらず4年目は若干落ち込む。

4年目は施設での学習時間が減少しており、自宅での学習時間も延び悩んでいることがわかる。4年目の追い込みの時期の学習時間が、他の年とそれほど差がないのが特徴である。

フィリピン人候補者の週当たりの学習時間（合計）は、来日1年目から順に12.5時間、10時間、13.3時間、15.3時間と推移している。学習時間は、2年目に落ち込むが、4年目は受験を控えて徐々に増大する。週当たりの自宅学習時間の平均は6.7時間で、2年目で5.4時間と底を打つ。3年目と4年目で学習時間を延ばし、それぞれ6.3時間、8.5時間となる。

ベトナム人候補者の週当たりの学習時間（合計）は、来日1年目から順に14.3時間、12.1時間、13.9時間、15.8時間と推移している。学習時間は、2年目が施設・自宅ともに最低で、4年目が最長となる。これを1日当たりに直すと、4年目の学習時間の平均は135分（施設61分、自宅75分）である。週当たりの自宅学習時間の平均は7.9時間で、2年目の7時間が最低である。3年目と4年目で学習時間を延ばし、それぞれ7.5時間、8.8時間となる。自宅学習時間は、ベトナム人が3か国では最も長い。

以上のように、インドネシア・フィリピン・ベトナムの3か国で共通するのは、来日2年目に合計学習時間が最も落ち込むということである。施設でも自宅でも、2年目の学習時間がともに最低となる。おそらく、来日1年目の緊張感から解放され、国家試験受験までにはまだ時間が十分あるという、2年目の特性に由来するのだろう。

（7）来日動機の変化と合格率

図8から図10は、国別候補者の来日目的の推移である。回答の選択肢は、「資格取得と就労」「仕送り」「知識と技能形成」の3つである[7]。概して「資格取得と就労」と回答する割合が約半数に上り、EPA来日者の第一義的な目的と認識されている。この点は、インドネシア・フィリピン・ベトナムの

7　2019年アンケートの選択肢は「日本の介護福祉士国家資格を取得して、日本で働き続けるため」「介護知識及び技術向上のため」「施設からもらったお給料から家族に仕送りするため」の3つであるが、それぞれ「資格取得と就労」「仕送り」「知識と技能形成」に言い換えている。「資格取得と就労」は「資格取得」と「就労」という別々の2つの要素が1つの選択肢の中に含まれているため、アンケートの質問項目としては適切ではない点に注意する必要がある。なお、複数回答可である。

3か国の出身者間でそれほど
ばらつきがなく、日本政府の
公式見解であるEPAの目的
である国家資格の取得とも合
致している。制度の目的と実
態がほぼ一致している。

　「仕送り」と「知識と技能
形成」については、インドネ
シアとフィリピンが類似して
いて、ベトナムだけが異なっ
ている。ベトナムの場合、
「仕送り」目的の割合は、他
の2か国と比べて約10ポイ
ントほど低い。そして、相対
的に「知識と技能形成」の割
合が高い。これは、ベトナム
からのEPA候補者の社会経
済的な地位が高いことを意味
しているかもしれない。

　なお、「知識と技能形成」
を来日目的とする者の割合
は、インドネシアやフィリピ

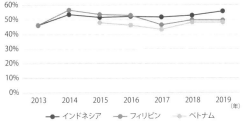

図8　「資格取得と就労」目的

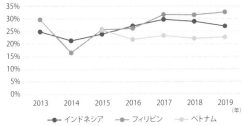

図9　「仕送り」目的

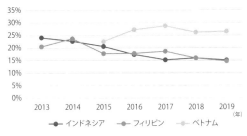

図10　「知識と技能形成」目的

ンにおいて年々低下している。つまり、日本の介護の知識と技能形成に対す
る、新規の来日者の関心が弱まっていて、仕送りや就労継続手段としての資
格取得に関心が移っている。筆者の聞き取りによれば、送り出し国の看護師
が日本で介護職に従事することを「社会的地位の下降」と感じる候補者が多
くいる。EPAによる来日には、ある種の「出稼ぎ」や「生計を立てる」手
段としての割り切りがあるのではないかという。[8]

　次に、滞在年数によって、来日目的がどのように変化するかについてみて

8　インドネシア出身EPA介護福祉士に対する聞き取り調査より（2021年5月29日）。

図11　来日目的（資格取得と就労、インドネシア）

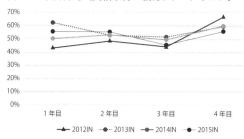

凡例：━▲━ 2012IN　┅●┅ 2013IN　━■━ 2014IN　━●━ 2015IN

図12　来日目的（知識と技能形成、ベトナム）

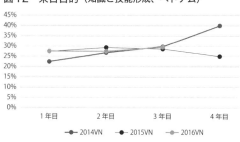

凡例：━●━ 2014VN　━●━ 2015VN　━●━ 2016VN

みよう。このアンケート調査は毎年行われているため、滞在1年目から4年目までの経年変化を調べることができる。図11で示した通り、インドネシア出身者のうち、来日目的を「資格取得と就労」とした者は、1年目から3年目にかけて若干下降し、4年目の国家試験の年になると上昇する。考えてみれば当然だが、受験の年になると資格取得に意識が高まるのだろう。

ベトナム出身者の傾向で興味深いのは、「資格取得」目的が相対的に低く、4年目になっても高まらない点である。逆に、「知識と技能形成」に対する目的意識は高い（図12）。一般的には、国家試験を間近に控えると資格取得のモチベーションが高まると考えられるが、合格率の高いベトナム出身者には合格の確信があり、その次の段階を意識しているのかもしれない。

このように、国籍によって、また滞日年数によって来日目的は変化する。それでは「資格取得と就労」「知識と技能形成」「仕送り」といった目的の違いと合格率にはどのような関係があるのだろうか。ここでは、ある年度に来日した国籍別のグループを1つの集団として扱う。そして、それぞれの目的の割合と合格率との関係をみてみよう。その結果、来日目的の選択肢の中では、「知識と技能形成」と合格率に強い正の相関がみられた（$r=0.68$, $p<0.01$）（図13）。また、「仕送り」とは弱い負の相関がみられた（$r=-0.35$, $p=0.109$）（図14）。つまり、仕送り目的と合格率は若干相関がある。

「知識と技能形成」は、「資格取得」と比べると実践的であり、合格率とはあまり関係がないようにも思われるが、実はここには強い相関がある。介護の国家試験で問われるのは、日々の介護実践が正しく行われているかどうか

である。日々の勤勉さや、正しい技能の習得の積み重ねが、国家試験の合格にも大きくつながっている。これには、介護施設も大きな役割を果たしていて、適切な介護実践を実施しているかどうかが、EPAの国家試験にも影響を及ぼす。実は、それこそが合格率と関係するとも解釈できる。

なお、来日目的が「仕送り」だと、これは合格率と負の相関がある。一見すると、経済的な目的が強ければ、国家試験に合格して長期に居住することこそが目的に合致するように思われるが、負の相関が示すのは、仕送りを短期的な視点で目的化しているということである。日本語や国家試験という「壁」にぶつかっ

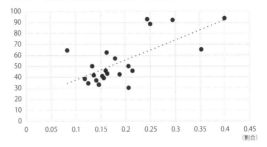

図13　知識と技能形成目的と合格率

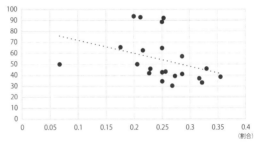

図14　仕送り目的と合格率

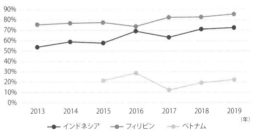

図15　毎月仕送りをしている者の割合（国籍別）

たとき、合格という展望よりも、「出稼ぎ」と割り切る傾向があるのかもしれない。EPAにおける長期的展望の定着が課題であろう。

経済的な動機を「仕送り」という観点から検討してみよう。毎月仕送りをしている割合は、出身国家族の経済的依存度を表している。言い換えると、仕送りをしなければならない、ブレッドウィナーとしてのEPA候補者の側面を反映している。既婚者であれば世帯の稼ぎ手としての役割を担っているだろうし、独身であっても両親や兄弟姉妹や親族の扶養を一手に引き受けていることもあるだろう。

EPA介護福祉士候補者のうち、毎月仕送りをしている者の割合は、前述の3か国間で違いがある（図15）。毎月仕送りをしている者の割合が最も高いのはフィリピンで、しかも徐々に高まっている。2013年には75％であったが、2017年以降は80％を超えるようになった。次いで高いのはインドネシアだが、ここも増加傾向にあり、2013年には54％であったが、2018年には70％を超えた。EPA介護福祉士候補者のなかに、毎月仕送りをしなければならない所得階層の人々が増加しているのであろう。

　なお、フィリピンやインドネシアに比べると、ベトナムの傾向は大きく異なっていて、毎月仕送りをしている者は2割程度である。これはおそらく、ベトナム出身のEPA介護福祉士候補者の多くが、必ずしも仕送りを必要としない社会経済的な地位出身であることを示している。

　ただし、そもそもEPA介護福祉士候補者になるためには、インドネシアの場合は送り出し国の看護学部卒業が事実上の条件である。看護師はインドネシアでも不足しているにもかかわらず介護に応募するのは、社会経済的な地位の低い看護師がEPAに応募する傾向にあるのかもしれない。もしくは、技能実習や介護留学との競合が間接的に影響している可能性もある。

　経済的な動機は、国家試験に合格して日本に長期滞在し、経済的な利益を最大化しようとする行為を補強するようにも考えられる。ところが、前述の通り、仕送り目的と合格率には負の相関がある。仕送りという目的は、あくまでも短期的な利益を指している。特に、介護福祉士候補者の多くは送り出し国では看護師であり、「社会的地位の下降」を経験している。それゆえ、経済的な動機も短期的になりがちであろう。

　前述のように、来日目的が「知識と技能形成」である場合、これは合格率と正の相関関係がある。「社会的地位の下降」を経験し、短期的な経済動機へと逃げ込みがちな候補者を、技能形成へと誘導する研修が必要だろう。それに、日本語能力の涵養を通じて、介護概念を理解しやすくする環境整備も求められる。

　毎月仕送りをしている者の平均的な送金額を、2013年から2019年の平均からみてみよう。最少額はフィリピン出身者の4.9万円で、最高額はベトナム出身者の6.3万円であった。インドネシア出身者は中間の5.7万円である。つまり、フィリピン人の8割が毎月仕送りをしているが、その額は相対的に

低い。またベトナム人は、毎月送金する割合は2割程度と最も少ないが、送金額は最も高い。給与額が各国の出身者で同じだと仮定すると、毎月送金するベトナム人候補者の貯蓄志向が高いと言えるであろう。こうした違いは社会経済的地位の違いを表しているのかもしれない。

(8) 体調について

　この調査は、必ずしも就労に起因する体調の具合を問うているわけではない。しかし、介護従事者の状況を知るには、よいかもしれない。

　最も多いのは腰痛で、次いで肩や背中の痛みなどが多く報告されている。腰痛を訴える者は、2013年から2016年までにおいて全体の31.8％に及ぶ。その割合は、徐々に高くなっているようにもみえる。なお、介護を含む保健衛生業は、業務上疾病としての腰痛の占める割合が他業種のなかで最も高い（中央労働災害防止協会2010）。全業種で腰痛は減少傾向にあるが、唯一、保健衛生業のみは増加している。これは、要介護者の増大により、介護従事者数も増えていることとも関係しているのかもしれない。

　頭痛は20〜30代の女性に多いと言われているが（佐藤2010）、これもEPA候補者の5％程度が悩まされている。その原因として、夜勤などの不規則な勤務形態や、ストレスが影響しているのではないかと指摘されている。「水分摂取が十分でないからではないか」と言うEPA候補者もいる。特にインドネシア出身者の多くはイスラム教徒で、ラマダンがあり、それも水分不足の一因かもしれないが、十分な検討が必要だろう。

　JICWELSは、有訴者を抱える施設に対して、アンケートの結果を公表するなどして、EPA候補者の体調管理に気をつけるよう促している。ただし、こうしたアドバイスが、実際の受診行動や予防につながっているのかについてはよくわかっていない。有訴率が増加傾向にあるなら、十分な対策は講じられていないのではないか。

　なお、ここでは詳細を記載していないが、研修責任者に対しては「ホームシック等の情緒不安定な様子の有無について」という質問事項がある。そして、「（多少でも）情緒が不安定な様子がある」という回答は、近年上昇している。2016年までは20％程度であったが、2017〜2019年は45％程度まで上昇した。ICTが発達して出身国の家族などとのコミュニケーションが容易

になっているにもかかわらず、ホームシックが増えている理由についても究明する必要がある。

おわりに

　これまでの結果をまとめてみよう。EPAの制度的な特徴は、技能実習や介護留学のチャネルとは異なり、斡旋手数料の負担が雇用主であること、1年以上に及ぶ手厚い学習などが公的に保障されていることである。特にベトナムはN3がマッチングの要件で、それが高い基礎力として、国家試験合格率やその他の高評価とも関連している。

　しかし、技能実習制度、在留資格「介護」、特定技能などの導入により、EPAのような公的斡旋ではなく民間斡旋が大きな影響力を持つようになっており、EPAの求職者の低下に大きな影響を与えている点は強調しておかなければならない。米国務省の『人身売買報告書』（U.S. Department of State 2020）で毎年のように外国人労働者問題が取り上げられる日本において、労働者の斡旋手数料負担がゼロに定められているEPAは貴重な制度であるが、民間斡旋の伸びが大きくなっているのは国際労働市場の問題点として取り上げることができる。

　導入当初は懸念された介護の質については、EPA介護従事者が日本人職員、職場環境、利用者に肯定的な影響を与えたとする割合は、80％以上となっている。この傾向は2014（平成26）年以降大きな変化はない。EPAの場合、多くが看護大学の卒業生であり、関連する一定の知識や経験を有しているためであろう。

　コミュニケーションは受け入れ施設がもっとも懸念を抱く点であるが、口頭業務と文書業務に関する理解度について、施設（研修責任者）の評価は候補者自身の自己評価より高い。これは夜勤評価についても同様である。厚生労働省はもともと候補者の夜勤従事に関しては慎重で、配置基準に算定してこなかった経緯がある。しかし、「（EPA候補者も夜勤に）問題なく対応できる」という評価は、滞在4年目となると8割以上である。それを反映して、夜勤従事回数も2年目から月4回に増えた。評価が高いとはいえ、文書指示についての理解度は低いまま推移しており、国家資格取得後の継続的な学習

が必要であることを示している。

　EPAの目的は自由貿易の深化と国家資格取得であり、受け入れ施設はそれに向けて継続的な学習を実施することが求められている。学習は施設と自宅で行われる。施設における学習時間は3か国でそれほど変わらない。EPA介護福祉士候補者が「真面目に学習している」と評された者の割合は3か国平均で64％にのぼる。滞在年数とともにその割合は増加するとは必ずしも言えず、試験を控えた4年目は二極化する。学習態度の評価と合格率には強い相関がある。

　自宅での学習時間は出身国により長さが異なり、国家試験の結果と関連があることもわかった。特に日本語力の形成においては継続的な学習が必須であり、自宅での学習時間の総量が国家試験合格率にも影響を及ぼす。

　来日の動機も、滞在年数によって変化する点は興味深い。国家試験の合格率との関係に着目すると、目的が「知識と技能形成」なら正の相関関係が、「仕送り」なら負の相関関係がある。経済動機ではなく、介護について知りたいという技能形成の意欲が、日本語能力を涵養し、国家試験合格に結びつくのである。では、どのようにすれば「仕送り」から「知識と技能形成」へと動機を移行できるだろうか。インドネシアやフィリピンからのEPA候補者は、相対的に経済動機が強い。また、EPA候補者の多くは出身国では看護教育を受けており、介護に従事するにあたって「社会的地位の下降」を経験していると当事者は考えている。1年に及ぶ研修のプロセスにおいて、日本の介護の魅力を理解できるような環境作りが求められるだろう。「医療モデル」としての看護を「生活モデル」としてどう応用させるのか、この点にかかっている。「生活モデル」を根づかせることは重要であり、合格後も同じである。当事者の多くはもう看護師に戻れない、と考えている。EPA介護福祉士は、従来のキャリアを諦めて日本に定着しようとしているのであり、理論と実践の両面における介護の専門性が追究できるような環境整備が必要である。

【参考文献】
安里和晃「日比経済連携協定と外国人看護師・介護労働者の受け入れ」久場嬉子編著『介護・家事労働者の国際移動──エスニシティ・ジェンダー・ケア労働の交差』日本評論社、pp. 27–50、2007

安里和晃「インドネシア側の認識――現地での聞き取り調査でわかったこと」『月刊福祉』91
（11）、42–45、2008

安里和晃「第5章　介護に従事する外国人」高橋信弘編著『グローバル化の光と影――日本の
経済と働き方はどう変わったのか』晃洋書房、pp. 83–104、2018

アチル・ヤニ・シュハミエ・ハミッド（2009）「インドネシア・日本経済連携協定に向けて始
動する看護師――求められる改革と看護師協会の役割」安里和晃・前川典子編著『始動する
外国人材による看護・介護――受け入れ国と送り出し国の対話』笹川平和財団、pp. 16–19、
2009　https://www.spf.org/publication/upload/4789184c86d.pdf　最終閲覧2021.7.20

岡谷恵子「フィリピン人看護師受け入れ　何が問題となるのか」『エコノミスト』83（14）、
2005

河原四良「介護の向上は、労働者の労働条件改善――FTAによる外国人労働者の導入は、時期
尚早」『世界の労働』55（7）、2005

後藤純一「少子高齢化時代における外国人労働者問題」伊藤元重編『国際環境の変化と日本経
済』慶應義塾大学出版会、pp. 331–366、2009

佐藤光夫「医療福祉従事者における慢性頭痛の現状と業務への影響について」公益財団法人福
島県労働保健センター「産業医学・産業保健に関する調査研究に対する助成制度」による研
究結果報告、2010　http://www.flhc.or.jp/pdf/grant/H22-1.pdf　最終閲覧2021.5.26

中央労働災害防止協会編「介護業務で働く人のための腰痛予防のポイントとエクササイズ」中
央労働災害防止協会、2010

塚田典子編著『介護現場の外国人労働者――日本のケア現場はどう変わるのか』明石書店、
2010

平野裕子「グローバル化時代の介護人材確保政策――二国間経済連携協定での受入れから学ぶ
もの」『社会学評論』68（4）、496–513、2018

三菱UFJリサーチ＆コンサルティング株式会社「外国人介護職員の雇用に関する介護事業者
向けガイドブック」2019年3月　https://www.mhlw.go.jp/content/12000000/000497111.pdf
最終閲覧2021.5.25

Hirano, Y. O., and K. Tsubota "The Economic and Psychological Burden to Hospitals and Care
Facilities of Accepting EPA Candidates in Japan". *International Journal of Japanese Sociology*,
25(1), 40–53, 2016. doi:10.1111/ijjs.12044

Nugraha, S. and Y. Ohara-Hirano "The Mental Health Predictors of Indonesian EPA Nurses and
Certified Care Worker Candidates in Japan", *Japanese Psychological Research*, 58(1), 85–91,
2015

U.S. Department of State "2020 Trafficking in Persons Report: Japan", U.S. Department of State, 2020.
https://www.state.gov/reports/2020-trafficking-in-persons-report/japan/　最終閲覧2021.8.13

第II部

研究編

日本の介護現場における
外国人労働者に関する研究

本第Ⅱ部研究編は、経済連携協定（EPA）による介護福祉士候補者受け入れ前の2008年に全国調査を終えた後、日本に入国してきたEPA介護福祉士候補者たちの受け入れ実態について、筆者が約10年間調査研究をしてきたその研究結果をまとめ、他の研究論文にも答えを求めながら、今後日本における外国人介護労働者の受け入れが成功するための要因について考察を試みる。

　本研究編は、3章で構成される。まず第1章では、EPA介護福祉士候補者たちが介護現場に入った直後に筆者が行った、全国訪問インタビュー調査の結果を紹介する。その後、その訪問インタビュー調査を行った57施設のうち、協力が得られた20の施設にフォローアップ・アンケート調査を実施したのでその概要を紹介する。

　第2章では、2014（平成26）年の8月から9月にかけて、全国調査「外国人介護労働者受け入れに関する研究」と題して、無作為抽出をした全国の介護保険施設の施設長及び介護職員に対して郵送アンケート調査を実施したので、その結果を紹介する。

　そして、第3章第1節では、2008年に開始されたEPA介護福祉士候補者の受け入れと、新たに始まった外国人介護労働者の受け入れ制度に関して積み重ねられてきた他の研究者の先行研究の成果を基に、日本における外国人介護労働者の実態を学びながら受け入れの成果と課題を、また、約28年の歴史がある「技能実習制度」について、その課題は何なのか、入国前、実習中および帰国後に分けてまとめた。

第1章 EPA介護福祉士候補者受け入れに関する訪問インタビュー調査（2009～2011年）

塚田　典子

第1節　初めてEPA介護福祉士候補者を受け入れた施設現場の実態

（1）調査の目的と方法

①調査目的、調査施設リクルートの方法および訪問インタビュー調査の許諾率

　本訪問インタビュー調査の目的は、経済連携協定（EPA、以下「EPA」）による介護福祉士候補者を受け入れた施設現場の実態を明らかにすることであった。郵送アンケート調査ではなかなか書いてもらえない「本音」や「生」の声を聞きたかったので、訪問インタビュー調査を行った。

　まず、EPA介護福祉士候補者を受け入れた施設一覧表を厚生労働省から入手し、それぞれに調査依頼状を郵送して、許諾が得られた施設と日程調整をして訪問インタビュー調査を実施した。1年目の調査は、第1陣インドネシア人候補者受け入れ53施設のうち11の施設しか許諾がとれなかった（許諾率20.8%）。そこで、2年目は調査対象の範囲を広げて、インドネシアとフィリピン両方からの候補者受け入れ施設に調査依頼状を出した。その結果、第2陣インドネシア候補者受け入れ施設の85施設のうち20施設（許諾率23.5%）が、また、第1陣フィリピン人候補者受け入れ施設は92施設のうち26施設（許諾率28.8%）が訪問インタビュー調査に応じてくれた。

　このように、1年目と比較すると、2年目は許諾率が上がり、返事も格段に速く、何かしら現場の意識に変化が生まれていたのではないかと感じた。

②調査対象者、調査期間と調査者

　調査対象者は、訪問インタビューの許諾が得られた57施設の施設長また

はEPA担当者であった。3施設は2名で対応してくれた。1年目の調査期間は2009年10月27日〜2010年2月26日の約4か月間、2年目は2010年8月5日〜2011年2月14日までの約6か月間で、北海道から沖縄まで許諾をいただいた施設は全て回った。なお、調査は全て筆者1人が行った。

③訪問インタビュー調査の質問項目と所要時間

　質問項目は、(ⅰ)新しい国の制度にチャレンジした最大の理由、(ⅱ)別の調査で明らかとなった全国の施設長が心配している外国人介護福祉士候補者を受け入れた際の4つの課題——日本語の読み書き能力、職員とのコミュニケーション、利用者とのコミュニケーションおよび利用者の偏見や違和感の有無、(ⅲ)候補者受け入れ準備体制、(ⅳ)受け入れて良かったと思うことや大変だったこと、(ⅴ)候補者受け入れ前は心配していたが、あまり問題にならなかったことや逆に全く予期せず大変驚いたこと、(ⅵ)現在、候補者受け入れを検討している施設へのメッセージ、最後に、(ⅶ)国や県、自治体その他への要望などの7項目とした。しかし、実際には、相手の状況に合わせて柔軟に対応した。訪問インタビュー調査の所要平均時間は約1.5時間であった。本章では、質問(ⅰ)、(ⅱ)、(ⅳ)および、(ⅴ)に関する合計9項目について、主な回答内容を紹介する。

④分析の方法

　訪問インタビュー調査の内容は、調査対象者の許可を得てICレコーダーに録音し、後で文字化した。結果的に訪問後、こちらの準備した質問および録音ができなかった施設が3か所あったため、合計54施設57人分の回答を定性分析の対象とした。また、PASW Text Analytics for Surveys 3.0.1の統計ソフトを用いて、テキスト分析を行った。

（2）訪問インタビュー調査結果

①調査結果——特別な事例

　「本国へ候補者を帰すことはできないのでしょうか？」開口一番にこの言葉が発せられた施設が3か所あった。そのうち1施設の内容を紹介する。

「介護技術はあり現場の仕事はきちんとやるが、日本語の学習に全く意欲を示さない。それどころか、『日本語学習の時間を仕事に回してほしい。夜勤を入れてほしい』といった要望が多く、まるで『出稼ぎ』に来ているのではないかと感じる。『何のために日本へ来たの？　仕事と日本語学習の両方をすることになっていたでしょう？』と契約書を見せて本来のEPAの来日の目的を何度か確認しましたが、『日本語は難しい。私、頭悪い』と言うばかりで、どうしても日本語の学習に意欲が出ない。そうしているうちに、日本語学習担当の現場職員も、『一生懸命時間を割いて教材を作っても、学習する当人に意欲がないのに、勉強をさせても意味がない。こっちの時間が無駄』と言うようになり、今では全く日本語の勉強をさせていない。このことについては、施設長からも何度か注意をしてもらったが、その場では泣きながら『両方、がんばります！』と言うものの、やはり、日本語学習への意欲はなかなか出てこないのです。仕事時間を増やしてほしいという願望が根底にあるのではないかと思われるのですが、一体、どうしたらいいでしょうか。困っています。他の施設ではこのようなことはないのでしょうか？」

　この施設は、フィリピンからのEPA介護福祉士候補者を受け入れていたが、受け入れ担当者はそれから続いて約1.5時間、候補者や現場職員の様子を話し、こちらがあらかじめ準備していた質問項目を尋ねる時間はなかった。そして、日本語学習に対するモチベーションを保たせることは、他施設も同様に頭を悩ましている難題であることを伝え、「候補者も職員の方々もがんばっていただきたい」と言い残して帰途についた。

②質問(i)の調査結果──EPA介護福祉士候補者受け入れの動機について
　「EPA介護福祉士候補者を受け入れるという新しい制度にチャレンジした最大の理由は何ですか？」という質問に対する46人の回答をテキスト分析した結果を図1に示す。図1に示したように、出現頻度の最も多い単語は「人材不足」の19人（41.2％）、次に「将来」の18人（39.1％）であった。その典型的な回答は以下の通りである。

- 「将来の介護士不足に備えて、現在余裕のある職員体制のうちに、外国人

介護士に対する教育のノウハウを得ておくためです」（受け入れ11か月目の施設）

- 「将来の人材不足を考えたことと、国際貢献です」（受け入れ1年目の施設）

図1 「EPAによる介護福祉士候補者を受け入れた主な理由」に対する回答に出現した単語
(n＝46)

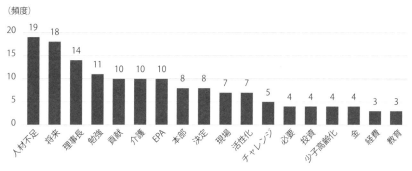

出典：塚田（2014a）「EPA介護福祉士候補者受け入れ施設の受入れ実態に関する研究」p. 119、図2

　今現在、人材が不足しているというよりは、将来の人材不足に向けて、また、将来外国人介護者と働くためのノウハウを蓄積するという目的で、介護福祉士候補者の受け入れにチャレンジしていたことがわかった。今回EPA介護福祉士候補者を先行して受け入れた施設は、「外国人介護職を当てにしなくても良い、規模も大きく、経営も安定したいわば『優良施設』」（小川2009、p. 71）があるとの報告があったが、それを裏づける回答となった。

　また、「貢献」という単語が出現頻度の第5位に挙がっていたが、受け入れ側には「国際貢献・社会貢献」の意識があることもわかった。同時に、「職場の『活性化』も視野に入れて検討した」（受け入れ7か月目の施設）、「本部から要請があったためです。人手不足ということもありましたから」（受け入れ10か月目の施設）と明言した施設もあり、介護士不足の課題は決して将来の話ではなく、一部の現場ではすでに現実のものであることもわかった。

　さて、ここまでは訪問インタビュー調査に基づいて、施設側のEPA候補者受け入れの動機を紹介したが、候補者側の来日動機を調査した他の研究報告があるので紹介したい。九州大学グループが実施した「来日インドネシア人とフィリピン人介護福祉士候補者の実像」に関する調査結果によると（安

立ら2010)、インドネシア人（n＝153）とフィリピン人候補者（n＝161）の来日動機には差があり、インドネシア人介護福祉士候補者の来日動機（第1位）は、「自分のキャリアをのばしたいから」（約33％）であったのに対し、フィリピン人介護福祉士候補者の来日動機（第1位）は、「家族を経済的に支援したいから」（約26％）であった。施設側の受け入れ動機と候補者側の来日動機がもし食い違うとしたら、3年間協働していくのは、双方にとって大変なことであることが容易に想像できる。

③質問(ⅱ)の調査結果──日本語能力（書く力）について

　ここでは、別調査で全国の高齢者関連施設長が、EPA外国人介護福祉士候補者受け入れ前に4大心配事として挙げていた項目に対する、本訪問インタビュー調査の回答をみていく。最大の心配事は、「外国人介護者は、介護記録や日誌等、日本語で文章が書けないのではないか？」であったが、結論から言うと、特に本調査が受け入れ直後から約1年間前後に行われたこともあり、「書く力はまだ無理」というのがほとんどであった。本質問に対する回答をテキスト分析し、単語の出現頻度を調べた結果を図2に示す。図2のように、最も出現頻度が高かった単語は「チェック」の21人（38.2％）で、次に「難しい」が18人（32.7％）から挙がっていた。なかには、「パソコンで書かせると早く書けるようになるのではないか」との意見もあったが、

- 「記録や日誌は書かせていないです。パソコンの字は読めますが、手書きは難しいです。言葉で書いて伝えるということは難しいですからまだ任せられません、というのが本音です」（受け入れ1年1か月目の施設）
- 「介護の記録、申し送りの日誌など、施設の記録として残るものは書いてもらっていません。今はしていないのですが、日記式で毎日行った業務の内容を書いてもらって、次の日に確認していました」（受け入れ7か月目の施設）

などの回答に代表されるように、正式な記録を書かせるのは受け入れ1年経過時点でもかなり難しい様子がうかがえた。しかし、だからと言って何も書かせないといつまでたっても書けるようにならないので、候補者に個人日記を書かせ、翌日日本人職員がチェックして誤字・脱字に赤を入れて戻すとい

図２ 「記録や日誌等については、日本語で文章が書けないのではないか」に対する回答に出現した単語（n＝55）

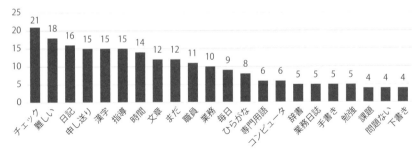

出典：塚田（2014a）、前掲書、p. 120、図3

う、現場職員による地道な活動が多くの施設で行われていた。

④質問(ⅱ)の調査結果——職員との日本語によるコミュニケーション能力について

　２番目の心配事である「職員同士の指示や引継ぎ等、コミュニケーションが取れないのではないか？」に対する回答（n＝53）のテキスト分析結果を図3に示す。最頻の出現単語が「問題ない」が25人（47.2％）で、次に「分かる」の19人（35.8％）が続いた。具体的な回答例は以下の通りである。

- 「特に問題ないと思います。最初の半年間ぐらいは、電子辞書を持っていました。申し送りの内容を後で確認する（のだ）とわかっています。ただ、日本語の言いまわしというか、痛みであっても、どう痛いのか、きりきりなのか、じくじくなのか等、日本語の微妙なニュアンスはわかっていないと思います」（受け入れ11か月目の施設）
- 「職員とのコミュニケーションについては、聞き返せるので大丈夫です。日本人スタッフがジェスチャーを加え、わかるまで説明を行い、その後できているかの確認を行っています。ただ、遠慮もあり、わかっていなくても『わかりました』と言われるので判断に困るときがありました」（受け入れ11か月目の施設）

　これらの回答事例から想像できるように、日本人スタッフがさまざまな

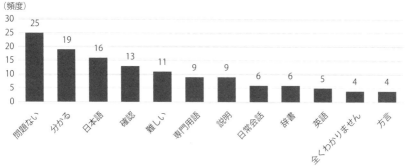

図3 「職員同士の指示や引継ぎ等コミュニケーションが取れないのではないか？」に対する回答に出現した単語（n=53）

出典：塚田（2014a）、前掲書、p. 121、図4

工夫——「ゆっくり話す」「何度も話す」「わかりやすい言葉に言い換える」「絵や図で示す」「英語で話す」など——をして日本人職員とのコミュニケーションは概ね「問題ない」現状であることがわかった。このように、日本人職員とのコミュニケーションは、候補者の努力に加え職員側の精力的な援助と忍耐が伴って成立していることが明らかとなった。ただ、「（指示は）全くわかりません」の回答も1人あったことを報告しておきたい。

⑤質問(ii)の調査結果——利用者との日本語によるコミュニケーションについて

3番目の心配事である「利用者との日本語によるコミュニケーションはとれるのか？」についてはどうだろうか。この質問に対する回答（n=52）のテキスト分析結果を図4に示した。「問題ない」が19人（36.5％）で最も多く、次に、「分かる」の16人（30.8％）であった。具体的には、

- 「方言に馴染むまでが難しいかな？と考えていましたが、案外と利用者との会話の中でうまく方言を使って楽しんでいます。認知症の利用者に対しても、優しく接し上手に関わっています」（受け入れ9か月目の施設）
- 「全く問題ないです。言葉の他に、ボディ・ランゲージやあのチャーミングな笑顔でコミュニケーションをはかっています。言葉が足りない分、言葉以外、からだ全体を使って話します。今では、彼女たちの方が、人気がありますよ」（受け入れ10か月目の施設）

図4 「利用者と日本語によるコミュニケーションが取れないのではないか」に対する
　　 回答に出現した単語（n＝52）

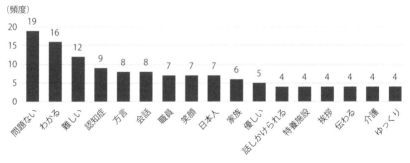

（頻度）

出典：塚田（2014a）、前掲書、p.122、図5

などで、利用者とのコミュニケーションも、ほとんど問題がなく、むしろ利
用者に受け入れられていることがうかがえる。

⑥質問(ii)の調査結果──利用者の候補者に対する偏見や違和感について

　4番目の心配事「利用者に外国人に対する偏見や違和感があり、混乱する
のではないか？」に対する51人の回答のテキスト分析結果を図5に示す。

　図5に示すように、「（混乱は）ない」が46人（90.2％）で、「ある」の8人
（15.7％）を大きく離した。回答事例としては、

- 「利用者の外国人に対する偏見や違和感はないですね。『頑張っているな
　あ』とか『大変だなあ』『遠い国からよく来たね』という感じです。全く問
　題ないです」（受け入れ7か月目の施設）
- 「利用者の外国人に対する偏見や違和感は、全くなかったですね。反対に
　可愛いがってくれたというか、気を遣ってくれました。なかなか食事を
　とってくれない認知症の方が、介護福祉士候補者が食事介助に入った時、
　すっと口をあけて食事をしてくれたことがありました。何の駆け引きもな
　く、接してくれることが良かったのでしょうね」（受け入れ10か月目の施設）

　しかし、もちろん最初からうまく行った施設ばかりではない。例えば、

図5 「利用者に、外国人に対する偏見や違和感があり、混乱するのではないか？」に対する回答に出現した単語（n=51）

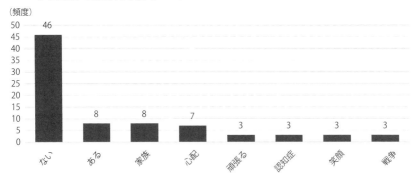

出典：塚田（2014a）、前掲書、p. 123、図6

- 「利用者さん本人から『外国人は嫌だ』という話がありました。（そう言ったのは）一人だけですが、その方には事情を説明して、その後も引き続きご利用いただいています」（受け入れ10か月目の施設）
- 「『なぜ外国人なのか』という話がありました。『近い将来日本人の職員が減少する可能性が高いので、日本人だけでは無理です。外国人の方の力が必要だと思います。先駆者としての使命・メリットがあるはずです』と話して納得していただきました」（受け入れ11か月目の施設）

などの回答もあった。また、「正直なところ、僕（受け入れ担当者）自身が、外国人に対する偏見や違和感が少しあったのですが、会ってみて偏見や違和感が消えました」のような日本人介護職員の意見も得られた。

⑦質問(iv)の調査結果──候補者を受け入れて良かったと思うことについて

「EPA介護福祉士候補者を受け入れて良かったと思うことは何か」に対する回答（n=50）を、テキスト分析した結果を図6に示す。最も出現頻度が高い単語は「日本人職員」の29人（58％）で、次に「刺激」23人（46％）、「学ぶ」21人（42％）、そして「教える」の17人（34％）が順に挙がってきた。以下に、これらの単語が使われた回答事例をいくつか挙げる。

- 「職員が刺激を受けたということです。日本人の新人よりはもの覚えが良

くて、利用者の名前も半年くらいで覚えたし、日本人の新人に利用者さんの名前を教えるくらいでした。そういう職業人としてのプロ意識は、良い刺激になりました」（受け入れ9か月目の施設）

- 「彼らに刺激を受けて、他の職員も介護福祉士国家試験の励みになっていると思います」（受け入れ1年目の施設）

図6 「EPA介護福祉士候補者を受け入れて良かったと思うこと」に対する回答に出現した単語（n＝50）

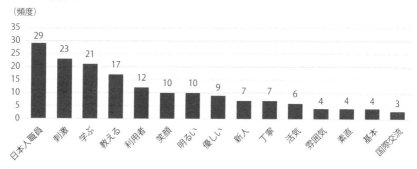

出典：塚田（2014a）、前掲書、p.124、図7

このように、インドネシア人、フィリピン人にかかわらず、介護福祉士候補者たちの明るさや笑顔、勤勉さによって職場が刺激を受け、活性化されたことが受け入れ施設として最も良かった点として挙げられていた。

⑧質問(ⅳ)の調査結果──候補者を受け入れて大変だったことについて

次に、「受け入れて大変だったことは何か？」に対する52人の回答を、テキスト分析した結果を図7に示した。図7に示すように、最も多く出現した単語は「日本語」の22人（42.3％）で、次に「国家試験」と「勉強」の2つがともに13人（25％）で続いた。

日本語については、

- 「施設には介護福祉士試験にアドバイスできるスタッフはいますが、日本語を指導できるスタッフはいません。日本語指導は想像以上に大変です。

……合格へのモチベーションを維持させることが大変です、日本語の習得が進まないと試験対策は行えません」（受け入れ1年目の施設）

- 「日本語は、例えば日本語検定3級とか、ある程度できるようになってから来て欲しいですね。分からない事を説明されても本人も困ると思います」（受け入れ7か月目の施設）

などが代表例であるが、その他にも以下のような回答があった。

- 「一番大変だったのは、厚生年金や健康保険等社会保障の控除の説明についてです。インドネシアではなかったようですね。説明は何度もしましたが、納得がいかなかったようでした」（受け入れ8か月目の施設）
- 「有給取得について『This is a right.（筆者注：「これは私の権利です」の意）』と主張されましたが、他のスタッフの有給取得状況を説明し納得してもらいました」（受け入れ1年目の施設）

図7 「EPA介護福祉士候補者を受け入れて一番大変だったこと」に対する回答に出現した単語（n＝52）

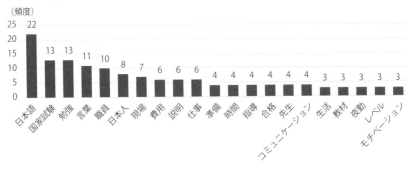

出典：塚田（2014a）、前掲書、p. 125、図8

　以上のように、まずは「日本語の教育」、そして3年後に控える「国家試験」が最大の関心事であることがわかった。今回は結果を割愛したが、調査当時の厚生労働省への要望の中には、「EPAの枠組み」や「日本語研修体制」に関するものが多く、一言で言うなら「全てを施設に任せきりにしないでほしい！」というものであった。実際に現場を回ってみると、施設によってこ

写真1　テストの日程が書かれた候補者のカレンダー

の日本語研修体制には雲泥の差がみられた（塚田2012a；安里2016）。例えば、ある施設では施設長自身が仕事を終えた後、日本語研修を担当していた一方で、日本語担当の専任職員を新たに複数名雇った施設もあり、「他の施設では、一体どのように日本語の教育をされていますか？」と尋ねられ、施設間で対応の格差がありすぎて、返事に困ったことを今でもよく覚えている。奥島（2010）も、受け入れ後に専属教員を雇ったり、特訓授業を設けたりした施設があるかと思えば、当初の計画を中止して自習任せにしているところもあると報告している。

　赤羽ら（2012）は、このような就労・研修の実態の差は、候補者の就労・学習モラールに影響するとしており、平準化が求められるべき課題といえる。また、地元の介護専門学校や大学等教育機関、自治体のEPA制度に関する理解がないため、これら既存の地域資源の有効活用もできず、ごく一部の施設を除いて、受け入れ施設が単独、手探り状態で日本語研修の責任を一手に背負っていた印象を強く受けた。先例のない中で一喜一憂しながら、3年後の国家試験合格に向けて、候補者たちは言うまでもなく受け入れた候補者を何とか一人前にしようと、悩みながらも真剣・真摯な取り組みを続けている施設現場の姿が印象的であった（写真1参照）。

　さて、ここで問題として取り挙げた日本語能力は、介護福祉士国家試験合格のためという目先の目標のためではなく、むしろ、日本で介護専門職として働くための基本的な力——利用者とコミュニケーションができ、必要なときに適切な介護サービスが安全に提供できる——、いわゆる「サービスの質」の確保のために必要な力である。しかも、その日本語能力は、日本の社会の中でじっくり時間をかけて学びとっていくことができれば最も効果的、理想的なものと言える。日本語能力に関する事例として、某施設の受け入れ担当者が、インタビュー調査当時はできなかった「夜勤をさせてくれ」というEPA介護福祉士候補者に指導した言葉を紹介する。

・「夜勤などをやりたがったことがありますが、『責任を持って仕事ができますか？　火事があったりしたら消防車や救急車が呼べますか？』と言うと『できません』と答えます。そこまで説明すると理解してくれました」（受け入れ1年1か月目の施設）

　日本語能力については、現在は、ベトナムからのEPA候補者が入国する条件がN3程度となっているが、インドネシアやフィリピンからの候補者たちには日本語能力試験N5程度以上となっている。国家資格取得を目標とする現行制度においては、候補者と受け入れ施設の双方にとってより効果的な3年間の就労・研修を行うために、N3は譲れない最低必要不可欠な条件ではないかと考えている。

⑨質問(v)の調査結果──EPA介護福祉士候補者の受け入れ前は心配していたが、特に問題にはならなかったことについて
　施設長に「EPA介護福祉士候補者受け入れ前に心配していたが問題にならなかったこと」を尋ねた回答を、インドネシア（n＝30）とフィリピン（n＝14）からの候補者受け入れ施設に分けて表1にまとめた。受け入れ前は、宗教や食習慣、日本語やコミュニケーション能力、生活習慣などを心配していたが、結果的にはそれほど問題にはならなかったとの回答が多かった。

⑩質問(v)の調査結果──EPA介護福祉士候補者受け入れ前は予期しておらず驚いたことについて
　最後に、「EPA介護福祉士候補者の受け入れ前には予期しておらず驚いたこと」に対する回答を、前項と同じく、インドネシア（n＝30）とフィリピン（n＝14）からの介護福祉士候補者受け入れ施設に分けて表2にまとめた。表2からわかるように、ゴミ出しの習慣や騒音、給料の仕送り過多の問題、医療機関へ受診の態度、同じ候補者同士あるいは同じ母国の人たちとの情報交換を基に施設へ交渉や主張をしてくること、有給休暇に対する考え方の相違や母国に幼い子どもを置いてきていること、さらには、「はい、はい」と言うがあまりわかってないことなど、多岐にわたる驚きが報告されている。

表1 「候補者受け入れ前に心配していたが問題にならなかったこと」の主な回答

第1・2陣インドネシア候補者受け入れ施設	第1陣フィリピン候補者受け入れ施設
• 日本語は、当初心配していたよりどんどん吸収していきました。 • イスラム圏ではお祈りする時間は仕事時間内に入っていますが、日本は違うので郷に入っては郷に入るよう話しました。 • ブタの入った香辛料をどうするかなど心配したが、食事は自分たちで作ってくれているので問題になりませんでした。また、インドネシアの習慣や宗教に関して、特にお祈りに関しては、仕事中でなく寮に帰ってからしてもらうようにしています。 • 寮費の支払いや、仕送りなど金銭的なことを心配していましたが問題にはなりませんでした。 • 各国で問題になっている「かぶりもの（ジルバブ）」は話し合いの結果、やや強引ではありましたが勤務中はとってもらうことにしました。 • 受け入れ前に、サービス内容が低下しないか心配しましたが、我々がきちんと指導すればいいサービスが提供できるだろうと、確信して受け入れることにしました。問題は全くないですね。 • 宗教的なことを言えば、お昼と3時にお祈りをするのですが、休憩時間で調整しています。ベールについては、うちは男性2人なので被っておらず、問題になりませんでした。特に宗教的な問題や金銭的な問題はありませんでした。 • 受け入れる前に心配していたことは、宗教、特にお祈りなどでしたが、勤務時間外にお祈りをしてくれるので問題にはなりませんでした。宗教心が強いかどうかは個人差がありますね、等。	• コミュニケーションがうまくできるか心配していましたが、うまく順応してくれています。 • 日本での生活や仕事に慣れてくれるか心配していたが、問題なかったですね。 • 食事のことを心配していました。お昼に食堂の食事を出しましたが、初日から食べられませんでした。煮物だとか天麩羅だとか。日本のご飯は好きだけど、おかずがダメです。でも今は毎日お弁当を作ってきます。夕食も自分たちで作ります。 • 暑さ・寒さの気候や生活面に気を使いましたが大丈夫でした。受け入れる前は日本の生活に慣れるか心配していましたがすぐに順応しました。 • 受け入れる前は、本当に仕事ができるか心配していましたが、全く問題とならなかったです。 • 宗教です。ご飯も日本食も大丈夫ですし、問題なかったです。 • コミュニケーションが上手くできるか、言葉の壁というものを一番心配していました。利用者様からの偏見や違和感はあると思いますが、それを上回るパワーがあると思います。スタートする前は心配していましたが、受け入れてからそういう声は聞こえてきません。 • 生活習慣については、違うんだ、と言う認識がありましたから、そう困るようなことはありません。有給休暇を2～3週間欲しいと言ってきましたが、法人としてのルールを充分に説明することで納得したようです、等。

出典：塚田（2020a）「社会福祉施設における外国人介護士の受け入れとその支援」p. 31、表2を筆者修正（一部割愛）

第2節　初めてEPA外国人介護福祉士候補者を受け入れた施設への10年後のフォローアップ・アンケート調査

　前節で紹介した、足掛け1年半で実施した57の訪問インタビュー調査対象施設に対して、2020（令和2）年2月にフォローアップ・アンケート調査を実施し、EPA介護福祉士候補者を受け入れた後の10年間の様子を尋ねてみた。フォローアップ・アンケート調査に協力して下さったのは20施設で

表2　「EPA介護福祉士候補者受け入れ前に予期しておらず驚いたこと」への主な回答

第1・2陣インドネシア候補者受け入れ施設	第1陣フィリピン候補者受け入れ施設
• 「騒音問題」です。声を出してお祈りしたり。そういう習慣の違いで住んでいるアパートの大家さんから苦情が来ました。 • お給料を半分くらい仕送りしてしまうという金銭感覚的に問題がありますので、指導しています。そういう文化や宗教的な習慣の違いには驚くことがありましたね。 • 候補者同士の情報交換です。電話、パソコン、チャット等で、施設の労働条件や福利厚生の差がわかって混乱し、他の施設では大変苦労されたようです。 • 当初は、右も左もわからない異国の地で寂しい思いもあるだろうと、同じアパート（各個室と共用のキッチン、風呂、トイレ）で生活を開始したのですが、価値観の違い等により、別々のアパートでの対応となりました。 • 家の中で使わない襖や炬燵などを外に出してしまうという、日本人の常識では考えられないことをしたことですね。 • 候補者さんが来てから、母国に1歳の子どもがいることが分かった事です。 • 驚いた事は、仕送りですね。平均5万円くらい送られていると思います。当初は、お金の使い方に計画性がないので、足りなくなると借りに来るという状態でした。毎月給料から返してもらっていますが、どちらもぎりぎりの生活ですね。食費まで切り詰めるのでは？と心配しています。 • 自国ではもっと軽い仕事をしていると言われて入浴介助など重作業に不慣れなんですね。自国でどのような仕事をしていたのかきちんとした情報が欲しいと思います。試行錯誤ですよ。 • ゴミ出しです。住んでいる部屋のゴミ出し、分別が全くできていなかったのです、等。	• 沢山あります。まず、交渉事ですね。自分の条件を飲ませるための色々なことを言ってきます。「郷に入っては郷に従え」という考え方は特にフィリピンの方にはありません。要求がエスカレートして行ったことがありました。この事は絶対にゆずれない部分をはっきり伝える事が大事です。日本人スタッフと同条件であること、なぜダメなのかの理由を説明してあげることも大切です。 • 有給休暇の考え方です。半年で、フィリピンに帰りたいから10日間休みが欲しいと言われました。自国に置いてきた子もまだ小さいので帰りたいと。 • 体調を崩した時、我慢をして救急対応になりました。保険のことは、最初に説明しておけばよかったです。 • EPAの候補者にも子ども手当が支給されることにも驚きました。候補者それぞれの属する教会探しに困りました。 • 「はい、はい」と言って、分かっていないときがありますね。 • 個人主義で干渉されるのを嫌います。住む場所も事前にワンルームマンションを希望されましたが希望通りにいかず半年間もめ揉め母国に返した方が良いかと思った時もありました。 • 要求が多くて、きりがないことです。最初はお金、お金と大変でした。つまり、施設の給与体系への不満です。 • フィリピンネットワークにも驚きました。働かせて欲しいという連絡がたくさんありました。またメールで各施設での待遇などの情報交換をしていること。EPA関係だけでなく、外部の人とも連絡していますね。 • 初めのころ、仕送りのしすぎで急激に痩せてしまったこともありました、等。

出典：塚田（2020a）前掲書、p. 32、表3を筆者が修正（一部割愛）

　ある。先行事例のない中、暗中模索をしながらEPA介護福祉士候補者を受け入れて以来10年。(1)当時のEPA介護福祉士（候補者）たちはどのように成長したか、あるいは帰国したか。(2)候補者たちを受け入れて、組織や職員が学んだことや変わったことはあるか。あるとしたら何か。そして、(3)約10年間の受け入れ経験から、今後外国人介護労働者を受け入れるときの課題は何か、について自由に回答してもらった。

　本フォローアップ・アンケート調査結果は、冊子『過去・現在・そして未来を拓く――EPA介護福祉士候補者を受け入れて〜施設の取り組み事例集

～』（2020年）にまとめた。ここではその回答結果を一部紹介する。

(1) 当時のEPA介護福祉士候補者たちの今は？

　当然のことながら、全てのEPA介護福祉士候補者たちが、国家試験受験までこぎつけたわけではない。国家試験の受験前、あるいは合格後に帰国していった候補者もいる。一方で、国家試験に合格してEPA介護福祉士として日本で就労を継続する人たちがいる。ここでは、当時の候補者たちの今を、帰国した候補者たちと日本で就労を継続している候補者たちの2グループに分けて、フォローアップ・アンケート調査の回答結果を表3にまとめた。

　表3に示すように、帰国をした理由は、介護福祉士の国家試験に不合格であったためだけではなく、健康上の問題、結婚や妊娠、母国の子どもの看病や家族の世話などのために、国家試験の受験前、あるいは合格後に帰国していることがわかる。一方、国家試験に合格したEPA介護福祉士は、他施設で働く人もいるが、多くは同じ施設で就労を継続し、今では介護福祉士として約10年間の就労経験があるリーダー的存在となっている。現在、新たに入国している技能実習生や留学生の相談役にもなるなど、ベテランとして活躍している頼もしい様子がうかがえる。また、家族を本国から呼び寄せたり、結婚・出産を経験して日本で家庭を持ったりしていることがわかる。

(2) EPA介護福祉士候補者を受け入れて組織や職員が学んだこと

　次に、EPA介護福祉士候補者を受け入れて組織や職員が学んだことや、受け入れて良かったと感じることを尋ねた結果をKJ法でまとめて表4に示した。表4に示すように、指導体制については、丁寧で統一した指導ができるようになったことや、日本語指導もノウハウが施設ごとに蓄積されていった様子がうかがえる。また、国家試験については、日本人スタッフが、EPA介護福祉士候補者が国家資格取得へ向けて勉強する姿を見て刺激を受けて、日本人スタッフと候補者の双方にとってよい刺激となったことや、候補者へのさまざまなサポートがあって合格につながったことなどがわかる。

　さらに、異なる文化や価値観への理解を深め、敬老思想を再確認させられると同時に、自らの言葉遣いを振り返ったり、わかりやすく日本語を話したりすることによって、外国人介護士とコミュニケーションをスムースにする

表3　10年前に受け入れたEPA介護福祉士候補者たちの今（N＝20）

	現 場 の 声
受験前、あるいは国家試験合格後に母国へ帰国	・結婚（妊娠）のため、帰国。 ・家族の問題や結婚で途中帰国。 ・4名中3名は、在留を延長したが不合格で帰国。1名は退職。 ・学習・就労に意欲のない候補者は1年で帰国。 ・2名のうち1名は国家試験受験後、もう1名は不合格後帰国。 ・候補者として在職中に結婚・妊娠・退職。 ・合格後、夫と同居。その後、産休・育休を経て帰国のため退職。 ・合格後、しばらく働いたが体調不良のため帰国、結婚。 ・一度で合格したものの、帰国して退職（在職中から親族からの送金要求が激しかった）。 ・合格後、5か月介護福祉士として勤務後、家庭の事情で帰国。 ・合格後、1年間働き、結婚のため帰国。 ・合格後、アメリカの永久ビザを取得して退職。 ・合格後、4年4か月働いた後カナダへ移住（妻と子と同居したかった）。 ・2名中1名は合格後、1年間就労し、結婚・出産のため一時帰国。その後再来日して他県で就労。 ・合格後、3年間働いたが実母が死亡。夫や子どもは呼び寄せられるが、姉は呼び寄せが不可能でやむなく帰国（母国で看護師として働きたくなったことも理由の1つ）。 ・合格後、5年間勤務。インドネシア人男性と結婚・子どもを授かるが帰国。 ・退職・帰国（結婚のため）。
国家試験に合格後、日本で継続就労中	・別の施設で継続就労。 ・夫を呼び寄せ、その後二子目を設ける、産休・育休後に復帰した後、介護福祉士第一人者として活躍。長男は日本で高校進学。 ・1期生2名とも合格後、家族を呼び寄せて生活。子どもも授かる。現在、ベテラン職員として活躍中。 ・介護福祉士のリーダー的存在として活躍中。 ・結婚・子どもも授かり現場で就労中であるが子どものために帰国予定。 ・EPA介護福祉士（常勤職員）として、日本人職員と遜色なく勤務。 ・11年目のベテラン介護福祉士として活躍中――技能実習生・留学生の良き相談役となっている。 ・2名は現在もEPA介護福祉士として夜勤等もこなしながら就労中。 ・インドネシア1陣の3名のうち2名は管理職として活躍中。あとの1名は、介護支援専門員の資格も取得し、ケアマネ業務も行う。 ・合格後、同じ法人内で就労。

出典：塚田（2020b）「過去・現在・そして未来を拓く―EPA介護福祉士候補者を受け入れて〜施設の取り組み事例集〜」を基に筆者作表

姿勢が、徐々に日本人職員に醸成されたことがうかがえる。加えて、国境をまたいで働くEPA介護福祉士たちの姿から、グローバルな世界で生きていくとは、について日本人職員が何かを学んでいるのではないかと感じた。

表4　EPA介護福祉士候補者を受け入れて学んだこと・良かったこと（N=20）

カテゴリー	主 な 現 場 の 声
指導体制	・日本人スタッフが、わかりやすい丁寧な指導を心掛けるようになった。 ・生活支援、学習支援等、担当を決めて行事等にも参加する中、今では外国人であることを誰も意識しないほど貴重な介護人材となった。 ・日本人職員へのケアの統一を行うことができた（異なることを教えないように）。 ・日本人より丁寧に指導する必要があったので、指導方法を見直せた（2施設） ・日本語の教え方は難しいが、ノウハウは蓄積できた（2施設）。日本人スタッフも、EPA候補者受け入れに慣れてきて、受け入れに前向きになった。 ・日本語指導は、N1、N2取得を目標として指導している。 ・候補者が一番困ったり不安に思ったりするのは、方言や日本語独特の表現の「オノマトペ」。「聞く」「話す」ことを目的とした授業を実施している。
国家試験の受験	・日本人にとっても良い刺激となり、日本人も候補者も共に勉強し合い、相乗効果で合格につながった（5施設）。 ・過去問題を購入して自分で解いてもらい、分からないところは職員が説明し、弱点を克服して合格していった。 ・毎月2泊3日で、入国年度ごとの合同学修を実施している。また試験直前には45日間の合同合宿も実施している。 ・JICWELSのテキストは単語中心。例文をつけたり英訳をつけたりしてオリジナルテキストを作成した。
文化・価値観	・国によって国民性、物事の考え方や宗教の異なる人々と、日本の法律の下で働く外国人が来ているとことを改めて感じている。 ・家庭を大切にすることや仕事に対する姿勢等、刺激を受け国際的な視野を持てた。 ・日本人の考え方については近くに住む職員が食事に誘うなどして、環境に慣れるように取り組んだ。 ・イスラム文化について学ぶことができた。
その他	・心のこもった笑顔が利用者に評価された。自分たちの口先だけの丁寧な言葉ではなく、「気持ち」であると教えられた気がした。 ・異国の地に来て頑張っている姿を見て、自分たちも頑張ろうと意識した（2施設）。 ・「お年寄りを大切にする」という気落ちが強く、言葉遣いや表情（笑顔）などは日本人スタッフが見習うべき点がたくさんあった（2施設）。 ・EPAの枠組みによる外国人介護者受け入れの良いところは優秀な人材が集まること。 ・フィリピンで看護師だったので、介護技術は何不自由なく覚えてくれた。 ・インドネシアでの恵まれない境遇の中、家族に仕送りし、家を建てるなど、日本人スタッフには考えられない姿勢は、職員全員の刺激となった。 ・外国人への配慮は「ゆっくり話す」（2施設）、「わかりやすい言葉を使う」くらい。

出典：塚田（2020b）、前掲書を基に筆者作表

（3）約10年間の経験から見えてきた今後の外国介護人労働者の受け入れ課題

　最後に紹介するのは、今後外国人介護労働者を受け入れる際に課題だと思うことを、日本語能力面、仕事面および生活面に分けて回答してもらった。

表5 外国人介護労働者を受け入れる際の課題

	主 な 現 場 の 声
日本語能力面	• 入国時の日本語能力がN4であれば入国後2年間、N3は1年間の日本語教育が必要。 • 日本語能力は個人的な能力の問題で（2施設）、個々の能力に合わせた対応が必要。 • 現在は当初の受け入れと比べるとすごく恵まれている。N3レベルにはある。あとは本人がどこまで真剣に勉強するか、である。 • 業務内であれば時間とともに覚えるが、国家試験対策は専門的に学ばないと難しい。 • 介護はできるが日本語が話せず、コミュニケーション不足で事故のリスクがある。 • 日本語指導は専門家でないと困難。またN1、N2合格者は、国家試験に合格している。N2を取得することによって、日常生活、勤務、国家試験により良い結果が出ている。 • 「読み・書き」については、毎日日記をつける、介護日誌に目を通す、申し送りを行う、簡単な記録を実際に行う等、できるだけ文字に触れるようにする必要がある。 • 生活のための日本語ができたとしても、国家試験問題を理解することはできない。JICWELSの国家試験対策のテキストは突然難しくなる。候補者が意欲をなくさないよう、フォローアップ体制が必要。
仕事面	• 日本語能力（N3レベル）があれば介護業務の基礎は習得できるが専門性は、N2が必要。 • 記録がうまくできない。また、勉強時間を確保するため当法人では夜勤をさせてない。 • 勤務中は自国語を話すことを禁じ、できるだけ早く日本語を習得させることが大切。 • 丁寧に指導すれば覚えてくれる。しかし、覚えるまでは本当に理解しているか、随時確認することが大切。理解できないまま「できる」と返事をすることがあるためである。 • 候補者たちは指示や依頼の内容がわかっていないのに「わかりましたか？」と問うと、「はい」と答えることがよくある（2施設）。その結果「指示通りできない」といって指導される。人前で指導されると嫌がる傾向がある。したがって、日本人職員には「わかりやすく丁寧に指導してほしい」と依頼し、今は問題なく指導が行われている。 • 他法人との比較（良いとこ取り）で、勤務時間内の勉強時間を増やすと、日本人職員の負担が増えるなど、調整に苦慮している。
生活面	• 日本の社会保障制度、年金・税金などの知識を理解させていくことが課題。 • 順応が早いので大きな問題はないが、メンタル面と冬の対策、入職直前の準備が肝要。 • ルール（休みのとり方、ゴミの分別の仕方など）の徹底を図るよう常に指導している。 • 外国人の人数が増えると、国籍を問わず、サポートし合っている。 • 結婚して子どもができる家族が増えてきた。母国から呼んだ配偶者は日本語ができず、子どもが家から出る機会が少なくなり、配偶者と子どもの日本語の修得が難しく帰国するケースも出てきた。そこで「配偶者支援制度」を実施している。 • 言葉がある程度（N2〜N3）できていると、生活指導面でトラブルなく指導徹底可能。 • ゴミの分別、シンクに油を流さない等、繰り返し指導。お祝い時には集団でパーティをアパートで行うことがあるので、周りに迷惑にならないよう指導している。 • 合格後の就労継続には、家族呼び寄せ、住居手配、結婚出産等の面でサポートが必要。 • イスラム教の生活習慣（ヒジャブ、一日数回のお祈り、ラマダン）の違いは難しい。

出典：塚田（2020b）、前掲書を基に筆者作表

　その結果を表5にまとめた。表に示すように、EPA介護福祉士候補者を受け入れて10年経った今も、やはり、永遠の課題とでもいうと言うべき「日本語能力の問題」が多い。また仕事面でも「日本語能力（N3レベル）があれば、介護業務の基礎は習得できるが、専門性は、N2が必要」「勤務中は自国語を話すことを禁じ、できるだけ早く日本語を習得させることが大切」など、日本語能力に関わる問題が挙げられていることがわかった。

一方、生活面では、社会保障に関する説明やゴミの分別をはじめとする日本の生活習慣について、受け入れ初期における説明が大事であることが確認できる。また、日本で就労を継続していくうちに家族が増えていくため、徐々に外国人同士の間で「互助」の精神が芽生えてきているとはいうものの、やはり日本の言語・生活・就労・医療制度等に慣れない家族への組織だった施設・地域からのサポート体制の構築が、今後ますます重要性を増していることが、活躍するEPA介護福祉士たちの姿から浮き彫りになった。

【注記1】　第1章第1節は、筆者がこれまでに発表した研究論文で掲載された図表を引用したり、加筆修正を加えたりした（本文中その旨表記）。本章で用いた論文は以下に示す3つである。
　　①「EPA介護福祉士候補者受け入れ施設の受入れ実態に関する研究──テキスト分析を基に」『日本大学ビジネス・リサーチ』11、113–129、2014
　　②「日本で初めてEPAによる外国人介護福祉士候補者を受け入れた施設現場の実態と将来展望」『支援』4、87–104、2014
　　③「社会福祉施設における外国人介護士の受け入れとその支援」『ソーシャルワーク研究』46(1)、27–39、2020
【注記2】　本文中、訪問インタビュー調査結果の現場の声として「カギ括弧」で紹介した部分は、全て『EPAによる外国人介護福祉士候補者受け入れ施設の取り組み事例集──インドネシア（第1・2陣）＆フィリピン（第1陣）』（塚田典子編集、2012年1月発行：私家版）から引用した。
【注記3】　第1章第2節で現場の声として紹介した内容は全て、20施設のフォローアップ・アンケート調査を終え、2020年3月に私家版として発行した『過去・現在・そして未来を拓く──EPA介護福祉士候補者を受け入れて〜施設の取り組み事例集〜』から引用した。
【謝辞1】　第1章第1節で紹介した全国訪問インタビュー調査は、研究題目「インドネシア人介護福祉士候補者受け入れ施設における受け入れ体制の実態に関する研究」で、平成23年度文部科学省科学研究費補助金基盤研究（c）の研究助成を受けて可能となりました。訪問インタビュー調査に長時間ご協力いただいた全国57施設の皆様に心より感謝申し上げます。
【謝辞2】　第1章第2節で紹介したフォローアップ・アンケート調査は、令和元年度に京都大学文学研究科安里和晃先生を研究代表者とする文部科学省科学研究費補助金基盤研究B「複雑化する介護のグローバルチャネルと日本の政策転換」の分担研究者として可能となりました。短期間の依頼であったにもかかわらず、ご協力いただいた全国20施設の皆様に改めて深く感謝申し上げます。

【参考文献】
安里和晃「経済連携協定を通じた海外人材の受け入れの可能性」『日本政策金融公庫論集』（30）、35–62、2016
赤羽克子・高尾公矢・佐藤可奈「EPA外国人介護福祉士候補者への支援態勢をめぐる諸問題──施設の支援態勢と候補者の就労・研修状況との関係を手がかりとして」『社会学論叢』

（174）、pp. 1–19、2012

安立清史・大野俊・平野裕子・小川玲子・クレアシタ「来日インドネシア人、フィリピン人介護福祉士候補者の実像」『九州大学アジア総合政策センター紀要』5、163–174、2010

小川玲子「経済連携協定によるインドネシア人介護福祉士候補者の受け入れについて――介護施設における量的質的調査を中心に」『都市政策研究』（8）、65–77、2009

奥島美夏「インドネシア人介護・看護労働者の葛藤――送り出し背景と日本の就労実態」『歴史評論』（722）、64–81、2010

塚田典子『介護現場の外国人労働者――日本のケア現場はどう変わるのか』明石書店、2010

塚田典子「新たな時代を拓く外国人介護労働者」『地方自治職員研修』45(1)、28–30、2012a

塚田典子編集『EPAによる外国人介護福祉士候補者受け入れ施設の取り組み事例集――インドネシア（第1・2陣）＆フィリピン（第1陣）』（私家版）2012b

塚田典子「EPA介護福祉士候補者受け入れ施設の受入れ実態に関する研究――テキスト分析を基に」『日本大学ビジネス・リサーチ』11、113–129、2014a

塚田典子「日本で初めてEPAによる外国人介護福祉士候補者を受け入れた施設現場の実態と将来展望」『支援』4、87–104、2014b

塚田典子「社会福祉施設における外国人介護士の受け入れとその支援」『ソーシャルワーク研究』46(1)、27–39、2020a

塚田典子編集『過去・現在・そして未来を拓く――EPA介護福祉士候補者を受け入れて〜施設の取り組み事例集〜』（私家版）、2020b

第2章 外国人介護労働者の受け入れに関する全国アンケート調査（2014年）

塚田　典子

第1節　研究の目的

　ここで紹介する全国アンケート調査（以下「本全国調査」）は、全国の高齢者介護施設の施設長および介護職員の、外国人労働者受け入れに関する意識や、新たな在留資格「介護」および介護技能実習制度が施行される前の、それらの制度に対する賛否やその理由などを把握することを目的とした。

第2節　調査の方法

(1) 調査対象施設のサンプリング

　本全国調査の対象となる母集団リスト（1万2191施設）は、介護事業所検索「介護サービス情報公表システム」から各都道府県別に条件検索へ進み、次にサービスの種類で介護保険3施設を選んで母集団リストを作成した。必要標本数は、前回2008（平成20）年の全国調査の経験を基に、信頼度95％、標本誤差3％、母比率50％として必要標本数を算出した後、調査票回収率を25％とし、最終必要標本数（3932施設）を決定した。

　次に、この3932施設を全国都道府県別の介護老人福祉施設、介護老人保健施設および介護療養型医療施設の3種類の施設数に比例割当して、各都道府県別・施設種類別の対象施設数を決定した。その後、3種類の施設別にIBM SPSSで擬似乱数を出して無作為抽出し、介護老人福祉施設2175か所、介護老人保健施設1287か所および介護療養型医療施設470か所を調査対象施設とした。

（2）調査回答者

本全国調査では、A調査票（施設長／管理者用）とB調査票（介護職員用）の2種類を準備し、施設長／管理者あるいは施設全体を把握している事務長にA調査票を、また、介護職員にはB調査票への回答を依頼した。

（3）調査の方法と調査期間

施設長宛に、上記AおよびBの調査票を返信用封筒（切手不要）2通とともに郵送した。B調査票については、施設長に介護職員1人を選んで調査票を手渡してもらった。施設長も介護職員も、無記名による回答を依頼し、返信用封筒でそれぞれ大学研究室宛に返送してもらった。

調査票は2014（平成26）年8月末から順次施設長宛に送付し、同年9月23日（火）を回答期限とした。

（4）調査票の有効回収率

2014（平成26）年9月末に、再依頼状（葉書）を郵送し、最終的には11月21日に到着した最後の1通の調査票をもって回収終了とした。白票で戻ってきたものや、調査票の半分近くが無回答であった調査票は無効とした。3つの施設種類別に有効回収率を算出して表1にまとめた。施設長の有効回収率は約18.4％、介護職員の有効回収率は14.9％であった。

回収率が低かった主な理由としては、調査時期が他の調査と重なる夏期間であったこと、また、介護療養型医療施設から「サービス提供を打ち切りました」との電話や手紙をもらったことから、今回用いた介護事業所検索サイト上の情報が頻繁に更新されていない可能性も考えられた。

（5）調査票の開発と主な調査内容
①調査票の開発

前回2008（平成20）年度に行った全国調査の調査票（塚田2010）を参考に、現場の施設管理者や介護職員、研究者および介護関連の専門家の意見を聞きながら調査票を開発した。調査票はプレテストを行い、内的妥当性（コロンバックα）をチェックし、0.77が得られたので本調査に進んだ。なお、

表1　調査票配布数と有効回収率（施設長・介護職員）

		介護老人福祉施設	介護老人保健施設	介護療養型医療施設	全体
配布数	調査票配布	2,175	1,287	470	3,932
	非該当の施設（返却）	0	2	2	4
	有効配布数（A）	2,175	1,285	468	3,930
有効回収率	【施設長】				
	白票・無効票	－	－	－	2
	施設別回収数	457	203	55	715
	施設不明	－	－	－	7
	有効回収数（B）	457	203	55	722
	有効回収率＝（B）/（A）×100（%）	21.01	15.8	11.75	18.37
	【介護職員】				
	白票・無効票	－	－	－	3
	施設別回収数	367	171	44	582
	施設不明	－	－	－	4
	有効回収数（C）	367	171	44	586
	有効回収率＝（C）/（A）×100（%）	16.87	13.31	9.4	14.9

出典：筆者作表

　今回の全国調査で尋ねる「外国人技能実習制度」に関する説明としては、制度導入前であったため、正確を期すために、厚生労働省のHPで説明されている「外国人技能実習制度の受け入れ方法」と、法務省のHPで掲載されている「在留資格一覧」を添付資料として、調査票郵送時に同封した。

②A調査票（施設長用）およびB調査票（介護職員用）の主な質問項目

　A調査票は、回答者の基本属性に関する質問（年齢、性別、介護事業に携わった経験年数や施設長としての経験年数、所有する資格など）、回答者が経営・管理する施設に関する質問（所在地や設立年、施設の種類、入所定員と介護職員の数、介護職員の数や質に関する評価、外国人介護労働者受け入れの有無やその理由や評価、離職率、職員募集状況など）、そして、一般の外国人労働者や外国人介護労働者受け入れに関する意識、受け入れる際の日本語能力試験のレベル、外国人介護労働者受け入れの際の課題、介護職員確保や定着に関する意見および今後の外国人介護労働者受け入れ制度に関する質問をした。主な質問項目は21個、サブ質問は14個で構成された。B調査票も同じく介護職員の基本属性を尋ね、主質問はA調査票に準じて作成したが、B調査票の主

質問は18個、サブ質問は11個となった。

(6) 倫理的配慮

　調査依頼状に、本全国調査は無記名であること、回答した個人や所属機関が特定されないように統計処理をして結果を示すこと、また、本研究の目的以外にはデータを使用しないことやデータを厳重に保管することなどを明記して調査票を送付した。これに対する回答者の同意の有無は、調査票の返信をもって調査回答者が説明に同意したものとみなした。

(7) 分析に使用したデータ・セット

　本第2章で分析に使ったデータは、2種類で構成される。1つ目は、全国調査のアンケートの回答を入力したものである。2つ目は、アンケート調査の回答データに、回答した施設が所在する都道府県の地理的・人口学的・社会的・経済的な地域特性データを、総務省統計局（2015）がHP上に掲載している、本調査と同じ2014（平成26）年（あるいは、その年の統計データがない場合は調査年に近い年）のものから入手して加えた。

　地域特性データとは、①総人口（万人：2013年）、②人口増減率（人口総数－人口総数〈前年〉）／人口総数（前年）（％：2013年）、③外国人人口比率（対人口10万人当たり：2010年）、④老年人口割合（％：2013年）、⑤合計特殊出生率（2013年）、⑥最終学歴（卒業生総数に対する大学・大学院卒の者の割合）（％：2010年）、⑦第一次産業就業者比率（対就業者）（％：2010年）、⑧高齢者単身世帯の割合（対一般世帯）（％：2010年）、⑨介護老人福祉施設数（65歳以上人口10万人当たり：2012年）、および⑩財政力指数（2012年）であった。

(8) 被説明変数と分析の方法

　本全国調査では、施設長の外国人介護労働者受け入れに対する意識を、「あなた様は、基本的に、外国人介護労働者を受け入れることに対して、賛成ですか？」の質問に対して、「5＝大いに賛成する」「4＝どちらかというと賛成する」「3＝どちらともいえない」「2＝どちらかというとあまり賛成しない」および「1＝全く賛成しない」の5件法で尋ね、外国人介護労働者受け入れ賛成度を被説明変数とした。分析にはIBM SPSS Statistics Ver. 23

を用い、記述統計、ピアソンの相関分析、一元配置の分散分析および階層的重回帰分析を行った。有意水準は5％とした。

第3節　調査結果（記述統計）

　まず、施設が所在する地域を11の地域区分に分けて、調査に回答した施設が所在する都道府県の地域特性について概観した後、施設の基本属性、回答者（施設長・介護職員）の基本属性を報告し、最後に、主な質問項目に対する回答の記述統計結果を施設長と介護職員の回答を比較しながら紹介する。

（1）11の地域区分別にみる回答施設の人口・社会・経済的特性

　施設が所在する地域を11の地域区分に分け、その区分ごとの地域特性データの平均値——総人口、人口増減率、外国人人口比率、老年人口割合、合計特殊出生率、最終学歴、第一次産業就業者比率、高齢者単身世帯の割合、介護老人福祉施設数、および財政力指数——を表2にまとめた。表2に示すように、11全ての地域区分から調査票が回収されたが、地域区分によって地域特性が大きく異なることがわかる。

（2）回答施設の基本属性

　本全国調査に回答した、施設長が働く施設の基本属性を表3に示した。表に示すように、施設の内訳は、介護老人福祉施設が457か所（63.3％）、介護老人保健施設203か所（28.1％）および介護療養型医療施設55か所（7.6％）で、介護老人福祉施設が約3分の2を占めた。この回答施設の内訳を、厚生労働省（2014a）が2014（平成26）年に発表した、全国3施設の内訳（介護老人福祉施設〈56.3％〉、介護老人保健施設〈31.8％〉および介護療養型医療施設〈11.8％〉）と比較すると、介護老人福祉施設と介護療養型医療施設の回答割合がやや高め、介護老人保健施設の回答割合はやや低めであったが、全国総施設の内訳と大きく乖離していなかった。

　次に、「昨年度の離職率」（2013年）については、最多の回答は「5％未満」（32.7％）、次に「5～10％未満」（30.6％）で、回答施設の6割以上が10％未満の離職率であった。これは同時期の介護職員の離職率の全国平均（17.7％）

表2 回答施設の11の地域区分※ 人口・社会・経済的特性データの平均値

(表中①〜③は、平均値が高いものから上位3位までを、また、⑪は最下位を示す)

	総人口（万人：2015）	人口増加率（総数〈前年〉／総数〈前年〉数）(%：2015)	外国人人口比率（対10万人）	高齢化率（%：2015）	合計特殊出生率（人：2015）	最終学歴（卒業者総数に対する大学・大学院卒の者の割合(%：2015)）	第一次産業就業者比率（対就業者）(%：2015)	高齢単身世帯の割合（%：2015）	介護老人福祉施設数（65歳以上人口10万人当たり）	財政力指数（2015）
全国 (n=711)	414.09	-.2946	1122.435	25.761	1.4375	15.921	4.949	9.1858	20.772	.53658
1＝北海道 (n=35)	②543.00	-.5300	⑪332.000	27.000	1.2800	11.300	7.200	③10.8200	19.800	.38200
2＝東北 (n=78)	157.06	-.7362	422.572	③27.788	1.4351	⑪10.508	①9.309	8.5679	①24.935	.35510
3＝北関東 (n=44)	239.27	-.3793	③1479.514	24.968	1.4193	13.932	5.623	⑪7.4084	③23.875	③.56850
4＝南関東 (n=141)	①932.99	②.2160	②1643.579	22.788	⑪1.2639	①22.857	⑪1.329	8.2819	⑪15.424	①.81814
5＝北陸・甲信越 (n=77)	166.78	-.5388	990.773	27.718	1.4853	13.657	5.988	8.2219	23.796	.40782
6＝東海 (n=74)	③467.11	③-.1643	①1861.291	24.723	1.4886	③16.395	3.164	7.5845	17.473	②.71723
7＝近畿 (n=98)	453.12	-.2914	1442.741	25.679	1.3860	②18.042	2.692	10.3389	20.034	.55974
8＝中国 (n=51)	179.84	-.5112	906.633	②28.224	③1.5659	15.204	5.347	10.6514	22.894	.42200
9＝四国 (n=32)	⑪108.06	⑪-.6881	549.934	①29.166	1.5153	14.331	②8.384	①11.6278	②24.122	.34909
10＝九州 (n=76)	248.97	-.3562	538.632	26.683	②1.5880	12.816	③7.633	②11.1062	23.418	.38728
11＝沖縄 (n=5)	①142.00	①.4300	549.300	⑪18.400	①1.9400	12.700	5.000	7.7800	20.400	⑪.28200

出典：筆者作表

※11の地域区分とは、第1区分（1＝北海道）は北海道のみ、第2区分（2＝東北）は青森、岩手、秋田、宮城、山形および福島の6県、第3区分（3＝北関東）は茨城、栃木および群馬の3県、第4区分（4＝南関東）は千葉、東京、埼玉および神奈川の4県、第5区分（5＝北陸・甲信越）は新潟、富山、石川、福井、山梨および長野の6県、第6区分（6＝東海）は、静岡、愛知、および岐阜の3県、第7区分（7＝近畿）は三重、滋賀、京都、大阪、兵庫、奈良および和歌山の7府県、第8区分（8＝中国）は鳥取、島根、岡山、広島および山口の計5県、第9区分（9＝四国）は徳島、香川、愛媛および高知の4県、第10区分（10＝九州）は、福岡、佐賀、長崎、熊本、大分、宮崎および鹿児島の計7県、そして最後に第11区分（11＝沖縄）は沖縄県のみが含まれます。

表3　回答施設の基本属性（N＝722）

基本属性項目	カテゴリー	度数	％
施設の種類	介護老人福祉施設	457	63.3
	介護老人保健施設	203	28.1
	介護療養型医療施設	55	7.6
	無回答	7	1.0
収容定員	1〜50人	181	25.1
	51〜100人	423	58.6
	101〜150人	82	11.4
	151〜200人	21	2.9
	201人以上	5	0.7
	無回答	10	1.3
昨年度の離職率	5％未満	236	32.7
	5〜10％未満	221	30.6
	10〜15％未満	121	16.8
	15〜20％未満	60	8.3
	20〜25％未満	31	4.3
	25％以上	26	3.6
	無回答	27	3.7
ここ2、3年の離職率の傾向	横ばい／変化なし	308	42.7
	やや低下（改善傾向）	154	21.3
	やや上昇傾向	94	13.0
	波がありどれとも言えない	139	19.3
	無回答	27	3.7
介護職員の募集状況	募集予定以上の応募者がいつも集まる	39	5.4
	募集予定ぎりぎりの応募者が集まる	155	21.5
	応募者が募集予定数を下回ることがある	143	19.8
	応募者が恒常的に募集予定数を下回っている	180	24.9
	募集してもほとんど応募者がいない	182	25.2
	無回答	23	3.2
介護職員の質と量に関する満足度	人数・質ともに十分満足している	45	6.2
	人数には満足しているが、質には満足していると言えない	213	29.5
	質には満足しているが、人数は不足することがある	144	19.9
	人数・質ともに、満足とは言えない	302	41.8
	無回答	18	2.5
経済連携協定（EPA）以外の外国人介護職員の受け入れ経験の有無	現在、働いている	103	14.3
	以前、働いていた	54	7.5
	受け入れたことは一度もない	535	74.1
	無回答	30	4.2
経済連携協定（EPA）介護福祉士候補者の受け入れ経験の有無	(A) 現在、受け入れている	31	4.3
	(B) 過去に受け入れたことがある	10	1.4
	受け入れたことは一度もない	681	94.3

		カテゴリー	度数	％
	(A)＋(B) に対して：経済連携協定（EPA）介護福祉士候補者を受け入れた理由（n＝41）（複数回答）	将来の介護職員不足に備え外国人受け入れノウハウを蓄積するため	27	65.9
		国際貢献・社会貢献のため	22	53.7
		組織や職場の活性化のため	16	39.0
		介護職員確保に時折困難があり現実的な必要性に迫られていたため	12	29.3
		日本人職員にも、よい刺激となるため（介護福祉士の受験など）	11	26.8
		能力・資質共に高い候補者が来日しているため	8	19.5
		3年間は離職の心配がなく継続的・計画的な人材育成が可能なため	7	17.1
		外国人教育のノウハウは日本人新人介護職員の育成にも役立つため	7	17.1
		すでに外国人介護士が働いていたので、違和感がなかったため	4	9.8
		外国語（英語や候補者の母（国）語など）を話せる職員がいたため	1	2.4
		その他	1	2.4

出典：塚田（2018）「施設長の外国人介護労働者受入れ意識に関連する要因研究」p. 96の表1を一部修正

（厚生労働省2014b）と比較すると低かった。つまり、本全国調査には離職率が低い施設が多く回答したことになる。とはいえ、「介護職員の募集状況」

をみてみると、約7割の施設が「募集予定者を下回ることがある／恒常的に下回っている／ほとんど応募者がいない」と回答し、「介護職員の質と量に関する満足度」についても約6割以上が「不足することがある／満足とは言えない」とするなど、介護職員確保の厳しい状況がうかがえた。

（3）施設長および介護職員の基本属性

本全国調査に回答した施設長（N＝722）の基本属性を表4に示す。施設長は男性529名（73.3％）、女性175名（24.2％）で男性が多く、平均年齢は55.3歳であった。年齢層は50歳以上が7割を超えた。また、15年以上介護事業経験のある施設長は約4割、施設長としての年数は15年以上が約1割であった。保有資格（複数回答）の最多は「介護支援専門員」（37.4％）で、「社会福祉主事」（34.5％）、「社会福祉施設長認定」（24.3％）、「介護福祉士」（18.3％）、「社会福祉士」（16.2％）と続き、無資格者も約2割いた。

次に、回答した介護職員（N＝586）の基本属性を表5に示す。介護職員は男性269名（45.9％）、女性313名（53.4％）で女性が多く、平均年齢は43.0歳であった。年齢層区分は「30～40歳未満」（36.5％）が最多で、「40～50歳未満」（27.5％）が続き、50歳未満が約7割であった。また、介護経験年数は「10～15年未満」（34.1％）が最多で、次が、「5～10年未満」（21.5％）、「15～20年未満」（20.5％）と続いた。保有資格（複数回答）で最も多い回答は、「介護福祉士」（81.8％）で、次に、「社会支援専門員（ケアマネジャー）」（33％）、「ホームヘルパー」（28.8％）、「介護福祉主事」（24.0％）、「保育士」「看護師」（ともに5％）と続き、無資格者も約3％いた。

（4）施設における介護職員の質や量の満足度について

まず、「介護職員の質や量に満足しているかどうか」について、施設長および介護職員に尋ねた結果を図1に示した。施設長、介護職員ともに「人数・質ともに、満足とは言えない」との回答が最も多く、施設長が41.9％（302人）、介護職員は59.2％（347人）にのぼった。

（5）介護職員の確保や定着率に影響を与えると思う要因について

表6は、介護職員の確保や定着率に影響を与えると思う要因について、施

表4　施設長の基本属性（N＝722）

項　目	カテゴリー	度　数	％
性　別	男性	529	73.3
	女性	175	24.2
	無回答	18	2.5
年齢層	30歳未満	1	0.1
	30～40歳未満	61	8.4
	40～50歳未満	126	17.5
	50～60歳未満	254	35.2
	60～70歳未満	224	31.0
	70～80歳未満	35	4.8
	80歳以上	7	1.0
	無回答	14	2.0
介護業務に携わった経験総月数	1年未満	23	3.2
	1～5年未満	125	17.3
	5～10年未満	122	16.9
	10～15年未満	154	21.3
	15～20年未満	122	16.9
	20年以上	158	21.9
	無回答	18	2.5
施設長としての経験総月数	1年未満	62	8.6
	1～5年未満	260	36.0
	5～10年未満	203	28.1
	10～15年未満	107	14.8
	15～20年未満	42	5.8
	20年以上	25	3.5
	無回答	23	3.2
保有する資格（複数回答） （n＝704）	介護支援専門員（ケアマネジャー）	263	37.4
	社会福祉主事	243	34.5
	社会福祉施設長認定	171	24.3
	介護福祉士	132	18.3
	社会福祉士	114	16.2
	ホームヘルパー	65	9.2
	看護師	47	6.7
	医師・歯科医師	47	6.7
	その他の資格	81	11.5
	保有資格はない	145	20.6

出典：塚田（2018）、前掲書、p. 98、表2

設長および介護職員に尋ねた5段階評価の平均値、および施設長と介護職員の平均値の差をt検定した結果をまとめたものである。平均値が高い上位3つの要因は、施設長および介護職員ともに、①「業務内容に見合った適切な給与水準を確保する」、②「職場内のコミュニケーション（対施設、上司及び

表5　介護職員の基本属性（N＝586）

項　目	カテゴリー	度　数	％
性別	男性	269	45.9
	女性	313	53.4
	無回答	4	0.7
年齢層	30歳未満	31	5.3
	30〜40歳未満	214	36.5
	40〜50歳未満	161	27.5
	50〜60歳未満	141	24.1
	60〜70歳未満	30	5.1
	70〜80歳未満	2	0.3
	80歳以上	1	0.2
	無回答	6	1.0
勤務する施設	介護老人福祉施設	367	62.6
	介護老人保健施設	171	29.2
	介護療養型医療施設	44	7.5
	無回答	4	0.7
介護職員としての経験総月数	1年未満	5	0.9
	1〜5年未満	54	9.2
	5〜10年未満	126	21.5
	10〜15年未満	200	34.1
	15〜20年未満	120	20.5
	20年以上	71	12.1
	無回答	10	1.7
保有する資格（複数回答） （n＝584）	介護支援専門員（ケアマネジャー）	193	33.0
	社会福祉主事	140	24.0
	認定社会福祉士	4	0.7
	介護福祉士	478	81.8
	社会福祉士	26	4.5
	ホームヘルパー	168	28.8
	看護師	29	5.0
	准看護師	6	1.0
	保育士	29	5.0
	その他の資格	26	4.5
	保有資格はない	15	2.6

出典：筆者作表

職員間）が良い」および、③「資格や経験・勤続年数を給与に反映される仕組みがある」となり、介護職員の回答では「介護や育児支援体制などの労働環境の整備（有給）ができている」も同じ平均値で第3位に挙がった。

　施設長と介護職員の平均値の差が最も大きかった要因は「介護や育児支援体制等の労働環境の整備（有給）ができている」で、介護職員のほうが人材確保や定着率により影響すると考えていた。また、「施設がある地域の特性

図1 介護職員の質や量に満足しているか

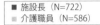

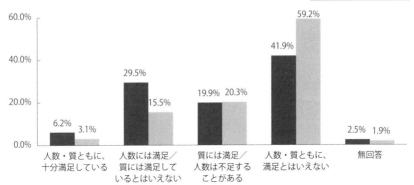

出典：塚田（2015a）、p. 8、図表10

表6 介護職員の確保や定着率に影響を与えると思う要因の平均値（5段階評価）

	項 目	施設長	介護職員	t検定結果
1位	業務内容に見合った適切な給与水準を確保する	4.15	4.36	***
3位	資格や経験・勤続年数を給与に反映される仕組みがある	3.94	4.12	***
	キャリアアップの（役職・リーダー的立場につく）目安やルールが明確である	3.54	3.64	n.s.
	介護や周辺専門知識を高める教育・研修制度が非正規職員にもある	3.25	3.41	**
	非正規職員から正規職員への登用の機会がある	3.58	3.88	***
3位（介護）	介護や育児支援体制等の労働環境の整備（有給）ができている	3.70	4.12	***
	多面的な人事評価制度を行う	3.27	3.48	***
	施設がある地域の特性（人口密度、気候等）や施設の立地条件	3.53	3.37	**
	柔軟な就業時間や休暇等、ワーク・ライフ・バランスを推進する	3.49	3.75	***
	職場体験・マスメディアを通した広報活動による、福祉・介護サービスの周知と理解を図る	3.14	3.16	n.s.
2位	職場内のコミュニケーション（対施設、上司及び職員間）が良い	4.12	4.28	**
	介護職員の能力・資質、仕事に対する姿勢、専門職としての自負	3.82	3.86	n.s.
	介護関連の専門職団体の社会的貢献性や社会への影響力がある	3.12	3.21	n.s.
	健診の実施や腰痛防止機器貸与等の安全性や、精神性ストレスに対するサポート等、メンタルヘルスが充実している	3.41	3.63	***
	介護職のイメージをアップする	3.70	3.76	n.s.
	介護職の社会的評価及び地位を高める	3.90	3.97	n.s.
	管理者の管理（マネジメント能力）を高める	3.82	3.89	n.s.

（**p<0.01; ***p<0.001; n.s.=not significant）

出典：塚田（2015b）「外国人介護労働者受け入れ制度に関する全国調査」p. 77の表1にt検定結果を加筆

（人口密度、気候等）や施設の立地条件」を除く全ての項目で介護職員の平均値が施設長よりも高かった。つまり、介護職員は施設長より、労働条件や待遇、管理者のマネジメント能力が、介護職員の確保や定着率により大きく影響を与えると考えていることがわかった。

（6）日本への一般の外国人労働者の受け入れについて

　図2は、施設長および介護職員に、一般の外国人労働者の受け入れを賛成するかどうかを尋ねた結果を示したものである。施設長および介護職員ともに「大いに賛成する」「どちらかというと賛成する」を合わせて6割以上の人が、日本に外国人労働者を受け入れることに賛成していることがわかった。

　次に、「どちらかというと賛成しない」「全く賛成しない」と回答した施設長には、「では、どのように労働力不足を補うべきか？」と単一回答で尋ねたその結果を、図中の吹き出しに示した。図に示すように、第1位は「フリーターやニートを教育する」（39.6％）であった。

図2　一般の外国人労働者の日本への受け入れについて

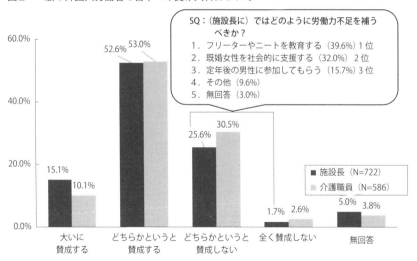

出典：塚田（2016）「外国人介護労働者受け入れに関する一考察」p.67の図1を一部修正

(7) 外国人介護労働者の受け入れについて

　今度は、施設長および介護職員に、外国人介護労働者の受け入れについて尋ねた結果を図3に示した。「大いに賛成する」あるいは「どちらかというと賛成する」と回答した割合は、施設長のほうが介護職員より10.4ポイント高かったのに対し、「どちらともいえない」「どちらかというと賛成しない」「全く賛成しない」と回答した割合は、介護職員が施設長より高かった。

　ここで、図2と図3の施設長と介護職員両者の回答を比較してみると、選択肢は異なるが、一般の外国人労働者の受け入れには、施設長は67.7％、介護職員は63.1％が賛成（「大いに賛成」＋「どちらかというと賛成」）していた一方で、外国人「介護」労働者の受け入れとなると、やや消極的となり、それぞれ59％と48.6％が賛成した。特に、介護職員の回答は14.5ポイント低下しており、施設長の低下（8.7ポイント）より大きくなっていた。

図3　外国人介護労働者の受け入れについて

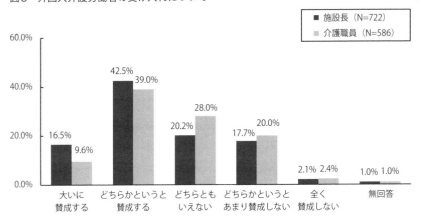

出典：塚田（2016）、前掲論文、p. 67の図2を一部修正

(8) 外国人介護労働者を受け入れる際、最低必要と思う日本語能力試験のレベルについて

　外国人介護労働者を受け入れるときに最低必要だと思う日本語能力試験のレベルについて、施設長および介護職員に尋ねた結果を図4に示した。施

設長と介護職員の回答には差がみられ、施設長の最多の回答は最低「N3が必要」（46.4％）、介護職員は最低「N2が必要」（46.3％）であった。しかも、介護職員の半数以上が最低でも「N2かN1が必要」であると回答しており、現場でともに働く介護職員は施設長より高い日本語能力を期待していた。

図4　外国人介護労働者受け入れ時に必要な日本語能力レベルについて

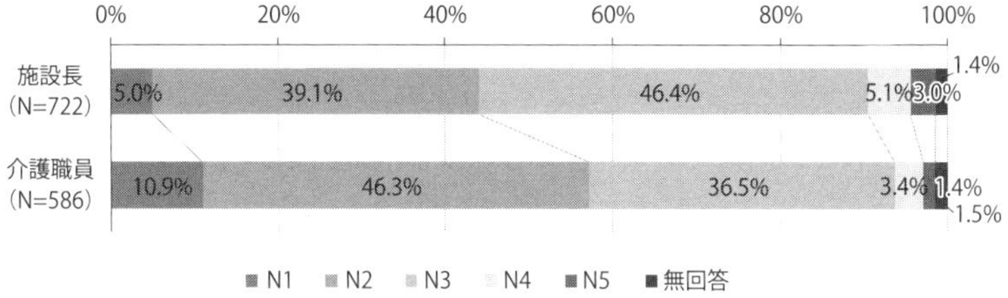

出典：塚田（2015b）、前掲論文、p. 78、図2

（9）外国人介護労働者や経済連携協定（EPA）による介護福祉士（候補者）を受け入れる際の課題や心配事について

　外国人介護労働者（EPA介護労働者含む）を受け入れる際の課題や心配事を19項目挙げて、施設長および介護職員に、「1」＝「全く大変ではない」〜「5」＝「非常に大変である」の5段階でそれぞれ評価を求めた結果の平均値および施設長と介護職員の平均値の差のt検定結果を表7に示した。施設長および介護職員ともに、外国人介護労働者受け入れの際の最大の課題や心配事は、「日本語で書かれる指示書等の読み・書きが十分にできないこと」で、次に「利用者やその家族、日本人職員とコミュニケーションをとること」「利用者を真に理解して、利用者との信頼関係を築くこと」「文化や風習、食生活、価値観・宗教や考え方の違いによるトラブルが発生すること」が続いた。また、共通して尋ねた18項目のうち「（契約に違反した際）解雇しにくいこと」と「EPA候補者が国家試験に合格したのち、他の施設に移動すること」の2項目を除く全16項目で、介護職員の平均値は施設長に比べると高く、介護職員がより「大変である」と回答していることがわかった。

　さらに、その施設長と介護職員の回答の平均値の差で最も大きかった項目は、「利用者やその家族、日本人職員とコミュニケーションをとること」で0.31ポイント、次に「昼休みなど、外国人同士が集まって母国語を話し、

表7　外国人介護労働者やEPA介護福祉士（候補者）を受け入れる際の課題や心配事について
（5段階評価の平均値）

順位	項目	施設長	介護職員	t検定結果
2位	**利用者やその家族、日本人職員とコミュニケーションをとること**	3.85	4.16	***
3位	**利用者を真に理解して、利用者との信頼関係を築くこと**	3.79	4.06	***
	利用者やその家族の、外国人に対する偏見や違和感があること	3.42	3.70	***
	日本人職員の、外国人への偏見や違和感があること	3.03	3.26	***
	文化や風習、食生活、価値観・宗教や考え方の違いによるトラブルが発生すること	3.73	3.90	**
	仕事を比較される等の心配から、日本人職員との人間関係がぎこちなくなること	3.07	3.30	***
	昼休みなど、外国人同士が集まって母国語を話し、日本人職員と交わらないと協力体制が希薄になること	3.08	3.37	***
	うまく職場に馴染むよう精神面や言葉のケアが必要になる（時間がかかる）こと	3.73	3.87	**
	勤務時間以外の時間に、いろいろな問題が起きること	3.29	3.37	n.s.
	外国人介護職員の母国にいる家族等の呼び寄せに関する問題が起きること	3.24	3.28	n.s.
	結婚・失踪等様々な理由で、突然仕事場からいなくなること	3.58	3.72	*
1位	**日本語で書かれる指示書等の読み・書きが十分にできないこと**	4.11	4.27	***
	自己主張が強かったり、勤務時間延長等へのドライな対応があったりすること	3.53	3.78	***
	住居を探したり・提供したりしなければならないこと	3.29	3.31	n.s.
	（契約に違反した際）解雇しにくいこと	3.42	3.36	n.s.
	外国人なれしていない日本人職員が、外国人をお客様（特別）扱いすることによって思わぬトラブルがあること	3.08	3.28	**
	外国人支援団体や支援者と衝突する等、関係がうまくいかない場合があること	3.28	3.35	n.s.
	EPA候補者が国家試験に合格したのち、他の施設に移動すること	3.43	3.39	n.s.
	査証（ビザ）などの事務手続きが面倒であること	3.39	－	－

（*$p<0.05$; **$p<0.01$; ***$p<0.001$; n.s.=not significant）

出典：塚田（2016）、前掲論文、p. 69の表1を一部修正し、t検定結果を加筆

　日本人職員と交わらないと協力体制が希薄になること」の0.29ポイント、「利用者やその家族の、外国人に対する偏見や違和感があること」の0.28ポイントが続いた。このように介護職員は、外国人ならではのケアや失踪、母国からの呼び寄せといったマネジメント関連の課題より、現場の仕事で利用者サービスに直接関わってくるコミュニケーション能力や信頼関係を築き上げる力、また利用者の外国人に対する違和感などの項目において、施設長以

上に「大変な課題である」と心配していることがわかった。

（10）外国人介護労働者受け入れ制度について

①EPA介護福祉士候補者の数を増やすことについて

　EPA介護福祉士候補者の数を増やすことについては、図5に示すように、施設長のほうが「賛成する」（43.9%）の回答割合が多く、介護職員（28.7%）より15.2ポイント高かった。しかし、図6および図7の施設長と介護職員の回答を比較するとわかるように、3つの制度の中では「賛成する」割合が両者とも最も低かった。これは、施設長はEPA介護福祉士候補者にかかる経

図5　EPA介護福祉士候補者の数を増やすことについて

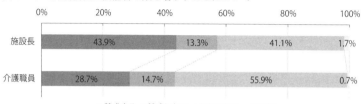

出典：塚田（2016）、前掲論文、p. 70、図3

図6　在留資格「介護」を創設することについて

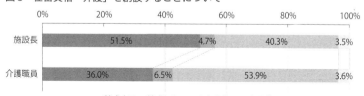

出典：塚田（2016）、前掲論文、p. 70、図4

図7　「技能実習制度」に「介護」分野を加えることについて

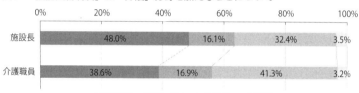

出典：塚田（2016）、前掲論文、p. 70、図5

済的負担や国家試験合格という目標があるため、施設や介護職員にかかる3年間の責任とプレッシャー、また介護職員も、日々の介護技術指導に加え日本語の指導や生活支援、最終的には国家試験合格までの長期的な心理的・物理的な責任を感じるためではないかと考えられる。

②在留資格「介護」を創設することについて

　新たな在留資格「介護」の創設については、半数以上の施設長が「賛成する」（51.5%）、介護職員も36%が「賛成する」としたが、施設長のほうが介護職員より「賛成する」人の割合が、15.5ポイント高かった。留学生が日本の介護福祉士養成学校で学習して将来介護福祉士となるためのこの新しい在留資格は、日本の介護に関する知識や技能を有し、日本語もできるため、施設長と介護職員ともに賛成が多くなったと考えられる。また、「賛成しない」人の割合も、施設長と介護職員ともに、EPA介護福祉士候補者の数を増やすことに対して「賛成しない」とした回答した割合と比べると、施設長で約3分の1、介護職員も2分の1にまでに減少していた。

③「技能実習制度」に「介護」分野を加えることについて

　既存の在留資格である「技能実習制度」の下で、介護技能実習生を受け入れることに賛成するかについての回答結果を図7に示す。図に示すように、48%の施設長が、また、38.6%の介護職員が「賛成する」と答えたが、介護職員の回答は施設長より約10ポイント低かった。一方、「賛成しない」人の割合は、施設長・介護職員ともに前述した3つの制度の中で最も多かった。

（11）介護技能実習生を受け入れることに「賛成する理由」

　在留資格「技能実習制度」で介護技能実習生を受け入れることに「賛成する理由」を、複数回答で答えたもらった結果を図8に示した。最も回答が多かったのは、「わが国の介護人材がこの先10年間で100万人足りなくなるのは必至なので、介護人材確保のため」で、施設長の約86%、介護職員の約77%がそう答えていた。2番目も、施設長・介護職員ともに「日本の高度な介護知識や技能を海外へ広く伝え、これから高齢社会となる他国に貢献できるから」でそれぞれ55.6%と50%であった。また、3番目も、両者とも「経

済的に発展したわが国が介護領域でも外国人を受け入れることは、国際社会の一員として当然だから」で、施設長が48.1％、介護職員の43.8％がそう回答していた。

図8　介護技能実習生を受け入れることに「賛成する理由」（複数回答）について

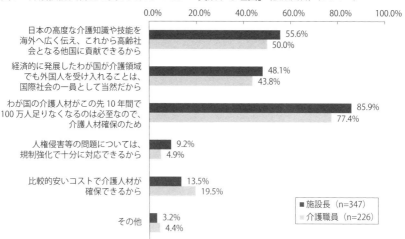

出典：塚田（2015b）、前掲論文、p. 78の図3を一部修正

（12）介護技能実習生を受け入れることに「賛成しない理由」

　ここでは、在留資格「技能実習」で介護技能実習生を受け入れることに「賛成しない理由」を複数回答で尋ねた結果を、図9に示した。施設長と介護職員とでは回答に差がみられ、施設長で最多の回答は、「介護の質の低下や大きな事故につながる恐れがあるから」（60.3％）、次に「もともと技能実習制度は、多くの問題（人権侵害等）が指摘されているから」（43.1％）が続いた。一方、介護職員の最多の回答は「日本人職員の賃金低下や離職率の上昇につながる恐れがあるから」（64.6％）、次に、「介護の質の低下や大きな事故につながる恐れがあるから」（61.6％）、「安い労働力のため、日本人の雇用が奪われる心配があるから」（48.5％）であった。

　図8でみた「賛成の理由」とは異なり、「賛成しない理由」（図9）は、施設長は施設全体のマネジメントを、介護職員は被雇用者としての立場や現場で介護実務を担当する両者の立場の違いが回答の差となって表れていた。こ

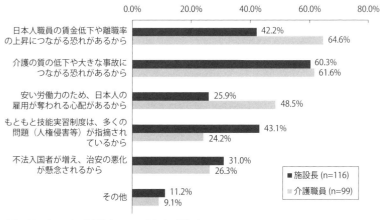

図9　介護技能実習生を受け入れることに「賛成しない理由」（複数回答）について

出典：塚田（2015b）、前掲論文、p. 78の図4を一部修正

れまでも、概して介護職員のほうが施設長より、外国人介護労働者受け入れに関して慎重な意見が多かったが、介護技能実習生を受け入れることについては、「日本人職員の職離れ」や「安い労働力のため日本人の雇用が外国人に奪われる」の2項目で、介護職員の回答が特に高く、施設長の回答と顕著に異なっていた。

第4節　施設長の調査結果

（1）施設が所在する地域特性・施設長の基本属性や考え方と施設長の外国人介護労働者受け入れ賛成度との相関関係

　表8の上段は、施設が所在する都道府県の10個の量的な地域特性変数——総人口、人口増減率、外国人人口比率、老年人口割合、合計特殊出生率、最終学歴、第一次産業就業者比率、高齢者単身世帯の割合、介護老人福祉施設数、および財政力指数——と、施設長の外国人介護労働者受け入れ賛成度との関係を調べるため、ピアソンの相関分析を行った結果をまとめた。

　また、施設長の基本属性や考え方など11の項目——年齢、性別、介護業務に携わった経験月数、施設長としての総月数、保有資格数、外国人介護労

表8 施設が所在する地域の特性、施設長の属性や外国人介護労働者受け入れ経験や受け入れる際の心配事と外国人介護労働者受け入れ賛成度との相関関係

回答施設が所在する都道府県の地域特性	ピアソンの相関係数 *r*
総人口	.065
人口増減率	.087*
外国人人口（対人口10万人）	.074*
老年人口の割合（65歳以上）	−.098**
合計特殊出生率	.036
最終学歴が大学・大学院卒業者の割合（対卒業者）	.090*
第一次産業就業者比率（対就業者）	−.035
高齢単身世帯の割合（対一般世帯）	−.030
介護老人福祉施設（対65歳人口10万人）	−.060
財政力指数	.098**
施設長の基本属性や外国人介護労働者受け入れ経験や課題・心配事	**ピアソンの相関係数 *r***
年齢	−.053
性別（1＝男性、2＝女性）	.002
介護業務に携わった総経験月数	−.001
施設長としての総経験月数	.045
保有資格の数	.070
○外国人介護労働者に必要だと考える日本語能力レベル（N1＝高〜N5＝低）	.270**
EPA以外の外国人介護労働者受け入れ経験の有無（0＝無、1＝有）	.174
○EPA介護福祉士候補者受け入れ経験の有無（0＝無、1＝有）	.224**
外国人介護労働者を受け入れる際の心配事	
○言葉・コミュニケーションに関する心配度（第一成分）	−.323**
○利用者やスタッフとの違和感・人間関係に関する心配度（第二成分）	−.327**
○マネジメントに関する心配度（第三成分）	−.223**

※ピアソンの相関係数（*r*）は、0.2以上をもって相関があるとみなした。　　　　　　(*p<0.05; **p<0.01)
出典：塚田（2018）、前掲書、p. 99の表3を一部修正

働者に必要だと考える日本語レベル、EPAおよびEPA以外の介護福祉士候補者受け入れの有無、外国人介護労働者を受け入れる際の課題や心配事に対する大変さの平均値——と施設長の外国人介護労働者受け入れ賛成度との間のピアソンの相関分析の結果を表8の下段にまとめた。

　外国人介護労働者を受け入れる際の課題や心配事については、5件法を用いて、回答者に19項目（表7参照）の課題や心配事について評価してもらった。そして、この19個の調査項目を縮少するため主成分分析を行った結果、3つの主成分——言語・コミュニケーションに関する課題や心配事（4項目）、利用者やスタッフとの人間関係に関する課題や心配事（4項目）およびマネジメントに関する課題や心配事（11項目）——にまとまったので、成分ごとに各項目の平均値を算出してピアソンの相関分析を行った。

まず、表8上段の分析では、回答施設が所在する都道府県の地域特性と、施設長の外国人介護労働者受け入れ賛成度との間にはいずれも統計的に有意な相関関係はみられなかった。一方、表8下段の分析結果では、施設長の外国人介護労働者受け入れ賛成度と弱いけれども1％の有意水準で統計的に有意な関係がみられたのは、表中左側に○をつけた5つの変数で、施設長が「外国人介護労働者に必要だと考える日本語能力レベル」（$r=0.270$）、「EPA介護福祉士候補者受け入れ経験の有無」（$r=0.224$）、および外国人介護労働者を受け入れる際の3分野の心配事——言葉やコミュニケーションに関する心配度（$r=-0.323$）、利用者やスタッフとの人間関係に関する心配度（$r=-0.327$）およびマネジメントに関する心配度（$r=-0.223$）であった。

　　具体的には、施設長が外国人介護労働者に必要だと考える日本語能力レベルが下がるにつれて、また、EPA介護福祉士候補者を受け入れた経験がある施設の施設長は経験がない施設長に比べて、外国人介護労働者受け入れ賛成度が高くなることがわかった。外国人介護労働者を受け入れる際の課題・心配事に関しては、言葉、利用者・スタッフとのコミュニケーションや人間関係、外国人雇用に関するマネジメントに関する施設長の心配度が高ければ高いほど、外国人介護労働者受け入れ賛成度は低くなることがわかった。

（2）施設の種類、離職率や介護職員満足度および施設長の3つの外国人介護労働者受け入れ制度などに対する考え方と外国人介護労働者受け入れ賛成度との相関関係

　　ここでは8個の質的変数と、施設長の外国人介護労働者受け入れ賛成度との関係について、一元配置の分散分析をした結果を表9に示した。4個の説明変数——施設長の一般の外国人労働者受け入れに対する賛否やEPA介護福祉士候補者の数を増やすこと、また在留資格「介護」を創設することや在留資格「技能実習」に介護領域を加えることに対する賛否——と被説明変数の間にのみ、統計的に有意な関係（全て$p<0.001$）がみられた。

　　また、その後の検定では、一般の外国人労働者を受け入れることに対して「どちらかというと賛成しない」（平均値2.40）と「全く賛成しない」（平均値1.42）の回答グループ間を除く、全ての平均値の組み合わせにおいて、統計的に有意な平均値の差がみられた。具体的には、介護職に限らず一般の外国

表9 施設の種類・離職率・介護職員満足度および施設長の３つの外国人労働者受け入れ制度等に対する考え方と外国人介護労働者受け入れ賛成度との間の一元配置の分散分析

項目	カテゴリー	外国人介護労働者受け入れ賛成度（平均値）	統計値（F値）
施設の種類 （n＝708）	介護老人福祉施設 介護老人保健施設 介護療養型医療施設	3.59 3.48 3.31	2.402
介護職員の質と量に関する満足度 （n＝699）	人数・質ともに十分満足 人数には満足・質には満足してない 質には満足・人数は不足することあり 人数・質ともに満足と言えない	3.60 3.46 3.56 3.57	0.523
ここ2、3年の離職率の傾向 （n＝688）	横ばい／変化なし やや低下（改善傾向） やや上昇傾向 波がありどれとも言えない	3.52 3.68 3.59 3.40	1.875
昨年の離職率 （n＝688）	5％未満 5〜10％未満 10〜15％未満 15〜20％未満 20〜25％未満 25％以上	3.48 3.58 3.48 3.42 3.81 3.88	1.489
一般の外国人労働者を受け入れること （n＝682）	大いに賛成する どちらかというと賛成する どちらかというと賛成しない 全く賛成しない	4.84 3.81 2.40 1.42	265.674*** （※）
EPA介護福祉士候補者の数を増やすこと （n＝703）	賛成する 賛成しない わからない	4.16 2.54 3.21	143.844*** （※）
新たに「介護」の在留資格を設けること （n＝690）	賛成する 賛成しない わからない	3.92 2.32 3.18	74.087*** （※）
「技能実習」に介護領域を加えること （n＝690）	賛成する 賛成しない わからない	4.05 2.63 3.23	119.101*** （※）

※グループ内の等分散性が仮定できなかったので、等分散の仮定を必要としないグループ平均値の等質性の検定である Brown-Forsythe 検定の統計値を記した。（***$p<0.001$）
出典：塚田（2018）、前掲書、p. 100の表4を一部修正

人労働者の受け入れに賛成する施設長、また、EPA介護福祉士候補者の数を増やすことや在留資格「介護」の創設、介護技能実習生の受け入れに賛成している施設長は、外国人介護労働者の受け入れ賛成度も高いことがわかった。ここで、EPA介護福祉士候補者の数を増やすこと、新在留資格「介護」

を創設すること、および介護技能実習生を受け入れることの3つの制度のうち、施設長の受け入れ賛成度の平均値が最も高かったのは、EPA介護福祉士候補者の数を増やすこと（4.16）で、次に、介護技能実習生の受け入れ（4.05）、在留資格「介護」の創設（3.92）と続いた。

（3）施設長の外国人介護労働者受け入れ賛成度の階層的重回帰分析結果

　階層的重回帰分析に先立ち、多重共線性の問題をチェックするため、地域特性に関する10個の変数間の単相関係数を表10に示した。表に示す通り、財政力指数は、総人口、外国人人口の割合、最終学歴、第一次産業就業者比率および介護老人福祉施設数と0.8以上の高い相関がみられたので分析から除いた。また、総人口と0.8を超える高い相関がみられた介護老人福祉施設数、老年人口割合と0.9以上の非常に高い相関がみられた人口増減率、さらには、第一次産業就業者比率と0.8以上の高い相関がみられた最終学歴も分析から除いた。最終的には、総人口、外国人人口、老年人口割合、合計特殊出生率、第一次産業就業者比率および高齢者単身世帯割合の、合計6個の地域特性に関する説明変数を重回帰分析に投入した。なお、これら地域特性に関する6個の変数と、その他の18の説明変数との間の多重共線性をチェックし、0.8を超えるものはなかったことを確認して重回帰分析に進んだ。

表10　地域特性変数間の単相関係数

	1	2	3	4	5	6	7	8	9	10
総人口	1									
人口増減率	.762**	1								
外国人人口	.674**	.653**	1							
老年人口割合	−.669**	−.922**	−.572**	1						
合計特殊出生率	−.709**	−.328**	−.455**	.242**	1					
最終学歴	.788**	.777**	.722**	−.670**	−.580**	1				
第一次産業就業者比率	−.709**	−.770**	−.743**	.716**	.493**	−.845**	1			
高齢者単身世帯割合	−.073*	−.336**	−.299**	.469**	.077*	−.215**	.323**	1		
介護老人福祉施設数	−.830**	−.775**	−.661**	.737**	.542**	−.773**	.782**	.226**	1	
財政力指数	.851**	.781**	.814**	−.727**	−.583**	.854**	−.825**	−.381**	−.849**	1

※ピアソンのrは、0.2以上をもって相関があるとみなした。　　　　　　　　　（*$p<0.05$; **$p<0.01$）
出典：筆者作表

重回帰分析に投入した24個の説明変数は大きく3つ——①施設が所在する都道府県の地域特性、②施設や施設長の基本属性および③施設長の外国人介護労働者受け入れ制度に対する様々な考え方——に分けて、これらの変数をステップごとに投入していくことで、どれだけ説明力が増していくかが示される階層的重回帰分析を行った。その結果をステップ3の多重共線性の指標であるVIF（分散拡大要因）とともに表11に示した。VIFが基準値の10を超えると多重共線性の問題が存在すると考えられている（杉山ら2014；清水2015）。本分析では10以上の変数はなかったので問題はないと判断した。

　まず、ステップ1では予測式としては意味があったものの（F値 =2.585、$p<0.05$）、調整済みR^{2}は0.043であった。ステップ2では、施設や施設長に関する10個の基本属性変数を加えて分析したが、F値は2.816（$p<0.001$）で調整済みR^{2}が0.117増えて0.121となった。ステップ3では、ステップ2より調整済みR^{2}が0.508増えて0.656となった（F値 = 17.794〈$p<0.001$〉）。

　最終的には、表11に示すように、老年人口割合が低い都道府県にある施設の施設長ほど、また、施設長の年齢が若いほど、さらには、EPA介護福祉士候補者の受け入れ経験がある施設長のほうが統計的に有意に、外国人介護労働者受け入れ賛成度が高くなった。加えて、外国人介護労働者を受け入れる際の言語やコミュニケーションに関する心配度が低い施設長ほど、また、一般の外国人労働者受け入れに賛成する施設長ほど、外国人介護労働者受け入れ賛成度が高くなることもわかった。これらの5個の統計的に有意な変数の中で、一般の外国人労働者受け入れに賛成することが、最も大きく施設長の外国人介護労働者受け入れ賛成度に影響を及ぼしていることがわかった。

第5節　介護職員の調査結果

（1）施設が所在する地域特性、介護職員の基本属性や考え方と介護職員の外国人介護労働者受け入れ賛成度との相関関係

　表12は、表9で施設長に対して行ったものと同じ分析を、介護職員のデータで行った結果を示している。介護職員が働く施設が所在する都道府県の10の地域特性変数——総人口、人口増減率、外国人人口比率、老年人口割

表11 施設長の外国人介護労働者受け入れ賛成度に対する階層的重回帰分析の結果

	説明変数	外国人介護労働者受け入れ意識（賛成度）			共線性の統計量
		モデル1 β	モデル2 β	モデル3 β	VIF[注3]
ステップ1	総人口	−.256	−.237	−.132	7.643
	外国人人口（対人口10万人）	.263*	.253*	.019	3.161
	老年人口割合（65歳以上）	−.409*	−.415**	−.203*	5.997
	合計特殊出生率	−.055	−.022	−.036	3.033
	高齢単身世帯の割合（対一般世帯）	.058	.102	.050	2.479
	第一次産業就業者比率（対就業者）	.290*	.295*	.087	4.030
ステップ2	年齢		−.186*	−.106*	1.369
	性別（1＝男性、2＝女性）		.003	−.022	1.226
	介護業務に携わった経験総月数		−.103	−.063	1.798
	施設長としての経験総月数		.101	.046	1.607
	保有資格の数		.067	−.001	1.828
	介護老人保健施設である（基準：介護老人福祉施設）		−.081	−.016	1.206
	介護療養型医療施設である（基準：介護老人福祉施設）		−.137*	−.016	1.202
	外国人介護労働者受け入れの経験有（0＝無、1＝有）		.083	.058	1.512
	EPA介護福祉士候補者受け入れの経験有（0＝無、1＝有）		.175*	.130**	1.303
	介護職員募集状況（1＝集まる～5＝ほとんど集まらない）		.008	.022	1.126
ステップ3	必要な日本語能力レベル（N1＝高～N5＝低）			.054	1.133
	言語・コミュニケーションに関する心配度			−.158**	2.152
	利用者やスタッフとの人間関係に関する心配度			.083	2.797
	マネジメントに関する心配度			.120	2.506
	一般の外国人労働者受け入れに賛成（0＝不賛成、1＝賛成）[注1]			.588***	2.281
	EPA介護福祉士候補者数の増加に賛成（0＝不賛成、1＝賛成）[注2]			−.074	2.883
	在留資格「介護」創設に賛成（0＝不賛成、1＝賛成）[注2]			−.080	2.053
	介護技能実習生受け入れに賛成（0＝不賛成、1＝賛成）[注2]			−.096	1.891
	F値（モデル1）	2.585*			
	F値（モデル2）		2.816***		
	F値（モデル3）			17.794***	
	調整済みR²（モデル1）	.043			
	調整済みR²（モデル2）		.121		
	調整済みR²（モデル3）			.656	
	調整済みR²変化量		.117**		
	調整済みR²変化量			.508***	

（β：標準偏回帰係数；VIF：Variance Inflation Factor〈分散拡大要因〉）　　　　（*p<0.05; **p<0.01; ***p<0.001）

注1)：「1＝賛成」は「大いに賛成する」と「どちらかというと賛成する」を、「0＝不賛成」は「どちらかというと賛成しない」と「全く賛成しない」の回答を合わせたもの。

注2)：本分析では、EPA介護福祉士候補者数の増加、在留資格「介護」創設および介護技能実習生受け入れについて「わからない」とした回答は除き、「賛成する」あるいは「賛成しない」と明確に回答したケースのみを「1＝賛成」「0＝不賛成」の二値変数として用いた。

注3)：VIFの値は、モデル3に対する共線性の統計量を示した。

出典：塚田（2018）、前掲書、p.101の表5を一部修正

表12 施設が所在する地域の特性、介護職員の属性や外国人介護労働者受け入れ経験や
心配事と外国人介護労働者受け入れ賛成度との相関関係

回答施設が所在する都道府県の地域特性	ピアソンの相関係数 r
総人口	.097*
人口増減率	.080
外国人人口（対人口10万人）	.133**
老年人口の割合（65歳以上）	−.080
合計特殊出生率	−.031
最終学歴が大学・大学院卒業者の割合（対卒業者）	.122**
第一次産業就業者比率（対就業者）	−.097*
高齢単身世帯の割合（対一般世帯）	.007
介護老人福祉施設数（対65歳人口10万人）	−.084*
財政力指数	.132**
介護職員の基本属性や外国人介護労働者受け入れ経験や課題・心配事	**ピアソンの相関係数 r**
年齢	−.097*
性別（1＝男性、2＝女性）	−.065
介護職員としての総経験月数	−.088*
保有資格の数	−.078
他施設に比較した場合の離職率（1＝低い～5＝高い）	.199**
○外国人介護労働者に必要だと考える日本語能力レベル（N1＝高～N5＝低）	**.241****
EPA以外の外国人介護労働者受け入れ経験の有無（0＝無、1＝有）	.108**
EPA介護福祉士候補者受け入れ経験の有無（0＝無、1＝有）	.147**
外国人介護労働者を受け入れる際の心配事	
○言葉・コミュニケーションに関する心配度（第一成分）	−.297**
○利用者やスタッフとの違和感・人間関係に関する心配度（第二成分）	−.270**
○マネジメントに関する心配度（第三成分）	−.200**

※ピアソンの相関係数（r）は、0.2以上をもって相関があるとみなした。　　　　（*$p<0.05$; **$p<0.01$）
出典：筆者作表

合、合計特殊出生率、最終学歴、第一次産業就業者比率、高齢者単身世帯の割合、介護老人福祉施設数および財政力指数——と、介護職員の外国人介護労働者受け入れ賛成度とのピアソンの相関分析の結果を上段にまとめた。

　表12の下段は、介護職員の基本属性や考え方など11項目——年齢、性別、介護業務に携わった経験総月数、保有資格数、他施設と比較した際の離職率、外国人介護労働者に必要だと考える日本語レベル、EPAおよびEPA以外の介護福祉士候補者受け入れ経験の有無、外国人介護労働者を受け入れる際の課題や心配事に対する大変さの平均値——と外国人介護労働者受け入れ賛成度とのピアソンの相関分析の結果を示した。なお、介護職員の外国人介護労働者を受け入れるときの心配事の18項目に対する回答についてもデータを縮少するため主成分分析を行った。その結果、3つの主成分——言語・

コミュニケーションに関する心配事（4項目）、利用者やスタッフとの人間関係に関する心配事（4項目）およびマネジメントに関する心配事（10項目）——にまとまったので、成分ごとに各項目の平均値を算出しピアソンの相関分析を行った。

表12からわかるように、介護職員の外国人介護労働者受け入れ賛成度と弱いながらも1%の有意水準で統計的に有意な相関関係がみられたのは、表中に○をつけた4個の変数で、介護職員が「外国人介護労働者に必要だと考える日本語能力レベル」（$r=0.241$）、および外国人介護労働者を受け入れる際の3分野の心配事——言葉やコミュニケーションに関する心配度（$r=-0.297$）、利用者やスタッフとの人間関係に関する心配度（$r=-0.270$）およびマネジメントに関する心配度（$r=-0.200$）——であった。これら4個の変数は全て、施設長の分析においても統計的に有意であった。

まとめると、外国人介護労働者に必要だと考える日本語能力レベルが低いほど、また、外国人介護労働者を受け入れる際、言葉、利用者・スタッフとのコミュニケーションや人間関係、外国人雇用に関するマネジメントの課題や心配事に対して介護職員の心配度が低いほど、外国人介護労働者受け入れ賛成度が高くなることがわかった。

(2) 施設の種類、離職率や介護職員満足度および介護職員の3つの外国人介護労働者受け入れ制度などに対する考え方と外国人介護労働者受け入れ賛成度との関係

ここでは6個の質的変数と、介護職員の外国人介護労働者受け入れ賛成度との関係について、一元配置の分散分析をした結果を表13に示す。表に示す通り、施設長と同様に、4個の説明変数——一般の外国人労働者受け入れに対する賛否やEPA介護福祉士候補者の数を増やすこと、また在留資格「介護」を創設することや在留資格「技能実習」に介護領域を加えること——に対する賛否と外国人介護労働者受け入れ賛成度との間に、統計的に有意な関係（全て$p<0.001$）がみられた。また、その4個の変数のその後の検定では、全ての平均値の組み合わせにおいて、統計的に有意な差がみられた。

具体的には、一般の外国人労働者の受け入れに賛成する介護職員が、また、EPA介護福祉士候補者の数を増やすこと、在留資格「介護」の創設や

表13 施設の種類・離職率・介護職員満足度、介護職員の外国人労働者の受け入れ制度などに対する考え方と外国人介護労働者受け入れ賛成度との間の一元配置の分散分析

項　目	カテゴリー	外国人介護労働者受け入れ賛成度（平均値）	統計値（F値）
施設の種類 （n＝576）	介護老人福祉施設 介護老人保健施設 介護療養型医療施設	3.40 3.24 3.18	2.210
介護職員の質と量に関する満足度 （n＝570）	人数・質ともに十分満足 人数には満足・質には満足してない 質には満足・人数は不足することあり 人数・質ともに満足と言えない	3.50 3.28 3.40 3.32	0.445
一般の外国人労働者を受け入れること （n＝559）	大いに賛成する どちらかというと賛成する どちらかというと賛成しない 全く賛成しない	4.71 3.65 2.49 1.36	257.672***
EPA介護福祉士候補者の数を増やすこと （n＝576）	賛成する 賛成しない わからない	4.09 2.29 3.23	149.277*** （※）
新たに「介護」の在留資格を設けること （n＝559）	賛成する 賛成しない わからない	3.78 2.32 3.15	54.774*** （※）
「技能実習」に介護領域を加えること （n＝561）	賛成する 賛成しない わからない	3.89 2.48 3.14	104.328*** （※）

※グループ内の等分散性が仮定できなかったので、等分散の仮定を必要としないグループ平均値の等質性の検定である Brown-Forsythe 検定の統計値を記した。（***$p<0.001$）
出典：筆者作成

　介護技能実習生の受け入れに賛成している介護職員は、外国人介護労働者の受け入れ賛成度が高いことがわかった。さらに、施設長の結果同様、EPA介護福祉士候補者の数を増やすことことに賛成する介護職員の平均値が最も高く（4.07）、次に介護技能実習生の受け入れ（3.89）、在留資格「介護」の創設（3.78）の順となった。

（3）介護職員の外国人介護労働者受け入れ賛成度の階層的重回帰分析結果

　施設長と同様に、介護職員の回答データについても階層的重回帰分析を試みた。多重共線性の問題をチェックし、0.8以上の高い相関がみられた変数（財政力指数、介護老人福祉施設数、人口増減率および最終学歴）を分析から

除き、6個の地域特性に関する変数——総人口、外国人人口、老年人口割合、合計特殊出生率、高齢者単身世帯割合および第一次産業就業者比率——を重回帰分析に投入した。なお、これら地域特性に関する6個の変数と他に投入される17個の説明変数との間の多重共線性をチェックし、0.8を超えるものはなかったことを確認して分析に進んだ。

　重回帰分析に投入した23個の説明変数は、3つのステップに分けて階層的重回帰分析を行った。最初のステップでは、施設が所在する都道府県の地域特性を、次に施設や施設長の基本属性、最後に施設長の外国人介護労働者受け入れ制度に対する考え方を施設長の結果と比較するため、強制投入した。その分析結果を、ステップ3の多重共線性の指標であるVIF（分散拡大要因）とともに表14に示した。多重共線性については、VIFが基準値（10）を超える変数がなかったので問題はないと判断した。

　ステップ1では予測式としては意味があったものの（F値 = 2.902、$p<0.05$）調整済みR^{2}は0.083、ステップ2でも調整済みR^{2}は0.125であった。そして、ステップ3で調整済みR^{2}が0.656となった（F値 = 11.448〈$p<0.001$〉）。表に示すように、介護職員の外国人介護労働者受け入れ賛成度に統計的に有意に影響を及ぼす変数は2個で、一般の外国人介護労働者受け入れに賛成である、そして、EPA介護福祉士候補者の数を増やすことに賛成であるとした介護職員のほうが、外国人介護労働者受け入れ賛成度が高くなることがわかった。なお、このうち、EPA介護福祉士候補者数を増やすことに賛成であるとする考え方が、介護職員の外国人介護労働者受け入れ賛成度に最も大きな影響を及ぼしていることがわかった。

第6節　考　察

　記述統計から、介護職員の確保や定着に関連すると思う要因（表6）や、外国人介護労働者を受け入れた際の課題や心配事（表7）において、マネジメント関連の項目を除く全項目で、施設長より介護職員がより強く「大変である」と考えていることが明らかになった。施設長は、これらの課題や心配事に関する考えには介護職員とギャップがあることを理解して、自身が管理する施設で働く介護職員のQOLを高め、定着率や職務満足を高めるため

表14　介護職員の外国人介護労働者受け入れ賛成度に対する階層的重回帰分析の結果

説明変数		外国人介護労働者受け入れ意識（賛成度）			共線性の統計量
		モデル1 β	モデル2 β	モデル3 β	VIF(注3)
ステップ1	総人口	.554*	.615*	.144	9.354
	外国人人口（対人口10万人）	.009	.016	.034	3.031
	老年人口割合（65歳以上）	.629**	.647**	.126	6.675
	合計特殊出生率	.398*	.441**	.145	4.027
	高齢単身世帯の割合（対一般世帯）	−.105	−.132	−.081	1.929
	第一次産業就業者比率（対就業者）	−.471*	−.499**	−.171	5.308
ステップ2	年齢		.055	−.055	1.500
	性別（1＝男性、2＝女性）		−.180	−.058	1.534
	介護職員としての経験総月数		.033	.027	1.524
	保有資格の数		−.209*	−.103	1.424
	介護老人保健施設である（基準：介護老人福祉施設）		−.217*	−.008	1.407
	介護療養型医療施設である（基準：介護老人福祉施設）		−.109	.017	1.277
	外国人介護労働者受け入れの経験有（0＝無、1＝有）		−.036	−.097	1.470
	EPA介護福祉士候補者受け入れの経験有（0＝無、1＝有）		−.014	.014	1.346
	他施設と比べた時の離職率（1＝低い～5＝高い）		.076	.028	1.158
ステップ3	必要な日本語能力レベル（N1＝高～N5＝低）			.041	1.441
	言語・コミュニケーションに関する心配度			−.049	2.607
	利用者やスタッフとの人間関係に関する心配度			.063	3.081
	マネジメントに関する心配度			−.062	2.825
	一般の外国人労働者受け入れに賛成（0＝不賛成、1＝賛成）注1)			.193*	2.232
	EPA介護福祉士候補者数の増加に賛成（0＝不賛成、1＝賛成）注2)			.386**	4.725
	在留資格「介護」創設に賛成（0＝不賛成、1＝賛成）注2)			.102	3.104
	介護技能実習生受け入れに賛成（0＝不賛成、1＝賛成）注2)			.179	3.671
F値（モデル1）		2.902*			
F値（モデル2）			2.198*		
F値（モデル3）				11.448***	
調整済みR²（モデル1）		.083			
調整済みR²（モデル2）			.125		
調整済みR²（モデル3）				.656	
調整済みR²変化量			.102		
調整済みR²変化量				.490***	

（β：標準偏回帰係数；VIF：Variance Inflation Factor〈分散拡大要因〉）　　　（*p<0.05; **p<0.01; ***p<0.001）

注1)：「1＝賛成」は「大いに賛成する」と「どちらかというと賛成する」を、「0＝不賛成」は「どちらかというと賛成しない」と「全く賛成しない」の回答を合わせたもの。

注2)：本分析では、EPA介護福祉士候補者数の増加、在留資格「介護」創設および介護技能実習生受け入れについて「わからない」とした回答は除き、「賛成する」あるいは「賛成しない」と明確に回答したケースのみを「1＝賛成」「0＝不賛成」の二値変数として用いた。

注3)：VIFの値は、モデル3に対する共線性の統計量を示した。

出典：筆者作表

の人材マネジメントに活かしてほしい。また、施設長も介護職員も、外国人介護労働者の受け入れよりも、一般の外国人労働者受け入れに対する賛成度が高かった。国全体をみると少子化による労働力不足であると認識する一方で、同じ現場で働く者としては、願わくば手がかかるかもしれない外国人よりは日本人で、という率直な気持ちが反映されているのかもしれない。

次に、2変数間の分析では（表8および表12）、外国人介護労働者受け入れ賛成度に関連する要因について模索したが、施設長も介護職員も、受け入れる外国人介護労働者により高いレベルの日本語能力が必要だと考えているほど、外国人介護労働者の受け入れ賛成度が低く、受け入れにより慎重であることがわかった。これはおそらく、EPA介護福祉士候補者の受け入れ経験から、日本語の習得はなかなか困難であることや、もちろん日本語ができることに越したことはないのだが、「入国当初からそもそも習得が難しい日本語能力を外国人に高く要求していたら、誰も日本に来てくれないのではないか」「とにかく人材不足の中、日本語が十分にできなくてもまずは当初の日本語能力でできる介護業務に携わらせ、その過程で日本語を習得していってもらいたい」というような考えが働いているのではないかと考える。

日本語能力に関しては、EPA候補者（看護師と介護福祉士を含む）を受け入れた施設の満足度に影響する第1の要因が「受け入れ時の候補者の日本語能力レベル」であることや（西下2011）、日本語能力と介護福祉士の国家試験合格率との間には相関があること（赤羽ら2014）が報告されている。国家試験合格を目指すのであれば、入国時に日本語能力を課すことは必要不可欠であろう。また、施設長も介護職員も、外国人介護労働者を受け入れた際に起こる可能性のある課題や心配事に対して、より大変だと心配している人ほど外国人介護労働者の受け入れ賛成度は低くなり、妥当性のある結果となった。

さらに、3つの外国人介護労働者受け入れ制度の中で、施設長と介護職員ともに、EPA介護福祉士候補者の数を増やすことに最も高い受け入れ賛成度を示し、次に介護技能実習生の受け入れ、在留資格「介護」の創設が続いていた（表9および表13）。このことから、母国で介護に関する専門的な高等教育を受け、ある程度日本語もできるEPA介護福祉士候補者のような外国人介護労働者の入国を期待していることがうかがえる。しかし、EPA介護福祉士候補者の受け入れは、施設側の財政的・人的な負担に加え受け入れ

人数に上限があり、国家試験合格という高いゴールも設定されている（河内2015）。したがって、介護職員としての質が期待されるEPA介護福祉士候補者の受け入れ人数を増やすことに賛成しつつも、新設の在留資格「介護」では人材育成に時間がかかり、結局、即戦力となる介護技能実習生の受け入れがより現実的である、という考えに至ったのではないだろうか。

重回帰分析の結果では（表11および表14）、介護職員にはみられなかったが、施設長のほうは、施設長の年齢が若いほど、また、EPA介護福祉士候補者を受け入れた経験がある施設ほど、外国人介護労働者受け入れ賛成度が高かった。一般的に若い年齢層の施設長は、年配層に比べると海外渡航経験があり、また、外国人や外国の文化がより身近な生活・教育環境で生まれ育ってきているため、外国人や外国語に対する抵抗感も低いのではないかと考えられる。さらに、人口構成が若い都道府県にある施設の施設長ほど外国人介護労働者受け入れ賛成度が高かった。それは、人口構成が若い都道府県ほど外国人人口の割合も高い相関関係がみられたことから（施設長データでは $r = -.572$、$p<0.01$）、日々の生活や仕事の中で、外国人を見たり、彼らと協働したりする機会が多くあり、外国人労働者に対する違和感や抵抗感がより低くなる環境が醸成されているからではないかと考えられる。

また、施設長の外国人介護労働者受け入れ賛成度に影響を与える要因として、外国人介護労働者受け入れの際の言語・コミュニケーション能力の心配も挙がっていた。具体的には、外国人介護労働者の言語・コミュニケーション能力について心配していればいるほど、外国人介護労働者受け入れ賛成度は低くなった。これは、EPA介護福祉士候補者を含む外国人介護労働者受け入れに関する評価の中で、依然コミュニケーションの問題がネックとなっているとの報告が多数あることからも（東京都社会福祉協議会2009；国際厚生事業団2015；後藤2015）、十分うなずける結果である。介護労働は、「人」を相手にチームで動く専門職であり、工場の生産ラインなどの単純労働にみられる「もの」を扱う仕事とは異なる。したがって、利用者や職員との間に信頼関係を構築していく力は非常に大切な仕事の一部であり、そのためのコミュニケーション能力は必要不可欠なものとなる（塚田2014；伊藤2015）。本全国調査では、その言語・コミュニケーション能力に対する心配度が、施設長の外国人介護労働者の受け入れ賛成度に大きく関連する要因であること

が全国データで実証されたことになる。

　さて、佐藤（2015）は、2011（平成23）年度以降のEPA介護福祉士候補者受け入れ58施設に対して受け入れ理由を複数回答で尋ね、その理由の第2位に「既に受入れの経験があり、学習支援等のノウハウがあるから」（53.4％）が挙がっていたことを報告している。本全国調査でも施設長のEPA介護福祉士候補者の受け入れ経験が外国人介護労働者の受け入れ賛成度に影響を与えていた。4年間でEPA介護福祉士候補者を計画的に育てる経験——生活・日本語指導、介護業務指導そして国家試験対策——が施設長に自信を与えたのであろう。事実、EPA介護福祉士候補者に対する評価には「日本人介護士より評価が高い」（伊藤2014）、「日本人スタッフや利用者・家族からの候補者に対する評価が総合的に高い」という報告（全国老人保健施設協会2010）もあり、これらが施設長の外国人介護労働者受け入れ賛成度を高める後押しをしたものと考える。

　また、施設長も介護職員も「一般の外国人労働者を受け入れることに賛成するか」に対する基本的な考え方が、外国人介護労働者受け入れ賛成度に大きく影響を与える要因であることがわかった。また介護職員は、母国で高等教育を受け介護の知識を学び、日本語能力レベルも高い状態で日本に入国するEPA介護福祉士候補者の数を増やすことに賛成するという考え方が、外国人介護労働者受け入れ賛成度に最も大きく影響を与えていた。

第7節　本全国調査研究の課題

　本全国調査の第1の課題は、アンケート調査の回収率が低かったことである（施設長：18.4％；介護職員：14.9％）。無記名アンケート調査であったため、回答施設と非回答施設との間の基本属性や地域特性の比較分析ができなかった。また、回答した施設の離職率は全国平均より低い施設が多かったという回答の偏りがあった。さらに、本全国調査では「あなた様は、基本的に、外国人介護労働者を受入れることに対して、賛成ですか？」と尋ねたため、自らが働く施設での受け入れのことなのか、一般的なことなのかのどちらを回答者が考えて答えたのか曖昧さが残った。加えて、施設長や介護職員の、EPA外国人介護労働者の入国動機、資格取得後の将来設計や地域で共生

することに対する考え方や自身の外国語に対する心理的ハードルなども、外国人介護労働者受け入れ賛成度に影響を与えるのではないかと思われるが本全国調査では尋ねていない。今回は施設が所在する都道府県の地域特性データを使用して分析を試みたが、藤井（2019）が指摘するように、市町村データのほうが施設長や介護職員の意識により強く影響を与えたかもしれない。

最後に、本全国調査では、技能実習制度以外の制度については、「賛成」あるいは「賛成しない」理由を尋ねていない。また、そもそも論として、外国人介護労働者を「チープレイバー」（高木2006）として受け入れることに賛成なのか、「人材教育移民型」（佐藤2015）と呼ばれる考え方、つまりEPA介護福祉士候補者のように教育を提供しながら日本に定着する人材の受け入れを考えているのか、などについては詳細にはわからないという課題も残った。なお、本全国調査の調査対象には訪問系サービス事業所は含まれていない。今後は、施設サービスより人材確保が難しいとされる訪問系サービス事業所の実態についても把握していく必要がある。

【注記】本第2章は、筆者の既存の研究発表論文に掲載された図表を加筆修正したり（本文中その旨表記）、新たに分析を加えたりした。本章で引用した論文は以下の3つである。
①「外国人介護労働者受け入れ制度に関する全国調査——介護人材確保と外国人介護労働者の受け入れについての一考察」『地域ケアリング』17(8)、75–81、2015
②「外国人介護労働者受け入れに関する一考察」『地域ケアリング』18(6)、65–75、2016
③「施設長の外国人介護労働者受入れ意識に関連する要因研究——介護保険3施設を対象とした全国調査を基に」『社会福祉学』59(2)、92–106、2018
【謝辞】本全国調査は、平成26年度の文部科学省・日本学術振興会交付による科学研究費助成事業（学術研究助成基金助成金）基盤研究（C）の助成を受けて可能となりました。調査にご協力いただいた施設長および介護職員の皆様にこの場を借りて深く御礼を申し上げます。

【参考文献】
赤羽克子・高尾公矢・佐藤可奈「介護人材不足と外国人労働者の受入れ課題——EPA介護福祉士候補者の受入れ実態を手がかりとして」『聖徳大学研究紀要：聖徳大学、聖徳大学短期大学部』(25)、21–29、2014
伊藤鏡「介護現場における外国人介護労働者の評価と意欲」『厚生の指標』61(11)、27–35、2014
伊藤鏡「外国人介護福祉士候補者の介護技能評価と就労意向に関する一考察——インドネシア第二陣受け入れ施設への調査からの示唆」『社会福祉学』56(3)、74–87、2015
介護事業所・生活関連情報検索「介護サービス情報公表システム」http://www.kaigokensaku.jp/　最終閲覧2014.4.5
厚生労働省「平成26年介護サービス施設・事業所調査の概況『結果の概要【基本票編】』」

2014a http://www.mhlw.go.jp/toukei/saikin/hw/kaigo/service14/ 最終閲覧 2016.8.23

厚生労働省「第1回社会保障審議会福祉部会 福祉人材確保専門委員会 平成26年10月27日資料2『介護人材の確保について』」2014b www.mhlw.go.jp/file/05-Shingikai.../0000062879. pdf 最終閲覧 2016.10.26

河内康文「経済連携協定（EPA）に基づく外国人介護福祉士候補者に関する研究の動向——文献レビューによる分析」『高知県立大学紀要.社会福祉学部編』64、73–85、2015

国際厚生事業団「外国人介護労働者に係る実態調査報告書 平成27年3月 平成26年度厚生労働省社会福祉推進事業 EPA介護福祉士の定着促進の課題及び外国人介護労働者に係る実態調査事業」2015

後藤純一「EPA看護師・介護士受け入れ政策の課題」『労働法令通信』（2372）、2–6、2015

佐藤忍「EPAに基づく外国人介護福祉士の受け入れ」『香川大学経済論叢』87（3・4）、51–82、2015

清水功次『実務に役立つ多変量解析の理論と実践』日科技連、2015

総務省統計局「社会生活統計指標 都道府県の指標 基礎データ」2015 http://www.e-stat. go.jp/SG1/estat/GL08020103.do?_toGL08020103_&tclassID=000001056524&cycleCode=0 &requestSender=search 最終閲覧 2015.5.19

杉山髙一・藤越康祝・小椋透『シリーズ（多変量データの統計科学1）多変量データ解析』朝倉書店、2014

全国老人保健施設協会「『外国人スタッフ雇用に関する課題点の調査研究事業報告書』平成22年3月－平成21年度老人保健事業推進費等補助金（老人保健健康増進等事業分）」2010

高木博史「外国人労働者受け入れの展望と課題——『商品』化する介護労働」『立正社会福祉研究』7（2）、55–62、2006

塚田典子「第Ⅱ部研究編 第1章 外国人介護労働者への期待と不安——EPAによる受入れ前の介護現場への全国意識調査からわかったこと」塚田典子編著『介護現場の外国人労働者——日本のケア現場はどう変わるのか』明石書店、68–95、2010

塚田典子「日本で初めてEPAによる外国人介護福祉士候補者を受け入れた施設現場の実態と将来展望」『支援』4、87–104、2014

塚田典子「全国調査 外国人介護労働者受け入れに関する研究 調査結果のダイジェスト版」日本大学大学院グローバル・ビジネス研究科ホームページ（平成27年3月31日廃止）、1–19、2015a

塚田典子「外国人介護労働者受け入れ制度に関する全国調査——介護人材確保と外国人介護労働者の受け入れについての一考察」『地域ケアリング』17（8）、75–81、2015b

塚田典子「外国人介護労働者受け入れに関する一考察」『地域ケアリング』18（6）、65–75、2016

塚田典子「施設長の外国人介護労働者受け入れ意識に関連する要因研究——介護保険3施設を対象とした全国調査を基に」『社会福祉学』59（2）、92–106、2018

東京都社会福祉協議会「外国人介護者の受け入れに関する検討委員会中間のまとめ 平成21年10月15日」2009

西下彰俊「外国人介護福祉士候補者の受け入れに伴う『組織の活性化』と候補者の適応に関する実証的研究 2011年3月、2010年度 全国老人福祉施設協議会 老施協総研 研究助成 高齢者福祉に関する先駆的研究」研究報告書、2011

藤井賢一郎「介護保険施設の外国人介護人材の受け入れ意向を形成する要因——外国人介護人材受入れ政策をめぐる一考察」『上智大学社会福祉研究』（43）、31–50、2019

第**3**章　外国人介護労働者の受け入れに関する成果と課題

塚田　典子

第1節　EPA介護福祉士候補者／EPA介護福祉士の受け入れから見えてきた成果と課題

(1) 見えてきたEPA介護福祉士候補者受け入れの成果

①外国人介護労働者受け入れのノウハウを積んだ！

　経済連携協定（EPA）による介護福祉士候補者は、将来の人材不足に備えて外国人介護労働者の受け入れノウハウを蓄積するという法人側の準備と「国際貢献・国際協力」の目的で受け入れが開始されたことは第1章で述べた。制度開始当初は、介護福祉士の国家試験対策や日本語教育の教材など、国の支援も「走りながら」後追いで準備され、現場は文字通り暗中模索でEPA介護福祉士候補者たちを受け入れた。その様子の一端を第1章で紹介したが、EPA介護福祉士候補者を受け入れた施設は運営する施設数が多いなど、法人規模が比較的大きかったと報告されている（小川2009；加茂2019）。

　国際厚生事業団の角田（2019）は、EPA介護福祉士候補者を受け入れる施設の目的が長く「国際貢献・国際交流のため」や「職場の活性化のため」であったが、2016（平成28）年度以降は「人員不足の解消のため」がトップになったと報告している。国際厚生事業団が毎年実施する2019（令和元）年の「外国人介護福祉士候補者受入れ施設巡回訪問実施結果」（複数回答）では、受け入れの最多目的が「人員不足の解消のため」（95.7％）、次に「職場の活性化のため」（94.6％）、「国際貢献・国際交流のため」（93.5％）であった（2019）。また、新たな受け入れ目的として浮上しているのが、海外で医療サービス事業を行ったり日本国内で外国人向けメディカルツーリズム事業を展開したりするのに必要な人材確保、というグローバル事業展開の理由で

EPA看護師や介護福祉士候補者を受け入れるとの報告もある（加茂2019）。

　一方、平野（2018）は、制度開始当初の候補者たちの来日動機は、「家族を経済的に支援するため」と同じかそれ以上に、「自分の専門職としてのキャリアを発展させるため」が多かったが、今日では主に「家族を経済的に支援する」という来日動機に変容しつつあると言う。そして、この状況から、「もはや日本で介護職に就くことが、自分のキャリアパスとしては期待できないと考えている者がいることを示しているのではないか」（p. 502）と危惧している。

　このように、施設側の受け入れ目的や候補者たちへの期待は、来日する候補者たちの動機、制度への期待や将来プランとは必ずしも一致するとは限らないことを忘れてはならない（安里2016；武石2019）。この点に関して小宮（2012）は、インドネシア人たちが帰国する理由について調べ、「もともと数年で帰国する予定」「結婚や家族の希望」などの理由で帰国し「日本の国のためにやってくる訳ではありません」（p. 34）と手厳しい。宮本ら（2015）も、EPA介護福祉士候補者は、「合格しても、しなくても早期に帰国する層を来日前から抱え込んでいる」（p. 162）と報告している。受け入れ側の目的、そして、候補者たちの来日動機も変わってきているが、受け入れた施設は外国人介護労働者受け入れの貴重な経験を積んだことは確かであろう。

②心配したほど下がらなかった介護サービスの質と職員の学び

　EPA介護福祉士候補者を実際に受け入れる前は、外国人介護労働者は「職員や利用者とのコミュニケーションができずケアの質が低下するのではないか」「国家試験への支援は十分にできるのか」また「その学習の基礎となる日本語教育は現場に丸投げではないか」さらには「日本人介護スタッフの雇用などに悪影響があるのではないか」「『出稼ぎ気分』で来られても結局は長続きしないのではないか」「利用者とトラブルが起きるのではないか」など、さまざまな懸念事項が挙がっていた（塚田2010；安里2016；高橋2018；三菱UFJリサーチ＆コンサルティング株式会社2019）。

　しかし、三菱UFJリサーチ＆コンサルティング株式会社（2019）が、2018（平成30）年に、全国介護保険3施設のうち、EPA介護職員を含む外国人介護職員のいる施設の利用者やその家族519名に対して行った調査結

果（以下「三菱UFJ調査」）によると、外国人介護職員の介護サービスの質は、「日本人よりも質が高い、もしくは十分満足できる水準である」がEPA介護職員で22.2％（EPA以外の介護職員は17.7％）、「概ね満足できる水準である」はEPA介護職員47.6％（EPA以外の介護職員は40.9％）で、2つ合わせると、約7割がEPA介護職員の介護サービスの質に満足していることがわかった。もちろん、現場に問題が全くなかったとは言えないが、EPA介護福祉士候補者受け入れ制度の発足から12年経った今、総合的にみて、受け入れ前に心配されていた心配事や課題の多くは杞憂に終わったと言えるのではないだろうか（塚田2012；伊藤2015；安里2016）。

　それどころか、「高齢者の世話（介護）は家族がする」という考え方がまだ強く残るアジアから来日したEPA介護福祉士候補者たちから、日本人スタッフがポジティブな影響、刺激や学び──「職場が明るくなった／活性化された」「笑顔」「福祉の基本ができていた」「日本人スタッフが介護福祉士の国家試験に向けて勉強をするようになった」があったことなど多く報告されている（小川ら2010；大野2010；塚田2012＆2020；藤野2019；国際厚生事業団2019）。立川（2011a）も、フィリピンの国民性として介護に必要な「ホスピタリティ」があると報告している。

③利用者や家族、職員からも好評価！　コミュニケーションも大丈夫！

　先述した、国際厚生事業団が毎年実施する巡回訪問実施調査結果（2019）によると、EPA介護福祉士候補者たちは、利用者やその家族から「良好」「概ね良好」を合わせて83.2％で好意を持って受け入れられており、制度導入当初である2012（平成24）年の調査結果（75.4％）以来、徐々に上昇傾向であった。また、働きぶりについても、三菱UFJ調査によると、「大変仕事熱心であり、高く評価できる」（56.6％）、「足りない部分はあるが、概ね評価できる」（26.4％）で、意思疎通に関しても、「特に問題なく意思疎通ができる」（54.1％）、「時々話が通じないときはあるが、ゆっくり話せば概ね伝わる」（32％）であった。前項でみた介護サービスの質とともに働きぶりや意思疎通についても、利用者やその家族から良い評価を得ていると言える。

　最後に、EPA介護職員（候補者・介護福祉士を含む）と外国人介護職員の両方を受け入れている全国218施設の回答のうち、EPA介護職員に関する

「三菱UFJ調査結果」の一部を紹介する。施設に対して「今後の外国人介護職員受け入れ予定」について尋ねた回答は、「受け入れる予定」が78.9％で「受け入れる予定はない」は3.2％であった。また、予定している外国人介護職員の在留資格（複数回答）は「EPA介護職員」が87.8％で最も多く、次に「技能実習生」（41.9％）、「介護」（29.1％）が続いた。しかし、大事なのはなぜ「EPA介護職員」を受け入れるのかという理由である。

　自由記述で書かれた回答は、「採用上の課題（日本人介護職員の採用が非常に困難、外国人介護職員を受け入れるための問題点の事前検討等）」「社会貢献」や「長期的には働いてくれる人材が欲しいため」に加え、「EPA介護職員の働きぶりを評価しているため（学習や仕事への誠実かつ熱心な姿、高い介護力）」「EPA制度ではサポート体制がしっかりしているため」「人材の質が確保されているため（入職時からコミュニケーションがとれる、介護技術も基礎ができている、EPA介護福祉士を10年間受け入れてきた実績があり、制度には信頼がある。また母国で看護師の資格を得ているので業務の導入がスムース）」など、EPA介護福祉士候補者ならではのポジティブな理由が多く挙がっていた。ここからも、12年間の経験を経て見えてきたEPA介護福祉士候補者たちの姿は概ね「良し」と言えないだろうか。

(2) EPA介護福祉士候補者の受け入れに関する主な課題

①日本語能力

● 言葉、特に書き言葉（記録）

　日本語能力の問題は多くの文献で指摘されている（濱野2016；澤2018；米沢2019；布尾・平井2020）。同時にこの問題は、何もEPA介護福祉士候補者だけでなく、日本に長年住んでいる外国人介護者についても同様の報告がある（東京都社会福祉協議会2009；国際厚生事業団2015）。また、この日本語能力に関する問題は、外国人介護労働者の受け入れ前から懸念されており、第1章で紹介した、全国57のインドネシアおよびフィリピンからのEPA介護福祉士候補者受け入れ施設へのインタビュー調査結果ともマッチする。

　この日本語能力について、橋本ら（2020）は、地方都市の介護施設で働く、母国で全員看護師の資格を持つ8名のEPA介護福祉士候補者たちを対象にインタビュー調査を行った。そして、本国ですでに看護師の資格を持っている

EPA介護福祉士候補者たちは、食事・排泄・入浴などの介護業務は立派に行えるものの、専門用語を使っての記録、利用者の病状変化時の申し送り、家族対応、介護記録が書けないなどの日本語、特に書き言葉において問題があると報告している。中でも「方言や記録」に最も困難を感じていたことから、日常の会話よりも方言や記録に必要な専門用語の日本語教育支援体制の必要性を唱えている。さらに、基礎的な医学知識やケアの技術を有していても、国家試験の合格率が低いのは「日本語の障壁」があるからだとし、特に介護業務以外の、例えば日本の法制度の変遷、社会制度などに関する知識を含めた国家試験対策の学修支援が必要であるとしている。

　また大和（2020）は、2019（平成31）年1月に神戸市のEPAを含む外国人介護労働者に行った実態調査（N＝530）を基に、外国人介護労働者受け入れの課題を整理した。外国人介護職員を雇用して困ったことや今後不安に思うことに関する単語の出現頻度の分析では、「日本語」「言葉」「言語」「語学」といった言葉に関わる単語の出現頻度が最も高かったことや、外国人介護職員の雇用に関心がある施設・事業所（n＝368）の約70％が「外国人介護職員の日本語能力向上のための支援」を希望したと報告している。

　国家試験の合格率が伸び悩んでいることについては、候補者の日本語能力と関係があることが指摘されている（小川2018；高橋2018）。澤（2018）も、現在でも日本語の習得が国家試験前の候補者の最大の課題であるとしている。N3を持つベトナムからのEPA介護福祉士候補者の国家試験合格率は平均90％で、他の2国を大幅に上回っており、日本語能力と国家試験合格率の関係が実証されている（上林2015；藤野2019；于2020）。

　さて、この日本語能力。立川（2011b）は、介護現場で必要な日本語能力として「現場での状況に応じて対応できる力」を示唆し、それは利用者の発話に対して利用者の希望を推し量り、コミュニケーションを行う力であるとしている。また竹内（2017）は、国家試験対策の過程における学習支援のあり方を分析し、「言語教育におけるコミュニケーション能力を、課題遂行能力はもちろん、言語を学んだ先に人とつながっていく能力、すなわち人間関係を築く力まで含める必要があるのではないか」（p. 11）と述べている。于（2020）も、日本語能力は、日本文化に対する理解度を高めることにつながり、同時に介護技能の習得もスムーズになり、対人関係のみならず生活能力

もアップするなど、多方面においてポジティブに関連すると報告している。

●対人援助専門職である介護業務に必要な日本語のコミュニケーション能力

そもそも介護という対人援助専門職には、日本語能力、コミュニケーション力や介護力が介護サービスの質や安全性に関わる絶対必要条件である。チームとしてのケアの提供が求められるこの仕事では、たとえ外国人介護労働者といえども日本語能力が強く求められることは、譲歩できない要件である（立川2011b；本多2017；角田2019；平井2019a）。藤野（2019）は、ベトナムからの候補者に近い日本語能力（N3）が最低限必要であるとしている。また、中畠（2020）は、来日して1年目が過ぎたインドネシア人EPA介護福祉士候補者4名に対してそれぞれ3回ずつインタビューを行い、介護実務に入る前に日本語能力がN3に届いていた候補者は、コミュニケーションに戸惑いながらもそれを通じて、日本を知り、仕事を理解しながら、信頼関係を構築し、その信頼関係が日本での仕事の継続や充実感、日本語学習意欲に影響を与えていたと報告している。一方で、N3レベルに届かずに就労を始めた候補者たちは、コミュニケーションがうまくとれず、必要なコミュニケーションを避け、信頼関係を築くことが難しくなっているとした。このように日本語能力N3レベルというのは、受け入れ側と候補者双方にとって、win-winの関係を築くための非常に重要な要因であるといえそうである。

さらに、沼田ら（2018）は、ベトナム人看護師・介護福祉士候補者50名を対象に調査し、日本滞在期間や日本語能力に着目して労働環境との関係を分析した。そして、日本における外国人介護労働者の受け入れが成功する要因として、日本語教育を第1に挙げ、日本滞在期間1年以上でも、聞き取り・発話ともに日本語能力が問題のないレベルにまで至っていなかったことから、早期の日本語能力の引き上げが必要だとしている。また、発話能力が高いほうがワーク・エンゲイジメント（仕事に関するポジティブで充実した心理状態）や職場環境への評価が高かったことから、コミュニケーションは聞くだけでなく話すことで成立するため、コミュニケーションの成立を援助することが、外国人介護労働者の就労継続につながるとした。そして、職場マネージャー（リーダー）による外国人介護労働者とのコミュニケーションへの関わりが、受け入れ成功への鍵の1つであると報告している。

郵便はがき

料金受取人払郵便

神田局
承認

6430

差出有効期間
2022年12月
31日まで

切手を貼らずに
お出し下さい。

101-8796

5 3 7

【 受 取 人 】

東京都千代田区外神田6-9-5

株式会社 明石書店 読者通信係 行

|‖|‖·‖·|‖·‖|‖·|‖‖‖·‖|‖‖|‖|‖·|‖·|‖·|‖·|‖·|‖·|‖·|‖·|‖·|‖·|‖·|‖||

お買い上げ、ありがとうございました。
今後の出版物の参考といたしたく、ご記入、ご投函いただければ幸いに存じます。

ふりがな お名前		年齢	性別

ご住所 〒　　　-

TEL　　　（　　　）　　　FAX　　　（　　　）	
メールアドレス	ご職業（または学校名）

*図書目録のご希望	*ジャンル別などのご案内（不定期）のご希望
□ある □ない	□ある：ジャンル（　　　　　　　　　　　　　） □ない

書籍のタイトル

◆本書を何でお知りになりましたか？
　　　　□新聞・雑誌の広告…掲載紙誌名[　　　　　　　　　　　　　　　　　]
　　　　□書評・紹介記事……掲載紙誌名[　　　　　　　　　　　　　　　　　]
　　　　□店頭で　　　□知人のすすめ　　　□弊社からの案内　　　□弊社ホームページ
　　　　□ネット書店 [　　　　　　　　　　] □その他[　　　　　　　　　　]
◆本書についてのご意見・ご感想
　　■定　　　価　　　□安い（満足）　　□ほどほど　　□高い（不満）
　　■カバーデザイン　□良い　　　　　　□ふつう　　　□悪い・ふさわしくない
　　■内　　　容　　　□良い　　　　　　□ふつう　　　□期待はずれ
　　■その他お気づきの点、ご質問、ご感想など、ご自由にお書き下さい。

◆本書をお買い上げの書店
　　[　　　　　　　　　　市・区・町・村　　　　　　　書店　　　　　　　店]
◆今後どのような書籍をお望みですか？
　　今関心をお持ちのテーマ・人・ジャンル、また翻訳希望の本など、何でもお書き下さい。

◆ご購読紙　(1)朝日　(2)読売　(3)毎日　(4)日経　(5)その他[　　　　　　新聞]
◆定期ご購読の雑誌 [　　　　　　　　　　　　　　　　　　　　　　　　　]

ご協力ありがとうございました。
ご意見などを弊社ホームページなどでご紹介させていただくことがあります。　□諾 □否

◆ご 注 文 書◆　このハガキで弊社刊行物をご注文いただけます。
　　□ご指定の書店でお受取り……下欄に書店名と所在地域、わかれば電話番号をご記入下さい。
　　□代金引換郵便にてお受取り…送料＋手数料として500円かかります（表記ご住所宛のみ）。

書名		冊
書名		冊

ご指定の書店・支店名	書店の所在地域	
	都・道 府・県	市・区 町・村
	書店の電話番号	（　　　）

加えて、発話能力が高いほうが、日本で活躍したいとする傾向が強く、発話能力の低いほうが母国（ベトナム）での活躍を望んでいたことや、日本語の聞き取り能力が向上することで、候補者の内発的動機であるワーク・エンゲイジメントにつながるとした。このように、日本語能力は、単に国家試験合格のためのツールであるだけでなく、特にコミュニケーション能力は、外国人介護労働者の仕事や職場に対する評価、ひいては仕事の継続性に関わる重要な要因であることが近年の研究から明らかになっている（沼田ら2018）。

　以上、EPA介護福祉士候補者のコミュニケーション能力に関する研究を紹介してきたが、異文化間のコミュニケーション能力は、何も候補者だけに求めるものではなく、日本人職員や管理者にも求められるものであるということを今一度ここで確認しておきたい。政府は、2019（令和元）年6月28日に「日本語教育の推進に関する法律」を公布・施行した。この法律の目的は、「日本語教育の推進が、我が国に居住する外国人が日常生活及び社会生活を国民と共に円滑に営むことができる環境の整備に資するとともに、我が国に対する諸外国の理解と関心を深める上で重要であることに鑑み、……日本語教育の推進に関する施策を総合的かつ効果的に推進し、もって多様な文化を尊重した活力ある共生社会の実現に資するとともに、諸外国との交流の促進並びに友好関係の維持及び発展に寄与すること」とされている（文化庁2019）。また、この法律でいう「外国人等」の定義は、「日本語に通じない外国人及び日本の国籍を有する者」とされ、遅ればせながら、外国人を対象とした日本語教育が大切であると認めた。今後この法律がどのように現場で生かされていくのかがより重要で、注視していく必要がある。

②候補者たちの途中帰国あるいは国家試験合格後の帰国！
●婚期や母国の家族との関係

　厚生労働省（2016）は、EPA介護福祉士候補者1283人のうち468人（36.4％）を、また、国家資格取得者250人のうち105人（42％）を雇用契約終了・帰国者数として報告している。決して少なくない数字である。特に、国家資格取得後の帰国には驚かされる。介護労働者は圧倒的に女性が多く、出身国に夫や子どもをおいて来日して、働いているケースが少なくない（高橋2018）。筆者が全国57施設を訪問インタビュー調査をしていた2010（平

成22）年は、民主党政権時代で、「子ども手当」が支給された。EPA 介護福祉士候補者が本国に3人の子供を残して来日していることが初めて判明！「その『子ども手当』をもらうために急遽本国へ帰るための航空券を買ってきて『帰国したい！』といった相談を受けて（管理者は非常に）驚いた！まさか幼子を3人も残してきているとは」といったエピソードを思い出した。

　藤野（2019）は、2018（平成30）年2月の国家試験前にベトナムへ帰国した10人以上に帰国理由に関するインタビューを行い、「結婚」「職環境」「家族のことが心配」「体を壊した」などが理由であったと報告している。また、帰国者たちと3度の情報交換会を行い、以下5点の課題――①給与面（総支給額と手取りのギャップ）、②住宅面（寮、職場との距離）、③学習支援（日本語学習、国家試験対策）、④現地の家族との関係（家族が気軽に訪日できない、家族の候補者に対する心配）、および⑤私生活（婚期、配偶者ビザに許された28時間勤務）を挙げている。また、外国人看護師・介護福祉士支援協議会が、受け入れ施設および EPA 候補者たちを対象に2009（平成21）年度から毎年実施している第11回「EPA 受入施設及び看護師・介護福祉士候補者調査」（2019年調査）によると、受け入れ施設165のうち11施設が「既に帰国した候補者がいる」と答え、その理由は「家族に関する理由」（31.8％）が最多で、「本人の健康上の理由」（13.6％）、「日本の生活に馴染めなかった」と「国家試験に合格できないと判断したため」が同率9.1％、「その他」（22.7％）が続いた。「その他」には「延長基準を満たせなかった」（2名）、「日本語習得に自信が持てず、英語を活かせる国へ転職希望」などがあった。

● 母国における「介護」の専門性やいかに!?

　やっと EPA 介護福祉士となった暁に、「送り出し国での就職」や「日本国内の他の施設での就職」などの理由で離職する介護福祉士がいることが、介護福祉士候補者を受け入れ、育てた施設の課題となっている（加茂2019）。国家資格取得後に職員として働いても結果的には帰国するケースが90％にのぼるとの報告もある（定松2019b）。上記以外にも「職場の人間関係に馴染めない」（安里2016）、「介護の専門職としての地位」「やりがいに関する葛藤や限界を感じて」帰国することが報告されている（大野2010：平野2018）。

　平野（2018）は、自身が行ったインタビュー調査結果から、母国で看護

師の資格を持っているEPA介護福祉士候補者は、国家資格である介護福祉士を取得しても、看護師の仕事ができないことに葛藤を感じる、と報告している。また、フィリピン海外雇用庁の担当者が母国フィリピンで看護課程修了者あるいは看護師を日本の介護福祉士候補者として渡日することを"degrade"（p. 509）と表現したことや、同じ言葉をインドネシア看護協会長も使用したことを報告し、看護課程修了者は日本の介護の仕事をマスターするのはさほど難しいことではないかもしれないが、裏を返せば、達成感も満足感もそれほど期待できないということである。そればかりか、「日本で介護業務を行っていたことを家族や友人らに話せないでいる帰国者もいる（インドネシア人）」（p. 503）といい、介護が未だ家族の仕事である母国の現状を踏まえると、今後介護現場では、基本理念を「医療モデル」ではなく「生活モデル」へ転換することが必要であると平野（2018）は提言している。

　ここで、挙がってくるのは、日本で積んだ介護士としてのキャリアが本国でのキャリアと直結しないのではないかということである（広瀬2012：布尾・平井2020）。天野・比留間（2018）も、ベトナムでは介護は専門性のある職業として存在せず、日本の国家資格（介護福祉士）を取得して帰国しても、ベトナムの病院で看護師として働くことは難しいとしている。日本固有の資格を取得することが、候補者たちにとって価値あるもの、魅力あるものになるよう、帰国後のキャリアについても考える必要がある（大野2010：天野・比留間2018）。澤（2018）も、インドネシア帰国者の報告会に参加し、「母国ではせっかくの看護師の地位がある者を職員ランクの低い立場で扱うことに矛盾を感じる場面が多いようである」と報告している。

● 家族帯同可。それでも日本は住みにくい？

　EPA介護福祉士が、日本で家族とともに生活するための、家族の在留資格の取得の困難さが指摘されている（平野2018：布尾・平井2020）。また、やっと入国しても、EPA介護福祉士の配偶者には、配偶者ビザに課せられた就労時間（週28時間）の制限がある（平野2018：二渡2019：藤野2019）。さらに、配偶者の日本語があまりできない場合の、就労支援や子どもの修学支援などを含めた生活全般の包括的支援が不十分である（二渡2019：関川2020）。しかし、これらは受け入れ施設だけで解決できることではなく、行

政や市民、各教育機関を含む社会資源をも活用しながら、有機的に彼ら・彼女らが住みやすい地域インフラを整備していくことが重要となる。

　現在多文化共生政策は自治体に任されているが、ドイツやオランダのように、語学や文化などの習得を盛り込んだ国策として進めていくことを考える時期に来ていると大石（2014）は言う。筆者も同意見である。国策とすることで自治体の財政力格差を是正し、広範な年金、医療、介護などの社会保障を含めた社会包摂をする仕組みの構築を推進することができるからである。

　筆者は2014（平成26）年に、「EPA介護福祉士の定着促進の課題及び外国人介護労働者に係る実態調査事業」に参加し、その調査結果を基に、EPA介護福祉士定着のための、EPA介護福祉士および管理者側双方の「労務、生活・習慣等の分野」の課題や要望について表1のようにまとめた。EPA介護福祉士と管理者側が、働き続けるために／定着させるために必要だと考えることはキャリア支援や学修支援などで両者に共通していた。相違点は、母国の家族の呼び寄せと入国した家族への支援であった。なお、北浦（2013）は、そもそも論として、キャリア形成支援は（日本人を含む）介護従事者の定着の方途として重要なことで、自らキャリアの展望が描けるか否かは、高い就業意識や組織への貢献に対する原動力に影響すると報告している。

　最後に、技能実習生や在留資格「介護」ほどには聞こえてこないが、国家試験受験前の帰国に至るような、深刻な労働問題がある可能性が否定できないものとして、EPA介護福祉士候補者にも「賃金未払い」「残業代未払い」「ボランティアの強要」「パワハラ・マタハラ」「病気を理由とする強制帰国」などの問題があることが報告されている（本多2017：平井2019a, 2019b）。人権を守るための相談体制の強化を怠ってはならない。

第2節　技能実習制度の課題

(1) 入国前の課題

　経済連携協定で来日するEPA介護福祉士候補者は、渡航費用などを負担することがないため、経済的リスクを負うことはない一方で、技能実習生や在留資格「留学」で入国する学生は多額の借金を抱えて来日していることが多いと報告されている（伊藤2019：小山2019：姜2019：下山・牛田2020）。山

表1 EPA介護福祉士および管理者側からみた「労務、生活・習慣上等の分野の課題」

項 目	EPA介護福祉士	労務管理者・介護リーダー
生活・習慣上の課題で困っていること	〈課題上位3項目〉 1位：メンタルヘルス関係 2位：休暇の取り方 3位：母国の家族や家計等 ※インドネシアは仕事上の「時間感覚」や「宗教上の習慣」の違いが、フィリピンは「休暇の取り方」や「母国からの呼び寄せ」の課題が。	• 全項目で半数以上は「問題はない」。 • 「問題がある」の回答の最多は、インドネシア、フィリピンとも17%前後が「長期休暇等、休暇の取得で日本人職にとの調整に苦慮」。 ※インドネシアとフィリピンの差はほとんどみられなかった。
介護業務やその他の仕事上の課題で困っていること	〈課題上位3項目〉 1位：長期休暇 2位：ヒヤリ・ハット 3位：記録等の技術 ※インドネシアはヒヤリ・ハット等「介護業務に直結した悩み」が多いが、フィリピンは「長期休暇」「帰国や転職等の離職」に関する悩みが多い。	〈課題上位3項目〉 1位：記録等の技術 2位：長期休暇の取り方 3位：在留資格等外国人特有な手続き ※記録等の技術に関する問題については、「問題あり」と「問題なし」の両方の回答有。
EPA介護福祉士の将来計画／施設のEPA介護福祉士に対する期待	〈将来計画〉 • インドネシアの半分は母国へ帰国。 • フィリピンEPA介護福祉士のほうが日本での継続就労期間が長い。 • 日本にとどまる介護福祉士は、さらにケアマネジャーや看護師の資格取得を目標としている。	〈EPA介護福祉士に期待できる上位3項目〉 1位：基礎介護技術 2位：利用者の心を捉える 3位：職場の活性化 〈期待できない上位3項目〉 1位：利用者の家族からの相談・苦情対応 2位：マネジメント業務 3位：長期就労
EPA介護福祉士として働き続けるために必要な支援・要望／定着させるための意見・要望	①母国の家族の呼び寄せの手続きの簡略化や入国した家族への支援 ②キャリア形成に関する支援（ケア・マネや看護師） ③日本語や介護技術研修や勉強会・交流会等の継続 ④その他（長期休暇やストレス・マネジメント研修や処遇改善等）	①資格取得後の継続的な学習支援やステップアップの場 ②受け入れ施設で就労を継続したいと思うような受け入れ施設風土の改善・向上 ③日本入国前の事前説明の徹底（日本での働き方や仕事と勉強の両立等） ④EPA介護福祉士の活動だより（機関誌やHP等） ⑤交流会・勉強会の実施

出典：国際厚生事業団（2015）p. 139の補足資料付表1を基に筆者一部加筆修正

口（2020）は、この状況を「来日前から始まる債務奴隷化」（p. 99）と表現している。途中で帰国すれば借金だけが残るので、日本滞在中にハラスメントなどの被害を受けても訴えることができずに我慢し、失踪者も技能実習生や「留学」で滞在する人に多いとの報告がある（下山・牛田2020）。

　例えば、ベトナム人技能実習生の場合、50〜100万円の借金を背負わさ

れているとの報告（定松2019a）や、渡航前費用の平均額が約94万4300円で、2019（平成31）年1月現在の月の最低賃金が最も高い地域で約2万円であることからすると法外に高い（巣内2019）。この技能実習制度の入国前の問題は、個人がリスクを負う制度（安里2019）となっているため、政府レベルにおける関係諸国の協働体制・法整備が早急に必要で、送り出し国の斡旋業者を取り締まる規制などがなければ、決して解決しない大問題である。

　また、下山・牛田（2020）は、まだ発足したてでよくはわからないと但し書きをしながらも、新設の在留資格「特定技能」制度も、技能実習制度から「特定技能」に切り替える際には斡旋料が派生するのかどうか、注視していかなければならないとしている。「特定技能」の受け入れスキームが技能実習と類似しているとの指摘は他にもあり（鈴木2019；山口2020）、技能実習生に起こっている問題と同様の問題が起こり得る可能性が否定できない。さらに、小山（2019）も、人手不足で外国人技能実習生を受け入れている企業の大半が零細企業であり、弱い立場の外国人労働者を酷使することでしか事業が成立しない実態がある。そしてそれは何も技能実習生ばかりではなく、これから入ってくる「特定技能」にも当てはまる問題であると指摘している。于（2020）は、「特定技能」は技能実習より少額であるが、それでも、数十万円から100万円近くの費用を負担しなければならないと概算している。

（2）日本での実習中における課題

　来日して日本国内での実習中に起きているより深刻な問題として、技能実習生の基本的人権に関わる問題——賃金未払い、偽変造文書などの行使・提供、労働関係法令違反、不法労働者の雇用、技能実習計画との離齟などの看過できない問題が多く指摘されている（出入国在留管理庁2019）。例えば、2019年の不正行為は、企業単独型が1機関、団体監理型は111機関にのぼり、「不正行為」の全件数は171件で、その171件の「不正行為」の類型は、多いものから「賃金の未払い」（約48％）、「偽変造文書等の行使・提供」（約22％）、「保証金の徴収等」（約9％）、「労働関係法令違反」（約7％）であった。なにせ実習生は実習先が変更できないので、行き場がない。

　また、出入国在留管理庁（2020b）によると2020（令和2）年1月1日現在

の不法在留者8万2892人を在留資格別でみると、「短期滞在」(61.8%) が最多で、次に「技能実習」(14.9%) であった。さらに、技能実習生の失踪者数も増加傾向にあり、2019 (平成31) 年の失踪者数は、2015 (平成27) 年の約1.5倍にあたる8796人であると報告されている。しかし、巣内 (2019) は、この「失踪」の責任を技能実習生のみに帰すべきではなく、なぜ「失踪」することを選んでしまったのか、に目を向けるべきとする。筆者が2020年2月14日に、ベトナムハノイの社会開発研究所所長H博士と会ったときにも全く同じことを言われた。ここに外国人実習生に関する別の悲惨なデータもある。労災による死亡と認定された外国人実習生は、2014〜2016年度の3年間で22名にのぼり、日本全体の労災死が10万人当たり1.7人であるのに対し、実習生の労災死の割合は10万人当たり3.7人となっている (SankeiBiz 2018)。

　技能実習制度の目的は、日本の「技能・技術・知識を修得させ、我が国の技能・技術・知識の発展途上国への移転を図り、当該発展途上国等の経済発展を担う『人づくり』に協力すること」である (総務省2013)。しかし、この (建前の) 目的と、国内の非熟練労働力不足解消の制度として運用されている実態との乖離の問題が、ずいぶん前から国内外で非難されている。日本弁護士連合会もこの点を強く憂慮し、長く技能実習制度の廃止を訴えている (2015年)。また、国外の指摘として、移住者の人権に関する9日間の訪日調査を終えた国連の特別報告者ホルペ・ブスタマンテ氏が、「移住者の人権に関する国連特別報告 (2010年3月)」をプレスリリースした内容を以下に紹介する。「日本は、20年前から移住労働者を受け入れようになったが、移住者の権利保護を保証する包括的な移民政策は実施されていない」。また、「技能実習制度は、往々にして研修生・技能実習生の心身の健康、身体的尊厳、表現・移動の自由などの権利侵害となるような条件の下、搾取的で安価な労働力を供給し、奴隷的状態にまで発展している場合さえある。このような制度を廃止し、雇用制度に変更すべきである」としている (国際連合広報センター2013)。これに関して四方 (2019) は、単に技能実習制度を廃止するだけでなく、外国人労働者を保護するための「基本立法」を提言している。

　日本政府は、これまでの技能実習制度の反省に基づき、2016 (平成28) 年11月18日に技能実習生を保護するために「外国人の技能実習の適正な実

施及び技能実習生の保護に関する法律」を成立させた（翌2017年11月1日施行）。これにより、悪名高い技能実習制度は新しく生まれ変わり、外国人技能実習機構を設立して本来の「人づくり」の趣旨を徹底し、管理監督体制を強化して技能実習生の保護などを図ることとなった。また、送り出し国との間で政府間の取り決めをして、不適正な送り出し機関を排除できるようにした。監理団体は許可制、実習実施者も届出制で、技能実習計画は個々の認定制にし、通報・申告窓口や人権侵害行為などに対する罰則なども整備した。さらには、不正行為を行う事業者名を公表したり、業務停止命令や改善命令を出したりすることができるようにするなど、抜本的な改革が行われた。しかし、2019年にすでに、実習実施者に対して3年に1度の実地検査を行うとした目標は、2018年4月から9月での実習実施者に対する延べ実地検査数は約2600件である一方で、実習実施者数は4.8万機関であることから困難であるとの指摘がある（旗手2019）。

　また、米国国務省の人身取引監視対策部の「2020年人身取引報告書（日本に関する部分）」(2020) は、「……技能実習制度の下での日本国内の移住労働者の強制労働が依然として報告されたにもかかわらず、当局は技能実習制度における人身取引事案もまたもや1件も認知しなかった。借金を理由に技能実習生を強要する主な要因の1つは、外国に拠点を持つ労働者募集機関による過剰な金銭徴収であるが、その徴収の阻止を目指した法的義務のある審査手続きを政府は十分に実施しなかった」と報告している。さらに、2016（平成28）年に技能実習生を保護するために設立された「外国人技能実習機構」は十分に機能していないのではないかとの指摘や、「特定技能」の制度にも技能実習制度が持つ脆弱性があるとし、強制労働を含む労働者虐待の増加や監督措置が欠けているのではないかと指摘している（米国国務省2020）。

　実はお隣韓国でも、労働力不足を補うための臨時の対策として、日本の「研修・技能実習制度」に似た制度「産業技術研修制度」が1993（平成5）年に導入されていた。しかし、韓国国内での外国人労働者の人権問題で「非人権国家」との国際的な非難を受けることとなり、外国人労働者の総合的人権改善対策として、2003（平成15）年に「雇用許可制度」を「産業技術研修制度」と並行して導入し、2007（平成19）年には、前者の制度を廃止した（チョン2018；姜2019）。なお、関連して特筆すべきは、日本においても政労

使の三者間合意のうえで、「雇用許可制度」の提案が1988（昭和63）年12月9日に一度発表されていたことである（上林2018）。この提案内容は、1988年6月に閣議決定された「第6次雇用対策基本計画」に沿った外国人労働者対策を実現しようとしたもので、労働許可が外国人労働者にではなく、事業主に下りる仕組みであったが、法務省入国管理局と在日本大韓民国居留民団の猛反対にあい実現しなかった。

　主な反対理由は、①外国人だけ雇用許可が必要だとするのは内外人平等原則に反する、②在日韓国・朝鮮人への差別助長につながる、③雇用許可制度を導入しても不法就労の解決にはならない、および④就労するために入国許可以外に新たに雇用許可が必要とされるのは外国人にとっても不便、などであった。このように、日本では日の目はみなかったが、上林（2018）は「正式に外国人を労働者として日本社会に受け入れるべきだという提案が、政労使の三者間合意の上で、30年前の1988年に提出されていたことは銘記されるべきであろう」（p. 47）としている。

　出入国在留管理庁は、2019（平成31）年における新規入国者のうち、「技能実習1号」が17万3705人で、前年に比べて約21.3％増加し（2020a）、技能実習制度導入後、過去最高の入国者数になったと報告している。技能実習生の命と人権が本当に守られているのか。また、技能実習制度はこのまま継続されるべきか否か。今一度立ち止まって真剣に考える時期が来ている。

(3) 帰国後の課題

　技能実習を修了し帰国した全ての技能実習生のうち、2019（令和元）年8月から翌年1月までの間に帰国（予定を含む）した2万4789人を対象に、帰国後の就職状況、職位の変化、日本で修得した技術・技能・知識の活用状況などについて外国人技能実習機構（2020）が調べた7096人の「令和元年度帰国技能実習生フォローアップ調査」結果の一部を紹介する。それによると、「現在雇用されている」が23.5％、「雇用されて働くことが決まっている」は7.8％、「仕事を探している」が21.4％、「技能実習3号で戻る」が16.9％で「起業している」も12.3％あった。次に、「雇用されている／決まっている／起業した」人に、従事する仕事の内容が実習と同じ仕事であるか否かを尋ねたところ、「同じ仕事」が49.1％で約半分、「同種の仕事」が

21.5％であった一方で、「実習と異なる仕事」も21.5％みられた。また、在留中の問題で「具体的に困ったこと」（複数回答）としては、「家族と離れて寂しかった」（63.8％）、次に、「残業が少ない」（30.7％）、「仕事が厳しい（きつい）」（23％）、「有給休暇を取得できない」（17.6％）、「仕事の分担が良くなかった」（16.9％）などが挙がっていた。

　実習生は帰国後、実習職種とは関係なく、日本語を活かして通訳になったり、送出し機関の職員になったりする例も少なくない。帰国後に、日本における実習経験や技能検定3級取得が評価され、活かすことができるよう、実習生の母国とのトータルな技術協力や技術移転を推進することが重要であると厚生労働省は2008（平成20）年に述べている（2008）。その成果がどれだけ出ているのか、今後その政策評価が強く求められる。

【参考文献】
安里和晃「経済連携協定を通じた海外人材の受け入れの可能性」『日本政策金融公庫論集』（30）、35–62、2016
安里和晃「海外人材は介護人材不足を解消するか──技能実習制度を中心に」『公衆衛生』83（2）、114–119、2019
天野ゆかり・比留間洋一「EPAベトナム人介護福祉士候補者から見た日本の介護──看護人材が介護を学ぶとき」『地域ケアリング』20(4)、81–85、2018
伊藤鏡「外国人介護福祉士候補者の実務研修後の技術評価と就労意向──インドネシア第一陣への調査から」『福祉社開発研究』（10）、1–12、2015
伊藤彰久「介護業種における外国人労働者受け入れの課題」『労働の科学』74(4)、26–29、2019
于洋「わが国における外国人介護人材の受け入れ政策の展開と課題」『城西現代政策研究』13（2）、1–17、2020
大石奈々「高度人材はなぜ来ないか」藤原良雄編集長『なぜ今、移民問題か』（別冊『環』20）、pp. 126–131、藤原書店、2014
大野俊「看護・介護分野における日本の労働市場開放をめぐる国際社会学的研究の成果と課題」『保健医療社会学論集』21(2)、35–52、2010
小川美香「介護現場におけるコミュニケーションとは──EPAによるインドネシア人候補者受入れ施設からの知見」『リテラシーズ』22(1)、1–17、2018
小川玲子「経済連携協定におるインドネシア人介護福祉士候補者の受け入れについて──介護施設における量的質的調査を中心に」『都市政策研究』（8）、65–77、2009
小川玲子・平野裕子・川口貞親・大野俊「来日第1陣のインドネシア人看護師・介護福祉士候補者を受け入れた全国の病院・介護施設に対する追跡調査（第1報）──受け入れの現状と課題を中心に」『九州大学アジア総合政策センター紀要』5、85–98、2010
外国人看護師・介護福祉士支援協会「第11回EPA受入施設及び看護師・介護福祉士候補者調

査」（2019年調査）http://www.bimaconc.jp/　最終閲覧2021.1.6

外国人技能実習機構「令和元年度帰国技能実習生フォローアップ調査」2020　https://www.
　otit.go.jp/files/user/201002-001.pdf　最終閲覧2021.1.6

上林千恵子「介護人材の不足と外国人労働者受け入れ――EPAによる介護士候補者受け入れの
　事例から」『日本労働研究雑誌』57(9)、88–97、2015

上林千恵子「外国人技能実習制度成立の経緯と2009年の転換点の意味づけ――外国人労働者
　受け入れのための試行過程」『移民政策研究』10、44–59、2018

加茂浩靖「日本の介護サービス業における外国人介護職員の受入れ――経済連携協定（EPA）
　に基づく外国人介護福祉士候補者を中心として」『経済地理学年報』65(4)、280–294、2019

姜美香『外国人介護労働者の受入れと課題』晃洋書房、2019

北浦正行「介護労働をめぐる政策課題――介護人材の確保と育成を中心に」『日本労働研究雑
　誌』55(12)、61–72、2013

国際厚生事業団「EPA介護福祉士の定着促進の課題及び外国人介護労働者に係る実態調査事業
　『EPA介護福祉士の定着促進の課題に係る調査報告書』」平成27年3月（2015）

国際厚生事業団　巡回訪問事業「平成24年度～令和元年度　外国人介護福祉士候補者受入れ施
　設巡回訪問実施結果について」https://jicwels.or.jp/　最終閲覧2020.9.24

厚生労働省「『研修・技能実習制度研究会報告書』の公表について」平成20（2008）年6月20
　日（金）https://www.mhlw.gp.jp　最終閲覧2020.12.30

厚生労働省「第11回外国人介護人材受入れの在り方に関する検討会（平成28年8月5日）」参
　考資料3、p. 7、2016　https://www.mhlw.go.jp/(mhlw.go.jp)　最終閲覧2020.10.17

国際連合広報センター「移住者の人権に関する国連専門家、訪日調査を終了」10-019-J、2013
　年3月31日プレスリリース　https://www.unic.or.jp/news_press/features_backgrounders/2805/
　最終閲覧2020.10.17

小宮英美「外国人介護士、『合格しても帰国したい』――インドネシア人合格者、7人が帰国」
　『週刊社会保障』66(2680)、34、2012

小山正樹「技能実習制度の問題点と労働運動の課題」『月刊社会民主』(771)、48–51、2019

定松文「家事・介護労働市場における『外国人女性労働者』需要と日本社会の在り方」『生活
　経済政策』(266)、14–18、2019a

定松文「介護準市場の労働問題と移住労働者」『大原社会問題研究所雑誌』(729)、29–44、
　2019b

澤滋久「インドネシアEPA（Economic Partnership Agreement）ケアワーカーの地域社会定着
　への展望――看護師介護福祉士候補者受入れの『アジア健康構想』からの考察」『広島経済
　大学研究論集』41(1)、47–66、2018

SankeiBiz　社会「外国人技能実習生3年で22人労災死　発生率は国全体より大幅高　厚労省
　が初のまとめ」2018年1月14日　https://www.sankeibiz.jp/　最終閲覧2020.12.31

出入国在留管理庁　報道発表資料「令和元年における外国人入国者数及び日本人出国者数等に
　ついて（速報値）」2020年1月31日（2020a）http://www.moj.go.jp/nyuukokukanri/kouhou/
　nyuukokukanri04_00001.html　最終閲覧2020.10.17

入国在留管理庁『2020年版　出入国在留管理』2020b　http://www.moj.go.jp/　最終閲覧
　2021.5.9

四方久寛「外国人労働者が直面する問題状況と抜本的制度見直しの課題」『労働の科学』74

（4）、10–15、2019

下山久之・牛田篤「日本における外国人介護従事者受け入れ政策の課題」『同朋福祉』（27）、45–61、2020

鈴木江理子「18年改定入管法の施行を機に考える多文化社会の課題――『共に生きる』社会とは？」『労働の科学』74（4）、4–8、2019

巣内尚子「失踪者と呼ぶな　技能実習生のレジスタンス」（特集＝新移民時代――入管法改正・技能実習生・外国人差別）『現代思想04』pp. 18–33、2019

関川芳孝「外国人介護労働者の受け入れ環境整備について」『地域福祉研究』（48）、49–58、2020

総務省「外国人の受入れ対策に関する行政評価・監視－技能実習制度等を中心として－結果に基づく勧告」2013年4月

立川和美「国際社会における介護労働者の育成と介護労働の実態について」『流通経済大学論集』45（4）、221–230、2011a

立川和美「外国人介護福祉士受け入れ現場の実際――日本語と日本文化の問題を中心に」『流通経済大学社会学部論叢』21（2）、45–60、2011b

武石直人「外国人介護職員（EPA）の受け入れについて」『介護福祉』（114）、25–34、2019

竹内博子「EPAに基づく介護福祉士候補者が捉えた介護福祉士国家試験対策過程とは――インタビューの分析から」『日本語教育』166、1–14、2017

高橋和「日本の移民政策と外国人介護労働者の受入れ――EPA協定で介護労働者は確保されるのか」『山形大学法政論叢』（68・69）1–28、2018

チョン・ヨンテ「外国人労働者雇用許可制の政策決定過程に関する研究――Kingdonのマルチプルストリーム・フレームワークを中心に」韓国・中央大学校　行政大学院　多文化政策学科多文化政策専攻、第55回修士学位論文第5章結論（pp. 118–127）を邦訳したもの、2018

塚田典子編著『介護現場の外国人労働者――日本のケア現場はどう変わるのか』明石書店、2010

塚田典子編集『EPAによる外国人介護福祉士候補者受け入れ施設の取り組み事例集――インドネシア（第1・2陣）＆フィリピン（第1陣）』（私家版）2012

塚田典子「ドイツの外国人介護労働者受け入れに関する最新情報」『保健福祉News　2015 No. 2』2–5、2015

塚田典子「社会福祉施設における外国人介護士の受け入れとその支援」『ソーシャルワーク研究』46（1）、27–39、2020

角田隆「EPAによる外国人介護人材の受入れ（特集　介護のゆくえ）」『リハビリテーション』（610）、15–17、2019

東京都社会福祉協議会「外国人介護者の受け入れに関する検討委員会　中間のまとめ」2009年10月15日

中畠綾子「外国人介護福祉士の日本語コミュニケーションの実情と課題――就労1年目のEPAインドネシア人介護福祉士を事例に」『東洋大学大学院紀要』（56）、1–16、2020

日本弁護士連合会「技能実習制度の見直しに関する有識者懇談会報告書に対する意見書」2015年2月27日

沼田秀穂／村中泰子／ファム・ホアン・アイン／池田佳代「EPAに基づくベトナム人看護師・介護福祉士におけるワーク・エンゲイジメントの考察」『環太平洋大学研究紀要』（12）、

147–156、2018

布尾勝一郎・平井辰也「外国人介護・看護労働者のキャリア形成」『日本語教育』(175)、34–49、2020

橋本美香・釼持朝子・伊藤就治・高梨友也「地方都市で就労する経済連携協定（EPA）に基づく外国人介護士が求める支援」『東北文教大学短期大学部紀要』(10)、73–84、2020

旗手明「技能実習制度からみた改定入管法──ローテーション政策の行方」宮島喬・藤巻秀樹・藤原進・鈴木恵理子編『開かれた移民社会へ』(別冊『環』24) pp. 83–93、藤原書店、2019

濵野恵「介護分野の外国人労働者受入れ問題」『調査と情報──ISSUE BRIEF』(913)、1–12、2016

平井辰也「外国人介護労働者受け入れの現状と問題点」『医療労働』(624)、22–29、2019a

平井辰也「外国人介護労働者受入れの問題と課題──EPA、技能実習、在留資格『介護』、と特定技能、定住者・永住者等」『月刊ゆたかなくらし』(444)、4–10、2019b

平野裕子「グローバル化時代の介護人材確保政策──二国間経済連携協定での受入れから学ぶもの」『社会学評論』68(4)、496–513、2018

広瀬公巳「外国人介護人材の受け入れの現状と課題」『月刊福祉』95(9)、25–28、2012

二渡努「介護職種の技能実習生の適正受入れに向けた示唆」『地域ケアリング』21(3)、12–17、2019

藤井賢一郎「介護保険施設の外国人介護人材の受入れ意向を形成する要因──外国人介護人材受入れ政策をめぐる一考察」『上智大学社会福祉研究』(43)、31–50、2019

藤野達也「EPA 介護福祉士候補者受け入れの現状と課題」『淑徳大学研究紀要』(53)、153–163、2019

文化庁「日本語教育の推進に関する法律の施行について（通知）」https://www.bunka.go.jp/seisaku/bunka_gyosei/shokan_horei/other/suishin_houritsu/1418260.html　最終閲覧2020.9.21

米国国務省人身取引監視対策部「2020年人身取引報告書（日本に関する部分）第2階層」2020年6月25日　在日米国大使館・領事館　https://jp.usembassy.gov/ja/trafficking-in-persons-report-2020-japan-ja/　最終閲覧2020.10.17

本多ミヨ子「介護分野での外国人労働者の現状と今後の課題──主としてEPA介護候補者と技能実習生に関連して」『国民医療』(334)、63–69、2017

三菱UFJリサーチ＆コンサルティグ「外国人介護人材の受入環境の整備に向けた調査研究事業【報告書】」平成31（2019）年3月、平成30年度　老人保健事業推進費等補助金　老人保健健康増進等事業、2019

宮本秀樹・中川健司・中村英三・山岸周作「外国人介護福祉士候補者の定着問題について──主として新聞報道を通じて」『常陸大学コミュニティ振興学部紀要』(21)、157–169、2015

大和三重「日本の介護人材不足と外国人介護労働者の受入れをめぐる課題──神戸市の外国人介護人材実態調査の結果から」『Human Welfare』12(1)、57–69、2020

山口裕子「日本の外国人受け入れ政策の変遷と課題──技能実習制度から2018年入管法改正までを中心に」『北九州市立大学文学部紀要』(90)、87–108、2020

米沢哲「外国人介護労働者受け入れ問題──日本医労連はこう考える」『月刊ゆたかなくらし』24–27、2019

第 **III** 部

実践編

外国人介護労働者の受け入れを
成功に導くために

第Ⅲ部実践編は、3章からなり、さまざまな形で外国人介護労働者を受け入れた現場の取り組みを紹介していただく。第1章では、在留資格「特定活動」（ワーキングホリデー）で、異なる言語や文化背景を持つ外国人の介護労働者を受け入れたNPO法人の経験を基に、グローバルな介護人材を受け入れるために必要な視点を共有していただいた。

　第2章では、2008年に国の制度として初めてインドネシアからのEPA介護福祉士候補者の受け入れが開始されたが、2009年から初めてインドネシアのEPA介護福祉士候補者を受け入れて以来、毎年EPA介護福祉士候補者を継続して受け入れている横浜の「社会福祉法人千里会」の取り組みを紹介していただいた。その確固たる信念に基づいて受け入れた長い経験を基に、外国人介護労働者の定着へ向けた考察をお願いした。

　第3章では、1990年代に、急速に進む少子高齢社会による介護労働者の人手不足を予見し、国の正式な制度がない中で、東アジアの大学との提携によって、奉仕活動（後に福祉現場研修）として、大勢の大学生を受け入れた経験を積んで、介護技能実習生の受け入れに踏み出した彦根の「社会福祉法人近江ふるさと会」の貴重な取り組みを紹介していただいた。

大槻　瑞文

第1章　ワーキングホリデーによる重症心身障害者への支援

第1節　ワーキングホリデースタッフの現状

　我々の「NPO法人W・I・N・G－路をはこぶ」と「社会福祉法人ゆうのゆう」は、重度の身体障害と重度の知的障害が重複する、いわゆる重症心身障害者の方々を支援している。自宅やシェアハウスなどで主にヘルパーとして夜間の生活を支える「重度訪問介護」を「NPO法人W・I・N・G－路をはこぶ」が担い、日中の生活を支えるデイサービス的機能を持つ「生活介護施設」を「社会福祉法人ゆうのゆう」（以下、両法人をあわせて「当法人」）が運営している。大阪市内に上記の生活介護施設を4か所、グループホームを1か所設置し、約150人の重症心身障害者の生活と関わりを築いている。このうち約半数が、胃ろう、腸ろうといった経管栄養、あるいは気管切開に伴う痰吸引といった医療的ケアを必要とする方々である。

　2000年より当法人で活動した、あるいは活動中の外国人介護労働者は、20か国・地域の約200人にのぼる。平均すれば、毎年約10名の外国人スタッフを受け入れている計算となる。ワーキングホリデービザで来日した外国人青年を中心に、永住者や日本人配偶者、留学生ら、さまざまな在留資格の多彩な顔触れが揃う。当法人が外国人スタッフの受け入れを始めた約20年前、福祉の現場に外国人の姿は稀であった。しかし、今やさまざまな福祉施設、ヘルパーに外国人の姿が見られるようになり、それは留学生や日本人配偶者を持つ外国人から、あくまで「労働力」として来日し、就業する、労働者としての姿へと拡大している。当法人の受け入れスタートから20年の間、肯定的な評価と同時に否定的な評価の両方があり、またトラブルもあったが、当法人の受け入れは概ね成功していると感じている。

写真1　参加者200人を超える当法人主催のクリスマス会

介護分野に導入された技能実習生や「特定技能」といった新たな在留資格による外国人の進出は、当初の見込み通りに成功するのか。外国人介護労働者の在留資格がさまざまに増える背景は、労働力を必要とする日本の事情に加えて、外国人側の来日する動機や事情も多様化していること示しており、日本とは異なるという国籍のみをもって外国人介護労働者と一括りにして論ずることほど現実は単純ではないと考えている。

当法人における外国人介護労働者の受け入れ動機と背景

　当法人が外国人介護労働者を受け入れるきっかけとなったのは、1998年の日本と韓国とのビザ協定である。翌1999年から韓国からのワーキングホリデービザによる来日が認められ、韓国人青年が来日することとなった。しかし、日本で職が見つけられず、帰国を余儀なくされているケースが多いという新聞記事を見て、彼らに日本での就労の機会を提供できないものかと考えたのがきっかけであった。当初想定した韓国人に加え、ヨーロッパからのワーキングホリデースタッフも徐々に増えたため、ホームページも2011年に韓国語、英語、台湾語、北京語、ドイツ語、フランス語、スペイン語の7か国語と多言語化した。

　これらの受け入れは、賃金を介して雇用、就労の形をとってはいるものの、国際交流の側面が大きいことも事実である。この国際交流を前提とした受け入れに関しては、筆者自身の経験が大きく関係している。大学を休学してバックパッカーで海外を旅していた約30年前、イスラエルでキブツ（集団農場）にしばらく滞在した。そのキブツには、海外からの外国人青年が旅の途中で訪れて寝泊まりし、農作業などの労働力提供の代わりに食事の提供を受け、各国の若者が交流をしていた。しかし、当然キブツでは現地のイスラエル人が多数生活しているのだが、外国人は外国人で固まり、イスラエ

ル人たちとの交流はあまりなかった。現地の人々と生活を共にできるという貴重な時間を提供されているにもかかわらず、外国人同士で固まる様子を見て残念な気持ちがした。この経験から、上述の韓国人青年の新聞記事を見た際、当法人が食事や入浴といったケアを通じて、日本人障害者やスタッフと協力する時間、経験を共にできるこれ以上の国際交流はないだろうと考えたのである。

　また、重症心身障害者の社会参加支援の側面も考えた。彼らの生活は、「自宅－施設」「自宅－病院」といった点と点を結ぶ「線」で構成されることが多い。新たな人間関係、社会関係を持つこと、海外とつながることは、「面」の生活の構築を意味しないだろうか。自身の身体をも知る知人が世界中に存在することは、彼らの生活の豊かさの証明となり得るとも考えたのである。

　当法人が高い日本語能力は求めていないのには、外国人に対してこのような時間、経験の共有を期待するという背景がある。しかも基本的に1年で帰国する彼らに日本語での高い会話力を求めることは現実的ではない。

　日本語も満足にできず、利用者の情報をきちんと伝えられずに事故が起きたらどうするのかという指摘もあるだろう。しかし、スタッフ不足の中、日本語が通じる日本人スタッフに対してであっても十分な教育ができずに現場が疲弊している光景が珍しくない事業所も多いのではないだろうか。

　ワーキングホリデーの場合、帰国を前提としているが、彼らの母国にも重症心身障害者が生活をしているはずである。外国人スタッフは私たちの活動を通じて、初めて重症心身障害者の存在を知り、そして帰国する。たとえ、彼らが帰国後福祉の仕事に就かずとも、日本での経験は彼の地での障害者理解の一助となるはずである。同僚となる日本人スタッフへの刺激も大きい。異文化の職場に飛び込む彼らの積極性。日本語もままならないスタート時から徐々に仕事を覚え、1年後には職場に不可欠な人材として育つ過程は、日本人スタッフ自身にも日常に流されがちな自らの仕事を振り返る大きな機会となっている。外国人スタッフの受け入れに対して、日本人スタッフからの大きな反発はなく、約20年継続している理由がまさにここにある。

　次に、当法人の外国人スタッフ受け入れ実態のデータからみていきたい。

①国　籍

　これまでに当法人が受け入れた外国人介護労働者は、20か国・地域の約200人である（2021年4月末現在）（表1）。圧倒的に多いのは韓国からで、全体のほぼ半数を占めるが、日韓関係が悪化した2018年頃からは激減している。もちろん、応募が途絶えた理由が日韓関係の悪化のためだけかどうかは判然としない。続いて、ドイツ、フランスとなり、この3か国で8割以上となる。韓国は地理的要因、ドイツ、フランスは国の人口が多いことが理由の1つと思われる。一方、イギリスやカナダといった英語圏の外国人スタッフが少ないのは、来日者の多くが英語教師といった語学関係の仕事に就くため応募が少ないと推測している。また、男女比はほぼ1：1である。

　また、当法人では他の法人で受け入れが急増しているベトナムやフィリピン、中国といった国々からの受け入れは少なく、韓国を除くと欧州が中心である。これは当法人がワーキングホリデーや留学生を中心に受け入れていることが要因である。

　ワーキングホリデーの外国人の来日時期は一定しないため、全スタッフに占める外国人スタッフの割合もその時々で一定しないが、障害者に直接関わる介護スタッフに外国人スタッフが占める割合は1割前後、5〜10人である。

　ドイツからはほぼ毎年のように一定数の受け入れを行っている。これは、ドイツのNPO団体「ijgd」から1年間派遣されるドイツ青年の存在が大きい。同団体の詳細は後述するが、ドイツ全国で日本など海外での1年間の福祉体験希望者を募集・面接し、派遣を行っている。

表1　2021年4月末現在までに受け入れた外国人スタッフの国籍・地域別人数

アジア・中東（人）		ヨーロッパ（人）		その他の地域（人）	
韓国	98	ドイツ	59	カナダ	5
中国	2	フランス	28	オーストラリア	5
香港	3	イギリス	4	ニュージーランド	2
台湾	1	デンマーク	1	エルサルバドル	1
フィリピン	1	イタリア	1	ルワンダ	1
トルコ	1	ウクライナ	1	ブラジル	1
		チェコ	1		
		スイス	1		
計	106人	計	96人	計	15人

出典：筆者作表

②在留資格

　当法人の外国人スタッフの受け入れの動機が、ワーキングホリデーであったこともあり、圧倒的にワーキングホリデービザの取得者が多く、受け入れ実績の9割を超える。その他は、家族ビザ、留学生ビザが数％ずつである。

　ワーキングホリデーとは、30歳以下の外国人青年の日本の理解促進と交流を目的とし、就労が可能な制度である。就労が主な目的ではなく、非居住者扱いとなるため、所得税が約20％と高率である。2021年現在日本は、30近い国・地域と受け入れ協定を締結しており、年間約1万5000人にワーキングホリデービザを発給している（外務省HPより）。

③勤続年数

　勤続年数はおおむね「1年」である。これは原則的にはビザの更新のないワーキングホリデーで外国人を受け入れているためである。一方、勤続年数が1年を超えるケースは、日本人配偶者や留学生となる。これまでの最長は13年。2021年4月末現在で継続中の最長の外国人スタッフは7年である。「1年」という期間をどう捉えるか。利用者の顔、名前を覚え、1人ずつ異なる食事介助や排せつ介助をようやく慣れたところで帰国となる。指導にかける労力を考えれば、日本人スタッフに残されるものは「徒労感」であろう。

　しかし、当人たちにはビザの有効期間内は精一杯働こうとする傾向が強い。「1年」という期間は、必ずしも日本人スタッフに「徒労感」を残すものではなく、むしろ、"卒業"を見送る日本人スタッフに「1年よくがんばった」と感じさせることが多い。もちろん仕事が合わず、当方が想定した期間を満たさず退職に至るケースもあるが、それは稀である。短期間であっても日本という異文化の中に飛び込み、馴染もうとする姿は、「1年」という期間をマイナスと感じさせることはほぼない。

写真2　クリスマス会でのプレゼント交換
（写真右：サンタクロース役のドイツ領事）

④受け入れのルート

　外国人が求職するルートは年々変化している。受け入れ開始当初、社団法人日本ワーキング・ホリデー協会（2010年事業廃止）を通じた紹介が多数を占めた。特に韓国人ワーキングホリデーの多くが同協会からの紹介であった。やがて同協会を通じてヨーロッパからの応募者も徐々に増えてきたが、同協会の事業廃止とともに受け入れルートは多様化した。

　1つはSNS（ソーシャル・ネットワーキング・サービス）である。来日した外国人がフェイスブックなどで自身の日々をアップし、それが訪日を準備している外国人の目に留まるケースである。また、帰国した元スタッフから日本の経験を友人や知人、兄弟姉妹が聞き、「ならば自分も」と応募するケースもある。さらには、いったん帰国したものの、留学生となって再来日してアルバイトで働く者もいる。この他、多言語化している当法人のホームページを見つけて直接メールで応募するケースや求人広告を日本人の配偶者が見つけて応募に至ることもある。

⑤来日の動機ときっかけ

　来日する外国人の動機はさまざまであり、賃金という切り口だけで理解するのは誤りである。日本の賃金が諸外国と比較してその差が減少あるいは逆転しているケースもある昨今、日本で働けば祖国の何倍もの賃金が稼げるからやってくるのだという理解では、彼らの行動を見誤る。

　もちろん職を求めている以上、賃金が必要なのは当然であるが、日本人の若者が賃金だけでなく、労働条件や人間関係といったことを理由にいとも簡単に転職する様は、外国人介護労働者にも当てはまるのである。以下に、当法人の外国人介護労働者の来日の動機や背景を、これまで受け入れてきた約200人のケースを基に、8つに分類してみた。この分類は、採用時の面接や活動時の会話などから推し量ったものであり、いくつかの動機が濃淡を交えながら存在するという前提でみてほしい。

● 日本への興味

　今や日本のアニメを全く知らずに育った若者はいないのではないだろうか。それほどまでに日本に興味を持ったきっかけがアニメというケースが多

い。幼い頃から日本製アニメを見て育った彼らは、登場人物の名前はもちろん、キャラクターの台詞によって日本語に親しんでいる。日本語を基礎から学習するかどうかは別として、自身の成長とともに見てきたアニメの「祖国」に行ってみたいという動機は、ハリウッド映画やIT企業などのイメージでアメリカに親近感を抱く日本の若者と似たような感覚と言っていい。

また、「神社・仏閣」「サムライ」といったイメージで日本に興味を持つ外国人も依然多い。就労の機会がはるかに多い東京ではなく、大阪という地を選ぶ背景には、京都や奈良に近く、なおかつ大阪の人口規模であれば、外国人の就労の機会もある程度存在するだろうとの予測が働くようである。

● 自分探し

筆者自身がバックパッカーで世界を旅した約30年前、ワーキングホリデーを知っていたならばと考える。多感で柔軟性に富んだ青年期に異文化と交じり、時には価値観のぶつかる労働の現場を通して自身を見つめる時間を持てることはどれだけ貴重で、以後の人生に大きな影響を与えることだろう。

そのような環境に自らを置きたいと考える者がいる。積極的に異文化の中に身を置き、時には周囲の話す言葉が理解できず、孤独を感じたとしても、その環境の中で自身を見つめたいと考える者である。複数の国でワーキングホリデーを経験した後に来日するケースもあり、容易に異文化に馴染んでいく彼らを見ていると、若さの素晴らしさを感じずにはいられない。時給に大きなこだわりがない者も多い。

父親が芸術家であり、自身も大学では芸術を学んだという韓国人女性の場合、観光客をターゲットとして骨とう品を扱う土産物店が軒を連ねるソウル・仁寺洞の土産物店に卒業後就職した。しかし、商売優先（当然ではあるが）で、日々売り上げ目標の達成を求められ、アートという感覚に乏しい日々から脱出し、自分の将来を考えたい、自身を見つめ直したいとの思いを募らせていた折、日本でのワーキングホリデーを思い立ち、当法人のHPでアート活動を知り、「働きたい」とメールがあった。

当法人のアート活動は発展途上であり、仕事の中心は重症心身障害者への身体的介護であると伝えたが、それでも「働きたい」という。長続きしないのではと思ったが彼女の仕事ぶりは素晴らしいものであった。休日に創作活

動を続けた彼女は、帰国前には当方のギャラリーで個展を開催、別法人のカフェでも作品を展示する機会を得た。帰国後、ソウルの福祉施設で仕事を得た彼女は、その後も創作活動を続け、個展開催のDMカードを送ってきてくれるなど私たちに関心を持ち続けてくれている。

● 日本人の配偶者

長期にわたって勤務することが想定されるケースである。海外で相手と知り合い、結婚後に来日し、当法人のホームページを見つけて就職に至るケースが多い。このケースでは、英語圏の出身者がほぼいないのが特徴である。彼らは英語そのものを武器として語学学校などの職場を求める傾向が強いようである。英語という母国語で仕事ができ、かつ賃金も比較的高いという魅力のためであろう。

一方、先輩・後輩といった関係、自己を主張しすぎないといった日本人の特性にもある程度の理解を示す傾向があり、日本人スタッフとの関係はおおむね良好であることが多い。30代以上の方が多く、人生経験が豊富であることもその理由の1つに挙げられるだろう。このケースの場合、面接に配偶者が同行することもある。当方の施設の雰囲気を見て、配偶者に勧められて就労に至ることも珍しくはない。

● ボランティア

障害者への支援に関わりたいというボランティアとしての動機である。特に2010年からドイツのNPO団体「ijgd」と連携し、受け入れを行っている。これまでに約30人を受け入れた。「ijgd」は毎年、ドイツ全土で社会活動ボランティアを募集し、各国に送り出しを行っている。ドイツでは、高校卒業から大学入学までの間に社会活動をする若者が多く（これはかつての徴兵制度で軍隊入隊の代替手段として普及したようである）、そのため来日するのは、ついこの間まで高校生だった18〜19歳の若者たちが多い。

彼らは日本を希望し、ワーキングホリデービザを取得して来日する。事前に日本語を学習してくるものの、ほとんどは挨拶程度である。団体との契約上、彼らにはドイツの有給休暇の日数が適用され、食費など生活費の一部を我々が負担する。住居はグループホームの2階で、彼らは約1年間、重い障

害のある方々と寝起きを共にする。日中は食事介助や入浴介助など日本人スタッフ同様に生活介護施設で利用者の支援にあたる。

同時期に来日し、日本各地の障害者・高齢者施設や幼稚園、ユースホステルなどで活動するドイツボランティアは1年で約20人。来日前の合同研修に参加しているため、来日後もと

写真3　来日した「ijgd」の皆さんとの写真
後列左から2人目のアイヒホルン氏（ijgd創立者）は帰国後の2020年6月、新型コロナウイルスのために死去した

きに一緒に観光に出かけるなど関係が続き、各地のボランティア先の活動のこと、また愚痴といったことも出し合うようで、このためホームシックにかかることも少ないようである。

「ijgd」によると、派遣先となる諸外国の中では日本は人気の国で、1年で200人を超える応募があり、面接試験では動機、人柄を重視し20名に絞るという。「10倍の人気！」と一見映るが、単純ではないようである。ドイツでは同様のボランティア派遣団体がいくつかあり、さまざまな国に派遣を行っており、諸団体は競争関係の一面もあるというが、年々海外ボランティアの希望者は減少しているらしい。

この状況について「ijgd」のプログラムマネジャーのフローリアン・カイザー氏によると、応募者は複数の団体に応募しているため、ある団体で受け入れ先が決定すると他をキャンセルする。受け入れの決定が遅れると「逃げられる」。そもそも応募が減少しており、諸団体が奪い合う形となっているという。昨今の若者はお手軽な経験を求める傾向にあり、1年といった長期間を海外で過ごすことに興味を失いつつある。カイザー氏の言葉を借りると、「インスタ映え」する海外経験で満足するのだという。日本は今のところ、派遣先の国の中では人気を保っているようであるが、それでも数年前には500名ほどの応募者があったことを考えると、現在は半減している。

●日本語学習

　おおむね2グループが存在する。1つは、自身の将来の武器としての日本語であり、実践で使える日本語のブラッシュ・アップを目指す。それが可能となる場として、日本人との交流が他の職種と比較してより恵まれており、親しく交流が可能な場として当法人を選択する。就労で有利となるのであろう。日本語の学習機会として選択するのは、韓国人のワーキングホリデーが多い。一方、日本語という言語自体に関心があるのは、欧州出身者である。少数ではあるが、特徴的なのは、漢字の部首の知識も含めて非常に言語能力が高いことである。日本文化にも詳しい。しかし、日本語検定については、韓国人ワーキングホリデーが就職に有利になるとして関心が高く、日本での受験や合格を目指すのに対して、欧州出身者は関心が低い傾向がある。

●留　学

　ワーキングホリデーで来日して当法人で一定の時間を過ごした後、いったんは帰国するものの、日本での生活への思いを断ちがたく、再度留学生として来日するケースがある。京都、大阪、神戸といった留学先を選択した彼らは再びアルバイトを希望してくれる。留学生の場合、1週間で28時間以内という労働時間に制約はあるものの、グループホームでの夜間のケアなどは集中的に仕事ができるため、アルバイトとして効率的という面もある。また、当法人としても、すでに1年間の経験がある彼らを受け入れることに全く抵抗感がない。

写真4　娘さんを伴って、かつての職場を再訪した韓国人の元スタッフ

　さらに、求人サイトなどで当法人を見つけて、ワーキングホリデーという経験を経ずに、当法人でアルバイトをする留学生も存在する。数多くのアルバイトの求人がある昨今、当法人に応募する段階で、ある程度福祉に興味を持って応募している場合が多い。こうした人たちは、卒業後の進路としての福祉ではなく、人生における経験としての福祉を求め

ている。母国での福祉体験はなくとも、利用者の立場に立っての介護といった理念を素早く吸収してくれる。留学生ということで、日本語が相当レベルにあることも職場に早く馴染むことができる理由であろう。

● 福 祉

少数ながら母国でも福祉に関連したボランティアやアルバイト、仕事の経験があり、日本という異文化の中の福祉を経験したいと希望する者がいる。当然ではあるが、彼らは同じ福祉の場であっても異文化の違いを了解しているので、順応するスピードも早く、日本人スタッフとの関係も良好である場合が多い。あるドイツ人スタッフは、母国で福祉を学び、就労経験があったようである。日本では施設に勤務するうえでは、必ずしも介護福祉士といった資格は必要ではないが、ドイツは厳格であり、福祉職員には一定の研修、資格が必須であるとのこと。彼はその違いに驚き、当初はそれを日本の福祉の"後進性"と捉えたようであった。しかし、時間が経過するにつれ、障害者に接する日本人スタッフの態度を知るうちに、資格では測れない関係性の"距離"に日本の優位性を感じたようであった。帰国後、ドイツの福祉施設に就業したが、休暇で再来日した際には、しきりにそのことを口にするのが印象的であった。

● 経済的理由

経済的理由とした就労の場合、当方では失敗となるケースが多いと感じている。1つ目の理由はワーキングホリデーの場合、所得税が約20％と高率となっているためである。飲食店などの事業所の中には、そのことを知らずに日本人と同様に課税するため、友人らの課税状況を知ってクレームとなるケースがあるが、当方が正しいのだと説明をしても納得しない場合がある。まして、厚生年金の保険料の徴収となるとなおさらである。

また、英語圏出身者はいったん、当方で働き始めたものの語学教師へ転職する場合がある。単純な比較はできないが、一般的に語学教師の時給は福祉職よりも高額であり、体力的な負担も少ないためであろう。ただ、「わざわざ日本に来て、母国語を教えることに意味があるとは思えない。日本人、日本語に囲まれた環境を経験するために日本に来たのだから」と応募する英語

圏出身者がいることもまた事実である。

⑥帰国のリスク

　外国人と関わるリスクの1つに、「帰国」が挙げられる。外国人であるからには、母国が存在することは当然である。日本人も故郷、実家で家族の介護といった問題が発生した場合には「休暇・休職」をするが、外国人スタッフが家族問題などで帰国の必要性に迫られた場合、費用の面から再来日が困難となるケースがある。母国の家族が亡くなり、急遽帰国して、そのまま退職というケースもあった。異国で親の逝去、もしくは状態が思わしくないといった連絡をもらった当人たちはショックを受けるケースが多い。

● 東日本大震災

　帰国のリスクをこれまでになく痛感したのは、2011年の東日本大震災の発生時である。福島の原子力発電所の事故は日本以上に海外では深刻に報道されており、家族からは帰国を促す電話やメールが事故発生から間もなくして入り出した。事故発生から3日目、韓国、香港のワーキングホリデースタッフ計3名が帰国を申し出て、翌日には退職して帰国した。原発事故の深刻度をまだ私たちが感じてはいなかった時期の帰国の申し出だっただけに、本当に驚いた。「帰国」を受け入れ側のリスクとして目の当たりにした時であった。

　その後、他の外国人スタッフにも同様の決断が迫られた。日本人配偶者を持つオーストラリア人、ドイツ人のスタッフは、スカイプを利用した家族会議を行い、2人は日本での生活の継続を決めた。また、ドイツ人ボランティアには派遣団体から帰国の命令が出された。ボランティアたちの家族から心配をする声が多数寄せられたのだという。その際、私たちのドイツボランティアは残留を決めた。「1年のつもりで来日したボランティアを途中でやめたくない」という理由からであった。

● 新型コロナウイルス

　その再現が新型コロナウイルスであった。2020年1月、中国・武漢から始まった感染拡大は瞬く間に世界に広がり、3月にはドイツ家族省からドイ

ツの各団体にドイツボランティアを帰国させるよう命令が出された。当時当法人が受け入れていた2人の判断が分かれた。1人はやはり「途中で投げ出したくない」と早々に残留を決めたが、もう1人は決めかねた。途中で終わりたくないとの気持ちがある一方で、ドイツの家族からは強く帰国の求めがあり、安全なの

写真5　再来日して久しぶりに顔を見せてくれた台湾人の元スタッフ

はドイツか、日本か、気持ちは帰国と残留で何度も揺れ動き、ドイツ団体からの説得でようやく帰国を決めた。

　大規模災害に遭遇しても帰国という選択肢がない日本人スタッフにとって、帰国する外国人スタッフの姿を見送ることは少し複雑な心境でもある。昨日まで一緒に活動していた者から「見捨てられる」感覚である。しかし、海外で災害にあった日本人という逆の立場を考えれば納得もできるが、残留を決めた外国人スタッフにはある種の「同志」的感情が芽生えることもまた事実である。なお新型コロナウイルスの影響による帰国に関しては、残留を決めたドイツ人ボランティアは、派遣団体との間で、「残留の決断はボランティアの責任で行うものであり、ボランティアの期間終了後に帰国できない事態となったとしても団体の責任は問わず、ボランティアの責任において対処する」との契約書提出を求められた。当法人にとっては「帰国のリスク」であるが、外国人スタッフにとっては、「帰国できないリスク」もあるのだと、今回の新型コロナウイルス感染拡大を契機に知ることとなった。

第2節　相違点──日本には「仕事に限界はない？」

　介護・福祉の現場において、日本人と外国人の間での相違点を断定することは難しい。日本人の間ですら、例えば若者と熟年世代とでも相当の違いは存在する。したがって、相違点が年齢によるものか、各個人の性格、育った環境によるものか、あるいは外国という異文化によるものかは推測の域を出

ない。同じドイツ人であっても各人に個性があり、仕事に対する意識にも違いがある。ここでは相違点の傾向として提示することにとどめる。

（1）業務の切り分け

　現在、当法人では、外国人スタッフと日本人スタッフとで仕事内容に区別を設けている現状があるため、認識の違いを述べる前に、まず業務内容の違いについて説明しておきたい。原則的には、外国人スタッフにも日本人スタッフと同じ仕事を求めてはいるが、日本語力の観点から切り分けを行っている部分がある。1つは電話である。我々が運営するのは生活介護施設であり、日々利用者が自宅やグループホーム、シェアハウスから通所している。このため送迎時間の変更や急病による休み、通院による通所日の変更など、家族からの電話連絡が多く、聞き間違いは絶対に避けたい業務である。電話でのやり取りは相手の表情が読めず、的確なやり取りには相当の語学力が求められるため、外国人スタッフに対して電話の応答は求めていない。また、直接的な家族への対応も同様である。送迎時、家族とその日の様子を手短に報告する必要がある一方、クレームなどを聞いた場合、内容を正確に施設長などに伝えることが求められるからである。

　さらに、送迎時に体調が急変することも珍しくない重症心身障害者支援の場合、救急車や家族への連絡がスムーズであるか、事故時に警察との対応が適切であるかなどハードルが高い。このため外国人スタッフが送迎車に一人で乗ることはなく、日本人スタッフとの同行に限定している。加えて、大きな業務の切り分けは、医療的ケアである。重症心身障害者の生活支援においては、痰の吸引や胃ろうによる経管栄養といった医療的ケアが欠かせない。この医療的ケアにおいては、医師、看護師ではない福祉・介護職が行うためには、「認定特定行為業務従事者認定証」が必要である。外国人にとっては、この特定行為の授業を受け、医学用語が使用された試験問題を解くことは非常に難しい。社会福祉士や介護福祉士の試験に合格する外国人も増えているとは言え、それはまだ外国人のほんの一部であり、試験のための日本語学習に時間を費やせる外国人は多くない。また仮に日本語が堪能であっても、医療用語を使ってケアの方法を問う問題は相当ハードルが高い。

　さて、痰の吸引や経管栄養といった医療的ケアは、在宅時には医学の専門

知識のない家族が担う行為である。したがって、業務として行う責任の有無に違いはあるにせよ、技術的には福祉職が十分に担えるものである。医療技術の進歩に伴い、吸引器や人工呼吸器が急速に家庭に入ってきている。このため医師、看護師といった医療職ではなく、福祉職が医療的ケアを担えるようにとできた特定行為の制度（「社会福祉士及び介護福祉士法」の改正2012年）ではあるが、当時外国人が福祉の担い手として急速に進出することは想定していなかったと思われる。

　しかし、重症心身障害者の生活支援時にリスクを最も感じるのは、医療的ケアのときよりもむしろ食事介助のときである。誤嚥によるチアノーゼは、重症心身障害者の支援現場では決して珍しいものではない。胃ろうによる経管栄養と食事介助のどちらに困難を感じるかと聞かれれば、それは後者なのであるが、その後者の支援に資格は必要ない。極論を言えば、全くの初対面の者でも食事介助は制度上可能であり、この点は制度の大いなる矛盾と言えよう。

（2）福祉現場で現れる文化の相違点──利用者との「距離感」

　以下は再来日した元外国人スタッフたちの話に基づく考察である。支援者と被支援者である障害者との関係の「距離感」とでも言えばよいだろうか、そこに差異が存在しているようである。

　「日本人スタッフのほうが（自分たちよりも）障害者に対して優しい」と外国人スタッフらは言う。ヨーロッパの福祉先進国と呼ばれる国々と比較して、「専門家」からはさまざまな面で遅れを指摘される日本の福祉であるが、そのスタッフの言葉からは、一般的に言われるものとは異なる現実が存在するのではないかと考えられる。障害者を弱い立場にあるとして、当事者の意思を問わず干渉する「パターナリズム」の可能性がないわけではないが、彼らは日本での経験を肯定的に捉えており、決してお世辞で言っているようには感じない。

　この感覚は、「思いやり」や「おもてなし」に近い部類か、あるいは「おせっかい」という言葉が適切と感じる方もおられるだろう。日本の福祉の制度面での遅れを、個々のスタッフの頑張りでカバーしており、それがゆえに貧困な福祉が改善されないのだといった批判もあろうが、この「距離感」

は、現場の頑張りとはまた異なるもののように思う。日本のほうが支援者と被支援者の「距離感」は近いように感じる。具体的には「日本人スタッフのほうが、障害当事者の気持ちをより推し量ろうとする」とも彼らは言う。当法人を退職し、今はオーストラリアで生活する元日本人スタッフが勤務する福祉施設での例である。ナースコールが鳴った際、まず体が反応し、駆けつけようとするのは日本人らアジア系スタッフだという。東欧出身者を含む他のスタッフはなかなか動こうとしないという。

　また、ある場所で保護された障害者が移送される際、性別もどのような障害がある方なのか全く情報がないまま車で運ばれ、スタッフに任されることがあるのだという。日本であれば、移送先にできるだけ基本的な情報を事前に伝えようとするだろう。当事者の立場に立てば、そうすることがより良い支援につながると考えることは、日本の福祉の現場では当然とされる感覚ではないか。それは「こうすべき」という理屈よりも、支援を受ける人々との近い「距離感」に基づくものであるように感じる。

　「頻繁に鳴るナースコールにさほど敏感に反応する義務はない」と考えるのか、「困っているのだろうからできるだけ早く駆けつけなければ」と考えるのか。いずれにせよ、自身を当事者の立場に置くという意味での「距離感」は、日本人のほうがより近いように思う。

　さまざまな行動、判断の背景には、個人の性格もあろうが、外国人スタッフが育ってきた文化の影響は否定できない。それらが交じり合って現場で形となるのが、利用者と支援者の「距離感」であり、その違いは個と個の関係の場面だけではなく、上述の制度運用の場面にも現れ、異文化間の違いとなるのだろう。

（3）教わる場面での違いはない

　当法人での外国人スタッフはほぼ全員が介護未経験で就労するため、介護技能については、ゼロからのスタートである。日本語の習熟度に応じて、英語が得意な日本人スタッフがOJT（現任訓練）の指導役を務める場合もあれば、先輩外国人スタッフに教育担当を依頼する場合もある。そして、利用者の氏名に始まり、掃除道具の場所、洗濯の方法、各利用者によって異なる食事や排せつ介助の方法などを少しずつ学んでいく。その指導方法は国籍を問

わず共通である。介助方法の背景や理由については当然日本人スタッフに知識の長があるものの、先輩外国人スタッフも器用に教えていく。

　他人から指導を受ける際の姿勢については、異文化間で特に差異を感じることはなく、むしろ個人の性格や能力、意志による差が大きいと考えている。国籍問わず、積極的に指導に耳を傾け、常に他のスタッフの動きを見て、今何をすべきかを感じ取る者もいれば、言われた作業を終えれば手持無沙汰に佇む者もいる。したがって、そこには国籍や文化の差はないと言っていいだろう。

　他のスタッフの動きを見るという姿勢は、日本語が苦手で周囲で何の会話が行われているのか理解が困難な外国人スタッフにとっては欠かせない能力であり、その姿勢の有無は業務上大きな差となって現れる。例えば、昼食後、スタッフの誰かが動き出せば、それが帰宅の準備なのか、レクリエーションの準備なのか、緊急の対応をしているのか、一目瞭然のはずであり、付随したサポートを行えばスタッフ間でも自然と評価は高まるものである。「行動の推測」ができるかどうかは文化の差ではなく、個人差が大きいと考える。以前、周囲の動き、空気を読むのは、「日本人のほうが得意だ」と感じたときもあったが、幼稚園での勤務経験のあるドイツ人女性の働きぶりは素晴らしいものであったし、「動きが悪すぎる」との評価を受けたスタッフもドイツ出身であったので、国籍というより個人差という推測は的外れではないだろう。

（4）業務に絡む認識の差異

①仕事を決めるのは先輩か契約か

　日本におけるさまざま場面での「先輩・後輩」という関係性は、日本人であれば当然のように幼い頃から経験があり、学校、部活動、職場などでその是非を論じることはあっても、存在自体を否定することはないであろう。新人「1年生」にとっては、同期以外の全てのスタッフが先輩であり、先輩からいろいろなことを言われ、混乱した経験は日本人であれば誰しもがあろうが、先輩から言われたことを断るのは、日本人であれば相当の勇気が必要となる。

　しかし、「先輩・後輩」の関係性があまり重視されない文化・価値観を持

つ外国人スタッフにとっては、従わなければならないのは上司（ボス）からの命令である。上司からの命令は組織の目標達成に不可欠なヒエラルキー上のものとして理解している。したがって、先輩であれば、誰しもが後輩に命令できる、という日本の人間関係は非常に理解しがたいようである。例えば、新人の外国人スタッフにとって、2年生の先輩がアドバイスしてくれることはありがたいと感じる一方で、「これをしておいて」「あれはこうして」という発言は「命令」と聞こえるらしく、「なぜ同じ身分のスタッフなのに、彼は自分に命令するのか。自分の仕事を押しつけている」と受け取るのである。施設長といった肩書を持った者からの命令には従うが、それ以外は自身と同じ立場であると考えているのである。

　特に、欧州圏出身のスタッフはこの傾向は強く、面談の際によく「クレーム」として訴えてくる。「先輩・後輩」の概念の存在は彼らも理解しているが、実際にそれが自身に降りかかると受容は相当困難なようである。つまり、欧州圏出身のスタッフにとって重要なものは「契約」であり、そのスタッフにどのような業務を求めるのかについて、契約時点で確実に伝えておくことが必要である。換言すると、最初に業務の内容が決められており、先輩からの指導や教育はその業務を達成するためのアドバイスとして理解してもらえれば人間関係はスムーズになるため、そのことを施設長といった肩書を持つ者が事前に伝えることが肝要である。

②日本には「仕事に限界がないのか？」──教え方の違い

　日本人は、仕事に慣れるという時間を比較的長くとる傾向にあるのではないか。新人が仕事を間違えた際、日本人の先輩は比較的優しく、「徐々に覚えていけばいい」という態度が一般的であろう。

　日本人にとってはその自然な注意も、外国人スタッフとの面談の際、彼らの不満の1つとして、「注意される」ことが挙がってくる。日本では、右も左もわからない新人への注意は、一度に多くのことを指導すると混乱するだろうからと少しずつ指導する傾向にないだろうか。「今回はこの注意で、次回はあれ」というように、注意する内容を変えていくことに我々日本人には違和感はない。「もう○年目なのだから、この場合はこうした判断ができるようにならないと」といった注意に違和感を持つ日本人は少ないと思われる。

しかし、外国人スタッフは、この指導方法に戸惑いを見せる。「なぜこれまで注意をしなかったのか。今まで誰もそのことを指摘しなかったのだから、あなたの今の注意は適切ではない」と考えるようである。すべき仕事の内容、その水準はスタート時にあらかじめ定められており、注意や指導はその水準に到達するためのものなのである。この考え方だと仕事に慣れるにつれ、仕事はだんだんと身につき、自身は楽に感じるようになる。一方、私たち日本人は時間の経過とともに、「これができるようになったのなら、そろそろこれをやってもらおう」と考える。慣れるに従って、別の仕事を任せていこうと考える私たちは、伸びしろのある新人たちに仕事を枠にはめて考えてほしくないと思い、徐々に仕事に慣れてほしいと考えるのである。

　どうやらこれが外国人にとっては苦痛と感じるようである。「いったい自分の仕事はどこまでやればいいのか。ちゃんとやっているはずなのに、徐々に仕事が増え、そのたびに注意を受けるのであれば、永遠に注意を受けることになるのではないか」と。この場合、スタートでの指導がより重要性を帯びてくる。スタート時に指導、教育を十分に行わない場合、「自分に与えられた仕事はこれでいいのだ」と考えるからである。日本人スタッフは手持無沙汰の状態を心地よく感じない。その状態に陥りそうになると、何か仕事はないかと探すが、仕事は契約によって与えられるものと考える文化背景にある外国人の場合、仕事の目的や内容、加えて量や水準を明確に伝えないと手持無沙汰の状態は「自身が与えられた仕事をこなしたから手持無沙汰なのであって、さぼっているわけではない」という認識なのである。

③生活習慣による違い

　福祉の職場は、障害者を含む社会的弱者への生活支援が大きなウェートを占める。生活支援の現場では、そのスタッフの生活習慣が大きく影響するため、日本人では当然と考えられるさまざまな生活行為において外国人との差異が際立つことがある。例えば、排せつ介助のため、紙おむつ2つを両手で空中に投げながら（ジャグリング）運ぶ様子を見たとき、「これは……」と絶句した。日本人であれば、不謹慎と感じる方が多いであろう。

　しかし、さまざまな生活行為、習慣の違いは必ずしもマイナス面ばかりとは言えないと感じている。外国人は「感情表現が豊かである」といった言葉

は言い古されたような感もあるが、福祉の現場ではそれが雰囲気をガラリと
ポジティブに変えることがある。利用者が通所するとき、外国人スタッフの
大きな声での挨拶や笑顔、両手を広げての「歓待」は利用者だけでなく、周
囲の日本人スタッフの笑顔も誘うからである。もちろん日本人スタッフも歓
待はするが、その表現力には差があることは否めない。朝のスタートを笑顔
で切れることは、その一日の成功を意味する嚆矢となる。外国人スタッフを
肯定的に評価する事業所の多くは、このプラスの点に気づいていると思う。

第3節　成功に向けて ── 「介護ロボット」にさせない

　外国人介護労働者のさまざまな来日動機や家族の状況、出身国の文化や日
本語力など、受け入れの課題は各人それぞれ異なり、また受け入れる施設の
規模や支援対象の利用者の違い、日本人スタッフの意識などによっても生じ
る課題は異なり、その組み合わせとなれば、起こり得る課題は無数となる。
　しかし、その課題克服の鍵は、外国人介護労働者は日本人と同様に感情を
持った人間であるという当然のことを、いかに早く法人、施設、各日本人ス
タッフが共通に認識し、それに対応するかということに尽きると思う。外国
人であるがゆえの日本人との差異は当然のこととして、人として当然のよう
に持つさまざまな感情をいかにいち早く優先して理解し、いかに応えるかと
いう点においては、外国人も日本人も差異はなく、それは対処方法というよ
りも、初期設定（デフォルト）とすべきものであろう。

（1）高度な日本語力は必要か

　外国人介護労働者の受け入れにおける日本語力の必要性はどの程度であろ
うか。さまざまな業種の中で、介護労働に占める日本語のウェートはどの程
度なのであろうか。
　次ページの単語帳（表2）は、私たちと約10年活動を共にしたオースト
ラリア人スタッフが作成したものの一部である。当初、ほとんど日本語のでき
なかった彼は、日本人スタッフと働くうちに日常の業務でさほど日本語に困
ることはなくなった。その彼が、新人の外国人スタッフに伝えたいと考え、
ホームページ掲載のためにまとめた、仕事に関する有意義な単語がこのよう

表2　Useful words related to work

日本語	英語
Riyosha（利用者）	— Service user
Renrakucho（連絡帳）	— Communications booklet
Ryoshin（両親）	— Parents
Kenonhyo（検温表）	— "Temperature Check Sheet" — The log book used to record vital signs.
Taion（体温）	— Temperature
Tai-onkei（体温計）	— Thermometer
Kyu-inki（吸引器）	— Aspirator（Used for clearing blockages of phlegm）SP02 — A device that measures SP02 and pulse.
Tomari（泊り）	— Staying overnight. For staff, the official term is（夜間ケア） — Yakan Kea — "Night time care".
Futon（布団）	— Sleeping mattresses

出典：当法人のHPから一部抜粋して筆者作表

なものであった。

　彼はこのような単語を約100語挙げている。もちろん業務に使う単語を彼が全て網羅しているとは思えないが、日常の介護労働において外国人介護労働者が必要と感じる単語数の一端を示すものであろう。我々日本人が必要と考える単語と外国人のそれとでは大きく異なり、我々にとっては100語という単語数はかなり少ないと感じるのではないだろうか。

　他業種と比較した場合、日本語の重要性は「小さい」とは言えないものの、「極めて重要である」とも断定できないと考えている。もちろん、業務上で求められる日本語力と、周囲に馴染むという意味で求められる日本語力は異なる。しかし、「求められる日本語力」＝「周囲の環境」×「当人の日本語力」と考えれば、当人の日本語力が低くとも、それを許容し、当人の日本語力を理解しようとする職場の環境によっては、当人に求められる日本語力は相当程度にカバーされるのではないかと考えている。同僚となる日本人スタッフの中で、外国人スタッフの母国語を理解する者が一人でもいれば、あるいは英語でのコミュニケーションがとれる環境ができていれば、これもまた外国人スタッフに求められる日本語力は大きく変化する。

　例えば、介護分野の特定技能外国人に求められる技能試験の日本語力は、公開されている例題をみる限りにおいては、相当難易度が高いように感じら

れる。具体的には、「車椅子（くるまいす）」を読ませ、「移動（いどう）するために使（つか）う道具（どうぐ）」を選択させるほどの日本語力は果たして必要であろうか。

日本という異国で、日本語を学ぶ意志があり、片言であれ短期間に日本語を学ぶ知力、気力を持った外国人は、日本人よりも日本語力は仮に低くとも、仕事の理解力に優れ、結果的に良いパフォーマンスを発揮できる可能性があることは理解しておくべきだろう。

次は、ドイツ人スタッフが、ヘルパー業務後にスタッフ間で情報を共有するために流した実際のメールをそのまま紹介したものである。外国人スタッフに英語の使用を認めることで、ずいぶんと業務へのハードルは下がる。下記の英語であれば、ほとんどのスタッフが意味を解することが可能である。

Because of the rain, we didn't go to the supermarket. As we arrived home, I texted his mother. We cooked やきそば together. After we ate, I went to the shop to get his breakfast. Around 23:36 he fell asleep. At 6:30 his clock waked us up. I prepared coffee and breakfast.

（2）日本人スタッフによる外国人スタッフの受容

日本語が困難である「同僚」を理解し、受容し、支えようとする日本人スタッフの存在は外国人スタッフを受け入れる施設にとって欠かせないものである。それは外国人スタッフの教育担当者という存在ではなく、日常の業務において、まさしく「同僚」となる日本人スタッフの存在である。自身が外国でその国の言葉を解さず、仕事をすることを想像してほしい。圧倒的にチームプレーによる業務が多い福祉の現場において、同僚の受容なしに外国人スタッフは当然のこと、日本人スタッフですら存在し得ないだろう。

しかし、もし日本人スタッフの確保が困難であるがゆえに外国人を採用するのであれば、日本語を解しない同僚を受容する日本人スタッフがどれだけ採用できているか、育てきれているか、不安の要因となる。当法人のホームページを見て、外国人介護労働者の「売り込み」に来る業者が、「高齢者施設から『ベトナム人10人頼む』といったニーズにお応えしています」とセールスに来る。1人ひとりの顔が存在しない採用で、一時的な人手の確保

で「しのぐ」ことは可能であっても、外国人スタッフの就労を継続ならしめる雰囲気の醸成は困難であろう。日本人スタッフは、彼らをまとめ買いされたスタッフとして扱うであろうから。

　残念ながら、日本は、介護労働者の待遇面で大きな魅力のある職場ではなくなりつつある。かつての円高時代であれば、多くの外国人労働者はたとえ職場環境が少々悪くとも働き続けていたかもしれない。しかし、現在、日本同様の待遇が期待できる国は欧米諸国だけなく、アジアにも存在している。「じゃぱゆきさん」といった感覚では外国人スタッフはいずれ去る。日本人の採用同様、外国人介護労働者からも選ばれる事業所でなければならない事情は同じなのである。

　さらに、給与や休日数といった労働条件だけではなく、私たちの仕事の目的や理念を外国人スタッフにも伝えることができるかどうかが重要である。「同僚」となる日本人スタッフがその意志を持っているかどうか。組織の目的の実現に、自分自身がどう関わり、そこに満足感を持つことができるのか。そこには外国人と日本人との違いは全くないのである。

（3）利用者・家族による外国人スタッフの受容

　利用者のスタッフに対する信頼は、支援上不可欠のものである。多くの障害者や高齢者が自身の生活の支えの一部を託すのであるから、もし利用者が外国人であるスタッフに不安を感じているとしたらどうだろうか。さまざまな理由が推測できる。「言葉が通じるのかどうか」が不安だ、ということももちろんあるだろう。しかし、それが「外国人だから不安である」という理由だとしたらどうだろう。

　一例を紹介する。他の利用者と比べると食事介助などで多くの経験を必要とせず、施設からの旅行などの際に外国人スタッフが担当することの多い利用者がおられた。あるとき、家族から「うちの子の担当は外国人ばっかりだ！」との声が聞かれた。実際、支援・介護上の問題はなく、おそらく「うちの子の担当は日本人スタッフばかりだ！」という声は聞かれないだろうから、日本人と外国人によるケアに何らかの差を感じていたのであろうか。

　一方で、利用者本人から外国人スタッフに対する拒否反応は全く感じていない。むしろ新しい外国人スタッフの入職を歓迎している雰囲気が感じら

れるくらいである。約20年前、筆者は外国人スタッフを受け入れる際には、利用者の家族で組織する「家族会」に対してその受け入れのための説明を行った。20年前は、福祉現場で働く外国人労働者がマスコミに取り上げられることはほとんどなく、実際の場面を想像することが難しかったためかもしれないが、家族から反対の声はなく、スムーズな受け入れのスタートが切れたことを覚えている。日本の福祉現場で就労する外国人が増加する現在、利用者が外国人スタッフを拒否するという声はほとんど聞かないが、家族はどうだろう。肌の色や国籍をもって利用者本人ではなく、家族から拒否された場合、事業者側はその差別の意識を解くための時間や労力を日々の業務の中で確保できるであろうか。あるいは、「きちんと介護の引き継ぎがされるかどうか不安」という言葉が、国籍による差別に裏づけられた可能性が高い場合、私たちはそれを指摘できるだろうか。

　当法人で外国人スタッフを受け入れ始めて約20年。ほとんどの利用者にとっては、さまざまな人種の外国人スタッフのいる風景が自然なものとなっている。しかし、利用者あるいは家族が何らかの形で拒否感を示した場合には、①外国人スタッフのケア力が決して日本人スタッフに劣るものではないこと、また、②国籍等の違いによる拒否感は、社会における社会的少数者への偏見や差別に通じるものがあるということを説明し、納得してもらう必要がある。もしそれができなければ、障害者という社会的マイノリティを支援する事業所の存立そのものが脅かされるであろう。

(4) 介護事故のリスクに対する社会的許容

　介護事故のリスクは、スタッフの国籍を問わず存在するが、そのリスクが許容される度合いは国籍に差があるだろうか。日本語力を理由に事故の法的責任が問われるとすれば、外国人介護スタッフの受け入れの成功は厳しい。事故があった際、日本語が不自由である外国人なのであるから、事業所はもっと丁寧に指導すべきであり、それを怠った事業所あるいは管理者の責任は免れないといった判決が出るのであれば、外国人を雇う全ての介護事業所はその理由によって重い責任が問われることとなる。

　リスクに関しては、2つの考え方があるだろう。1つは、リスクを完全に排除する考え方で、もう1つは、リスクは時間の経過とともに徐々に低減し

ていく、という考え方である。

　実は、日本社会は後者の考え方を徐々に受け入れ始めていると考えている。スマートフォンのアプリなども、販売開始時に完璧なものでなければならないという前提は崩れている。多くは修正を前提に市場に出され、その都度バージョンアップを行っている。それは不具合に対して、出荷時に完璧を求められる工業製品とは異なる考え方が可能となっている。もちろん人との関わり、社会的弱者への支援を同列には論じられないが、これまでに社会に存在していなかった外国人介護労働者を市場で受け入れるというのであれば、その受け入れ方法には、職場での業務支援のあり方に「バージョンアップ」の時間を認めるべきではないだろうか。

　介護事故はもちろんあってはならないが、仮に食事介助時、一切の誤嚥、窒息が許されないのだとすれば、現場のスタッフは重い障害のある方々への介護に対し委縮してしまう。そこに言語力の課題が加われば、外国人労働者のハンディは相当なものとなり、外国人が重症心身障害者の食事介助に関わることは現実的には不可能となる。介護事故を防ぐためにはそれが良いことなのであろうか。

(5) 外国人を「介護ロボット」にさせない

　さまざまな業種や職種で外国人労働者を目にするようになって長い時間が経過している。福祉分野への外国人労働者の受け入れは、後発の部類に入るのであろうが、その是非や課題が論じられるのはなぜだろうか。

　例えば技能実習生の場合、「ブローカー等に多額の借金がある」「残業代が出ない」といった待遇、労働条件が取り上げられることが多いように感じる。もしくはこれとは逆の、「日本の習慣をよく学び、熱心に仕事に取り組んで日本人同僚の評価も高い努力家」といった報道である。しかし、農作業や工場での機械作業について外国人労働者が関わる是非が問われるだろうか。それはおそらく、ある作物の収穫方法や機械の扱い方は世界共通であり、そこに人々の習慣や個人的考え方、あるいは価値観といったものが差し入る余地は少ないからであろう。

　これに対し、介護現場では業務そのものに外国人が関わることの是非が問われる。それはなぜか。機械作業とは異なり、介護では利用者のプライベー

トな部分に関わることが多いからである。このプライベートな部分は、その人の生きざま、習慣、家庭環境やその人が生きてきた国、集団の文化、時代・世代などで構成されるもので、人の内面を外国人が理解できるのか、と問われているのである。

　もちろん介護のある部分は、これを無機質的に作業化する側面を持つ。紙おむつの交換方法、ベッドから車椅子への移乗方法、痰の吸引や経管栄養の方法には、障害の程度や個別の身体的差異に伴う違いはあるものの、おおよそマニュアル化されるものもある。では、外国人介護労働者はこのマニュアル化された作業だけを日本人に代わって担う「介護ロボット」なのであろうか。「介護ロボット」に的確な作業を指示するプログラムの組み立て方、つまり日本語の教え方や宗教上の配慮、接し方が外国人介護労働者を受け入れるうえでの課題なのであろうか。

　入浴介助を考えてみる。その手順、作業にスタッフによる違いを極力なくし、一定の結果を導くためのマニュアル化は可能である。しかし、入浴そのものに対する各利用者の「こだわり」となるとマニュアル化は困難となる。「できれば毎日お風呂に入りたい」「入れさせてやりたい」といった利用者や家族の「こだわり」は、「日本人はお風呂好きである」といったマニュアルを読むだけでは理解は難しいであろう。

　気管切開をした利用者をスタッフが抱えて、浴槽に浸かる光景は当法人の施設では日常的なものである。切開部分をお湯につけてしまうというリスクがありながらも、「湯船に浸かって一服してほしい」という感覚は日本人スタッフの持つ「こだわり」なのである。

　リスク回避を優先し、シャワーで身体的衛生が保たれればよい、という感覚とは異なる「こだわり」を日本人文化とし、この「こだわり」を理解してこそ入浴介助ができるのだとすれば、外国人スタッフの介護労働へのハードルは極めて高くなってしまう。では逆に、その「こだわり」を理解しなければ、入浴介助はできないのだろうか。「こだわり」への理解と入浴介助は一体不可分なものではない。

　求められるのは、「こだわり」という文化理解や逆に手順のみ的確な即物的な入浴介助ではない。人としての丁寧な入浴介助である。入浴への「こだわり」を知っているはずの日本人スタッフであっても、丁寧な介助ができな

い者はいるだろうし、入浴の手順がどうにも守れない者もいるだろう。丁寧な介助に国籍は関係はないのである。入浴への「こだわり」を知っている、的確な入浴介助をこなす「介護ロボット」となることを外国人スタッフに求めてはならない。丁寧な入浴介助を利用者は求めている。

おわりに──「外国人施設長は可能か？」

　障害者の存在は社会に対し多様な価値観、世界観を提供している。バリアフリーやユニバーサルデザイン、時には安楽死や延命治療といった社会的問題にも障害者の存在自体が大きな課題を提示する役割を果たしている。社会的弱者としての、社会的少数の存在としての障害者の存在は、多数派となる健常者の文化とは異なる生活観、世界観を示している。

　彼らの生活の支援を行う介護労働には、日本人として完全な同化には困難性があり、日本では社会的少数である外国人が労働者として受容される素地が他の業種と比較してより大きいのではないだろうか。その外国人に日本文化への理解、同化を求める、あるいは逆に作業のみをこなす「介護ロボット」となることを求めるのであれば、障害者福祉の根底にある「異なる者を受容する社会を希求する」という世界観とは矛盾をきたすであろう。

　外国人介護労働者の存在は、今後の福祉の「仕事」のあり方に大きな示唆を与えると考えている。家族内の労働であった介護が他人に委ねる介護労働となり、職業化・専門職化された現在、マンパワー不足が叫ばれ、介護の標準化が行われていく中で、個々異なる障害者の生活における自己実現への支援に我々はどう向き合えばよいのだろうか。この課題は日本人スタッフだけのものではない。おそらく、支援・介護の標準化と個別化は相対する要素ではなく、互いがDNAの「らせん構造」のように絡み合う様を呈しながら、どちらかの要素がある場面においては濃く反映され、また異なった場面ではもう一方の要素がより強く主張を行うのであろう。いずれにしろこの柔軟な「らせん構造」の存在を可能とする介護現場の存在が、外国人介護労働者の受け入れを成功へと導くと考える。

（1）外国人施設長は可能か？

　外国人介護労働者の進出と同時に考えなければならないのは、日本人の労働者が福祉の仕事を忌避せず、混在して成り立つ現場とはどのようなものであろうか、ということである。給与や労働条件といった側面ももちろんあろうが、一例を挙げると、外国人施設長（管理者やサービス提供責任者など）の存在が可能となる現場のあり方が1つの指標となるだろう。この外国人施設長は、外国人労働者の代表ではない。施設を統括する責任者として、全スタッフを把握し、最大のパフォーマンスの発揮を指向する存在である。またその施設長が、いかに日本人・外国人スタッフを充実した支援にあたらせ、利用者あるいはその家族も含め、言語による指示・記録や対行政、といった業務も含めて全体を管理していくのか。その形態は、外国人介護労働者が「介護ロボット」としてではなく、「支援者」として存在し得る究極の形を提起することにならないだろうか。

　つまり、全ての日本人労働者に適切な条件を設定するのが困難であるのと同様に、外国人労働者にどのような条件を設定すれば働きやすくなるのかという一定の条件を探すことも困難であると考えている。逆に視点を変え、適任と思われる外国人介護労働者が施設長となるための日本語の水準、日本人スタッフの受容、利用者・家族の理解、教育訓練などを法人が模索し、試行する過程そのものが外国人スタッフ受け入れを成功に導く条件になりはしないだろうか。

　そのためには、外国人施設長は日本語を知ることが必要であろうし、日本文化を理解することも求められる。しかし、例外を除けば、ネイティブのように日本語を操ることは相当に困難であり、かつ施設長の指示は、日本とは異なる文化圏の背景から発せられるものである。スタッフは施設長の求めることを類推する必要に迫られる。

　国籍を問わない各人の文化的背景を維持しつつ、一定の標準化された障害者支援を行う環境は、ある種の「グローバル化」であろうし、そのあり方は海外における外国人介護労働者の就労モデルとなる可能性も秘め、"介護＝外国人労働者の仕事"となっている国々に対してのアンチテーゼとなり得るだろう。外国人介護労働者が増加する日本は、揺籃期、黎明期である今こ

そ、介護の担い手が外国人労働者として固定化されるのか、介護が多国籍の人々が活躍するグローバル化した仕事となるのか、その分岐点にいることを福祉従事者は自覚的に強く意識することが求められる。

(2) 共に支える心地よさ

　異なる文化背景を持ったスタッフたちが障害者支援という業務に活かされていく過程を通じたグローバルな空気・環境は、日本人にとっても魅力的なものとなり得るはずである。したがって、外国人介護労働者を人手不足、人材不足を補うものとしてではなく、職場環境の改善、活性化をもたらすものとして積極的に受け入れるべきだと確信する。また、外国人労働者は支援を「補完」する存在ではない。したがって共に障害者を支援する存在という前提がないままでの受け入れはすべきではない。日本人スタッフでは満たせない配置基準のための数合わせと知ったとき、彼らは躊躇なくその職場を去る選択をするだろう。

　人は他人が自身に関心を持ってくれることを望む性質がある。それは同時に自身が他人に関心を持つことを意味する。スタッフ同士はもちろんのこと、健常者とは異なる生活を余儀なくされている障害者への関心も同様なのである。介護労働という側面でのみ障害者と関わるのではなく、人として「どのような感性をこの人は持っているのだろうか」という関心を持ち続ける日本人スタッフ、職場、そして、その雰囲気は、外国人スタッフにも伝わるものである。同じ人間として接する一方で、その相違に積極的な価値を見出すことのできるスタッフが周囲にいれば、外国人スタッフはその職場に対して、また同僚である日本人スタッフに対して敬意を持つ。

　外国人介護労働者は日本に永住するかもしれないし、いつか帰国するかもしれない。しかし、法人の活動理念や経験、費やした時間が彼らの心身に染み込み、彼らがそれを消化するのであれば、たとえ彼らが帰国を選択したとしても、その帰国は法人の理念を海外に輸出していることと同義である。彼の地にも重症心身障害者はおり、その存在を認め、社会参加が容易となる社会の実現を求める人々がいる。外国人スタッフらはその社会の実現を支える一員となるのである。異国である日本において、重い障害のある方々を眼前にして茫然としていた来所時、重い障害のある方々との時間を刻みながら次

第に頼もしいスタッフへと変容していく彼らの様を間近に見ることは、アニメや自動車を輸出するといった派手さには欠けるが、実に心地よい。その感覚は、外国人スタッフが施設維持のために存在するのではなく、障害者支援のために存在していることを認識するところにあり、日本人スタッフに対して自身の存在の意味を再認識させることとなるのである。

【参考文献】

遠藤織枝・是枝祥子・三枝令子編『5か国語でわかる介護用語集──英語・中国語・インドネシア語・ベトナム語・日本語』ミネルヴァ書房、2018

大阪弁護士会 高齢者・障害者総合支援センター編『介護事故を考えることになったら読む本』大阪弁護士協同組合、2017

高木憲司・杉本健郎・NPO法人医療的ケアネット編『医療的ケア児者の地域生活保障』クリエイツかもがわ、2014

仲村優一・小島蓉子・L.H.トムソン編『社会福祉 英和・和英用語辞典』誠信書房、1981

宮崎里司・中野玲子・早川直子・奥村恵子『外国人介護職への日本語教育法──ワセダバンドスケール（介護版）を用いた教え方』日経メディカル開発Kindle版、2017

第2章 「社会福祉法人千里会」における外国人介護労働者の受け入れ

牧野　裕子

第1節　10年間のEPA介護福祉士候補生受け入れの成果と課題

(1) EPA介護福祉士候補生受け入れの歴史

　2007年にインドネシアと日本との間で経済連携協定（EPA）が締結され、外国人に初めて医療と介護現場への門が開かれた。そのとき、「自国民だけで医療、介護を担っている先進国は日本だけだ、これからは日本も外国人と仕事をする時代が来るので、いち早く外国人と働くためのノウハウを身につけるように」との当法人の理事長の方針の下、経済連携協定に基づく介護福祉士候補生、通称EPA候補生の受け入れを開始した。

　2006年にフィリピン、2007年にインドネシア、そして2012年にベトナムとの経済連携協定が締結され、早速2008年にインドネシア、2009年にフィリピン、そして2014年にはベトナムからのEPA介護福祉士候補生受け入れが開始され、2021年4月時点で、3か国から介護福祉士及び看護師候補生の受け入れが可能となっている。社会福祉法人千里会（以下「千里会」）では2008年度のインドネシアからのEPA介護福祉士候補生の受け入れはマッチングが成立せず、2009年度にインドネシアから4名、フィリピンから4名のEPA介護福祉士候補生の受け入れをスタートして以来、2020年度までの11年間途切れることなく受け入れを継続し、今後も一定割合の候補生受け入れを継続していく予定である。表1は、社会福祉法人千里会全体のEPA介護福祉士候補生の受け入れ実績を示したものである。インドネシアからのEPA介護福祉士候補生数が最も多くなっている。

表1　千里会全体のEPA介護福祉士候補生の受け入れ実績（人）

	インドネシア	フィリピン	ベトナム	備　考
2009年	4	4		
2010年	4	4		
2011年	4	0		
2012年	5	2		
2013年	4	0		
2014年	8	0	0	第2新横浜オープン
2015年	10	0	5	2施設受け入れ開始
2016年	6	0	0	
2017年	10	0	0	
2018年	10	0	0	
2019年	6	0	0	
2020年	4	0	0	
累　計	75	10	5	

出典：筆者作表

　インドネシアとフィリピンのEPA介護福祉士候補生は、6か月間現地で日本語研修を受け、来日後さらに6か月間の日本語および導入研修が行われる。ベトナムのEPA介護福祉士候補生は、1年間現地で日本語研修と導入研修が行われる。また、現在、インドネシアとフィリピンの候補生は日本語検定4級以上、ベトナムの候補生は日本語検定3級以上の取得が求められ、施設に配属後、介護福祉士候補生は3年間現場で実務経験を経た後、介護福祉士国家試験に挑み1回での合格が求められている。現時点では、試験不合格の際には、①一定の点数がとれ、かつ、②当人が再受験を希望する場合は、厚生労働省に申請して許可が下りた候補生に対してさらに1年間の日本在留延長が認められ、国家試験の再受験が可能となっている。

　これまではEPA候補生は延長を含めて2回の不合格で帰国となっていたが、2019年4月1日より、入国管理局への手続きは煩雑ではあるが不合格の候補生の、特定活動から特定技能1号への在留資格変更が認められるようになった。このような制度の下、当千里会では、2009年にインドネシアとフィリピンの2か国から合計8名のEPA候補生を採用し、新横浜パークサイドホームで就労と国家試験に向けた学習を開始した。

(2) EPA介護福祉士候補生の受け入れ姿勢

　受け入れに際して国家試験対策以外は特別に準備したことはないが、日本人職員には、「ゆっくり、わかりやすい言葉で話すこと」「実際の業務のやり方を見せて教えること」「教えたことを実際にやってもらうこと」「外国人にやりたくない仕事を押しつけないこと」そして「仕事は公平に振り分けること」だけは伝えた。今当時を振り返ると、不思議なくらい介護の現場職員の反対や動揺はなく、理事長の「これからは外国人職員と一緒に働く時代が来る」という説明を職員も納得し、むしろ興味を持って受け入れたように思う。

　受け入れを開始し、介護福祉士の国家試験合格者が毎年のように増えてきた6年目あたりからは、候補生への直接的な指導やうまく伝えられないことをEPA合格者が単独で、あるいは必要に応じて、日本人職員とともに協力して二人三脚で指導を担うようになった。施設では業務日誌、ヒヤリハット、有休届、勤務変更届など日本語で記載するいくつかの書類があるが、それらは全て2009年度候補生受け入れ当初から、外国人職員用に特別な書式に変更することなくそのまま使用し、日本語で記載するように指導している。換言すると、施設内の書類に彼らの母国語表記をすることは一切していない。回覧やさまざまな施設内通知文の漢字にはルビをふり、彼らが意味を調べやすいようにしているが。

　また、ヒヤリハットなども代筆することなく候補生のうちから書いてもらっている。もちろん現場で働く日本人職員の協力が重要であるが、現場職員は誰かから指示をされることなく能動的に丁寧に教えている。候補生として施設に配属された直後から、日本人と全く区別することのない環境に身を置くことで、国家試験合格後に事業所と直接雇用となった後にも、候補生時代と何ら環境に差異を感じることなく就労ができるようになっている。

　実は、10年前初めて彼らを迎え入れたとき、国によっては「3年間の出稼ぎでいい」と思っている候補生、「国家試験に合格したい」と真剣に考えている候補生、「アニメなどのキャラクターに憧れて無料で来日することができ、仕事も与えてもらえる楽なワーキングホリデー気分」の候補生など、さまざまであった。現在も1年に3か国から各300名程度の候補生が来日しているが、おそらく来日の目的は大きく変わらず、人それぞれであると考えて

いる。

　では一体どのような人材を事業所に受け入れたいのか。千里会として外国人職員と働くノウハウを学びながらも、将来的に千里会の職員として千里会のカラーに合う人材に育て上げていくことも視野に入れ、人材を選ぶ目を養いながらマッチングに臨むことが重要であるとの思いで、受け入れを継続してきた。そのため、合同面接会では事業所内のルール、業務中のジルバブ着用の禁止、就業時間中のお祈りができないこと、仕事はシフト制なので休みの日を金曜日や日曜日といった固定はできないこと、就業時間中の学習は行っていないことなどを事前に必ず説明している。それらのことを理解したうえで、千里会を希望する候補生とマッチングできればよいと考えているからである。

　また、限られた面接時間で彼ら候補生の本音を聴き取ると同時に、我々の方針を正しく理解してもらうために、彼らの母国語で面接を行っている。これは慣れない覚えたての日本語で「自分たちの言いたいことや本当に聴きたいことが伝えられない」、また、「こちらの伝えたいことが正しく伝わらない」ことを防ぐためである。そのためか、候補生の受け入れ当初と比較すると、ここ数年の候補生は配属後の問題がゼロに近くなっている。また、候補生自身が我々の事業所内の条件やルールを理解し、納得した後にマッチングを行っていることも効をなしていると考えている。

(3) 国家試験合格に向けて

　受け入れ当初は「候補生」というくくりでしかみていなかった目の前の候補生に対して、「これから彼らと長く付き合い我々が経験を積むためには受け入れた候補生を国家試験に合格させなければその後の付き合いはない」、そのためには「3年間で合格させなければならない」、また「合格したい気持ちを持って我々千里会を選んだ彼らを裏切ることはできない」との気持ちで、11年前「何が何でも一発合格」との一心であった。特に受け入れ当初は、教育環境も教材も十分に整備されていない中、職員総出で仕事の合間をみて千里会独自の教材を作成し、敢えて日本語に重点を置いた教育は行わず、国家試験に特化した学習を進め1年目は国家試験の試験問題に出てくる漢字の読みと意味を覚えさせていたことが思い出される。2年目は国家試験

用の正文を覚えさせる、3年目は予想問題と模擬テスト、そしてそこに補足する形で試験問題に出てくる日本語独特な言い回しの意味や使い方の説明を行って受験に挑ませた。しかも、この間の3年間は就業時間内の学習ではなく、当然彼らの有休や公休での学習で行った。もちろんそれには理由があり、自分の有休や公休を使ってまで勉強をするからこそ、「その時間を無駄にしたくない」という本人たちのやる気も合格には必要な要素になる、と考えてのことであった。もちろん彼らの有休や公休なので、学習への参加は「自由」。学習の強制はしていない。

　2011年初めて全国で94名のインドネシア人候補生が受験し、そのうち合格者は46名で合格率は48.9％であった。一方、千里会が受け入れたインドネシア人とフィリピン人候補生の初めての受験は2012年で、そのときの千里会の受験者は7名（インドネシア3名、フィリピン4名）。うち5名の合格者（インドネシア3名、フィリピン2名）を出した。その年の全国の受験者数302名、合格者132名で合格率43.7％という全国的に低い合格率の中、我々千里会の受験者が70％という非常に高い合格者を出したことは、その後の千里会の教育方針を形作る自信につながったと考えている。そのお陰でその後も毎年、延長受験も含め高い合格率を維持している。

　とはいえ、2020年3月の合格発表までの不合格帰国者は2019年までの受験者数44名中8名、我々の千里会とマッチングした候補生が特別優秀なのではなく、来日後のクラスもどちらかと言うと下のクラスの候補生が多く含まれていたにもかかわらず、「なぜ、合格率が高いのか」といった質問をよく受けた。また、初めて5名の合格者を出したときには「どのようなことを行っているのか」といった質問も受けた。そのとき答えたことは今でもよく覚えているが、「試験はテクニックであり1つでも多くの必要な情報を彼らに教え込むこと」「日本語の勉強と国家試験勉強は全く違うので、3年間でその両方を一緒にはできない」「彼らを特別扱いし甘やかさない」「支援すべきこととそうでないことを見極めること」「郷に入れば郷に従え」などであった。さらに、2012年度受験の7名中5名の合格は「やればできる」ということを日本人スタッフが候補生とともに実感した瞬間であり、そのときの喜びと苦労は今でも忘れることができない。

（4）国家試験合格後を見据えた候補生の教育

　前述の通り、多くの事業所が行っている、就業時間内の学習は千里会では絶対に行わない。しかし、学習時間を労働時間に組み入れずに週40時間の業務に就きながら受験を経験したEPA候補生からは、「仕事をしながら勉強したからこそ試験の内容が理解できた」という言葉をもらっている。また、仕事をしながら学習をさせるもう1つの重要な理由は、国家試験合格後の直接雇用後の生活にも影響する重要なことである。勉強と仕事は全く質の違うものであり、週40時間の就労をしながらの慣れない日本語での国家試験勉強を経験した彼らが試験に合格した暁には、新たに夜勤を含めた週40時間シフトに慣れさせる期間を設けることなく、これまで通りの週40時間の就労を行う生活が継続されると同時に、試験勉強からの解放による負担軽減となる。また、仕事に対する姿勢にも介護福祉士になった喜びに加え自由を謳歌できる喜びが加わり、さらに仕事に打ち込みお金を稼ごうという姿勢となって表れるのである。

　我々は一時的な国際貢献といった理由での受け入れではなく、今後、少子高齢化の日本において外国人と就労するための準備として候補生を受け入れ、その外国人が日本に定着し家族とともに永住してほしいとさえ考えているのである。そのためには日本が経済的にも豊かである必要がある。我々は今後も日本人職員と外国人職員と国籍を超えた付き合いをするためには「公平である」ということを常に考え継続していきたいと考えている。彼らを初めから特別扱いはせず、しかし理解する努力をしてきたことで現在に至るまで高い合格率を保ち、同時に日本人職員との非常によい関係を継続していることは誇りであり、この11年間の大きな成果と感じている。就業時間外学習についての忘れられないエピソードがあるので、以下に2つ紹介する。

> **エピソード1**
>
> 　2009年に来日したインドネシア人のある候補生より、就業時間内の学習にしてほしいと要望があった。そこで「もし、私がインドネシアであなたと同じ給与をもらい、就業時間中に試験の勉強をしていてもいいですか？」と質問したところ「嫌です」と返事があった。では、「なぜ自分が

嫌だと思うことを要求するのですか？　おそらく同じ職場の日本人も同じように嫌だと感じるのではないか？」と聞くと「そうですね」と言い、その後は言わなくなった。

エピソード2

　2019年に受験し合格したベトナム人の中にも他の同期の多くが就業時間内の学習をしている話を聞き、就業時間内の学習を求めてきた候補生がいた。「辞めたい」とまで言ってきたので、「それなら辞めてもいいですよ、個人的な学習は強制ではありませんので参加も自由です」と伝えたところ、結局、彼女にしたら要求が通らない不満状況のままだったが、在職は続けた。その後、受験をした結果は合格。合格後は転職すると思っていたが、合格後直接雇用を希望し、現在も在職している。これまでの不満はどこへ行ったのか、現在は事業所のために非常に協力的に明るく仕事をしている。辞めずに直接雇用を希望した理由を後々確認したところ、一番の理由は、「千里会は『嘘がなかった、公平だった』」ということであった。

　このEPA介護福祉士候補生受け入れ制度がスタートしてすでに12年が経過するが、老人福祉施設も増えている中で人材不足の深刻化は増している。外国人を候補生として受け入れて、その後その外国人に事業所の中でどのような立ち位置で活躍してもらうのか、そのことをしっかりと受け入れ事業所は明確にしておくことが、今後さらに重要になると考える。

(5) 候補生のリクルートはどうあったらいいか

　EPAの本来の目的は介護福祉士試験に合格し介護現場の労働者として働くことだと考えている。しかし、国際貢献だったり、現場の活性化が目的だったりと目的が違えば受け入れの仕方もそこに来る候補生への対応も異なってくる。合同面接会場では、「勉強のサポートについて」「お祈り」「休み」「里帰り」「賞与」などについての質問が必ずある。事業所側も「事業所の周りの環境」「平均的な仕事の内容」「こんな支援をしています」といったアピールはしていると思う。しかし、事業所が求める人材とは、また、候補

生の責務や合格後に事業所が求めていることをどれだけ事前に説明して理解を得ているか、さらに、候補生側が国家試験合格よりも短期でお金を稼いで帰国したい人なのか、それとも合格後の生活設計を持って事業所を選択しているのか等々、マッチングを行う段階でこれらの判断を下すことは非常に難しい。しかも、そのことがトラブルを作るきっかけにもなり、せっかく受け入れた候補生が途中で事業所を辞めてしまう結果を招いたり、合格しても帰国してしまったりするなど、事業所にとって残念な結果にもつながっていくのではないかと考える。

　また、候補生がどのように育っていくのか、どのような考え方の候補生なのかが判断できない状況のうちに、その候補生に事業所が過大な期待感を持ちすぎることも、候補生に余計な不安を与えたり、性格や個性に適した役割を与える判断に支障をきたしたりしているように感じている。千里会では11年間、将来的な日本人の人材不足のために事業所内の人材が充足している間だからこそ外国人材の教育とノウハウの蓄積を積み上げ充実させることができ、定着につなげ、同時に現場で一緒に働く職員の努力と外国人への理解を深めた結果、国籍を問わず能力に応じたポストを分け合い、実力を発揮できる職場環境ができたと考えている。実はこの成果は、日本人職員の意識の変化にも大きく表れてきている。

写真1　ベトナム合同面接会にて施設説明中のベトナム人職員

写真2　インドネシア合同面接会会場にて準備中

(6) 変わる日本人職員の意識

　外国籍の職員を特別扱いすることがない代わりに、日本人職員には、彼らがどれほどの努力により今に至っているかを伝えている。大学あるいは看護学校を卒業後、EPAに参加するために現地で試験を受け、マッチングにたどり着き、来日後3年間同じ時間の仕事をしながら日本での国家試験に臨み今に至ることが、どれほどの努力と年月によるものかを伝えることで、日本人職員はより努力をしながら彼らの上を目指そうとするようになる。敢えて特別なことをしなくても、候補生が努力する姿を直接肌で感じることで、日本人職員の意識は変わり始め、空気感に変化が起こるものだと考えている。そして、それが結果的に職場の活性化にもつながっている。将来的な人材不足に備える目的で始めた候補生の受け入れによりこの11年間は、派遣従業員を依頼することなく、2014年の新設施設開所時以外で介護士の国内求人を出すことなく現在に至っている。これは予想以上の大きな成果と言える。

　なお、これは余談であるが、経済連携協定による看護師候補生は、来日後毎年正看護師の受験が可能で3回チャンスがある。3回の受験が不合格となっても准看護師免許の取得が可能で、准看護師として就労しながら正看護師の受験も可能であるが、准看護師での滞在許可は4年間しかない。我々のような高齢者施設でも准看護師の就労は可能で、しかも准看護師の日本国内需要は多いはずであるが、准看護師免許のまま4年間で正看護師の免許が取得できなければ滞在許可は下りず帰国となる。需要がこれほど十分あり優秀な人材をみすみす帰国させながら、一方で、「技能実習」や「留学」という在留資格で不安定人材を多く受け入れようとしている政策の矛盾には大きな課題があると考えている。

写真3　フロアーにて打ち合わせ（ベトナム人、インドネシア人、日本人職員）

第2節　介護・福祉に対する認識や技能の異文化間の違いや共通点

（1）高齢者施設や医療保険に関する外国人介護職員へのヒアリングからわかったこと

　ここでは、千里会で働いている外国籍の職員から介護や福祉に対する考え方について聴き取った話を紹介したい。

　インドネシア、フィリピン、ベトナムから来た3か国の外国人職員に、母国では高齢者介護が必要となったとき、誰がどこで介護をするのかを尋ねてみた。3か国共通している点は、家で家族が看ているということであった。なかには家でメイドを雇用している家庭もあり、メイドが世話をするケースもあるという。また、インドネシアの場合、介護を必要とする人のための施設は大きく公立と私立、キリスト教などの宗教関係の施設に分かれていて、公立の施設は国の税金と寄付で、また宗教関係の施設は寄付などで賄われ、入居するほとんどの人が「生活困窮者」「家族がいない」、あるいは「家の無い」人であるという。さらに、私立の施設の支払いは、全額自費で支払われ、多くは富裕層が入る施設であり、最近は富裕層向けの施設の利用者の中で、中国系の人が増えているということであった。

　医療保険については掛け金が3段階あり、3、2、1の順に高くなるようで、安い金額（保険料）しか払っていないと治療が必要になったとき、必要な治療に応じた金額を追加で支払うか、費用に応じた医療に留めるかの判断となるという。また、経済水準と教育格差のため、医療保険に加入できていないインドネシア国民がいるとのことであった。そのため、日本で働くことで高い保険料を支払えるようになり、インドネシアにいる家族が高度な医療が受けられるようになったと話すインドネシア人看護師もいた。

　さて、日本で永住許可を持つフィリピン人が一人千里会で働いている。彼女にフィリピンの高齢者施設について尋ねてみると、高齢者用の施設はあるようだが、日本のように種類はあまりなく「老人ホーム」として一括りでお金のある人は利用するが、お金のない人は自宅で家族が面倒を看ると話していた。また富裕層は、メイドやナースを雇い自宅で看るケースもあるとうこ

とであった。富裕層は医療保険も民間の保険にも加入し、高度な手術に備える人もいるようだが、まだまだ保険料を払えない家庭が多く、十分な医療を受けられない人が多いと話していた。

同様に、ベトナムにも高齢者施設はあるが非常に少なく都市にしかないようで、部屋も大部屋で費用は家族が支払うことになっている。地方では高齢者は自宅で家族が看るのが主流であるということであった。ベトナムの医療も公立、民間、外資系の医療機関があるが、社会主義の国ということもあり公立病院が主流である。駐在員や富裕層は外資系の医療機関を受診する。健康保険も任意保険と強制保険があるが、国民全員が健康保険に加入できていないため、もし保険に加入していない場合は100％自己負担で医療費を支払うことになるということだった。

(2) 3つの国の医療や介護に関する共通点

話を聴いた3か国の共通点は、都市部と地方では医療格差が非常に大きいということである。日本では入院や手術を伴う医療が必要となったとき、健康保険組合からの給付などもあり、所得や地域に関係なく公平な医療が受けられ、安心して治療に専念できる。外国人介護職員の母国における医療事情を聴きながら、日本の医療制度の良さを改めて感じ、この日本の皆保険制度は世界に誇れる制度であり、この医療制度を維持していく重要性を強く感じたものであった。また、3か国の外国人職員に高齢者施設に関する不明瞭な回答を聴き、彼らの国々では、まだ日本のように、高齢者施設が身近なものではないという印象を受けた。

日本では2000（平成12）年に介護保険法が施行され老人福祉施設は措置から契約へと変わったが、高齢者施設は介護保険制度の下で運用されている。そのため高齢者施設のサービス提供は介護保険制度の基本となるケアプランに沿って行われ、そこには事業所として「行うべきこと」「やってはいけないこと」などが記されている。

しかし、多くの家事労働者を送り出しているフィリピン人の介護職員にしてみると、頼まれたことを普通に行うことが当たり前なので、入居者の方から頼まれても、「できないことがある」というのは混乱を招くようである。特に、職場でその理由を説明せず、「この人にはこれをやってはダメ」「頼ま

れても食べさせたらダメ」と言われると、さみしい気持ちになるという。このように、家族が家族をケアするのが主流。また、メイドやナースがケアする場合に求められることをやってあげることが「当たり前」という介護の概念のままで、日本の介護現場にやって来ると、おそらくその職員には混乱を生じさせてしまうことに、気づかされたのである。

　11年前、フロアーで入居者の方がテレビで相撲を見ていたところ、いきなりフィリピン人候補生がテレビを消し、踊りを始めたことがあった。入居者の方は、相撲が好きでテレビを観ていたので、いきなりテレビを消されて驚いただろうし、フィリピン人候補生にしてみたら、単調なテレビなど面白くないだろうと感じて、踊りを見せてあげようと考えたようである。このように、感性の違いも理解しながら、指導していかなくてはならないと感じた一件であった。

　さて、インドネシア、フィリピン、ベトナムからの外国人介護職員はみな、認知症の人への寄り添い方が非常に自然で上手であることが共通している。それは特別な理屈や技術があるわけではなく、目の前のその人を自然に受け止め受け入れているからだと思う。これは、主に、大家族の中で小さい子どもの世話をしたり、高齢の家族をケアしたりする、という生活環境から身につけた自然な行為だと考えている。日本人は急激な核家族化のため、「祖父母と生活をしたことがない」「高齢者と接する機会のない」若者が増えている。若者に限らず人との関わりが希薄な日本人が増えている近年、外国人介護職員と職場をともにすることは、自然に人に寄り添い、寄り添われるという心の豊かさを学ぶ良い機会になるのかもしれない。

第3節　グローバルな外国人介護労働者の受け入れを成功に導くために

（1）EPA介護福祉士は日本に定着するか

　2007年にスタートした経済連携協定による介護福祉士候補生を皮切りに、2021年現在、介護現場には技能実習生、留学生、インターンシップなどさまざまな制度を利用した外国人が介護現場に入ってきている。千里会の全体的なEPA制度の成果を考えるため、12年前から継続している事業所がどの

程度あるのか、EPA の受け入れ斡旋機関である JICWELS（公益社団法人国際厚生事業団）に確認を行ったが、統計をとっていないためわからないという返事であった。そのため、継続している事業所の割合など全体像を把握し、成果を判断することは難しいが、昨今目立つのは、人材不足がより深刻化してきたため、新しく EPA 介護福祉士候補生の受け入れを開始する事業所、あるいは、受け入れを開始してまだ数年しか経っていないという事業所が増えているということである。

　EPA 制度を例に挙げると、1 つの事業所に合格者が出始め、外国人介護人材が定着し始めるまでの道のりはそう簡単なことではないと考える。したがって、まずは 1 つの制度に絞り、悩みながらも継続して、事業所が考える目標の成果を得ることが重要になるであろう。千里会の 2009 年から 2019 年までの累計受け入れ数は 86 名。そのうち受験者数 44 名で合格者数は 34 名。その 34 名のうち、2020 年時点の EPA による外国人職員の国家資格取得者在職数は 25 名（他からの転職者 3 名含む）。また、2019 年 4 月から可能になった不合格者の特定技能 1 号への在留資格変更者が 1 名おり、受験前の候補生は 37 名いる。つまり、千里会全体で 63 名の EPA 制度で来た外国人介護職員が働いていることとなる。また、合格者の配偶者や就労制限のない在留資格で働いている外国人職員 10 名を含めると、千里会全体 2 施設で 73 名の職員が働いており、気がつくと千里会全体の 39% が外国人職員になっている。

　2012 年の初めての受験生の合格発表から 2020 年の合格発表までの千里会の合格後の定着率は 64.7% である。2009 年の受け入れから 2020 年までで候補生期間中の帰国・転職者数は 22 名、合格後の転職および帰国者は 12 名で合格後の帰国転職率は 35% であるが、「帰国する」といいながら、実は「転職する」というケースがみられるため、帰国と転職の区別が明確につかみづらい。他事業所からの千里会への転職者数も 12 名いるが、そのうち他事業所から転職して短期間でまた別の事業所へ転職を繰返した人が 6 名いる。また、千里会から転職後、再び千里会に戻りたいと言ってきた人もいるが出戻りは断っている。それは、転職者の約半分はまた転職する可能性があるからで、この傾向は日本人にもみられ、3 年から 5 年程度で多くの職場を転々としてきた職員はまた転職のリスクがあるということと何ら変わりはない。

　千里会で受け入れた候補生の途中帰国、合格後の帰国者の主な理由は結婚

により現地にいる配偶者や親からの帰国の要請が最も多い。転職者の理由は終業時間内のお祈りの希望、同じ国の職員との確執などが挙げられるが、就労に関することやお祈りの時間、給与面などが理由の場合は、敢えて要求を呑み遺留することは一切していない。また、国家試験に合格した後、千里会のほうから直接雇用を断るケースも過去に7名発生している。最も多い理由は、就労態度が好ましくないことや個人的な要求をする態度が強いことなどが挙げられる。なかには初めから賃金交渉を仕掛けてくるケースがあり、4名同時に断ったケースもあった。その4名は全員帰国している。

　一方で、他の事業所から転職してくる人もいるが、多くは地方での生活の不自由さを口にしている。おそらく地方の事業所では、候補生が困らないように買い物のために車を出したり、自転車を貸与あるいは買い与えたりするなどの支援をしていると思われるが、職場の人に手伝いをお願いすることは、我々が考える以上に、外国人職員にとって重荷なのではないかと感じている。また、上司ではない職員同士で食事や遊びに行くことは非常に楽しいことではあるが、上司にあたる施設長などが良かれと思って声をかけて食事に誘うことも、こちらが考える以上に気を使うと考えられる。そこで、千里会では、日本人職員同様に、外国人職員には候補生の頃から必要以上にプライベートに関与しないよう気をつけている。なぜなら、職場の就業時間以外の時間は自由でプライベートな時間であり、彼らの権利であるからである。

(2) 定着したEPA介護福祉士の姿

　合格後の外国人職員の多くは、「グアム旅行などの海外旅行に行く」「富士登山を楽しむ」「日本の温泉旅行に行く」など日本人職員以上に日本での生活を楽しんでいる。旅行は必ずしも同国民同士だけではなく、同年代の日本人職員も一緒に行くようで、異国から来た若者の行動といっても、日本の若者と何ら変わることはない。

　また、イスラム教徒は一生に一度はメッカに行きたいと願っているようであるが、日本にはイスラム教徒が少ないため、メッカへの巡礼は日本からのほうが参加しやすいらしくメッカへ巡礼に行くインドネシア職員も多くみられる。さらに、男性のインドネシア人職員の中には日本で運転免許を取得し中古車を購入し、子どもを連れての休日を楽しんでいる職員も複数名いる。

インドネシア人が日本で運転するためには、双方の国の加入条約が異なるため国際免許証は使えないが、母国の有効な運転免許があると切り替え手続きを経て運転免許試験の一部を免除され取得ができるようになっている。そのため、一人が免許を取得すると、それに続く外国籍職員が出てくる。その結果、複数名の外国人職員が運転免許を取得して、中古車を購入しているようである。自動車保険について確認したところ任意保険にも加入している。また、大変慎重で少々臆病だと思っていたベトナム人職員も、遠出ができるようになり友人と大分県に旅行に行くなど、いつの間にか行動範囲を広げており、日本に馴染んでいる姿を嬉しく思っている。このように、自分の生活を充実させるために、一人前の大人である彼らは自らの道を切り開いていく力を持っている。したがって、候補生のうちから彼らの自立を妨げるような過干渉は好ましくないと考えている。

　もし、我々が海外で生活しようと考え実行するとき、さまざまな情報を念入りに調べ困らないように準備をすると思うが、候補生も同じこと。我々以上に日本の制度や情報を調べて入国しており、逆にこちらが質問され即答できず慌てることもあるくらいである。我々が彼らに有効な助言を与えることができるのは、災害時のアナウンス情報の意味や避難所に関すること、子どもに関することやタイムリーな危険情報などである。千里会も初めての外国人介護職員の出産時は、病院に関する相談があったが、次からは経験者に助言を求めたり、一緒に仲良く働いている日本人職員に相談したりしながら検診クリニックや出産病院を決めている。このように、合格して定着している彼らは立派に日本社会の中で自立した生活を営んでいる。また、その様子を身近で見ながらこれから受験を迎える候補生たちも将来を夢見て合格のために努力している。

（3）外国人介護職員の受け入れを成功させるためには

　EPA候補生に限らず、今後外国人介護職員の受け入れを検討している事業所の関係者の方は、どのような資格の外国人を受け入れようとしているのか。日本の在留資格について正しく学んで正しい情報を持ち、受け入れる外国人とある程度距離をおくことが必要である。例えば、合格後の離職者の中には「某県では配偶者が40時間就労できる」「日払い賃金なら週40時間就

労できる」といった怪しい不正確な情報を信じて転職していった合格者もいる。もしEPA介護福祉士候補生や技能実習生など、違う制度の下で外国人職員を受け入れる場合はなおさら、正しい日本の在留資格の知識を持ち、事業所にとっても、外国人職員にとっても問題が生じないよう注意が必要である。2021年4月時点で、介護事業所で就労できる在留資格は以下の表2の通りである。

在留資格「介護」「特定技能」「技能実習」、また活動制限のない在留資格者を介護現場で雇用する場合、在留資格「特定活動」では現在、インドネシア、フィリピンおよびベトナムからの3か国だけであるが、それ以外の在留資格は上述の3か国以外の国籍の人が職場に入って来ることとなる。租税条約など国と国の条約もさまざまで、事業所が事前に手続きを必要とするものもあるため、前述したようにそれぞれの在留資格で受け入れるための細かい基準や要件チェックなど、送り出す国と日本との情報収集と取り巻く制度を理解することが重要である。

また、昨今EPA候補生の受け入れを希望する事業所が増えているが、候補生の受け入れ可能人数は1つの国から300名程度と制限もあるため、一事業所で受け入れ可能な人数が以前に比べ少なくなっている。例えば、ベトナムは、1年間の現地研修が決められているため、すでに研修開始段階で人数は決定しており希望事業所が多くても候補生の数は増えないが、そのため初

表2　外国人介護職員を雇用できる在留資格

活動制限あり	
特定活動	経済連携協定の候補生・合格者——就労の可否は指定された活動によるものでEPAは介護に限られ、就労場所も指定された場所に限られる。合格後の家族滞在は可。
介　護	介護福祉士——EPA合格者は在留資格を特定活動から介護への変更が可能。特定活動より転職や就労場所の移動がしやすくなる。
特定技能	対象は介護を含む14業種——滞在期間は通算5年で家族滞在は不可。EPA候補生の不合格者は特定技能への切り替えが可能。
技能実習	監理団体と送出し機関を通じ実習生を受け入れ実習担当者の下、実習計画に沿って基本3年。在留期間は最長5年。家族滞在は不可。
活動制限なし	
永住者	永住許可を受けた者
日本人の配偶者	日本人の配偶者、実子、特別養子
永住者の配偶者	永住者、特別永住者の配偶者、日本で出生し引き続き在留している実子

出典：出入国在留管理庁の示す資格要件を参考に筆者作表

めて候補生の受け入れを検討する事業所ほど候補生の獲得が困難になっている。その結果、何とか候補生に選ばれるために候補生の希望に応えようと、基本給を引き上げたり、候補生を惹きつけたりするための条件を提示する傾向が激しくなっている。それが人件費高騰へとつながるという事態に結びついているように思える。

(4) マッチングの留意点

　人を雇用するということは、目先の対応に捉われるとその後の事業所の対応を誤る、という危険性をはらんでいると考え、慎重な検討が求められる。千里会ではマッチング目的に人件費を上げることや候補生の希望に応える条件提示は一切行わない。それはなぜか。「将来の400万円より目先の1万円」とも言われる国民性のある候補生には有効ではあるが、目先の金額にこだわっている人は一定額の貯蓄ができたら帰国する短期型のケースが考えられ、なかなか定着にはつながらないからである。外国人労働者を受け入れるために人件費率が高騰する、ということがEPA候補生受け入れに難色を示すこととなり、結果として技能実習生に切り替える事業所があるとすれば、それは非常に残念なことだと考える。

　前出の表1をみてみると、当法人ではベトナムからの候補生の受け入れが2016年以降ないことに気づかれるだろう。受け入れのために人件費や賞与を上げていかないと採用ができない事態になっているからである。公定価格での収入である我々業界が目先の対応で時間を無駄にはできないと考えつつも、候補生の実態を把握するために毎年インドネシアとベトナム2か国の合同面接に参加をしてきた。しかし、今後は人件費高騰になる危険性がある場合は、いったん受け入れ中止の判断を迫られる可能性も出てくるであろう。

おわりに

　EPA候補生の採用が困難だから技能実習生に切り替えることは、制度が異なり注意が必要である。表2に示したように、そもそも技能実習生は、技能移転を通じた開発途上国への国際協力が目的で滞在条件も職場でのルールも異なるため、しっかりと両制度のメリットとデメリットの検証を行い判断

されることをお勧めしたい。千里会では、全産業で進む人口減少と高齢化による人材不足に加え、高齢者支援に難色を示す若者が多い社会において、日本人以外でも介護現場のリーダー的存在の職員を育てて定着を図り人材を確保したいと考え、日本人と同等かそれ以上の外国人リーダーを輩出することに成功してきた。それは、2009年から外国人介護職員と協働するノウハウを蓄積しつつ、1人でも多くの外国人の定着を視野に入れ現場職員共々多くの問題に向き合い、それを解決し乗り越えながらこれまで継続してきた成果だと自負している。このように、EPA介護福祉士の定着には、候補生の目的意識にも問題があるが、受け入れ事業所側にも課題があると考えている。

　来日する外国人職員は1人ひとり異なる個性を持つ「人」であることを心に留め、各々の法人、事業所が持つ課題を明確にし、外国人を受け入れる目的、外国人労働者の立ち位置、支援内容、将来的な視点を具体化し、長期的な指標を持ち、生身の「人」を受け入れるという責任を持つことが重要である。例えば、EPAの制度活用を阻む要素の1つとして、12年前に初めてEPA候補生が来たときのことを思い返す。当時は「日本語を教えている」「何か困ったことがあった場合は通訳します」といった日本語教師という肩書を持つ外部からの支援の情報に溢れていた。しかし、千里会は、制度開始当初から、事業所内に事業所の職員ではない職場の就業規則を理解しない、善意と称する第三者が介入することに違和感を覚えていた。善意の第三者と事業所と候補生の関係性が非常に複雑な問題を生む。実際、問題を生んでしまった事例もあったと記憶している。

　もし、日本語学習目的などで、事業所の外国人職員と接する人には、自分

写真4　2施設の外国人リーダー宿泊研修にて

写真5　箱根宿泊研修の旅館にて浴衣姿（インドネシア人）

の仕事の範囲をわきまえ、外国人職員は事業所から依頼されている職員であり、自分の友人ではないことや仮に友人だとしても公私を分ける行動が求められる、とプロとして自覚してほしいと感じている。また、事業所もEPA候補生や国家試験合格者も日本人職員同様、事業所の職員であり、前述した通りに日本人職員に過度な生活干渉をしないと同様、外国人職員に対しても過干渉は控えるべきであり、就業規則に応じた対応を公平に行うことが求められている。

そのためには外国人労働者を受け入れると決めたとき、現行の就業規則や服務規定が正しく運用できているかのチェックが必要となる。一例を挙げると、扶養手当を出す事業所があったとした場合、「同居の家族となっているのか？ なっていないのか？」「扶養手当を出す範囲はどこまでなのか？」などを明確にしておかないと、多くの扶養家族を持つ候補生に対する線引きが非常に難しくなる。日本人、中国人、韓国人、近隣のアジア人であっても、ものの考え方や物事の捉え方は大きく異なり、わかり合えないことが多いことを考えると、EPA候補生を複数の国から受け入れる際は、国民性も含め各事業所のカラーに合った国や人を選んでいくことと、あわせて全ての職員に当てはまる労働条件の整備が重要になり、それが外国人介護労働者受け入れを成功に導く近道になると考えている。

外国人介護職員が働きやすい職場は同時に、日本人職員も働きやすい職場にもつながり、外国人だけが優遇されることがあっても、逆に日本人だけが優遇されることがあっても成功しないのである。「特定活動」のEPA介護福祉士となった外国人には、10年の滞在をもって永住ビザの申請が可能となっているが、合格後の彼らの多様な人生設計や日本の少子高齢化の人口動態を考えると、外国人労働者の働き方改革も求められると考えている。

例えば、育児しやすい職場環境に視点を向けると、女性の国家試験合格者が大黒柱で、その配偶者に週28時間の就労制限がある場合、その家庭は出産や子育てという新たな状況が生まれたとき、経済的に厳しい環境に置かれることとなる。そのため、母国の家族も経済的安定のため海外に就労先を求めていることを考えると、試験合格後の職員の配偶者にも週40時間の就労を許可することや、前述した准看護師の4年間を上限とする滞在期間の見直しをするなど、政府の英断を求めたい。換言すると、受け入れ事業所側の努

力だけに頼っていては、外国人介護労働者の受け入れと彼らの定着への道は開かない。

　また、日本全体の将来に目を向けたとき、政府が目を背けてはならない日本の深刻な少子高齢化問題がある。少子化は確実に労働人口の減少に直結する。「だから、外国人を受け入れているじゃないか」という思考になってはいないか。果たしてそんな単純なことだろうか。少子化は現実のものであり、高齢者が街に溢れ、日本の若者や子育て世代が厚生年金保険料の上昇や騒音問題など多方面で住みづらさを感じ始めているこの国に、今後外国人労働者が果たしてやってきてくれだろうか。外国人にとり魅力ある国でいられるのか直視すべき事態だと強く感じている。外国人労働者を低賃金で働いてもらう、日本人のやりたがらない仕事をしてもらおう、という考えを改めるべきときに来ている。

　日本のアニメに憧れ、日本が好きでやってきてくれた外国人が安心して定住できる国に変わることで、今後確実に深刻化する日本の少子高齢化の危機を解決する助けに少しでもなるよう、我々の思考を改めていく必要があると感じている。失われた20年は取り戻せない現実である。

　今後、我々は、外国人職員が日本で気持ちよく家族と生活を営み、子育てや配偶者の悩みなど、彼らが助けを求めることにも力と知恵を貸しながら、彼らが日本に定着していけるよう、共に歩みたいと考えている。

　最後に、これからの日本が経済的にも豊かであり続け、日本国民が寛容さを忘れずに持ち続けることができるか否かが、今後の日本経済の重要な担い手となるであろう外国人介護労働者に選ばれる日本になれるかどうかに、大きく関わってくると考えている。どのような制度で外国人介護労働者を迎え入れるにせよ、「『人』が日本に来ているのだ」ということを重く受け止め、共に考えながら歩んでいきたいと思っている。

第**3**章 「社会福祉法人近江ふるさと会」における外国人介護労働者の受け入れ

はじめに

　2017年外国人技能実習生導入の制度がスタートし、当法人も2018年度より本制度を活用し始めた。ここでは制度導入に至るまでの背景を、個人的なことで恐縮だが若干述べておきたい。

　1955年、私は当時のこの世界ではトップスクールと言われたアメリカのシカゴ大学大学院（School of Social Service Administration, University of Chicago）に留学していた。すでに旧制度の大学を終えて大学院在学中に横滑った私にとっては、シカゴの授業内容が極めて斬新というほどのこともなかったが、ほとんどの学生が大学を出て数年間、福祉現場の経験を持った人たちだったことは少なからず驚きだった。彼ら自身が福祉現場で体験した諸問題を、この大学院の2年間で何とか解決の糸口を見つけたいと願っていたり、社会福祉現場での新しい活動指針を見出せないかと熱心に教授の発言に耳を傾けていたりしており、日本の場合とは学生の意気込みが違っていた。敗戦間もない日本人にとっては、諸外国からの留学生も多く、まさに異文化のド真ん中での生活であり、心にしみる思い出がたくさん残っている。

　ところが2年目に入った1956年に、当時の厚生省からの突然の指示で、国際連合社会福祉フェローとしてヨーロッパへ学びの拠点を変えるようにアドバイスされ、忘れもしない10月10日にクイーン・エリザベス号でイギリスへ出立した。

　ロンドンでブリティッシュ・カウンシル（British Council of the Scholar's Association）の講習を終えると、事務局から「各位が世界中の興味ある国に調査・研究の目的で駐在を希望する場合、正式紹介状を出すから申し出よ」

との呼びかけがあったので、言語の関係もあり私はデンマークを中心とする北欧を選んだ。デンマーク代表で来ておられた著名な社会福祉フェローのお世話で、欧州では当時異色であったコペンハーゲンの "Kofods Skole" という青少年更生施設を紹介して頂き、青少年更生活動にも参加させて頂いた。

　ここは世界的にも相当進んだ社会保障制度の政策が確保されているデンマーク。自らの身体を病むことなど微かも省みず、厳寒の港コペンハーゲン（商人の港）に身を晒す若者たちの更生運動の中核施設として、コペンハーゲン大学の学生たちが中心となって活動しており、ヨーロッパでは新しいアイデアの施設として大いに注目されていた。この施設を中心に各種の社会福祉活動に参加したり、北欧各国の社会福祉政策を学び貴重な冬を経験させて頂いた。第二次世界大戦後の北欧3か国は、互いに扶助し合いながら優れた近代国家への道を築き上げてきたが、社会保障関係費は世界でも最高水準であることは周知のことである。「社会保障費が高いのは個々人への保障も国が責任を持つ」という意識が強くなるということは、自分自身の健康や労働への備えが極めてケアレスな若い人たちを多数生み出してくることにもなる。これは新たな近代社会の課題であり、別途論ぜられるべきテーマでもある。

　主要拠点以外には日本の外交拠点が未だ設けられていない時代だったが、ヨーロッパ滞在中に各国の実情を見聞きし、日本への帰途にはアジア諸国を訪問してきた。当時の各国は病み悩んでおり、特に若い世代の人々が自国の将来の舵をどのように切り拓いて進むのか、という実に難しい課題に揺らいでいたことを昨日のことのように想い起す。あの厳しかった日本の戦前・戦中・戦後を潜り抜けてきた自分にとっては、外国での貴重な体験を通して、その国の法律や国民の民族性を基盤にした生活の仕方や方向性を、さまざまな角度から学ばせて頂いたことは大変ラッキーだったと思う。国や社会の制度は絶えず変化していくが、国際化とは各国の固有の文化を誠実に他の国に委譲、または移動し合うことであると考えている。

第1節　大学間交流の想定外効果

　本文中に意味が重複して誤解を与えかねない表現があるので、あらかじめ明確に分類をしておきたい。

①本章でいう大学生の「**奉仕活動**」：公式文書提携により学生の休暇期間（春・夏・冬）に、各自が往復交通費を自己負担し、生活費・食費などは近江ふるさと会が提供して、1か月限定で介護活動をする学生たちのこと。一部大学では交通費の3割を補助している。

②インターンシップ学生：出入国管理及び難民認定法（入管法）で認められている1年間の大学在学生が介護活動の評価により、提携校との約束による範囲内の単位をこちら側が認定し卒業可能とするもの。提携により毎月報酬を支払う。

③介護技能実習生：日本国政府と諸外国政府との協約に基づく介護技能実習生のこと。

（1）外国人介護人材受け入れ準備のための15年間

　私は1988（昭和63）年7月から、天理大学学長として未曾有のスケールの大学改革を推進する立場にあり、社会福祉専攻コースをも新設したが、この大学は、もともと日本でも著名な外国語学校（東京、大阪、天理）として発足した大学であったために、卒業生の多くが世界中の国々を飛び歩いていた。当時は大学の国際化が大学のステータスを評価するものとされていたが、大学法人のみならず社会福祉法人近江ふるさと会（以下「近江ふるさと会」）も海外の大学との交流を持ち、特に将来を担う各国の学生諸君に高齢社会の認識を深めてもらうことこそが、避けては通れない高齢化への理解として、各々の国の若者にとっては不可欠なことだということを私は持論としていた。こうした視点から2003年頃、まず韓国の国立江原大学校（春川市）の李春根総長にこのことを提案したところ、李総長は大学としては画期的な方向性だと大いに評価して頂いた。いざ、この制度をスタートするにあたっては、来日する学生たち自身に、「高齢者社会に対応して世の中を変える意欲があるのか」と、少々消極的な推測も頭をよぎっていたことも事実である。そこでまず、慎重を期して、2か年かけてよき理解者であった国立江原大学校に集中して試行してみることとした。当初は、希望者があるとすれば、介護の実習よりも日本訪問旅行願望が大半かと思っていたが、蓋を開けてみると定員10名に3倍の応募があり、面接でも介護への高い関心に驚かされた。江原大学生の第1陣は2004年7月に男性4名女性6名が、翌年の7

写真1　国立江原大学校および湖南師範大学との調印式の様子
国立江原大学校崔鉉燮総長との調印式（左）、湖南師範大学劉湘溶学長との調印式（右）

月には第2陣がいずれも李海翊教授の引率で近江ふるさと園に来園した。学生の中には兵役を終えてきた人もあり、規律正しく時間を惜しんで介護の実践に充実した日々を勤めてくれ、その熱心さは日本人の若者にはみられない感動的な日が続いた。

　例えば、介護の業務は午前8時半から昼食休憩を挟んで17時半まで毎日実施されるのだが、特に在学中に兵役を終えて復学してきた学生たちは、6時頃には起床して始業時間の8時半までは手持無沙汰で、特に業務は課せられていなかったが「8時半の始業までに何かできる奉仕活動がないのか」という積極的な申し入れがあった。現代の日本人の若者からはなかなか出にくい発想だが、彼らには1つの時間も無駄にしない人生観があり、軍隊生活を体験した若者の逞しい生き方だと感心したものである。この間、李前総長が学生たちの活躍ぶりを確かめるべく視察に来園され、2年目の試行来日が無事終了した2006年5月15日に、後任の崔鉉燮総長との間で正式に大学と社会福祉法人との奉仕学生派遣の交流提携が成立した。これが当法人における学生交流制度のスタートであった。

（2）近江ふるさと会としての外国人介護人材受け入れ準備

　こうした慎重な経緯を経た後、当時私が客員教授を務めていた中国の湖南師範大学もこの趣旨に賛同して2006年に交流協定に調印した。このときも湖南省の大学まで私が直接出向いて個別面接や日本語能力テストを実施して7名が派遣されてきた。以来この交流制度は15年が経過し、現在は表1に示す10の大学が協定に参加し、参加学生はここ15年間で延べ450名に達している。

表1　近江ふるさと会の国際交流協定校

大学名	住　所	提携年度
国立　江原大学校	韓国：江原道春川市江原大学路1	2006年
省立　湖南師範大学	中国：湖南省長沙市麓山南路36号	2006年
国立　チェンマイ・ラチャパット大学 （Chiang Mai Rajabhat大学）	タイ：202 Changpuak Road, Muang Chiang Mai, 50300, Thailand	2008年
省立　湖南工業大学	中国：湖南省株洲市天元区泰山西路88号	2008年
省立　吉首大学	中国：湖南省吉首市人民南路120号	2011年
私立　慈済大学	台湾：花蓮市介仁街67号	2012年
私立　慈済技術学院大学	台湾：花蓮市建國路二段880号	2012年
省立　湖南文理学院	中国：湖南省常徳市洞庭大道3150号	2014年
国立　湖南女子学院	中国：湖南省長沙市中意一路160号	2014年
国立　対外経済貿易大学	中国：北京市朝陽区和平街北口恵新東街	2014年

　受け入れ側の近江ふるさと会としては、送り出し国は未だ高齢者対策が十分に制度化していなかった当時であったため、若い世代の人々に「介護」の実践を通じて迫りくる自国の高齢社会への活動を1つの社会貢献として身につけてもらいたいという願望があった。このような中、1か月間、交通費を自費で負担してくる学生たちを、園内では「奉仕学生」と呼んでいた。彼らには、我が施設職員と同じ勤務体制で介護実習を課したうえで、土、日の休日に日本の奈良や京都の史跡見学や天理大学を訪問して学生交流をしたり、琵琶湖博物館やキリンビールの製造工場を訪れたりしたが、これが1か月間の各大学の基本スケジュールとなった。各週末には介護に関わる講座を日本語で実施し、介護活動の万全を応援した。この学習スタイルは現在も熱心に続けられている。時には日本の茶道の講義や作法を学び、日本文化の補習も定期的に開催してきた。

　また、ホームステイを計画したものの、受ける側の日本人の家庭にホームステイを受ける度胸がなく、実行は難航した思い出もある。当初は「奉仕活動」として始めたが、内容的には日本の福祉現場を短期間ではあるが体験する学習・研修と位置づけるほうが適正と考え、当活動を「福祉現場研修」と改名した。10年目にあたる2014年の夏には9大学が集中的に学生を派遣し、その年には133名もの学生が来園して「近江ふるさと園」「近江第二ふるさと園」の両園共にはち切れそうだったが、見事な活動を示してくれた。それぞれの大学にはそれぞれの学風があり、学生の動きも個性的で若者世代

の多様性を発揮してくれたのだが、当方の施設職員は丁重に友情を重んじて絆を深めてくれた。同じ仕事に携わる同志としての友情が、このプロジェクトの成功を支えるうえで実に大きい意味を持つ。琵琶湖に面した園のグリーンの広場で地元の人も参加して繰り広げた夏祭りの大パーティは、職員や外国人学生との一体感をより強固なものとした。しかもこの15年間に学生の事故は皆無の中に進行したことは、全く幸運だったと感謝している。また、2009年にはタイと中国から1年間のインターンシップ学生が計13名来園している。ほとんどの学生が日本語専攻であり、言語上の障害はさほど心配はなく、複数学部に跨る学生たちは日本語のわかる学生を中心にチームを組んで対応してくれたことは見事なアイデアだった。

　世界の国や社会の制度は絶えず変化に迫られ、とりわけ国際化への方向は今世紀最大の課題である。それは、各国固有の文化を他の国に移譲するという文化人類学的な意味と内容を持つものであり、単なる人材の補強といった政策的なものだけがその内容だとする理屈で詰めていくと、異文化との融合という目標からは程遠い性格のものになってしまう。地球上の社会が高齢化から逃れられない今後の世界に、微かな一法人の国際的活動が将来活かされることを祈念して、このプロジェクトに貢献して頂いた関係者各位に心から敬意と感謝を捧げて止まない。こうした中で、ここ数年間でいよいよ「外国人介護人材」の受け入れが国の施策としてスタートしたのである。

　つまるところ、こうした学生を主体として「介護活動」を中心とする1つの奉仕活動は、純粋な文化移転あるいは文化伝達があり、決して人手不足の理由から学生を単なる労働力として雇用するといった意味とは程遠いものがある。次の時代を担う若い世代、特に社会の指導者として育っていく人々の心に、「高齢社会という重い課題を自らの体験で身につけてもらい、避けられない現実をしっかり乗り越えてもらいたい」という純粋な願いでスタートし、継続してきたものなのである。

　現在実施されている経済連携協定（EPA）や、2017（平成29）年から導入された日本の外国人の介護人材の受け入れのための国（法務省）の委員会の議論の中で、「移民は受け入れない。あくまでも介護という一つの文化の海外移転である」といった意見が主流であったことを思い返すとき、当法人が推進してきた大学生の介護活動への奉仕参加は、純粋な意味でこの交流活動の

中核論理であったことを今も誇りに思っている。

我々の施設職員も、また入居している高齢者の方々も、何の抵抗もなく外国人介護職員が高齢者に心を寄せる同志として交わり、心寄せ合って活動していることの源流は、この10数年にわたる外国人奉仕学生やインターンシップ学生の体験が基本になっていることを改めて認識するものである。なお、2014年に来日した学生と2009年のインターンシップ生の感想を表にまとめて紹介した（章末資料1参照）。

写真2　奉仕学生たちも上手に踊る！　健康感謝の盆踊り大会

いずれにしても、人材の不足を補うための政治判断からか、新しい外国人雇用の制度が実現してきたここ数年は、我が法人が独自に実施してきた学生の来訪が1つの先駆であると確信している。

(3) 将来への重い警告

社会の安定のために、大変重要な学問的研究分野として、人口学（Demography）や犯罪学（Criminology）が世界的には広く活発に進められている。米国学士院のサム・プレストン教授（Preston, S. H）は「現在アメリカ人文社会科学系の分野で、人口学は最も威信の高い学問の1つだ」と強調しているが、日本ではなぜかその広がりをあまり見せておらず、この研究分野への着目度は非常に低い。

近江ふるさと会は、創立20周年記念シンポジウム（2003年9月28日：於彦根市文化プラザ）としてシカゴ時代からの親友で著名な人口学者である河野稠果氏に「アジアにおける高齢者問題」と題して特別講演をお願いした（次頁参照）。この提言は約20年後の今日、大きな高齢者福祉施設運営の課題である介護人材の不足を予測した重大な提言である。尚、当時は近江ふるさと会の高齢者問題研究所の顧問でもあった韓国政府の社会保険省長官の安弼濬博士からも問題提起を頂いたが、韓国では介護保険制度の準備期であったために、計画の国家的重要性が発表されたがここでは割愛した。

近江ふるさと会高齢者問題研究所
顧問　河野稠果

　人口高齢化を表す指標は色々あるが、総人口に対する65歳以上の人口比率が一般に用いられる。日本の高齢化はその進行の速度が極めて速いのが特徴的である。この比率は1970年には7％にすぎなかったが、現在2003年には19％へと急増し、厚生労働省の推計によれば、2050年には36％に達する見込みである。しかしさらに衝撃的な状況は老年従属人口指数の変化である。老年従属人口指数とは、15歳から64歳までのいわば現役年齢人口100人に対して65歳以上の老年人口が何人いるかと示す指標である。それは1970年にはわずか10.2％であった。しかし2003年にはこの比率が28.4％に達した。これは3.5人の現役が1人の高齢者の年金・医療・介護を財政的に負担する構図となる。さらにこの数字は2050年には66.5％と飛躍的に増大する。これはわずか1.5人の現役が1人の高齢者をサポートする状況となり、現役人口にかかる社会保障負担の重みは大変なものとなる。

　このような激しい高齢化の進展は我々の生活に大きな影響を与える。高齢化の進展は若い労働力の不足、貯蓄率の低下、経済活力の減退といった経済的領域に留まらず、長寿と健康のトレードオフ（一方を得ると他を失うこと）、福利厚生の恩恵に関する世代間の不公平性、さらに社会流動性の遅滞と硬直化といった社会的問題が生ずる。現在の社会保障制度が事実上賦課方式に基づいている限り、このまま行くと、現在の年金と医療保険制度が早晩破綻することは自明であるように思われる。

　ここで本講演では4つのことを述べたいと思う。第1は、高齢者は必ずしも病弱で貧しく、経済援助や介護が必要な人たちだけではないということである。65歳以上の人口の中で、4分の3は心身共に健康であり、日常生活に不自由を感じてはいない。大部分の人々は年金やこれまで自前で蓄えた預貯金があり、決して生活扶助の対象者ではない。したがって自立、自助というキーワードが当てはまるケースである。ただしここで問題は、元来「自助」という概念は日本と西欧では若干異なることである。自助というと、日本では老後に備えて若いときから貯金をする行為を思い浮かべる。将来の有料ホームやホームヘルパーに対する代金、病院の差額ベッド代の支払いなどに備える貯蓄をイメージする。一方西欧の場合は、例えば半身不随でも車椅子を操作して料理が作れるように公費で台所を改造することや、市町村が一人暮らしの高齢者の家にホームヘルパーを頻繁に派遣、あるいは補助器具を提供して、自助能力を維持できるように支援し、できる限り施設や病院に入らずに済むようにすることを意味している。日本ではこれまで病気や障害の高齢者を寝たきりの状態に置く場合が多かった。北欧諸国では、寝かせきりという状況はまず見当たらない。自分のことは最後のぎりぎりまで自分でするように努めることが、自助であるとしている。

　第2は、これだけ老年人口が多くなれば、高齢化によって若い世代と比べて損をするのは高齢者なのかというとそうではなく、昔と比べ高齢者は相対的に恵まれた状況になっている。そこで割を食うのは実は子どもであり、さらにその子どもを産み育てる30歳代の世代である。子どもを育てる30代の1人当たり平均所得水準は20歳代あるいは40歳代に比べて劣位にあり、これが出生率を低下させた有力な要因であったことは想像にかたくない。

　第3として、現在日本で行われている賦課方式の社会保障制度を改変する必要性である。現在の社会保障がなぜ行き詰まるのか。それは、減少を続ける次の世代の現役人口に年金・医療の掛け金を負担させることによって社会保障制度を維持しようとするからである。このような世代間契約という考えに基づく賦課方式による年金・医療制度が円滑に機能するためには、幼・壮・老という3つの世代の人口比率が安定的に推移することが必要である。しかし将来この比率は劇的に変化するものであり、社会保障の財源を人口構成の変化に影響を受ける賦課方式に求めることは避けるべきである。現在年金の3分の1は税金に基づく国庫負担によって拠出されているが、これからは半分に引き上げられる。また近い将来需給開始年齢の上昇、社会保障のための消費税率の拡大も当然考えざるを得ないであろう。

　第4のポイントは、高齢化に対する対策の鍵は年功序列制度の改革であるという点である。日本の社会は未だに年功序列制度によって支配されている。65歳を過ぎてなお働きたいと希望する人が多くても、この制度が存在する限り高齢者の継続的雇用あるいは再雇用は難しい。年功序列制度は多産多死時代、すなわち底辺の青少年人口が多く上部の中高年齢層が少ないという、まさにピラミッドの形態をした人口構成の時代の産物であった。しかしながら、それは、今日の少産少死時代、つまり中高年が多く青壮年が少ない逆ピラミッドの時代には適合しない旧時代の遺物なのである。

≪河野稠果氏の略歴≫
1930年生。米国ブラウン大学で社会学博士を取得後、厚生省人口問題研究所入所。インド・ボンベイ国連人口問題研究所教授を経て国際連合本部人口部専門官、人口問題委員会議長などを務めた後、1986年に厚生省人口問題研究所所長に就任。

第2節　急展開する外国人介護人材の受け入れ制度

(1) 矢継ぎ早の外国人介護人材受け入れ制度

　日本の場合には、人材の獲得なしには介護現場が稼働せぬ実態であったことは周知の如くである。特に有効求人倍率の上昇に伴って、日本人を介護職として雇用を求めるのは間違いなく困難な状況になって、来る2025年度には約38万人の人材不足が生ずると厚生労働省は予測している。

　そこで、当然表面化して国策として登場してくるのが以下のような在留資格による外国人の雇用である。この件について外国人入国の許可機関である法務省の委員会での審議過程をみると、提起されている意見は、①「介護」という人を対象とする職種の導入、②受け入れでの処遇・待遇の問題、③従業員同士の円滑な関係、④文化の伝達性等々がある。ここ数年来の、外国人介護人材の日本国への受け入れについての考え方である方向性がよくうかがえる。

1. EPA（Economic Partnership Agreement: 経済連携協定）
   日本とインドネシア・フィリピン・ベトナムとの二国間の経済連携の強化を目指したものだが、入国のためのプロセスが極めて複雑であり、介護人材としての希望を表明しても送り出し国の都合で必ずしも来日が可能となる保証はなく問題も多い。
2. 在留資格（介護）の創設（2017年9月1日〜）
3. 技能実習制度への介護職種の追加（2017年11月1日〜）
4. 特定技能1号（2019年4月1日〜）制度の設置──未だ実績なし

　3年間に3回の入管法改定が行われ、その都度各制度の立法のための理由づけの議論が連日の如くに国会の法務・厚生労働委員会で行われた。特に介護の場合、世界での送り出し国の総数は約30か国となり、各々の使用言語は全く多彩である。加えて人材を送り出す国において指定された「送り出し団体」と日本国の政府承認を得た「受け入れ団体」の仕組みや実行力に足並みが揃っているとはいえない実情がある。特に3年間に3つもの改正法案が

矢継ぎ早に議決されたために、この制度を利用する側の理解は今ひとつであるといえるほど、日本国内での理解も十分に消化されているとはいえないのが実態である。

　特に2020年度は、家族だけで担ってきた高齢者の介護を社会全体で支え合う「介護の社会化」を目指して誕生した「介護保険制度」が4月で20年目を迎えた。高齢者の「家族頼み」の脱却を目指す中で介護人材の不足は最大の峠であり、外国人の雇用がなくては、その目標は到底達しがたい。しかし現実の社会動向をみてみると、私の脳裏をよぎるいくつかの現実がある。アメリカの高齢者入所施設では、トップのマネージャーは白人で、介護のワーカーはほとんどが外国からの移民であるという現実を目にしたことがあった。日本とは制度が違うので単純な現状比較はできにくいが、日本の将来もこうしたタイプに変貌するのかもしれない、と複雑な思いになることもあるのだが。

(2) 外国人介護人材の受け入れの現実

　すでに述べてきた如く、日本の介護現場には外国人の雇用以外に介護現場を確実に稼働せしめる策は見通せないのが現実である。我が法人は技能実習制度がスタートしたときの第1期生として9名、2期生として12名、そして3期生として11名。2022年末までに、技能実習生第4期生13名の受け入れで45名となる予定である。また、それ以前からEPAの合格者1名を雇用してきたが、このEPA介護福祉士候補者受け入れの総計を60名まで伸ばしていくフル稼働計画で、近江ふるさと会はことを進めている。この方向性は、外国人雇用についての我が法人の方向性として度重なる論議の末に定めたものであるが、入所希望者数とも関わるのである意味では難産でもあった。

①外国人雇用の方針についての職員の理解度

　約15年にわたる中国からの学生受け入れの経験から、職員の国際的意識は相当に高まっており、マンツーマンのトラブルは全くなかった。インターンシップで1年間滞在勤務した学生が、卒業してから再度来訪して勤務している例も少なからずある。また、当方の職員は年に1回グループで休暇を利用して中国を訪問し、来園した学生たちと旧交を温めていることも有効に働

写真3　外国人職員専門の寮：むつみ寮（左）と2020年春に完成したなぎさ寮（右）

いている。

②徹底している「仕事上の同志」意識

　我が法人では、あらゆるセミナーや研修の機会を通じて、決して外国人とは考えずに「仕事の同志として助け合いながら高齢者の方々の心に寄り添うべし」という教育を徹底している。

③仕事上の相互扶助や友人としての協力

　仕事上の指導は、各々の上司の力によることが多いが、日常必要品の購入などは、全員が定期的に法人のバスで商品を購入したり、同じ職場の者が自分の車で案内したりして寮まで送ることもある。加えて、全員に新しい自転車を貸与して自由に活用してもらっている。

④食　事

　寮の各個室では自炊できるキッチンとトイレ・バスが備わっているので、各自が自由に自らの好みに合わせて食事を準備している。

⑤職員の生活環境

　近江ふるさと会は、36年前の創設当初から職員の福利厚生には特に力を入れ、日本人、外国人を問わず常勤職員のために全個室の生活寮を設備している。特に2020年3月に完成した琵琶湖畔に新築された全個室の「なぎさ寮」は、交代勤務（早出・遅出・夜勤）に備えた外国人専用の宿舎で、職員

表2　近江ふるさと会の3つの寮の概要

	石寺寮 （ふるさと園内） （2009年7月改築）	むつみ寮 （第二ふるさと園内） （1996年3月設置）	なぎさ寮 （ふるさと園内） （2020年3月完成）
部屋数	10部屋	24部屋（日本人も居住）	24部屋
床面積 （1部屋当たり）	30.28㎡	22.05㎡	14.1㎡
設　備	バス・トイレ・キッチン 洗濯機置き場・ベランダ オール電化	バス・トイレ・キッチン ベランダ・洗濯機置き場	トイレ・洗濯干し 食堂・キッチン 洗濯場は共用

　宿舎は全個室で58室（他に予備用の日本間3室）3寮がある。また、寮の規則を定め、各々の寮に担当者を任命している。

⑥日本語補強教育

　特にN3、N4の外国人に各土曜日の勤務時間扱いで、授業を専門の講師に依頼し、平常は宿題を課して成果を判定してもらっている。これにより現在は全員がN3以上になり、特に1期生は全てN1かN2に成長している。

⑦地域社会の再編成

　近江第二ふるさと園は、市内の「福祉ゾーン」の中核施設になっているが、創設地の近江ふるさと園は伝統的に湖畔の漁業を営む集落の中にあり、昔から公共施設を立地したことのない地区であった。つまり、他地方の方々が、町の一員として加入することへの抵抗は決して少なくなかった。こうした中で施設を開設することを理解して頂くために、毎晩地元の公民館に通い、近郊三町の方々に我々の意企と方向性を理解して頂くのに3か月を要したことは今でこそ懐かしい思い出となっている。こうした施設開設のプロセスがあったので、地元の方々とはできるだけ交流の機会を増やしたいと願っていた。

　創設10年目頃からは、施設内の湖畔の松並木につながる芝生の庭で「江州音頭」の大イベントを毎年催し、施設入所者も交えて実に盛大に夏祭りを実行してきた。今や近郊の他法人の職員も参加して、1000人を超える大イベントになってきている（現在は敷地整備のために休止している）。また、施設拡張の折には、土地の所有者が挙げて協力して頂いた。こうして公共施設

の社会的意味を理解することさえ難しかった地域社会に、時代の要請とはいえ外国人を同じ隣人として受け入れ、さらに親しく交友の情を結んで頂けるためには、如何に施設と法人の努力が大きいかを我々は体験したのである。

（3）外国人介護人材の教育の現実――海外福祉実習生・EPA介護福祉士候補者・インターンシップ生受け入れ経験から

①外国人との協働の実際

　先述したように、近江ふるさと会では15年以上にわたり海外福祉現場研修として多くの外国の大学生を受け入れてきた実績があるが、当初は受け入れる職員側にも戸惑いがあったことは否めない。そして、受け入れを続けるうちに、母国語に訳した資料を使い、丁寧なオリエンテーションを行う必要があることを学んだ。そこで、湖南師範大学冉毅教授にご協力頂き、生活面から実際の福祉現場研修で行う内容までを網羅した母国語のオリエンテーション資料を作成した。特に介護場面は、解説図を入れるなど視覚的にもわかりやすくなるよう留意した。冉教授には終始学生たちとともに、介護現場で自ら介護を実践して頂いた。

　オリエンテーションの講師は日本語で話すが、通訳を交えて、母国語の資料を用いることにより、実習生の学びは飛躍的に増した。自国でさえも高齢者との関わりのなかった実習生が、異国でそのような体験をすることは非常に貴重なことである。また、来日当初は大変な思いをしている実習生も、徐々に利用者や職員との関係性を築いていく。

　毎年実習生を受け入れる中で、職員や利用者の思いも徐々に変化していった。当初は日々の高齢者への介護業務と並行して行う福祉現場実習生の受け入れに苦慮していた職員が、自ら企画し交流会を行うようになる。また、最初は戸惑っていた利用者も「今年はいつ海外の人が来てくれるの」と心待ちにされるようになる。言葉では伝わりにくい実習生にどのように理解をしてもらうかを工夫することは、日本人の新人育成にも参考になることが多い。「まず見学からはじめ、一緒にやる」「次に実習生がやっていることを確認する」。傍で見ているのと実際にやってみることの間には大きな違いがある。現場で最も重要だと考えるのは、実習生がわからなかったり不安になったりしたときに職員に聞いて確認できる関係性の構築である。まず声を掛けやす

い雰囲気を作らなくてはならない。それは普段話を聞いてもらいたいと考えている利用者への接し方にも通じるものである。

　指導するはずの職員が逆に実習生から教えられる場面もある。重度の認知症高齢者との関わりでは、言語より非言語のコミュニケーションが有効であるのだが、頭では理解していてもなかなか実践できないこともある。言葉での意思疎通ができない認知症高齢者が、日本語を話せない実習生に対して笑顔を見せ入浴の誘いに応じる場面には職員も驚かされた。言葉を話せないから態度で利用者に伝えるのではない。言葉を話せる職員も心と態度が一致することで利用者に伝わるのである。

　実習生の研修の最終段階では、高齢者問題研究所という法人内の勉強会で、各々がこの研修での学びの成果を日本語で堂々と報告する。そこで実習生は、忙しさの中でも施設の職員の日々の利用者への関わりの態度について例外なく最大限の評価をする。職員にとって家族や利用者からの評価も大きなモチベーションにつながることは間違いないが、共に頑張ってきた実習生の言葉によって、職員自身の仕事の振り返りができるのである。また、交流会では琵琶湖畔の施設内にある芝生で実習生と日本の職員が共に語らい、最後は手をつないで共に歌を歌う。このような経験は海外の人たちだけではなく、時に疲弊してしまう高齢者介護の最前線にいる職員にも大きな活力となっていることは間違いないであろう。

　近江ふるさと会では2010年にフィリピンから1名を受け入れ、日本語を教える職員とともに介護福祉士の勉強をする職員を決めて懸命に努力した結果、4年半後見事に介護福祉士に合格した。合格の知らせは、本人だけではなく、その努力を知る多くの同僚も、自分のことのように喜んだ。現在では職員として夜勤・担当業務・記録・報告も日本職員と同様に行い、共に頑張る大切な仲間である。また、中国の湖南女子学院からインターンシップ生として現在第3期目になる学生を受け入れている。インターンシップ生は活動中に卒業論文を作成する。

　インターンシップ生の帰国日には、早朝や真夏の炎天下にかかわらず利用者が見送りに出てこられる。普段はあまり字を書かれることのない方が手紙を渡し、車椅子に乗っている方も立ち上がり懸命に手を振る。変則勤務で疲れている職員がわざわざ駆けつけ別れを惜しむ光景が毎度である。長い歳月

をかけ、職員にも利用者にも自然に海外の方を受け入れる土壌ができつつあることを確信している。

②技能実習生の受け入れに際して

　技能実習生の受け入れにあたっては、外国の方との協働体験があったためスムーズなスタートになったことは幾度も述べた。しかし、技能実習制度の導入については、これまで受け入れてきた1か月の短期学生の導入とは異なり、改めて職員にしっかりと理解の浸透を図ることが必要であると考えている。役職者は当然だが、現場スタッフや宿直者も積極的に意思疎通を図った。技能実習生の受け入れは、あくまで近江ふるさと会の全職員で行う必要があると考えたからである。技能実習責任者・実習指導員・生活指導員は、早くから研修を受け技能実習制度への理解を深めた。そして園長や技能実習担当者らが、受け入れ後の混乱がないよう話し合いを重ね、来るべき技能実習生の来日に備えた。

　技能実習生の立場から考えると、何もわからない異国で、しかも慣れない高齢者の介護を行うことはとても不安であろうから、近江ふるさと会では、必ず入国に際して到着する空港まで技能実習責任者が迎えに行く。施設への到着が深夜に及ぶこともあるが、私もできる限り出迎える。緊張した面持ちの技能実習生が、少しでも早く日本に馴染んでくれることを願い握手する。そして施設へ入職後のオリエンテーションで、我が法人設立の理念である「近江ふるさと会運営の理念」を伝える。併せて、日本の生活習慣を知る意味で、施設の食事を食べてもらい、日本の文化にできるだけ多く触れてもらいたいとも伝える。職員の中には中国語が話せる職員もいるが、実習中は皆が日本語で話すこと、そして大事なことは、利用者は人生の先輩であるのでそれぞれへの敬意が大前提であることを強調する。この点は儒教の教えを汲む中国の技能実習生には理解できている。

　また、中国では親しい仲では改まった挨拶はしないが、利用者はもちろん、同僚や面会者にもしっかり挨拶をすることを伝える。すると間もなくして職員と同様かそれ以上に、ハキハキした挨拶が技能実習生から聞かれるようになる。寮でのごみの出し方や掃除の仕方も生活指導員を中心に指導する。あらかじめ決めておいた日時に、寮の様子を見にいく。日本に来るまで

自炊した経験のない者もいる。管理が目的ではなく、生活指導員を中心により良い暮らしとなるよう相談にも応ずる。

　また、日常生活に少しでもスムーズに適応するために、実習生の休日の過ごし方の便宜を図っている。例えば、車の運転ができない技能実習生のために、全員に1台ずつ自転車を貸している。実習生に貸す新品の自転車は、入居者の御家族の方々から大量に寄贈して頂いた。

　近江ふるさと会では特養2施設と障害者支援施設の3施設を運営しているが、入浴や排泄などの介助には最初は抵抗を持つ実習生も少なくはないが、丁寧な指導と職員の介護に対する姿勢を見て、いつしか同様に業務ができるようになる。1、2期生の経験から3期以降は看護師資格を持っている看護学校の卒業生に的を絞っている。高齢者介護には看護の知識と経験が貴重であるという1つの方向性を得たのである。

③同じ志のもとに

　私は以前から職員に、「海外から来る学生も、技能実習生も同じ志を持つ仲間・同志だ」と再三言ってきた。その思いが少しずつ浸透し、今では職員が共に働く同僚として自然に部署での動きをとっている。職員に体調不良者など急な欠勤が出た際は、実習生自ら時間外勤務を申し出てくれる。部署の親睦会や例年行っている互助会の1泊旅行に、技能実習生も参加している。まさに苦楽を共にする同志である。

　国の違いや制度による立場の違いはあるが、利用者に関わる対人援助職としてはいささかも違いはない。近江ふるさと会では、月初めに老人福祉施設倫理綱領を全職員が唱和しているが、その「条文6　国際的視野での活動」に、「老人福祉施設で働く私たちは、諸外国との交流を促進し、国際的視野にたち、相互の理解を深め、福祉の推進に資するよう努めます」とある。

　時代の変遷とともに、現在は職場でも地域でも海外の方との共存が当たり前の生活となった。時間を掛けその必要性を説いてきたが、幼少期から海外の方と机を並べ共に生活してきた今の若い職員には当然と言われることかもしれないが、大きな喜ばしい変化とみている。また、今はまだ32名だが、今後60～70名の技能実習生を受け入れていくこととなるだろう。長い人生で多くの人との出会いや体験を重ねてこられている利用者にとっては、職員

写真4　笑顔で介護する中国からの介護職員たち

も技能実習生も何ら変わりはない。

　技能実習2号から3号への移行を希望する者や、介護福祉士の受験を目指し実務者研修の受講を申し出ている人も数人いる。現制度では、あくまで技能実習生は日本人職員の指導の下、業務を行うとされているが、いずれ中国の介護福祉士の方が日本の新人職員に介護の手ほどきをする。そして、さらに時代が進むと、日本人・外国人の境目がなく共存していく時代が来るであろう。高齢化のスピード、各国の情勢、制度が追いついていかない現状もあるが、その中で国や時代を超えて、唯一不変であるのは「人が人を思う気持ち」「人生の大先輩を大切にする気持ち」は人間にとって最高の心情であると私は信じている。

④外国人との協働を通しての異文化間の調整と課題
● 海外福祉現場研修生受け入れとの関わりから

　すでに説明した如く、近江ふるさと会では、ここ20数年来、中国や台湾、韓国などから短期1か月の大学生を受け入れてきたが、彼らは母国の大学に籍を置く立場で、日本に来て初めて本格的な高齢者福祉・介護福祉に関わることになる。そこで、思っていたよりも自分たちにできることが少ないことに戸惑うようだ。利用者の単なる話し相手になることを良しとせず、もっと自分の体を使った活動をしたいと感じる人たちも多い。あるいは利用者である高齢者がもっと活発に運動することを期待する。そのことが高齢者のためであり、より長生きするために必要なことであるとし、これらを実践することで介護する側の達成感や充実感が高まると考えるのである。

特別養護老人ホームに入居する高齢者の実像は、措置費で対応する時代とは全く変わってきている。「近江ふるさと園」を開園した頃の利用者は介護する側の支えを必要とせず自分の足で歩ける人が多く存在した。ほとんどの職員がいわゆる「素人」であっても、その職員を助ける存在になり得る利用者も多くいた。しかし、今はそうではない。車椅子を使って移動する人が増え、その行動にも介助が必要であることが多い。食事もその人の嚥下状態や嗜好に合わせてさまざまな形態や献立を用意する必要がある。入浴の場面でもリフト浴や臥床式の浴槽による入浴者が増えている。

　集団ケアから個別ケアが重視されるようになり、生活の場としての設えも進められるようになった。世間の要求度が徐々に高まる中、職員は限られた人員の中で対象者1人ひとりに必要な介護を提供していかねばならない。しかし、限られた人員であるがゆえに、必要な介護の中でも優先順位をつけて、まずは命を守ることから行わざるを得ない。そのため利用者1人ひとりとゆっくり対話する時間をとりたくても、互いに満足いくまで、というのは難しいのが現実である。このことを踏まえて、職員は「せめて学生が来てくれたときくらいは」と考え、言葉だけではない利用者とのコミュニケーションを学生に勧めることがある。しかし、学生側としては前述の通り、体を使って活動すること、手伝いをすることが介護と思っている場合が多い。「隣に座って一緒の時間を過ごすことも介護の一部である」という認識が薄いのだろう。しかし、実際の介護体験を繰り返すことによって、その認識は変化していく。身体的な介護だけではなく、精神的な介護の必要性や施設を利用する高齢者の気持ちとその家族のあり様、言葉でなく伝わる互いの思いと思いやりなどである。

　さて、短期の学生を受け入れるたびに、その変化を我々職員は目の当たりにする。例えば、基本的には同性介助が望ましいが、実際には異性介助となる場面もある。ほとんどの学生には異性介助への抵抗感が強く存在する。特に排泄や入浴はただでさえ個人の尊厳、人権といったものを理解したうえで、かつ介護を要する高齢者の心情を慮る必要がある。どの介助もはじめは見学から行うが、「その見学すらもしたくない」という思いを若い学生は露にするのである。学生を受け入れている我々としても、これは想定内のことである。いつか越えてほしいハードルではあるものの、越えるタイミングは

個々に計ることとし、どのような段階を踏むべきかを検討しながら進めることとしている。

　具体的には、まずは相手との距離感を考え、より良い関係作りを目指す。挨拶から始まり、笑顔での関わりや言葉かけ、少し肩や腕に触れるなどの軽い接触を通して、その人となりを知ってもらうのである。施設を利用する利用者が可能な限り自立した（あるいは自律した）生活を送れるよう、手助けするのが職員の務めである。その人となりを知ることで、自分たちにできることがあればお助けしたい、という気持ちが自然と湧き上がることを期待している。その期待に応えた学生は、単なる「高齢の利用者」ではなく、「〇〇さん」という個人名での認識ができているのだと考える。当然人対人の関係であるので、相性という別角度からの問題はあるだろう。しかし、これは些細なことである。チームで介護をしている強みを生かして、対応する職員や学生が交代する。これもまた想定内である。

　排泄介助に関していえば、臭いに対する嫌悪感もある。これは当然の感覚でもある。逆に、この感覚がマヒしているほうが危ない。特に便の臭いに対して、排泄に関わる感覚が鈍ってきた利用者の排泄介助においては重要な感覚である。この気づきから介助が始まるのである。前述のような、集団としての捉えから個人の捉えという段階を経て、臭いに対する嫌悪感よりもその人の快適さを実現することに価値を見出していく学生も多い。さらに、入浴介助においては、その人の裸を目にする学生自身の恥ずかしさよりも、入浴して「気持ちよかった」と話す利用者の笑顔に喜びを感じるようになる。入浴介助は、ある部分では体を使った活動であり、そのことによる充実感が得られているともいえるが、それだけではない価値も見出せるようになるのである。

　外国人の中には、日本の挨拶に馴染みがない人もいる。朝の「おはようございます」、昼間の「こんにちは」、夜の「こんばんは」をはじめ、利用者の部屋を訪れたときなどの「失礼します」「失礼しました」、何かを頼むときの「お願いします」、お礼の「ありがとうございます」といった基本的なことである。どんなときにどの挨拶が適当であるか、指導する側が率先して挨拶をすることで学び、会得し、実践していく姿がみられる。簡単な挨拶であれば、日本語の習得が十分でない学生であっても覚えることは容易である。ま

た、職員たちはできるだけ標準語を使おうと努力し、専門用語ではなく平易な言葉で説明することを意識する。利用者が使う方言には度々困惑する学生たちではあるが、それも利用者との交流を深める中で「利用者さんに教えてもらった」と喜び、大きな収穫として捉えている。

さて、学生たちの活動中にミーティングの機会を持っているが、食文化の違いが話題になることがある。施設で提供する食事はどちらかと言えば「老人食」がベースとなっている。そのため若い学生にとっては量が足りなかったり、おかずが甘かったりすることに違和感があるようである。また、健康管理も仕事のうちであるが、異国で体調を崩した場合の不安や心配は互いに大きい。そのため実際に利用者と関わる前の説明の中で、感染症対策については看護師から講義をし、「手洗いのしかた」をレクチャーしている。清潔・不潔に対する認識に差があることを感じる場面でもある。また、車椅子の種類や入浴機器についても日本にあるものの多様性や高機能に称賛の声を上げる学生が多い。

●技能実習生の受け入れと関わりから

これらの外国人短期（1か月）の学生や1年間のインターンシップ学生の受け入れを経て、外国人技能実習生受け入れに入ったのであるが、学生による大学長期休暇中の活動とは当然のことながら趣は異なる。母国である程度の学習や実習が必須であるというのが前提でもあるが、働いてその対価を得るという各々の動機が当然意欲にも率直に表れている。

実習生には、それぞれ実習指導員がついており、それ以外にも現場の職員

写真5　笑顔で介護する中国からの技能実習生の皆さん

が技術の習得のために、日々の指導を行っている。その関わりの中で、2名の実習指導員自身が実際に実習生の指導を通して感じたことを以下に挙げてみる。

技能実習指導員①は、全般的には、技能実習開始当初は、言葉の問題が大きかったことや、実習生によっては人と関わること自体に苦手意識を持っている様子があったことを報告している。これらは、介護や福祉に対しての認識の差以前の問題であった。また、1年を経過する頃（介護技能実習評価試験合格後）から、介護の知識や技術に自信がついてきたこともあり、利用者に対して柔軟な対応（希望に合わせた対応）や丁寧な言葉遣いを意識的にできるようになってきたと報告している。以下に、技能実習指導員①が担当した実習生個々についての実際を表にまとめてみた（表3参照）。

次に、技能実習指導員②は、指導した技能実習生について、次のように述べている。「自己主張が強いと感じることはなく、一生懸命知識や技術を吸収しようとする姿勢が感じられる。異文化間の違いは『時間の感覚が乏しい部分がある』という点である。各実習生の積極性に対して、指導する側がその力を引き出せるよう、個々の進展度を的確に捉えて指導するという意識が大切になってくる。我々が見本となるために、言葉遣いについて職員1人ひとりが強く意識して進めていく必要がある」。

まとめると、いずれの技能実習指導員も、実習生に対して大きく異文化間の違いを感じることは少なく、あくまで個人差、個性との捉え方をしている。そもそも技能実習の目的はある程度明確であり、大きな決断をして来日しているという前提は大きい。反面、仕事としての割り切りが前面に押し出されると、対人援助としてあるべき心の遣い方についての指導に苦慮することはある。個々の価値観や性格によって、指導方法を工夫し、組織の中で同じ方向を見ることができるように導いていくことに国による違いはない。ただ、長年海外から、特に中国から福祉現場実習生を受け入れてきた経験から、「物事をはっきり伝える（言い切る）こと」「態度を曖昧にしないこと」「規則を守ることの大切さ（特に時間に対して）を繰り返し伝えること」は常に意識して指導している。このことが上手く作用してか、実習生は、指導者や職員の言葉に耳を傾ける姿勢が保たれている部分があるが、行きすぎると指導する側の先入観や思い込みにもつながりかねない。「外国人は自己主張

表3　技能実習指導員①が指導した中国からの技能実習生の実態

実習生	実習生の実態
A（女性）	• 介護業務に対して消極的な発言が多く聞かれた。「自分だけがしんどい思いをしている」「業務を考えてほしい」「早出を減らしてほしい」「移乗介助はしたくない」などの主張・要求が増えた。介護はチームで成り立つもの、職員間での声の掛け合いやフォローが必要であることを伝えるが、当時は納得できない様子であった。時間経過とともに職員との関係性が築けてきたのか、前述のような発言は減少してきたが、自身の要求を強く前面に押し出す態度は文化の違い、考え方の違いによるものかと思われた。 • この実習生は積極的に介護の知識や技術を学ぼうとする姿勢に乏しいのではないかと感じる。ただ、日本語能力は向上しているため、利用者ごとの適切な対応への理解はできつつある。
B（男性）	• 実習生自身の価値観を押しつけてくることはなく、文化の違いを感じることは少ない。臥床介助や排泄介助、ナースコール対応などの介護業務に積極的に関わり、技術を吸収しようとする姿勢がある。柔軟性もあり、業務の流れや「今何をするべきか」を敏感に感じることができている。 • 時間に対するルーズさもなく、時間前行動を意識している。本人の性格的な面で、やや大雑把であったり、言葉がけに丁寧さを欠いたりする部分はあるが、これは異文化間の違いというよりも単なる個人差である。
C（女性）	• 自己主張がそれほど強いわけでもなく、文化の違いを感じることはない。日本語を一生懸命勉強し、特にヒアリング能力は格段に向上した。介護業務を覚え、吸収しようとする姿勢も感じられる。臥床介助、排泄介助そして入浴介助などの直接介助の場面において、対象利用者を自分で選ぶ傾向があるが、これは日本人の職員であってもそういった人は存在する。苦手への克服意欲が高いかそうでないか、の違いである。 • 言葉遣いで丁寧さを欠く部分はあるが、日本語を話す能力が向上すれば改善される部分ではある。言葉の面で課題が多いと、そこから得られる情報が限られてくる。
D（男性）	• 異文化間の違いを感じることはなく、日本語能力も高いが、伝えたことをどのように理解しているか確認する必要がある。日本と中国で同じ漢字を使っていても、意味が異なる場合がある。意味を互いに確認しないと、肝心な場面でズレが生じ思わぬトラブルにつながる場合もあるので、用心している。 • 臥床介助、排泄介助、入浴介助などに積極的に取り組んでいる。環境整備などの間接介助への意識は当初欠けていたが、指導を受けてからは改善された。業務を覚え、目の前のことだけでなく周囲のことも見えるようになってきた半面、そのことから生じる焦りがあるように感じる場面も見られた。
E（男性）	• 技術などの習得ペースはゆっくりであるが、学ぶ姿勢も見られる。1つひとつの業務を丁寧に進めている。マイペースゆえに周囲の状況はあまり見えていない様子がある。日本語能力に関しては自らの学びもあり、ヒアリング能力の向上が著しい。自身が話す言葉の数も少しずつ増えてきている。
F（男性）	• 利用者、職員に対する物腰も柔らかく、丁寧な関わりができている。「ごめんなさい」「ありがとうございます」が口癖のようである。日々の業務の流れを把握できるようになったが、利用者や職員に迷惑をかけないようにしようとする思いが焦りにつながっているところがある。

が激しい」「時間にルーズ」というのは、これまでの経験から必ずしも嘘ではないのだが、それだけでもない。その微妙なバランス感覚が指導する側に求められ、外国人であるがゆえに理解が乏しい日本の感覚をどのように介護や福祉と絡めて教えていくかは大きな課題である。

さらに、技能実習生の中には、思わず「日本人より日本人らしい」と感じてしまう人も存在する。実習生からすると、自国で身についた「年上の人を敬うべし」という習慣からの言動であろうが、近年の日本における若年層においては少数派になりつつあるという感傷からか、裏のない謙虚さに感動することもある。そして以前から働く職員がこのような実習生の姿を見て、自身を振り返り改善すべきことを認識する状況も生まれている。そういう意味では、異文化間の違いがプラスの作用として働くこともあり、職場の活性化のきっかけとなる。

先にも述べたが、職員が技能実習生や福祉現場研修生である学生に介護の根拠、考え方や技術を教えるときには、できるだけ標準語を使い、専門用語ではなく平易な言葉を使うことを意識することは、利用者やその家族への心遣いにもつながっていく。自分を大切にするように、相手のことも大切にする気持ちを養うことにつながるのではないだろうか。なお、今現在受け入れている技能実習生およびインターンシップ生の手記があるのでご高覧頂きたい（章末資料2参照）。

最後に、中国や台湾、韓国から福祉現場研修生として大学生を受け入れたとき、私はいつも伝える一文がある。この言葉は、日本語をあまり習得していない外国人にもわかりやすい言葉で、「福祉の心」が伝えられると考えている。

> 「こころ」はだれにも見えないけれど　「こころづかい」は見える
> 「思い」は見えないけれど　「思いやり」はだれにでも見える
> 　　　　　　　　（詩人　宮澤章二著『行為の意味』77篇の中の一文）

おわりに

「戦前」「戦中」そして「戦後」という言葉。これこそが現代の日本の高齢

者にぴったりの人生の現実であった。医療の未発達や経済的貧困から幼くして倒れていく子どもたち。将来を期待されながら戦の庭でご子息たちを失ってきた人々。物心両面の痛みに追いつめられてきた、あの過酷な戦後の生活の痛み。

「生きていて本当に良かった。毎日がとても楽しい。又、この楽しい人の世に生まれ替わってきたい!!」

というのが、我々近江ふるさと会の創設以来の施設運営の理念であるが、今の施設利用高齢者にはまさにぴったりの連帯感があると思う。

若い頃からの長いトンネルを抜け出て来てみたら、文明の光が輝く高齢社会へと変貌していた。大家族制度の時代には、高齢者というだけで常に高座にあって一族に命令を発していたし、もし病にでも倒れたらその世話は嫁の責任だとされてきた。時代は一変して、高齢者も高座を降り、嫁と横の関係を重視する社会人として急速に蘇生していき、日本国は世界の先頭に立って超高齢化社会での構造に手を付け出した。それが「介護の社会化」であり、新時代への世論として急速にその方向に傾いていったのである。家族頼みの介護を脱却して、介護の社会化を実現するさまざまな施策が企画されたが、所詮介護の主役は「人間の手」と「高齢者への愛情」であることは些かも変わりはない。となると、介護の実践のために優秀な人材は絶対に不可欠であり、そのために外国人の手を借りる国の体制はいよいよ重大なものとなってきている。

しかし、ことが国際関係に関わることだけに諸国の利害関係は複雑であり、仕事にふさわしい人の来日雇用は受け入れ側の諸々の配慮が必要となってくる。ことに日本人個人の深い人間への配慮が必要であり、常に人間としての尊敬と愛情を欠かすことができないということを、我々の外国人雇用の根本にしっかりと置かねばならぬと常に自分自身にも言い聞かせている。

【注記】我々の法人の外国人実務責任者である竹村求哉・吉川廣明・清田成子の各課長が、データ分析にご苦労してくれたことをここに加記しておく。

【参考文献】
宮澤章二『行為の意味——青春前期のきみたちに』ごま書房新社、2010

資料1　提携大学の学生の手記（福祉現場研修学生およびインターンシップ生）本文記述のまま

1.【中国】湖南師範大学　日本語学科　邱倩怡

　ふるさと園で過ごした1ヶ月余りの体験は、研修生活よりも、日本との美しい出会いと言った方が適切かもしれません。自然の美しさとか、自然と人間の調和の取れた共存状態とか、人間同士のやさしい心を抱いている接し方とか、いずれも感心させられた。この度、園内の職員さんと利用者さんたちから教えていただいたいろいろなことや、仕事の中で与えていただいたたくさんの勉強する機会と挑戦に対して、感謝を申し上げます。これから、ふるさと園で学んだ貴重な経験を活かして、少しでも自分の国の発展の力になれるように頑張って行きたいと思います。

2.【台湾】慈済技術学院大学　看護学科　余宛翎

　かつて台湾で他人の排泄物を目にした時にはその対応に混乱してしまったことがあり、今回も自分にできるか不安でしたが、日本のこの施設ではスタッフの方々がきめ細かく完璧に綺麗にしているのを見て、改めて日本人の年配者に対する尊敬の念が強まりました。スタッフの皆さんは、見習いの私たちに介護の上手い下手に関わらず入居者の皆さんの介護について経験させてくれましたが、スタッフの皆さんと違って上手くできない時は入居者の皆さんも不満に思っているのではないか、最初は不安に感じることもありました。しかし、こうして皆さんに少しでも経験をさせていただいたので、実習によってたくさんのことを学ぶことができました。これらの経験を通じて年配者の方がどのようにしたら心地よく生活を送れるかということについて学ぶことができたと思います。

3.【中国】湖南文理学院　日本語学科　王賛

　日本へ行った僅か1ヶ月の奉仕活動は、私の人生の中で絶対に忘れられない体験だったと思っている。帰国後にこの体験について友だちとチャットした時も、すごく誇りに思っていた。わずか1ヶ月の奉仕活動ではあったが、実は職員の皆さんに仕事の仕方とか、生活の態度とか色々教えてもらった。仕事中、職員さん達はいつも真面目な態度で、利用者さん達に対して優しい笑顔を浮かべながら仕事していた。でも同時に、リラックスする時にはリラックスしていました。例えば、食事会での職員さんたちは仕事中の様子とは全然違いました。そういうふうにすれば仕事は効率よくなるのだと思う。

　中国に帰国した後も、ふるさと園で利用者の皆さんと一緒に交流した場面をよく覚えている。利用者さん達の健康を願ってやまない。そして、職員皆さんが幸せな生活を暮らされることと、皆さんの力によって日本の高齢者問題が改善されることを望んでいる。

4.【中国】湖南女子学院　英語学科　郭侍瑶

　日本へはじめてきた私は、まず日本の美しいこと、ふるさと園の施設の完備と管理のよさを感じました。介護は、最初は難しいと思いましたが、職員に教えてもらって少しずつ慣れ順調になりました。高齢者とかかわり、その孤独さも感じました。側に寄り添うことで、絵を書いてあげたり、折り紙を一緒にするなど、私がどんなに小さいことをしても、お年寄りはいつも笑顔で「おおきに」と言います。とても感動します。ここに努力すれば2倍お返しがあります。ただし、このお返しは感動だけでなく、自分の祖父母に対する態度の反省もできました。

　どんな仕事にも責任をもって、まじめにやるべきで、いいかげんに手を抜いたりするのは絶対だめです。大切なことを学んだ活動となりました。

5.【タイ（インターンシップ生）】ラチャパット大学　日本語学科
ハタイナン・ピムジャイプラパー

　近江第二ふるさと園で研修したことで、たくさん経験をしました。研修する前私は、介護は難しくなく分かりやすいと思っていました。でも、やってみるととても詳しくて、厳しいことであると分かりました。食事も咽せないように注意しなければなりません。入浴も身体を洗うのも難しいです。利用者さんに嫌がられてはだめですから。レクリエーションでも、楽しむことを、ゲーム・体操・面白い話と考えて一緒にやるのです。

　介護職は、身体も心の世話もすることなのです。利用者さんは、幸せと安全がほしいのです。そのことが分かって、どのように接することが大切なのかを学びました。

資料2　2020年に在任した技能実習生・インターンシップ生の手記（本人記述のまま）

技能実習第2期生（2019年11月入職）
氏名：（S・G　男性　25歳）　日本語力……N1　湖南省
所属部署：指定介護老人福祉施設近江第二ふるさと園　2階

　来日前、他人の世話をする経験が全くなく、かなり悩みました。例えば「生活に慣れるか」「平等に接してくれるだろうか」「かなり疲れるかな」などです。しかし、実際に来て5か月が経ち、その心配事が無用だとわかりました。思った以上に慎重に接し、仕事について丁寧に教え、生活面もいろいろ配慮して頂き、感動しています。仕事は、勤務によって違いますので、混乱してしまう時もあります。昔のオフィス仕事に比べて何倍も疲れますが、利用者さんに微笑んで「ありがとう」と言われると、すぐに疲労が癒されます。

　日本での生活は、思うほど難しくはありません。自分の日本語が少しずつ進歩し、日本社会のルールを守ることで普通の生活を送っています。

　自分はまだまだ不器用ですが、先輩方のように知識豊富で、心も強い介護職員になりたいと思います。

湖南女子学院第3期インターンシップ（2019年10月来日）
氏名：（R・Y）　湖南女子学院　家政学　日本語力……N3　湖南省
所属部署：指定介護老人福祉施設近江ふるさと園　E棟1階ふじ

1.　来日前と来日後の違い

　日本に来る前から日本という国が好きです。私の印象では日本の環境はとても良く日本人もとても礼儀正しいです。多くの中国人の心の中で日本のアニメは素晴らしいです。中国にも私のように日本の文化興味を持つ若者がたくさんいます。私は日本に行って実際に感じてみたいと思い実習プログラムに参加しました。日本に来てみて確かに想像と同じです。現実の日本は環境が良いです。日本人も真面目に仕事をしています。今の職場の雰囲気が好きです。

2.　日本での生活の実感

　日本の環境はとてもいいです。琵琶湖の景色はとても美しいです。仕事が終わったら綺麗な景色が見られて気持ちが楽です部門のおばあさんはとても可愛くて優しくて従業員たちもとても辛抱強いです。私ができるまで何度も教えてくれます。不便なのは日本の交通です。日本の交通費は中国より高すぎます。だから私たちはいつも自転車に乗ります。でも天気が悪いと自転車に乗るのは難しいです。

3.　介護現場の感想

　今は三大介護を勉強しました。一人で排泄、入浴、食事の介助を行うことができます。最初は難しいですが何度も練習すれば上手になります。仕事をしている時、認知症のおばあさんに会います。この時彼女とどうコミュニケーションを取るかが重要です。職員さんは彼女の気持ちを落ち着かせるために工夫します。介護の仕事をするには忍耐と責任感が必要です。スキルは練習で覚えられます。

4.　生活上の課題

　来たばかりの時は日本語が下手で職員と利用者さんの話がよく分かりませんでした。しばらくしたら職員と簡単なコミュニケーションができます。最初は日本の食べ物にあまり慣れませんでした。日本の食べ物はあっさりしています。中国人は辛い物が好きです。でも私たちは自分で料理ができますから大丈夫です。買い物をするときはちょっと面倒です。自転車で出かけるので天気が急に悪くなった時は大変です。

5.　自分自身の将来をどう考えるか

　大学の時は家政学を習っていましたが中国の家庭サービスはだんだん発展しています。私は介護の仕事をしています。介護も家事の1つです。この仕事はとてもやりがいがあると思います。利用者たちは私たちの世話でより良い生活が出来て嬉しいです。だから私は帰国後もこの仕事続けるかもしれません。

今後の展望

動くアジアと日本
外国人介護労働者を日本に定着させるために

第Ⅳ部今後の展望は、2章で構成される。第1章は、「特定技能1号」による介護労働者を送り出すために、フィリピン人で介護知識や介護日本語を教えている、「まごのてグローバル」の活動を紹介していただいた。そして、送り出し国フィリピンの地から見た、異文化間の課題や将来へ向けた、日本の外国人介護労働者受け入れ成功のための示唆をいただいた。

　第2章は、「特定技能1号」による外国人介護労働者の受け入れを初めて開始した、足立区の「医療法人社団福寿会」が、どのようにその受け入れ準備をしていったのか。また、海外から介護人材を受け入れるがための苦労や問題点についても述べた後、グローバル介護人材の定着に必要なこととして国、受け入れ組織、そして個人レベルに分けて考察をしている。

第**1**章　日本の介護を世界に届ける！

福井　淳一

第1節　フィリピン人と日本式介護の受験

(1)「まごのてグローバル」と介護分野における在留資格「特定技能」

> You have been our source of inspiration and motivation during our care-giving journey.（私たちの介護の旅の中で、あなたは勇気とやる気の源でした）

　私が行った介護クラス最終日に、生徒たちから私の似顔絵とともに手渡された手紙の一節である。「Our care-giving journey（私たちの介護の旅）」とあるが、介護士として彼らが来日するまでの道のりはまさに「旅」と表現してもおかしくない、さまざまなドラマや感情が行き来する人生を賭けた「旅」である。この旅のガイド役をしているのが、私が所属している「まごのてグローバル」である。2017年にフィリピンで設立し、現在は介護クラスの運営を中心に教育や人材育成サービスを展開している。

　「まごのてグローバル」が運営している介護クラスとは、新設された特定技能の介護技能評価試験に合格するための、いわば受験対策クラスである。特定技能は、一定の専門性や技能を持つ外国人材に対して人材確保が困難な14業種で就労を認める在留資格である。2019年4月に制度運用を開始した。その14業種の1つが介護である。もちろん、専門性や技能を身につけていれば誰でも来日して働けるわけではない。介護分野の場合、日本語能力を測る「日本語基礎テスト」または「日本語能力試験」N4レベル以上の試験、と「介護日本語評価試験」の両方の合格が求められる。さらに、介護技能を測る「介護技能評価試験」にも合格しなくてはならない。これら試験の

表1　「特定技能」介護分野における受験科目

	技能試験		日本語試験
試験の種類	介護技能評価試験	介護日本語評価試験	国際交流基金日本語基礎テストまたは日本語能力試験N4以上
試験の言語	母国語（フィリピンの場合は英語）	日本語	日本語

出典：筆者作表

写真1　私の介護クラスの授業風景

うち、「まごのてグローバル」は、「介護日本語評価試験」と「介護技能評価試験」対策のクラスを運営している（表1参照）。

2019年4月、各国に先駆けてフィリピンが「介護技能評価試験」と「介護日本語評価試験」を実施した。同時期に、「まごのてグローバル」は、日本語学校「マニラ国際アカデミー」と協働で特定技能介護試験対策プログラムを開始した。

（2）初めての日本式介護の受験指導

「介護技能評価試験」と「介護日本語評価試験」の試験問題の作成は厚生労働省が行い、試験実施および運営などは同省が補助する介護技能評価試験等実施事業者が行う。試験基準は厚生労働省ホームページ上で公開されているが（表2参照）、試験内容は簡単なサンプル問題が数題載っているだけで、他の情報は出ていない。過去の試験問題も非公開である。したがって、介護クラス開設当初、試験に関する情報がほとんどない中で授業をしなくてはならず、何をベースに指導するかを考えなくてはならなかった。外国人向け介護テキストを数冊取り寄せ、試験基準を何度も読み返しながら試験対策の教材作成にとりかかった。

フィリピンの場合、「介護日本語評価試験」は日本語で受験し、「介護技能評価試験」は母国語である英語で受験する。したがって、試験対策の教材は日本語と英語で作成しなければならない。介護クラスの生徒たちは、月曜日から金曜日まで1日約8時間「マニラ国際アカデミー」に通って日本語を学

表2　介護技能評価試験と介護日本語評価試験項目

	介護技能評価試験	介護日本語評価試験
問題数・試験時間・試験科目	全45問　60分 （学科試験：40問） • 介護の基本（10問） • こころとからだのしくみ（6問） • コミュニケーション技術（4問） • 生活支援技術（20問） 　（実技試験：5問） • 判断等試験等の形式による実技試験課題を出題	全15問　30分 • 介護のことば（5問） • 介護の会話・声かけ（5問） • 介護の文書（5問）

出典：厚生労働省の資料より

び、毎週土曜日は介護クラスに出席する。そして、半年後「日本語基礎テスト」を含む3つの受験に臨むのである。私は毎週土曜日の介護クラスに備えて、その週の教材作り、クラス前日の金曜日には英語の予行練習をした。まるで週刊連載の漫画家のように、毎週が締め切りとの戦いだった。そもそも、私は介護士であるが、教師の経験はなかった。教材も手作り、英会話もそれほど上手ではない。こんなにわか仕込みの教師だが、生徒たちは純粋に私の指導に従い、一生懸命に勉強をした。

　当初予定していた40時間以上を費やして介護クラスを修了した生徒たち約130人は、実力を試すべく2か月前倒しの2019年11月3日に、「介護技能評価試験」と「介護日本語評価試験」を受験した。4か月間寮生活をしながら日本語学習をし、介護クラスも真面目に取り組んできた生徒たちである。私の考えでは、この試験は不合格にさせるためではなく、あくまでも介護技能と日本語の評価のためであり、さほど難しい問題は出ないのではないかと予想していたため、全員合格、少なくても9割以上の合格を目指していた。総得点の60％以上が合格基準である。しかし、結果は「介護技能評価試験」の合格率が約80％、「介護日本語評価試験」の合格率が約66％で、両方の試験合格者は6割にも到達できなかった。コンピューター・ベースド・テスティング（CBT）方式であるため、試験の合否は即時にわかる。2か月前倒しとはいえ、この結果は私を信じて一生懸命に勉強してきた生徒たちに申し訳が立たず、私も不合格になった生徒たちも非常に悔しい思いをした。

（3）再受験

　翌日生徒たちを集め試験内容の調査をした。こちらが予想した介護現場で使われる漢字が出題されていたが、その漢字を知っているだけでは正解にたどり着けない問題であった。例えば、答えるべき正解が「嘔吐」の場合、選択肢の中から「嘔吐」を選ぶのではなく、「食べ物が口から出る」「食べ物を口に入れる」「食べ物を口から飲みこむ」などといった紛らわしい選択肢の中から、「嘔吐」の意味を正しく説明するものを選ばなくてはならなかった。

　また、「介護日本語評価試験」の受験時間は30分で15問の設問が用意されている。「介護のことば」「介護の声かけ」「介護の文書」の各項目に5問ずつである。「介護の声かけ」と「介護の文書」は、生徒たちにとっては日本語試験の長文読解に相当するもので、時間内に問題を読むのが難しかったようである。漢字の語彙力を増やすとともに、速読の練習も加える必要があることがわかった。

　一方で、「介護技能評価試験」の内容はさほど難しくはなかった。なぜなら、生徒たちの多くは看護師、助産師、あるいは理学療法士で、すでに医療知識があり、英語で受験できるため、「介護日本語評価試験」のような言語障壁がなかったからだと思われる。しかし、記憶の種類を問う設問では、短期記憶の中の「エピソード記憶」や「意味記憶」がわからないと解けない問題が出題されたり、「正しいマスクの付け方」や「正しい使い捨て手袋の脱ぎ方と捨て方」など、私が教えていない問題も出題されたりと、教材作成の見直しが必要であった。

写真2　受験直前の生徒たちと（右端下が筆者）

　幸いなことに、受験日から45日間を経ていれば再受験は何度でもできる。2か月後の試験は12月中旬である。不合格の生徒たちには特別補講の介護クラスを行い、「合格して楽しくクリスマスを迎えよう！」を合言葉に、私もさらに情

表3　「まごのてグローバル」の介護技能評価・介護日本語評価試験対策カリキュラム

	介護技能評価・介護日本語評価試験対策カリキュラム
1	オリエンテーション／日本の介護施設紹介／返事の仕方
	介護の仕事の基礎
2	入居型老人ホーム1日仕事の流れ（早朝勤務から夜勤まで、時間ごとの業務）
3	介護の基礎①（日本式介護の理念）
4	介護の基礎②（リスクマネジメント）
	こころとからだのしくみ①（からだのしくみの理解）
5	こころとからだのしくみ②（介護を必要とする人の理解）
6	コミュニケーション技術
7	移動介助（ボディメカニクス、体位の種類、移乗介助、歩行介助、杖歩行介助、視覚障がい者の歩行介助）
8	食事介助（食堂での食事介助、ベッドでの食事介助）服薬介助
9	排泄介護（トイレ介助、オムツ交換）
10	衣服着脱の介護（まひのある人の介助の基本、脱健着患）／整容介護／口腔ケア
11	入浴介護（基本的な入浴の介助、機械浴、チェアー浴、一般浴槽）／清拭／褥瘡の予防
12	介護の会話・声かけ／介護の文書／総合復習①
13	介護の会話・声かけ／介護の文書／総合復習②
14	介護の会話・声かけ／介護の文書／総合復習③
15	模擬テスト①
16	模擬テスト②

熱を持って補講に取り組んだ。2019年10月末には厚生労働省から学習用テキストが公開され、ようやく体系的に教育できるようになった（表3参照）。しかし、テキストは日本語であるため、内容を英訳し教材をまた手作業で改善するしかなかった。英語を含む各国のテキスト翻訳版は2020年3月に厚生労働省ホームページ上で公開された。

（4）9割以上の合格率

　再受験が何度でもできるからといって合格が容易なわけではない。生徒たちは半年間という期間限定で勉強をしている。1日8時間、週6日の授業である。寮生活のため半年間は働くことができず勉強のみに集中する。住居は学校近くのアパートを借りて数人での共同生活である。考えてみてほしい。例えば、我々日本人がフランスで介護士として働くために、仕事を辞め、赤の他人と共同生活をしながら、1日8時間、週6日間フランス語の勉強を半年間続けるとしたらどうだろうか。しかも試験に合格できなければ来仏は叶わず、それまでの努力が無に帰してしまう。生徒たちがいかに努力をしてい

るか、また、生徒たちにとってこの受験は人生を賭けたチャレンジであることがわかっていただけるのではないだろうか。

　不合格者であっても半年後には卒業をしなくてはならない。いったん学校を離れ、家族の待つ自宅に戻ってしまえば、日々の生活に追われてしまうだろう。そもそも出稼ぎ目的で来日をするのだから裕福な家庭は少ない。国内の仕事に就くか、海外で別の就職先を探すかになるだろう。再受験ができるからといって、いつまでも勉強できる環境ではないのである。経済的にも、受験勉強に集中できるぎりぎりの期間が半年間ではなかろうか。だからこそ、生徒たちを在学中に合格させなくてはならない。不合格になった生徒たちも必死である。私の教材以外にも自ら情報収集をして学んでいる生徒たちもいた。

　そして臨んだ2度目の受験。結果は、「介護技能評価試験」は受験生44人中36人の合格、そして、「介護日本語評価試験」は24人中22人の合格、となり、1回目の合格者と合わせると9割以上の合格者に達した。試験終了後には続々と「合格しました！」「先生ありがとう！」という嬉しいメッセージが届いた。にわか仕込みの教師であったが、何とか最低限の役割を果たすことができたと肩をなでおろした。

(5) 介護クラスの教師に求められる条件

　当時の介護クラスでは、1クラス当たりの生徒数が70〜80名であった。本来であればもっと少人数で行うのが理想的だが、教師がいなかった。介護クラスの教師に求められる条件は厳しい。決められた期間内にただ教えればよいのではなく、試験に合格しなければ意味がない。日本の受け入れ施設からは、「すぐに現場で使えるような介護技術を身につけて欲しい」「日本人とコミュニケーションがとれるような会話力を学んできて欲しい」と当然の要望が聞こえてくる。しかし、現場で教育している当事者からすると、それらのスキルは二の次で、まずは受験に集中しなくてはならない。そのことを踏まえて介護クラスの教師に求められる3つの条件を、優先順位をつけて挙げてみる。

①語学力

　フィリピンの場合、「介護技能評価試験」は英語での受験になる。その内容を日本語で学ぶ理由が生徒たちにはない。一方で、「介護日本語評価試験」は日本語での受験になる。したがって、教師は、英語と日本語の両方を話せることが条件になる。フィリピン以外の他の国であれば、日本語とその国の母国語になるだろう。では日本人教師に通訳をつけるのはどうか。その場合、通訳者は日本の介護の基礎知識があり、間髪入れずに通訳することが求められる。授業に間ができると、生徒たちが退屈するからである。体を使った実技クラスであれば、通訳が入っても間が持つが、受験対策のクラスの場合、多くは座学になる。ただでさえ日本の受験スタイルに慣れていないフィリピンの生徒たちにとって、授業中にできる「間」は、学習意欲をそぎ落としてしまうことになるだろう。さらに、コスト面からも優秀な通訳者をつけるのが難しい。

②日本の介護や医療の現場経験

　「介護技能評価試験」の試験科目は、「介護の基本」「こころとからだのしくみ」「コミュニケーション技術」、および「生活支援技術」の4つで構成されている（表2参照）。「介護の基本」は、「尊厳を支える介護」「自立支援」「介護サービス」などである。「自立支援」を単純に英語で「Supporting independence」と訳したところで、その言葉に含まれる正しい意味を伝えることはできない。丁寧に具体例を出して、生徒たちが「自立支援」をイメージできるように指導しなくてはならない。「介護サービス」に関しては、そもそもフィリピンには公的な介護サービスなどなく、自国のサービスと比較して教えることもできない。したがって、日本の介護や医療の現場経験者がその言葉の意味をかみ砕いて教えていく必要がある。受験対策として表面的な情報だけを教えるのであれば、経験は不問かもしれない。しかし、日本の介護現場で働く時に、日本の介護の理念を正しく理解していなければ、現場の足並みが揃わないのではないだろうか。

　実際のところ、私自身も初期の介護クラスの生徒たちに、日本の介護の理念をしっかり教えられていたかどうか疑問である。とにかく試験合格を第1に考えていたため、理念教育は不十分だったことは否めない。ある程度受験

対策の流れをつかんでからは、特にこの理念教育に力を入れて教育するように
している。例えばフィリピンの場合、「自立支援」について日本人と真逆の考え方をしている。その理由は、第3節で詳述するが、ただ知識を頭に詰め込めばよいのではなく、肚の中に落とし込む作業が必要になる。生徒たちには、介護技術の素養がすでにあるため、日本の現場でも十分に学ぶことができるだろう。しかし、理念について言葉や文化の異なる外国人に現場で教え込むのは難しいのではないか。だからこそ、試験に出る、出ないにかかわらず、送り出し国の教育現場で、日本の介護の理念をしっかりと指導する必要がある。

「こころとからだのしくみ」は、主に医療知識を問う問題が出題されるため、看護師や助産師であればすでに身につけている知識であり、それほど難しくはない。ただし、医療知識の乏しい生徒、例えば心理学を専攻している生徒や介護士の資格だけを持っている生徒たちにとっては学習が必要である。教師は英語を使って解剖学や認知症などの症状や病気についての指導が求められる。また、「コミュニケーション技術」と「生活支援技術」は、日本の介護の理念を正しく理解できていれば、あとはそれをさまざまな技術を使って体現するだけであるため、学ぶのも教えるのもそれほど難しくはないと考えている。

③異文化理解力

　日本人が介護クラスの教師をする場合、フィリピンの文化を理解する力が求められる。日本で働くために日本の介護を学ぶのだからといって、日本流の教育方針を貫くのでは、生徒たちはついてきてくれない。そもそも、日本とフィリピンでは学習スタイルが異なる。日本では、教師が板書をし、教科書に沿って授業を進めていき、生徒は黙って板書をノートに書き写し教師の話を聞く。教師が話している間に積極的に手を挙げて質問するような生徒は少ないというのが、私の学生時代の授業風景である。

　一方でフィリピンは、生徒たちが能動的に授業に参加して、ディスカッションをしたり、プレゼンテーションをしたりと、黙って授業を受けるスタイルではない。授業をしていて私の話が長くなると、明らかに退屈している様子がありありとわかる。これは教師としてプレッシャーが掛かる瞬間であ

る。私の学生時代の日本であれば、教師が注意したり、罰を与えたりと、教師から生徒への一方的な指導で解決できたかもしれないが、フィリピンで同じことをすれば、その生徒は次の授業にはまず参加しないであろう。下手をすれば学校を辞めてしまうかもしれない。フィリピン人は、人前で注意をされたり、叱られたりすることを最も嫌うからである。

　ではどうしたらよいか。2時間半の間、70〜80名の生徒たちを飽きさせず、同時に必要な知識を詰め込む受験対策の講義を行わなくてはならない。当然だが、私がフィリピンスタイルの学習方法に適応するしかない。そこで取り入れたことは、授業の構成を変え、私が話をする時間帯を数回に分けて、その間に能動的な学習、例えば、日本の童謡を歌う、単語暗記ゲーム、介護実技のデモンストレーションや、ディスカッションなど、とにかく受動的なシーンと能動的なシーンを細かく分けて、授業に強弱をつけるようにした。フィリピン人はゲームが大好きなので、単語の暗記も全員参加のゲーム形式にして行い、楽しく暗記作業に取り組ませることができた。また、いきなり教師に指されても、日本人なら萎縮してしまうかもしれないが、フィリピン人は恥ずかしがりながらも堂々と自分の意見を言う。つまらなそうにしている生徒や眠そうな生徒を見つけては、威圧的な態度ではなく、尋ねるような形で質問をし、答えさせることで授業に意識を向けさせるなどさまざまな工夫をこらした。このように私自身が積極的にフィリピン流学習スタイルに適応して、日本流の受験勉強を進めていった。

　以上、語学力、日本の介護や医療の現場経験および異文化理解力の3つの条件が、介護クラスの教師に求められる。しかし、これらのスキルは、何も介護クラスの教師だけではなく、これから外国人介護人材を受け入れ、指導する立場になる日本の施設スタッフも身につけるべきものではないだろうか。特に、異文化理解力は、育った環境や文化の異なる外国人とともに働くうえで必要になるだろう。

(6) 異文化体験のエピソード

　私が介護クラスの教師として働き、最も印象に残っている文化の違いを感じたエピソードは、再受験を控えて1週間を切った日のことだ。これから数日間は試験に向けて追い込みの時期である。授業回数を増やして受験に備

える予定を立てていた。すると生徒の一人がクラスを代表して私に意見をした。「今週の土曜日は学校主催のクリスマスパーティがあります。そのときにパフォーマンスを行うので準備する時間が必要です。だから、土曜日の介護クラスは無しにしてほしいです」と。試験は翌週の火曜日である。

　日本人の感覚からすると、クリスマスパーティどころではなく、この追い上げの時期にどれだけ勉強するかが大切なことだと思うのだが。しかし、すでにフィリピンに在住して10年。フィリピン人にとってクリスマスパーティがいかに大切かを私も理解している。したがって、違う提案をしてみた。「午後1時から3時の介護クラスを午前10時から12時までの2時間にするのはどうだろうか。そうすれば午後からクリスマスパーティの準備ができるでしょう」。すると、生徒は「わかりました、では1時間早めて9時から11時にしてもらえませんか、なるべく早く準備をしたいです」と応えた。私はこの提案に同意した。

　当日、1時間早い9時にクラスに向かった。生徒は1人も来ていない。30分遅れで3人来て、1時間遅れで、おそらくパフォーマンスの準備を終えたのだろう、いつもより派手な化粧をした女性生徒たちが3人出席した。最終的に参加した生徒は40名中8名であった。この現実を目の当たりにして、私の異文化理解力もまだまだだなと反省した。これは私のスケジューリングに問題があったのだ。生徒からの申し入れを素直に受け入れ、土曜日のクラスを中止にし、別の日に補填する手段を講じるべきであった。クリスマスパーティに頭を奪われている状態では、受験前といえども勉強どころではないのだから。

　その日の夕方、私も家族を連れてクリスマスパーティに参加した。すると授業を欠席した生徒たちが楽しそうに歌ったり踊ったりとパフォーマンスを繰り広げている。生徒たちからは授業を欠席したという罪の意識が全く感じられなかった。この感覚の違いを抵抗なく受け入れられるように、さらに異文化を理解する力を磨いていこうと思った。

第2節　実体験から学んだ異文化理解力

(1) フィリピン企業で異文化理解力を身につける

　私は、日本で、社会福祉士と精神保健福祉士の資格を取得してから、アメリカ・カリフォルニア州にある日系人向けグループホームで介護士として働いた。約5年後に帰国し、次は、介護業界で日本と世界をつなぐ仕事に就きたいと就職活動をした。しかし、海外での就労経験は評価の対象にならず、どこからも採用されなかった。そんな折に、福祉・介護業界から一転して、フィリピンでビジネスの世界に足を踏み入れることになった。しかも、日系企業ではなく、フィリピン企業である。日本人スタッフは私一人だ。給料もフィリピン人と同じである。ただ住まいだけは使われていないアパートを貸してもらい無料だった。この会社は、日本人駐在員向けに賃貸物件を斡旋する仲介業が主な仕事であり、私は、新規顧客獲得の営業職だった。名刺交換すらまともにできないのだから、営業で結果が出るわけもなく、勤め始めてから半年後に解雇通告を受けることになり、ビジネスの厳しさをまざまざと実感した。

　ところが当時、フィリピンの経済成長はすさまじく、日系企業が続々とフィリピンに進出し始め、私が営業をしなくても、顧客自らが問い合わせをしてくるほどになり、私は解雇を免れた。それからは、日本人顧客と自社のフィリピン人スタッフの間に入って、互いの意思疎通の齟齬を解決するのが私の仕事になった。日本人が顧客であっても、私が勤めている会社はフィリピン企業である。上司もフィリピン人だ。日本流は通用しないので、私がフィリピン流に適応しつつ、日本人顧客には日本流で対応していった。そうやって体当たりで異文化理解力を身につけていった。

(2) フィリピンでビジネスの世界から介護の世界へ

　2014年から毎年のように、「いよいよ日本は新しい在留資格を新設して、外国人介護士の受け入れを始める」というニュースや噂が流れるが、一向に話が進まず月日だけが過ぎていった。その間、経済連携協定（EPA）で国家試験に不合格になって帰国したフィリピン人介護士や看護師のために、日本

の人材派遣会社と協力して「国家試験再受験プログラム」を立ち上げた。その再受験のための支援をしていた頃、マニラで「まごのてグループ」の代表と知り合い、「まごのてグローバル」の立ち上げに協力してもらった。

　そして、ようやく2017年に「介護」ビザが新設され、EPA以外でも、介護福祉士の資格を取得すれば外国人が介護士として働ける道が拓けた。先述の再受験プログラムで留学生支援を行っていた縁で、「マニラ国際アカデミー」の代表と知り合い、留学して介護士を目指すフィリピン人の生徒たちに日本の文化や日本の介護を短期コースで指導を開始することになった。

　2019年には、「特定技能」が新設され、外国人介護士が労働者として日本で働くことが認められた。「マニラ国際アカデミー」も介護留学プログラムから介護特定技能向け教育プログラムに軸足を変えることになり、私も不動産ビジネスから、本格的に介護クラスの運営をすることになった。2011年に来比してから8年が経ち、ようやく自分がやりたかった、介護業界で日本と世界をつなぐ仕事に従事できるようになったのである。

　振り返ってみると、私は日本の介護・福祉の専門家でありながら、日本という国の枠を越え、介護業界という枠を越えて、今に至っている。そのおかげで、日本や介護業界の慣習にしばられず、外側から日本の介護業界を眺める視点を持てるようになったと考えている。日本では当たり前のことが海外では当たり前に通用しない。介護業界での常識が、他業界では通用しないことなどを経験し、必然的に自分の常識や価値観にしばられず、相手を尊重して受け入れることができるようになったと思っている。これから始まる本格的な日本の介護業界の開国に際して、日本人が取り組むべき意識改革として、異なる存在を否定せず、まずは受け入れてみること。そこから多様性への理解が深まり、異文化を理解できるようになるのではないかと実体験から強く感じている。

第3節　フィリピンにおける介護と福祉への認識

(1) フィリピンの「介護」

　今後国際色豊かになる介護現場で、多様性への理解は重要である。一方で、私たち日本人は、日本の介護や福祉について正しく理解し、外国人にそ

れを正しく説明できるのだろうか。自国の介護や福祉への理解が曖昧なら、諸外国の介護や福祉を自国のそれらと比較して理解することもできないだろう。本節では、フィリピンにおける介護と福祉の認識について考察を試み、日本の介護や福祉への理解も深めるための一助としたい。

フィリピンの公用語はフィリピン語と英語である。母語として使われる言語は100以上もあり、その中で首都マニラを含むルソン島南部を中心に用いられていた地方語の1つであるタガログ語がフィリピン語の基盤となった。タガログ語では「介護」や「看護」を表す単語はなく、フィリピンでは英語が使用されている。「介護」は「Caregiving」、「介護士」は「Caregiver」であり、同様に、「看護」は「Nursing」、「看護師」は「Nurse」となる。

また、フィリピンには専門的教育と技術向上を目的とした労働雇用省技術教育技能教育庁（The Technical Education and Skills Development Authority: TESDA）という機関がある。このTESDAの職業分野の中に、「Caregiving NC Ⅱ」と呼ばれている介護士コースがある。このコースでは、786時間の座学（図1参照）に加えて、実習（OJT）と赤十字社（Red Cross）による救急医療（First Aid）や心肺蘇生法（CPR）を含む救命医療のコースを通常6〜7か月かけて受講する。そして、コース修了後には、アセスメントセンター

図1　介護NCⅡのコンピテンシーマップ

出典：TESDAホームページ「TRAINING REGULATIONS CAREGIVING NC Ⅱ」より「COMPETENCY MAP CAREGIVING NC Ⅱ」の資料を基に筆者が日本語訳

（Assessment Center）にて試験を受け、合格した者を「Caregiver（介護士）」と認定する。

　フィリピン人にとって「介護」や「介護士」はどのような認識をされているのだろうか。TESDAの公認介護指導員であり、公認介護士コース試験官でもあるロムウェル（Rommel R. Ventenilla）氏に話を聞いてみた。「介護」とは何かを尋ねるにあたり、介護と看護とを比較することで、より介護の概念が明確になると考え、看護と比較する形で介護を聞いてみた。インタビューは、2020年3月9日にマニラにあるショッピングモールで行った。

① 「介護」と「介護士」

　ロムウェル氏曰く、「看護は専門職（Professional）であるが、介護は職業（Vocational）であり、つまり専門性を伴わないものである。介護は、看護に比べると専門知識もできる仕事も限定的である。仕事内容については、看護と介護で交わる部分もあるが、看護は医療に集中し、患者の日常生活支援は基本的には行わない。介護は患者の日常生活支援を行うことである」。

　医療的ケアを含め日常生活全般の支援というのは日本の介護と同じであるが、生活範囲を広げた、社会活動の援助については触れられなかった。フィリピンの介護とは自宅、または施設内での対人援助のみに重点を置いているようである。またロムウェル氏が「看護師と介護士には明確な立場の違いがあり、看護師の方が圧倒的に立場は高い」と言及していたことでもわかるように、介護士を専門職として捉えておらず、あくまでも多くの職業の1つという認識であった。ちなみに、フィリピンには日本の介護福祉士のような国家資格はない。

② 「介護士」の仕事

　ロムウェル氏によると、「介護士の仕事は、諸専門分野からなる多角的なアプローチ（Multidisciplinary approach）が求められる。例えば、介護士とは、

写真3　ロムウェル氏（左）とのインタビュー

セラピストであり、栄養士であり、心理士であり、看護師であり、家事代行者である。対象者も、幼児、障害者、高齢者と異なり、全ての対象者を包括的にケアすることが求められる仕事である」という。

日本の介護職の役割や職業倫理の中に、多職種連携・チームアプローチがある。ケアプランに基づいて多職種が連携して情報共有をし、利用者を多面的、包括的に支援する日本の介護職と比較すると、フィリピンの介護士は、リハビリ職や栄養士などの多職種と連携するのではなく、介護士自身が、それらの役割をも求められているようである。

③「介護士」の理念

私が生徒たちに日本の介護を教えるにあたって最も注力しているのは、理念教育である。では、公認介護指導員のロムウェル氏は、介護の理念教育について何を大切にしているのか、その優先順位を尋ねてみた。また、日本の介護にとって重要な理念の1つ「自立支援」についてもどう考えるか聞いてみた。

ロムウェル氏が大切だと考える介護士の理念教育についての優先度順は、以下の通りである。

1. 疾患や障害を患っている人に対して尊厳を持つこと
2. Being compassionate（日本語では「思いやり」が近い言葉になるが）、家族に対する思いやりの心と同じような感情を持つこと
3. 自らの感情はしっかりとコントロールをして、辛抱強くあること。また、患者からの無礼な態度、長時間労働、長期就労などにも耐えること
4. 一生懸命働くこと
5. 相手の気持ちを理解し、相手の立場に立ってケアを行うこと
6. どんな状況にも対応できるような柔軟性を持つこと

また、「自立支援」については、「フィリピンでも教育は行っている。患者ができることは患者にやってもらい、できないところを手助けするのが自立支援の考え方である。なぜ自立支援の考え方を教えるのか。それはフィリピ

ン人介護士の就労先である諸外国で自立支援の考え方を尊重しているためである。ただし、介護士の理念基準の上位にある「Being compassionate」のように、思いやりを持つことをフィリピンでは優先するため、自立支援の考え方はフィリピン人介護士にはあまり浸透しているとは言えない」という回答が返ってきた。

　日本と同様に、フィリピンでも尊厳を支える介護の理念が最優先事項に挙げられていた。しかし、「自立支援」については日本とフィリピンで大きな認識の違いがあり、このことは私も日々介護クラスの現場で実感している。国民の約83％がカトリック、約10％がその他のキリスト教であり、アセアン（ASEAN）では唯一のキリスト教国であるフィリピンでは、キリスト教の隣人愛の精神からか、人々は思いやりがあって親切である。彼らは、要介護者を“困っている人”と捉え、日常生活の全てに対して手取り足取りサポートすることが良い介護だと考えている。

　一方で、日本の介護の根幹は、「自立支援」である。利用者の残存機能を活かし、その人が主体的に生活するための援助として、できることは自らが行い、できないところを手伝うというのが「自立支援」の考え方である。私はこの「自立支援」の理念を繰り返し生徒たちに伝えている。そうしなければ、彼らの優先順位の中で、「自立支援」が「Being compassionate（思いやり）」より上位に上がってこないためである。これはどちらが「正しい」「正しくない」の問題ではなく、日本とフィリピンの介護に対する価値観の違いである。そのことも丁寧に生徒たちには伝えたうえで、日本では「自立支援」が大切な介護の理念であることを教えている。

④「介護士」の社会的地位

　次に、フィリピンにおける介護士の社会的地位について尋ねてみた。日本では外国人介護人材受け入れについて是非を問う議論になると、「外国人介護人材を受け入れる前に日本人介護職の社会的地位や賃金を上げるべき」との意見をよく耳にする。では、フィリピンの介護士の社会的地位はどうなのだろうか。

　ロムウェル氏は、「介護士の社会的地位は上がってきている。世界的に介護士の需要が増えているためで、看護師よりも介護士のほうが需要は高い。

また介護士として海外で働くことには2つの利益（Benefit）がある。①給料が高い。欧米であれば8～10万ペソ（約17～21万円）、中東では5～6万ペソ（11～13万円）が相場である。②永住権が得られる（アメリカ、カナダ、オーストラリアなど）。中東の場合、永住権が得られず給料も安いが、就労までのコストや労力が他国より少ないため、就労希望者はいる。反対に、欧米諸国は就労にあたり条件が厳しい。世界的にも介護士の需要が高まっているため、介護の仕事が徐々に、職業的な仕事（Vocational work）から専門的な仕事（Professional work）に変わりつつある。介護が世界的に大きな市場（Globally big market）としてフィリピン国内でも認知されてきている。人気の職業とまではいかないが、他の業種では仕事がないため、一時的に介護士として働きお金を稼いでから、自身の専門分野に戻るなど、多様な働き方が社会的にも認められている。つまり介護士の社会的地位は、市場原理に従って、高まっている」と回答した。

　国内に介護市場がほとんどないフィリピン人にとって、介護士の資格をとることは、海外就労のための、いわば“パスポート”のような役割である。ただし、40歳以上の年齢層では海外就労が難しいため国内の在宅介護、または病院や介護施設で働く。しかし、なかには40歳以上であっても何らかの付加価値があり、人材紹介エージェントを介さず雇用主との直接つながりがある場合は、海外就労が叶うケースもあるという。例えば、元教師で60代の女性が介護士資格を取得後、カナダの在宅介護の仕事を得たこともあるという。

　このように、フィリピンでは介護の仕事を、生活のための手段としてある程度割り切って考えており、そのため国際市場の需要（グローバル・マーケット・ニーズ）が高まれば、比例して介護士の社会的地位も上がっていくようである。この点が、国内市場だけを見て、介護福祉士の社会的地位を高めていこうとする日本とは異なる考え方であるといえる。

⑤日本への就労

　最後は本節の主題からは外れるが、日本への就労についても尋ねてみた。

　ロムウェル氏によると、「日本で働きたい介護士は多い。その理由は日本への憧れ、テクノロジーや優れた医療機器などが挙げられる。ただ永住はで

きないため（介護福祉士を取得すれば永住も可能なのだが）、海外永住を希望する者にとっては、日本は対象になりづらい。日本への就職を希望するフィリピン人は多いが、介護士として働きたいというよりも、日本で働くために介護士という手段を選んだのであって、日本の別業界で働けるようであれば転職もあり得るだろう。介護の仕事に執着するというのではない。フィリピンでは職業の流動性が高い」ということであった。

　ロムウェル氏のこの回答には、外国人介護労働者を日本に定着させるためのヒントが隠されているのではないだろうか。この件についての考察は第4節で述べたい。

（2）フィリピンの「福祉」

　フィリピン人にとっての「福祉」や「社会福祉士」について、別の専門家にも電子メールで尋ねてみた（2020年3月12日から19日にかけて実施）。ここでは、NGO（非政府組織）法人ハウスオブソーマ（House of Somang）という高齢者施設で働く社会福祉士、ベベリー（Beverely）氏の協力を得た。このNGO法人ハウスオブソーマは、身寄りのない路上生活をしている高齢者を保護・収容して生活支援を行う高齢者施設である。ベベリー氏によると、フィリピンにおける「福祉」や「社会福祉」などの現状は以下の通りである。

①フィリピンの「福祉」と「社会福祉士」

　ベベリー氏よると、「『福祉』というと広義であるため『社会福祉』として定義した場合、人々の身体的、心理的、精神的、社会的な側面を含む包括的発展を意味している。一方、『社会福祉士』とは、社会福祉の学士課程と1000時間の現場実習を終えて国家試験に合格し社会福祉士として登録した者である」。このように、日本と同様にフィリピンの「社会福祉士」は国家資格であり、TESDAの介護士コースとは異なる。また、資格取得までには、専門の学士課程、実習、そして国家試験合格までの長い就学課程がある。

②フィリピンの福祉の現状

　次に、フィリピンの福祉の現状と、国に期待することについて尋ねてみた。

ベベリー氏は、「福祉を必要とする人に対し適切なサポートをすることは国の役割であり、実際にさまざまな福祉政策を実施している。しかし、ハウスオブソーマのようなNGOに対する直接的な支援は少ない。NGO法人であるハウスオブソーマと社会福祉開発省（Department of Social Welfare Development: DSWD、以下「DSWD」）との関わりは、同省による業務指導や適切な福祉サービスが提供できているかを、DSWDが定期的に監査することである。地方自治体からハウスオブソーマへの財政援助もあるがかなり限定された範囲内となる。国は、確かに、福祉サービスを必要とする人々に対して多様な支援はしているが、さまざまな面で不足感があることも否めない。例えば、DSWDの職員が福祉現場への理解が足りなかったり、予算が少なかったり、また、貧困や犯罪の増加などが挙げられる。したがって、国民は自立しなくてはならず、国に対して期待を掛けてはならないと思っている。そもそも、限られた社会資源の中で人口1億人にも及ぶ国民を助けることなど不可能である。もし国に対して期待をするのであれば、支援先を政府管轄の福祉組織のみに限定せず、NGOやNPO（非営利団体）など、民間ボランティア団体にも広げることで、より多くの人々を助けることができるだろう」と述べた。

　日本の福祉は日本国憲法25条第2項の生存権を保障する政策として取り組まれている。同条では「国は、すべての生活部面について社会福祉、社会保障及び公衆衛生の向上及び増進に努めなければならない」と規定されており、社会福祉は、慈善や相互扶助のみではなく、国の責任で向上・増進させるべきとの規定がなされている。このように日本では、「国が福祉を行って当然」と考えられているのに対し、フィリピンでは「国をあてにせず自助努力で自立していく」という考え方が強いようである。

　また、フィリピンは日本とは異なり家族の結束が強い。高齢になっても家族の誰かが手を差し伸べて助け合って生

写真4　デイサービスでパフォーマンスをする利用者たち

きていける家族基盤がある。私は定期的にフィリピン国営デイサービスセンターでボランティア活動をしているが、参加する高齢者からは老後に対する恐怖や心配などはほとんど見受けられず、高齢になった人生を楽しんでいる様子がうかがえる。しかし、ベベリー氏曰く、近年ではフィリピンの家族のあり方も変化してきていて、少しずつ家族関係が希薄化しているようである。その証拠に、女性や幼児、高齢者、精神障害者への支援団体が増えてきているとのことである。

第4節　外国人介護人材を日本に定着させるために

（1）外国人介護人材雇用における2つの予想される課題

　2020年から本格化する「特定技能」の外国人介護人材雇用について、2つの課題が考えられる。1つ目は、第1節で述べたように、介護クラスを指導できる教師の育成である。教師は、日本人であっても、送り出し国の現地人であっても、日本の介護に精通し、その国の言語と文化を理解している人であればどちらでもよいだろう。「特定技能」の受験制度は、来日前評価試験として良くできた仕組みであるが、試験合格のみを目指すのか、それとも試験合格は最低条件でむしろ現場で使える知識や考え方、特に日本の介護の理念をしっかりと教えられているかどうか、それによって、日本の介護現場の外国人介護人材への評価が変わってくると考えるからである。今後は、オンライン教材が各国で充実し、受験対策は整っていくと思われる。しかし、対面の指導でなければ十分に伝わりにくい、介護の理念も教えられる教師をどう育成するか。送り出し国と日本との両国で協力し、教師の育成に取り組んでいく必要があるだろう。

　2つ目は、受け入れ施設職員向けグローバル人材教育の整備である。特に日本の介護現場のリーダーは、多様性への理解を一歩前に進めた異文化マネジメントの学習が必要である。異文化マネジメントを学ぶことで、自分と異なる背景や価値観を受け入れて、その違いを建設的な方向で活用しながらチームをまとめることができるだろう。しかし、この学習を介護現場任せにしては日本人スタッフの荷が重いのではないか。日本は島国で同一性が強く、異文化に触れる機会が限定され、さらに介護・福祉業界は、特に職種や

業種をまたぐような流動性が少なく価値観が硬直しやすい。つまり、日本の介護・福祉業界だけにいては、外国人をどうマネジメントしたらよいか学ぶ機会が少ない。そこで、「まごのてグローバル」は、「特定技能」の制度運用が始まった2019年から、「介護・医療業界グローバルリーダー研修」として、外国人介護人材を受け入れる日本の介護施設のリーダー向けに、多様性への理解や異文化マネジメントを学ぶための海外研修を始めたところである。

(2) 海外研修の意義

　文化や習慣の異なる外国人が長期的に働くためには、介護現場のグローバル化が重要になる。特に、現場リーダーには日本人と外国人の両方を調整し、1つにまとめていく「異文化マネジメント力」が求められる。日本に留まって知識やノウハウを詰め込むだけではなく、海外に出て自らの目で外国人介護士のバックグラウンドや特性を知ることが、異文化マネジメントを学ぶうえで大きな一歩になるだろう。さらに、海外の介護に触れ、日本の介護と比較することで、客観的に日本の介護を理解することができると考える。海外に出て異文化に触れてみる意義について、エリン・メイヤー著の『異文化理解力』から下記を引用したい。

　　　二匹の若い金魚が、向こうから泳いできた年寄りの金魚とすれ違う。年寄りの金魚は彼らに挨拶して言う。「おはよう、坊やたち、水の調子はどうだい？」──すると若い金魚の片方がもう片方に聞く。「おい、水ってなんだ？」
　　　あなたがある文化のなかにいるとき──金魚が水のなかにいるとき──その文化を見ることはしばしば難しく、不可能なときすらある。ひとつの文化でしか過ごしていない人は、地域差や個人差にしか目がいかないことが多く、そのため「この国の文化はハッキリとした特徴をもっていない」と結論づけてしまう。(p. 42)

　海外に出て異文化に触れることで、外国人介護人材のバックグランドを知るだけでなく、日本の介護のユニークさに気づくこともできるだろう。

(3)「まごのてグローバル」のグローバルリーダー研修ツアーの実践

　特定技能制度に先駆けて、介護留学プログラムなどを活用してフィリピン人を含む外国人介護人材を受け入れている東京の医療法人から2019年にグローバルリーダー研修ツアーの依頼を受けた。そして、その年の間に、フィリピンの首都マニラで行う研修ツアーに、計3回合計21人の職員が参加した。職種は、介護福祉士のみならず、看護師、社会福祉士とベテランから中堅スタッフ、そして法人が期待している若手スタッフまで、年齢層も幅広く、さまざまな部署からの参加であった。皆、法人を代表し参加しているという意識も強く、外国人介護人材の受け入れ体制を整えようという目標の下、大変意欲的であった。

　このグローバルリーダー研修ツアーは4つの活動で構成されている（表4参照）。①現地視察、②他業界との交流、③異文化理解ワークショップ＆異文化交流および、④高齢者施設実習、である。これらを3泊4日で、駆け足

表4　グローバルリーダー研修ツアーの4つの活動とその目的

	活　動	目　的
①現地視察	・新興都市のオフィス街、ショッピングモール、私立病院、貧困層の住宅エリアの視察 ・ジプニーやトライシクルでの移動 ・日本語学校訪問	・富裕層から貧困層エリアまでを視察し、フィリピンの格差社会を理解する。その中で、来日するフィリピン人介護士はどの層にあたるのか背景を学ぶ ・人口ボーナス期を迎えている途上国の発展を体感する
②他業界との交流	・日系企業訪問 ・フィリピン企業訪問 ・オフィスでのランチ会 ・異業種交流会	・他業界の日本人、またはフィリピン人はどのようにフィリピン人のマネジメントを行っているか実践例を学ぶ ・異業種からみた日本の介護業界について意見交換
③異文化理解ワークショップ＆異文化交流	・異文化コミュニケーションワークショップ ・異文化交流	・日本とフィリピン、各々の「強みと弱み」についてディスカッションをする。他国からみた自国の強み弱みを学び、また、他国と比べることで、自国の強みと弱みを認識する ・言語や文化の異なる人へのコミュニケーションの実践方法を学ぶ
④高齢者施設実習	・施設見学 ・レクリエーションの実践 ・昼食作り ・利用者との交流	・フィリピンの介護現場を視察し、日本の介護現場との違いを学ぶ ・施設職員とレクリエーションや昼食作りなどの活動を通して、異文化を理解する ・フィリピンの高齢者とのコミュニケーションの実践

で消化していく。早朝から夜遅くまで予定が詰まっており、情報量も多く、体力的にもかなり消耗する研修ツアーである。職員からは、「来比時には日本に置き去りにしてきた仕事の心配をしていたが、ツアーの間は仕事のことを考える余裕もなく、むしろそれが新鮮でよかった」と感想があった。

(4) ツアー参加者の研修後の声の紹介

　全ての活動を終えたところで、参加者に感想を聞いている。「業務が忙しかったので本当はフィリピンに行きたくなかった」と言う参加者もいたが、そんな参加者であっても研修後には、「フィリピンに来て得るものが多かった」と答えていた。以下感想をいくつか紹介する。

- 「この研修を通して、外国人も日本人も変わらないと思った。外国人の受け入れにあたり、外国人だからといって必要以上に身構えて区別するのではなく、日本人と同じように温かく迎え入れようと思った」
- 「外国人の受け入れのために異文化マネジメントを学んだが、外国人だけでなく日本人スタッフにも活かしていける学びが得られた」
- 「レクリエーション活動でのフィリピン人の活躍ぶりをみて、日本の現場でもレクリエーションを積極的に担当してもらおうと思った」
- 「フィリピン人介護士の強みがよくわかった。フィリピン人介護士が活躍できるような役割を見つけていこうと思った」

　この研修ツアーでは、現地視察といった受動的な学習だけでなく、ワークショップや実習を通して能動的に関わることで、「異文化」を体験してもらうようにしている。異文化マネジメントについても、ノウハウをただ伝えるのではなく、さまざまな業界からの実践方法を学ぶことで、実際に介護現場で活かせるマネジメント方法の選択肢を増やしてもらいたいと考えている。また、現地でフィリピン人と交流し、彼らの強みを学ぶことで、フィリピン人介護士を日本人介護職員の代替として捉えるのではなく、日本人にはないユニークさを持った新しい仲間として迎え入れることができるのではないだろうか。

（5）日本の受け入れ施設が直面すると予想される２つの課題

　外国人介護人材受け入れにあたり、言葉や習慣といった文化の違いから生じるギャップ、つまり「カルチャーギャップ」はイメージが湧きやすい。海外研修はカルチャーギャップを埋めるうえで１つの有効な手段である。一方で、カルチャーギャップとは別の大きなギャップが存在する。それは「ジェネレーションギャップ」である。特定技能制度の受験資格要件は17歳以上であり、制度的には上限を定める年齢制限はない。しかし、一から日本語を覚える場合、少なくとも半年間の受験勉強が必要になる。年齢とともに衰えていく記憶力の中で知識を詰め込むのは難しいのが現実である。実際に、「マニラ国際アカデミー」では、20〜40代半ばまで幅広く候補者を募り受験勉強をさせた結果、世代によって学習スピードに明確な差が生じた。受験不要で来日し、介護現場で働けるのであれば、経験豊富な40代や50代のほうが、20代よりも良いサービスを提供できるかもしれない。しかし、現行制度では、まず受験を突破しなければならないので、雇用主もなるべくは20〜30代前半の若い人材を選ぶことになるだろう。

　一方で、日本人の平均年齢は40代後半。さらに、介護は若者がやりたがらない仕事であるため、介護業界で働く人たちの高齢化が進んでいる。介護現場で働く中年以上の日本人と、20代の若い外国人介護人士の間に「ジェネレーションギャップ」が生じるのは容易に想像ができる。フィリピンの20〜30代の若者はデジタルネイティブで、ソーシャル・ネットワーキング・サービス（SNS）を使いこなして情報を仕入れている。私が運営している介護クラスでも、生徒たちとのやり取りは全てフェイスブックのコミュニケーションツール、メッセンジャーである。彼らは頻繁にSNSで普段の活動を投稿しており、私もそこから

写真5　20代のフィリピン人介護学生たち

生徒たちに関する情報を得ている。反対に、私がSNS上で情報を発信することで、彼らにメッセージを伝えることもある。対面からの情報だけではなく、SNS上で彼らが今何を考えているのか、何に関心があるのかなどをみていくことも大切であると感じている。

　次に、彼らの価値観の中心にあるものが、中年以降の日本人スタッフのそれとは異なってきていることを理解しなくてはならない。介護クラスの生徒たちと接していて感じるのは、彼らの価値観の中心にあるものが、単純に「お金」だけではないということである。例えば、「自己の成長」であったり、新しい環境での「他者とのつながり」であったりと、金銭だけを目的に海外就労を志す時代から変化が起こっているように感じている。もちろん、表面的な就労理由として彼らは、「家族を助けるため」や「シングルマザーなので子どもの教育費のため」という台詞を口にはするが、それは動機の大きな割合を占めてはいるものの、全てではない。そのことを見誤ってしまうと、受け入れ施設は、外国人介護士に対して、「お金だけ稼がせればよい」という間違った考え方をしてしまうのではないだろうか。日本人の20代と接して感じる「ジェネレーションギャップ」は、そのまま若い外国人介護士にも当てはまることを忘れてはならない。いやむしろ彼らは日本人に比べて、より「自己の成長」が得られる場所、より「他者とのつながり」が感じられる場所を求めて移動していくはずである。そしてそれは、国境の枠も業界の枠も越えることを意味している。

(6) 流動性への理解が定着の鍵

　第3節で、フィリピン人の日本就労について、TESDA公認介護指導員のロムウェル氏は、「日本で働きたい介護士は多いが、介護の仕事に執着するというのではない」「フィリピンでは職業の流動性が高い」と答えている。世界的にみても介護士の需要が高まっているため、フィリピン国内で介護士に対する見方がポジティブに変わってきているものの、だからといって、介護を一生の仕事として捉えているのではなく、数ある職業の中の1つの手段とみているようである。

　元EPA候補者で、日本で准看護師の資格を得たにもかかわらず帰国したフィリピン人女性から、「英語の教師として日本で働けないか」と相談され

たことがある。「なぜ英語教師なのか？」と尋ねると、「日本の医療や介護業界ではしばらく働きたくない」とのこと。もし日本で英語教師として働けないのなら、アメリカやオーストラリアなどの英語圏で別の仕事を探すという。これは一例であるが、私には彼女の気持ちがよく理解できる。私も国の枠と業界の枠を越えて働いてきた。私は20代の時に、アメリカの高齢者施設で働いていた。そのときに、もし施設長から、「ずっとこの施設で働いて欲しい」と期待をかけられたら、重荷に感じていただろう。もしフィリピンの不動産会社で働いている時に、「不動産の仕事以外はやってはいけない」という就業規則があったら辞めたくなっていただろう。もう昔のように、1つの職場で、1つの仕事を、一生かけて行う時代ではなくなってきているのではないだろうか。特に人口の10％が海外就労をしているフィリピン人にとっては、世界が彼らの"職場"になる。しかも、ますます世界のボーダレス化が進んでいる現代において、フィリピン人の若者が日本だけに留まって働き続けるかどうかは疑問である。彼らを1つの場所に留めさせようとすればするほど離れてしまうのではないかと感じている。

　したがってむしろ、それよりも幅広い選択肢を示していくのがよいのではないだろうか。もちろん、現行制度では職業を変えることはできないが、介護という仕事の中で、さまざまな役割を作り出し、選択肢を提示するのはできるはずである。その中で、若い彼らにとって「自己の成長」や新しい環境での「他者とのつながり」を感じることができれば、その環境で一生懸命に働くことだろう。「お金」だけのために、自己犠牲をして働き続ける時代はすでに過ぎ去っているのである。

　介護とは本来クリエイティブな仕事である。受け入れ施設がどれだけ創造性を発揮して、従来の型にはまった介護の仕事だけではなく、若い外国人介護士の力を活かして、新しい介護の仕事をプロデュースできるか。彼らの成長につながるような選択肢を示せるか。それらが、長く同じ職場で働き続けるかどうかの鍵になると思う。そして、もし彼らが別の職業や、別の国で働くことに関心が出たのなら、引き止めずに快く送り出すのがよいだろう。施設との関係が良好であれば、彼らはそこでの経験に感謝して、違った形で恩返しするかもしれない。施設の評判はSNSを通してすぐに拡散されていくからである。

人材を１つの場所に留めるのではなく、流動させて人の流れを作る。一度出ていった外国人介護士が出戻ってくることもあるだろう。施設の良い評判が、別の国の介護士をその施設に惹きつけることもあるだろう。そうやっていろいろな形で人材が入ってくる“チャネル”を作り、人の流れを作るのが結果的には人材定着の鍵ではないだろうか。古池のように水を留めていてはいずれ水が枯れてしまう。常に新鮮な水が流れ込む川のように、人の流れを作ることができた施設は、人の入れ替わりはあっても、人材は定着していくのではないだろうか。

おわりに

　私はフィリピンで介護クラスの教師として新しい仕事に就き、今まで気づかなかった日本の介護の魅力を日々「再発見」している。多くの国々では「看護師のアシスタント」または、「家政婦に身体介護が加わった仕事」としてしか捉えられていない介護の仕事を、日本は専門職までに昇華させてきた。教師として生徒たちの指導をして、日本の介護には、介護保険制度が始まった2000年から現在まで積み上げてきた、知識と技術が詰まっていることがよく理解できた。例えば、自立支援や認知症ケアの実践方法などである。外国人に日本の介護を教えることで、私自身が彼らから日本の介護を教わったような気持ちがしている。

　日本は、少子高齢社会のトップランナーであり、現場で試行錯誤しながら作り出された介護の知識や技術は世界にも通用するであろう。そして、日本と同様に、世界も高齢化しているため、世界中が日本がどのようにしてこの難局を乗り越えていくか、固唾を飲んで見守っている。日本がこれまで築き上げてきた介護は世界にインパクトを与えられる可能性を秘めている。そして、そのことに私は大きな魅力を感じ、その熱量をもって、生徒たちに日本の介護を教え、日本で介護士として働く魅力を伝えている。

　しかし、残念なことに、日本の介護業界からはやや後ろ向きな情報ばかりが届いてくる。日本人が日本の介護の魅力を発信しなくて、どうして世界から人材を集められるのだろう。私はそこに日本が抱える最も大きい課題を感じている。日本人が日本の介護の魅力を再発見するためにも、国や業界の枠

を越えて飛び出してみるのはどうだろか。

　例えば、アメリカのカリフォルニア州で立ち上げに関わった日系人向け高齢者グループホームでは、2018年から日本の社会福祉法人から毎年1名の社員が派遣され、1年間の海外研修を行っている。介護業界のグローバル化に備えての人材教育である。こういった取り組みが、逆に各送り出し国の教育現場を利用して実施できるのではないだろうか。日本国内でまず英語、または送り出し国の母国語を学んだ後、1年間海外で介護クラスの教師として外国人の指導をするのである。1年後にはさまざまな経験を積み、異文化理解力を身につけ、視野も広がった、その施設の未来のリーダーとなって戻ってくることだろう。この提案をあり得ない話として片づけないでほしい。なぜなら他業界では企業の中核を担う人材に海外経験を積ませるのは珍しいことではではないからで、ずいぶんと前から実施されてきている手法だからである。日本人介護士も国や業界の枠を越えて移動することで、日本の介護の魅力を再発見し、介護の仕事に対してさらにやりがいを持てるようになるのではないだろうか。自社の人材定着だけに目を向けるのではなく「日本の介護を世界に届ける」といったグローバルな視点からこの特定技能制度を捉えてみると、また違った視点で面白い未来がやってくると確信している。

　冒頭の生徒からの手紙にあった「Our care-giving journey（私たちの介護の旅）」とは、介護業界を開国した私たち日本人にとっての「外国人介護士とともに新しい介護を作り出し、それを世界に届けていく『旅』の始まり」を意味しているのではないだろうか。

【参考文献】

厚生労働省「介護分野における特定技能外国人の受入れについて」https://www.mhlw.go.jp/stf/newpage_000117702.html　最終閲覧2020.3.1

Meyer, Erin. *The Culture Map: Breaking Through the Invisible Boundaries of Global Business*, PublicAffairs, 2014〔エリン・メイヤー著／田岡恵監修／樋口武志訳『異文化理解力——相手と自分の真意がわかる ビジネスパーソン必須の教養』英治出版、2015年〕

TESDA "Training Regulations: Caregiving NC Ⅱ" https://www.tesda.gov.ph/Downloadables/TR%20Caregiving%20NC%20II.pdf　最終閲覧2021.8.16

第2章 グローバル介護人材の受け入れに着手して

第1節　アジアからの戦略的人材確保の実際と課題

(1) 日本の医療機関・介護事業者に直面する共通の課題

　日本においては、少子高齢化が進展する中、数十年前から、労働人口が減少することは予測されていた。男女雇用機会均等法により女性の社会進出を推し進め、定年延長・再雇用制度などにより高齢者の活用も進めてきた。これらは、想定される労働人口の減少へのマクロな対策として進められてきたものである。この労働人口減少の解決策としてあと1つが「外国人の雇用」である。今、注目される機会が増えた外国人雇用については、賛否両論の中でこれまでも議論されてきており（塚田2010）、すでにかなり前からその必要性はわかっていたことである。決して今、気づいたことではない。

　一方、少子高齢化が進展する中で、医療や介護の重要性はますます増加している。高齢者の増加は介護の必要度が増すだけではない。介護を必要とする高齢者の多くは、医療も必要としているのが実態である。後期高齢者になると、認知症や複数の疾病を有する人が増え、医療依存度はさらに高くなっている。このように、労働人口が減少する中で、医療や介護の需要は増しているのである。また、「高齢者」と一口にいうのも雑で、20年前の65歳と今の65歳ではかなり異なるし、高齢者像もまた時代とともに変化し続けている。そうしたことに対応する形で医療や介護の姿もかなり変化してきた。この時代の変化の中で、人々のニーズは、より高度化・複雑化してきている。つまり、現在の医療や介護は、量的な需要増の対応だけでなく、1人ひとりの個別性をより尊重することを含め、より高度化・複雑化するニーズへの対応が求められているのである。

では、そのようなニーズに対応していくために必要となるのは何か。施設や設備などのハード面の改良、AIやロボットの活用などももちろん必要であるが、医療・介護領域において「人」は欠かせない要素の1つであり、1つの要素でありながらこれが満たされないと事業そのものが成り立たない、というのが医療・介護事業の特徴である。医療や介護保険制度においてもさまざまな点で人員数の定めがあり、それらの人員確保なしにサービス提供は不可能なのである。

これまでも国は必要人員を養成することに力を入れてきている。例えば、看護師の場合、2018（平成30）年のデータ（文部科学省2019）によると、看護師養成校の入学定員数は6万7881人となっており、2002（平成14）年の5万3800人から大きく増加した。また現在、このうちの5万6000〜5万8000人が国家試験に合格している状況にある。しかし、統計上の人数は増加していても、現場では決して余剰人員がいるという実感はないのも現状である。それでも、看護師については一定の成果が得られているといえるだろう。

介護福祉士については、2014（平成26）年度406校あった養成校は、2018（平成30）年度386校となり、入学定員数も1万8041人から1万5506人へと減少し、実際の入学者数は定員の44.2％と、年々減少していることがわかる。その一方で、外国人留学生の入学者数が急増している（日本介護福祉士養成施設協会2018）ことがわかる（表1）。介護福祉士養成校においては、入学者を確保すること自体が厳しい状況にあることがうかがえる。

また、介護福祉士国家試験受験者数は、2016（平成28）年は、15万5000人を超える勢いであったが、その数は大幅に減少し、2018（平成30）年度

表1　介護福祉士養成施設への入学者数と外国人留学生の推移（平成26〜30年度）

年度（平成）		26年度	27年度	28年度	29年度	30年度
養成施設数（課程）		406	379	401	396	386
入学定員数（人）		18,041	17,769	16,704	15,891	15,506
入学者数（人）		10,392	8,884	7,752	7,258	6,856
	うち離職者訓練受け入れ数	1,911	1,626	1,435	1,307	867
	うち外国人留学者数（人）(国数)	17（5）	94（9）	257（15）	591（16）	1,142（20）
定員充足率（%）〔全体〕		57.5	50.0	46.4	45.7	44.2

（注）養成課程数は募集停止校を含む。
出典：日本介護福祉士養成施設協会の資料より

にはやや増加傾向にあるが、約9万2000人と伸び悩んでいる（厚生労働省2018）。学校関係者からは、大学で介護福祉士資格を取得できる学部・学科にいながら別の進路を選択する学生も増えていると聞いている。

　介護職非従事者の意識調査（HELPMANJAPAN 2019）によると、「体力的にきつい仕事の多い業界だと思うから」（49.8％）、「精神的にきつい仕事の多い業界だと思うから」（41.8％）、「給与水準が低めの業界だと思うから」（31.2％）、「離職率が高い業界だと思うから」（24.2％）などが就業をためらう上位理由となっている（図1）。しかし、「離職率は他の業界と同程度であること」や「介護技術の進化によって身体負荷をかけずに働ける環境になっていること」などの実態への認知度は低い（図2）。つまり、介護職あるいは介護業界に対するネガティブなイメージが就業を避ける大きな理由となっていることが推察され、このようなイメージが、介護福祉士養成校への入学者減少や介護業界への就職回避につながっていると考えられる。

　したがって、介護職の確保に際しては、外国人労働力があれば全て解決するという単純な考え方ではなく、介護職・介護業界に対するネガティブイメージを転換していくことや、介護職について正しい認識を促していくということも極めて重要となる。

　また、介護業界への就業をためらう上位理由の1つである「給与水準の低さ」については、それを解決するため、国は2009年より、介護従事者の処遇改善策に重点を置いてきた。2012年には処遇改善加算を介護報酬に組み込み、2019年には、介護職員等特定処遇加算制度もスタートし、介護職員の処遇改善効果が認められている（厚生労働省2016）。

　一方、外国人が日本で働く職種としての可能性や日本で外国人労働力を活用する職種という視点から考えると、介護職以外に、医療機関における看護補助者（看護助手）がある。看護補助者には定められた資格がなく、介護福祉士・初任者研修修了者など介護系の資格を有した者もいれば無資格者も従事している職種である。この点については、介護事業所で働く介護職と同様である。しかし、前述の処遇改善交付金は、あくまでも介護事業所で勤務する介護職に支給されるものであり、医療機関で勤務する看護補助者は、たとえ介護福祉士資格を保有していても対象外となる。診療報酬上、一定の要件を満たせば看護補助者の配置加算などはあるが、介護保険制度上の介護職の

図1　就業先を探す際の重視点と介護業界への就業をためらう理由（介護職非従事者・全体／複数回答）

（n=500）

選択肢の内容

凡例：重視点　●ためらう理由（%）

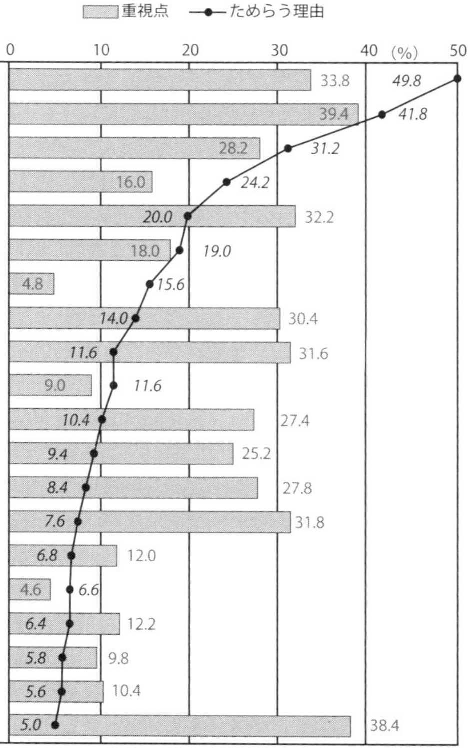

就業先を探す際の重視点	介護業界への就業をためらう理由	重視点	ためらう理由
体力的にそれほどきつい仕事ではないこと	体力的にきつい仕事の多い業界だと思うから	33.8	49.8
精神的にそれほどきつい仕事ではないこと	精神的にきつい仕事の多い業界だと思うから	39.4	41.8
給与水準が高いこと	給与水準が低めの業界だと思うから	28.2	31.2
離職率が低いこと	離職率が高い業界だと思うから	16.0	24.2
休暇が取りやすい雰囲気や仕組みがあること	休暇が取りやすい雰囲気や仕組みがなさそうな業界だと思うから	32.2	20.0
自分の志向・価値観に合致した仕事と思えること	個人の志向・不向きに配慮してくれる業界だと思うから	18.0	15.6
他人の人生に関わることができること	他人の人生に関わるのが大変そうだと思うから	4.8	14.0
自分に合った勤務時間やシフトで働けること	自分に合った勤務時間やシフトで働けなさそうな業界だと思うから	30.4	11.6
給与体系が明確であること	給与体系が明確でない会社や施設等が多い業界だと思うから	31.6	11.6
人との交流がやりがいにつながること	人との交流が面白くにくい業界だと思うから	9.0	10.4
福利厚生が充実していること	福利厚生があまり充実していない業界だと思うから	27.4	9.4
雇用不安が少ないこと	雇用不安が大きい業界だと思うから	25.2	8.4
経営が安定していること	経営が不安定な企業・団体の多い業界だと思うから	27.8	7.6
仕事にやりがいがあること	仕事のやりがいがあまり感じられないと思うから	31.8	6.8
妊娠や子育て、介護に配慮する雰囲気や制度があること	妊娠や子育て、介護に配慮する雰囲気や制度があまりなさそうな業界だと思うから	12.0	6.6
社会的地位・評判が高いこと	社会的地位・評判があまり高くない業界だと思うから	4.6	6.4
評価基準が明確であること	評価基準が明確でない会社や施設等が多い業界だと思うから	12.2	5.8
働いている人の個性や多様性を感じられること	働く人が特定の層に偏っている業界だと思うから	9.8	5.6
経営者に魅力を感じること	魅力ある経営者が少ない業界だと思うから	10.4	5.0
勤務地（勤務先）が自宅から近いこと	勤務地（勤務先）が自宅近くになさそうだから	38.4	

出典：HELPMANJAPAN「2019年介護職非従事者の意識調査」より　https://www.recruitcareer.co.jp/news/20190712.pdf

図2　介護に関する事実認知状況

【介護】事実認知状況：知っていた（介護職非従事者・全体／各単一回答）

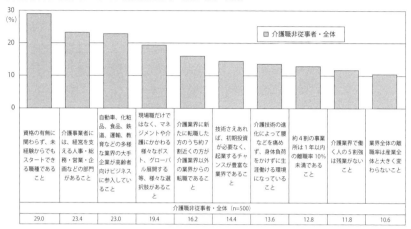

	資格の有無に関わらず、未経験からでもスタートできる職種であること	介護事業者には、経営を支える人事・総務・営業・企画などの部門があること	自動車、化粧品、食品、鉄道、運輸、教育などの多様な業界の大手企業が高齢者向けビジネスに参入していること	現場職だけではなく、マネジメントや介護にかかわる様々なポスト、グローバル展開する等、様々な選択肢があること	介護業界に新たに転職した方のうち7割近くの方が介護業界以外の業界からの転職であること	技術さえあれば、初期投資が必要なく、起業するチャンスが豊富な業界であること	介護技術の進化によって腰などを痛め、身体負荷をかけずに生涯働ける環境になっていること	約4割の事業所は1年以内の離職率10%未満であること	介護業界で働く人の5割強は残業がないこと	業界全体の離職率は産業全体と大きく変わらないこと
介護職非従事者・全体（n=500）	29.0	23.4	23.0	19.4	16.2	14.4	13.6	12.8	11.8	10.6

出典：HELPMANJAPAN「2019年介護職非従事者の意識調査」を一部修正

処遇加算交付金のように、看護補助者の処遇改善に直結するものではない。現時点では、看護補助者は、医療機関で仕事に従事するよりも介護事業所で働くほうが、金銭的なメリットがあり、医療機関における看護補助者の人材確保はさらに厳しくなることが想定される。介護職も看護補助者も採用には苦戦を強いられているが、両者の仕事領域や従事する人の条件には共通点が多いものの、医療機関における看護補助者の確保についてはさらに厳しくなることが予測される。

　以上のように、日本の労働人口は減っているが、医療・介護のニーズはますます増大する。しかし、介護人材や看護補助者が足りない。これが現在の日本の医療機関や介護事業者が直面する共通の課題である。

（2）医療法人社団福寿会の状況と戦略的人材確保の方針

　医療法人社団福寿会（以下「当法人」）は、1992年設立の医療法人で、東京都足立区・北区を中心に4病院、2介護老人保健施設のほか、訪問診療、訪問看護、訪問リハビリテーション、グループホーム、デイサービス、重度認知症デイケア、通所デイケアなど約60の医療介護サービスを、1200名以上の職員で運営している。地域に密着した医療介護を展開してきており、今でいう訪問看護やデイサービスなどを、地域のニーズに対応する形で介護保

険制度が施行されるよりも前から運営してきた実績がある。

　当法人においても、人材確保は常に経営上の大きな課題の1つであるが、1992年の創業以来、急速な拡大をしてきたこともあり、基本的には「即戦力人材」を主とした採用戦略をとってきた。このことは、さまざまな事業に対応できる経験豊かな人材によって、一定の質のケアが提供できるという大きなメリットがある。しかし、組織の平均年齢が年々上がるという点で大きなデメリットもあり、組織内での人材育成という機能が弱くなっていくというリスクがある。また、医療介護ニーズが今後ますます増大することは周知の通りであるが、特に当法人がある東京都城北地区は、高齢者数の多いエリアでもあり、「医療も介護も」必要とする地域ニーズが非常に高い。さらに、当法人は、医療介護両方のサービス提供を行っているため、しっかりと地域ニーズに応えていくためには、必要人材を確実に確保していくことも同時に重要な課題となっている。

　以上のことから、当法人では人材確保戦略を大きく見直すことになった。この問題を解決するためには2つの方法があると考えた。1つは新卒採用、もう1つは外国人採用である。そこで、はじめに実施したのが、組織の人事制度と教育体制の再構築である。具体的には、法人内の教育研修制度を見直し、体系的な教育体制の構築、求められる役割を明確にするためのラダー作成、ラダーに基づいて適正な評価を行うための評価制度の見直し、そして評価と処遇が連動する人事制度全体の改定を行い、併行して採用活動そのものも効果効率的な手法を徹底するなど抜本的な見直しを図った。

　また、組織的にもこれまで総務部人事課として位置づけられていた人事機能を人事部に変更し、人事制度・労務・採用・育成機能を集約して、人事部内に採用専門のセクション（採用課）を設置した（当時：筆者人事部長）。この採用課は、新卒採用、中途採用、および外国人採用の全ての採用に関わるセクションである。

　さて、当法人の人材確保戦略は、外国人ありきのものではない。持続的に発展するための組織を作ることが大きな目標であり、それを実現するための主要課題を「1.持続発展可能な組織年齢構成への移行」および「2.労働力不足の解消と質の高い人材の確保の両立」と捉えた。これらの課題を解決するための戦術実行の中で、外国人採用の有効性はある、と考えたのである。そ

れでは以下に2つの主要課題について詳細に述べる。

①新卒採用の強化——持続発展可能な組織年齢への移行

　2017年の組織全体の平均年齢は、44.7歳で、年代別の構成でみると、20歳代が少なく40歳代が最も多い構成となっていた。このままの推移だと年々その平均年齢は上昇していくことになる。そこで、新卒採用を強化した。新卒採用を本格導入してこなかった理由は、体系的な人材育成の仕組みが構築されていなかったため、「採用競争力を高めるために何をするのか」という視点での採用活動が展開されていなかったことにあった。

　そこで、人材育成体制について新卒採用へ本格的に舵を切る前に、2016年から現任研修・管理者研修体制を再構築し、プリセプター育成研修をスタートし、新卒職員を受け入れられる体制を作った。また、新卒研修自体も部門を超えて横断的に管理者が研修企画・実施に関与し、法人全体で新卒職員を受け入れ、育てていくのだという組織風土作りにも力を入れた。定期的に管理者が集まる会議においては、トップである理事長からも持続発展が可能な組織には人材を育成していくことが必要であることや医療介護事業には「人」が欠かせないのだ、という話が繰り返しあり、職員全体の意識も徐々に変化があったのではないかと思う。

　一方、長らく新卒採用に力を入れてこなかった当法人において、新卒採用を強化するためには採用活動そのものの見直しも必要だった。大事なことは誰でもよいわけではなく、「自分たちが必要とする人材を採用する」ということである。実際には、求める人材像を明確にし、その人材に訴求するポイントも明確にし、必要な人へ正確に情報が届くように広報そのものも抜本的に見直しをした。また、全てのプロセスを可視化して、効果的・効率的な方法の選択・実行・評価・修正を徹底的に繰り返した。募集をかけて応募者を面接する、という考え方ではなく、ほしい人材がいるところを探し出し、そこに向けて、確実に自分たちの強みが相手に伝わるように情報を届けるのだという考え方へのシフトが必要だったのである（深澤2016）。

　このような実践の結果、2017年に44.7歳であった組織全体の平均年齢は、2020年には42.3歳となり、20歳代の割合が増加し、組織の年齢構成は大きく変化した（表2、図3）。

表2　平均年齢の推移

部門	2017年	2018年	2019年	2020年
看護部	47.4	47.4	45.2	44.9
介護部	44.2	43.5	43.2	42.6
リハビリ部	40.2	39.5	38.3	35.3
相談部	42.9	42.6	40.2	41.3
事務部	47.2	48.2	46.9	46.7
全体	44.7	44.4	43.4	42.3

出典：筆者作表

図3　2017年と2020年の年代別構成比の比較

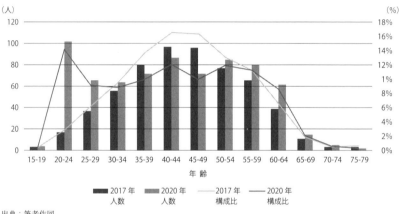

出典：筆者作図

②アジアからの外国人採用の強化──労働力不足の解消と質の高い人材の確保
の両立

　新卒採用強化により、組織の年齢構成が変化し、それを継続していくこと
でより理想的な年代別バランスが見込めると考えられた一方で、介護人材の
確保については新卒採用だけでは解消しないということもわかっていた。介
護福祉士養成校の定員割れ状況、大学で介護福祉士学科を卒業しても別の業
界へ就職する学生の増加もあり、一筋縄ではいかない状況が存在している。
その背景には、「キツイ・キタナイ・キケン」といういわゆる3Kイメージや
介護職は給与が安いといったイメージが社会全体に浸透していることもある。
　実際に、採用活動で学生と接する中で、「寝たきりの人ばかりを相手にす
るのはちょっと……」「親がわざわざ介護のような苦労する仕事をしなくて

もと言っている」といった声も聞かれた。このような課題に対して、当法人では、介護の仕事を正しく知り、理解を深めてもらうためのパンフレット作成、キャリアパスの作成、処遇改善などさまざまな対策をとりながら、介護福祉士養成校以外の専門学校・大学からの介護職採用も取り入れた。今後もそのような活動を継続してはいくものの、確保できる人数に限界があるのもまた事実であり、外国人採用を本格的に検討することになった。外国人採用にあたっては、単なる人数確保ではなく、「質の良い人材をいかに集めるか」といった点を重視して進めることとした。

　今後の人材採用を戦略的に考えていくためには、外国人採用は欠かせないとの認識は、経営サイドでは一致したものの、現場サイドからは、当初は必ずしも好意的なものばかりではなかった。現場の管理者やリーダーからは、「わー、楽しそう」とか「グローバルな感じでいいですね」「また英語勉強しよう。私以前留学したことがあるんです」というような声があった一方で、「以前の職場で外国人がいましたが、遅刻したり休んだりしてばかりで全然ダメでしたよ」「あー、ダメダメ。絶対やめたほうがいいですよ」「外国人だと日本語の微妙なニュアンスが伝わらないですよね。私たちの仕事は微妙なニュアンスがわかる人でないとできません」などの声も多数あった。過去の経験からの発言もあれば、そうに違いないという思い込みからくる発言もあり、テレビやニュースで報道される外国人労働者の失踪事件などをベースにそうしたことが法人内で発生することを危惧する発言などがあった。

　しかし当法人としては、外国人採用によって、労働力の確保と定着を図るためには、外国で働くということについて自分だったらどんなことを期待するのか、また、どんなことが心配なのか、どんなことを助けてほしいと思うのかを自分事として想像できることが何より必要なのではないかと考えた。日本で働く外国人のことを想像するのではなく、自分が外国で働くとしたら、ということをリアルに想像することが相手の立場理解につながるように思う。そのようなことも重視しながら、当法人で具体的に進めたことを以下に述べる。

● 質の高い外国人人材の採用とコストパフォーマンスの両立
　外国人採用に関連する業者は多数ある。2020年、日本にはすでに165万

人以上の外国人が就労しており、前年比13.6％と過去最多を更新していた。労働力確保にも大きな効果がある一方で、多数のネガティブ効果も報じられている。例えば、採用費用を支払ったものの実際には人材確保につながらなかったというもの、自分たちの組織が希望する人材ではなく業者の言いなりで採用してしまい、採用後に仕事面・生活面の両方での指導や育成が大変で困ったというもの、外国人採用に関わる法的・金銭的な全体像の説明がなく想定外の費用発生をしてしまった、というものなどで多岐にわたる。

　このようなことが発生する背景の1つには、採用する組織側の外国人の雇用に関する知識不足も挙げられよう。そこで、当法人においては、まず外国人を雇用する方法を種別ごとに調べ、「メリット・リスク・コスト」などについて比較分析を行った。また、監理組合や現地の関係者などからのヒアリングを行い、外国人雇用に関するセミナーなどにも出席して情報収集を徹底した。さらに、こちらの要望に対して誠実な回答・対応ができるかどうか、法令、方法、コストなどを明確に示すことができるかどうかを見極めるために、具体的かつ詳細な説明を求めた。とにかく、質の良い業者・監理団体と取引をすることに注力した。

　また、「外国人雇用」そのものによって考えられるリスクも洗い出し、それぞれに対してどのような対策を講じるべきかを検討した。実際に、失踪者や犯罪まがいの出来事に関与していた事例なども関係者からも聞いていたので、そのような事態を最大限避けるために何をすべきかも検討した。その結果、外国人採用にあたり、私たちが採用したい人はどんな人なのかという採用基準を明確にし、業者任せではなく、私たちが直接法人の事業説明や求める人材像、雇用条件などをしっかりと説明し、面接を実施することにした。

　採用にあたっては、現地で必ず業者や応募者と直接面接を実施し、第三者頼みにならず、自分たちで見極めを行うことを重視した。幸い、いろいろなルートから良い学校関係者

写真1　マニラでの当法人についての説明会
職場の様子や生活環境、組織の理念や求める人材像をプロジェクターで映写しながら説明中

や監理団体、現地エージェント
の紹介があり、当法人の方針に
理解を示して信頼関係に基づい
て取引ができる相手先ができた
ことは、大いに助かった。外国
人雇用は、公開情報からの情報
収集だけでは対応しきれない部
分があると同時にその国のしき
たりや感覚など、その国の人で

写真2　日本語学校の学生さん方と一緒に
マニラ国際アカデミーにて当法人理事長（前列左から3人
目）も一緒に記念撮影

ないとなかなか真の理解が難しい部分も多々あるからである（写真2）。

（3）外国人労働者の定着を図る仕組み作り

①業務理解を深められる体制作り

●業務マニュアルによる基本業務の理解

　日本で働くことを目的に来た外国人にとっても、高い労働力として期待を
込めて採用した組織にとっても、何より重要なのは、まず「仕事」であろ
う。「日本語がきちんとできないと微妙なニュアンスがわからないから介護
の仕事はできないのではないか」という質問を受けることがあるが、筆者
は、日本人も同様ではないかと考えている旨を毎回回答している。日本語を
学習してきた外国人といえども、確かに話す速度には注意が必要だし、日本
語の表現方法や言葉遣いは多岐にわたるため、いきなりネイティブの日本人
と同じ扱いは無理である。しかし、実際には、微妙なニュアンスだけで仕事
はしていないし、微妙にニュアンスのわからない日本人もいるわけで、「微
妙なニュアンス」のようなことばかりに捉われずに、「必要なことをせっせ
と準備する」につきる。

　まず、業務を安全かつ確実にできるようにすることが重要である。そのた
めに、外国人用の業務マニュアルを作成した（写真3）。育成担当者から日本
語で説明するだけではなく、外国語で作成した業務マニュアルを用いて予
習・復習することで理解を高めてもらうためである。他にも、安全性確保の
点では、食札やベッドネームなどの利用者名には、ローマ字・ひらがなど
のフリガナを追加して利用者の間違いがないようにしている。また、現場で

写真3　業務マニュアル（英語版）

は、育成担当者が中心となって、全員で関与して指導にあたるようにしている。育成の進捗状況は育成担当者から、介護部の研修担当者へ報告されている。その際、育成担当者ごとに指導内容や方法が異ならないように、介護部の研修担当者が定期的に配属先をラウンドして確認をしている。

　この外国人用の業務マニュアルは、すでに運用されている業務マニュアルの中から、業務頻度の高い＝業務時間の長い「入浴・食事・排泄介助」と安全確保の観点から「緊急時対応」を中心に構成した。この三大介護業務が習得されたら、別の業務も追加していくという方法で、初期の段階では詳細なマニュアルは必ずしも必要でないと考えている。

● 導入研修とフォローアップ研修

　当法人では、来日してからすぐに現場業務に入るのではなく、2〜3日間、全体研修を実施し、この研修の中で、日本語・日本文化、法人説明、基本業務の説明、医療介護用語・物品名など使用頻度の高い言葉の読み書き、自己紹介、挨拶や名刺交換の練習、安全対策・感染対策指導などを行っている。この研修は、採用担当者や部長クラスだけでなく、配属予定先の管理者や職員にも担当してもらっているが、外国人の育成・定着への参画意識を高めるだけでなく、採用した外国人の現状を事前に理解をしたうえで現場での業務指導ができるという効果もある（写真4、5）。

　また、来日初期は1〜2か月ごと、その後は、3か月ごとを目安に定期的にフォローアップ研修も実施している。これらは、現場の管理者や指導者ではなく採用課が中心となって、業務習得状況の把握以外にも、日常生活上の困りごとの相談・解決、ゴミ出し・清掃など日本の生活上のルール指導、心身の健康状態の確認などを行っている。さらに、毎回会話を通じて、日本語の習得状況の確認もできる。職場以外の人間が関わる機会を持つことで、万が一、職場では言いにくい問題を抱えた場合に解決をする場になることや組

写真4　導入研修での名刺交換の様子　　写真5　就業前職場見学・介護見学

織内での人間関係を広げることを目的としている。外国人職員が当法人への組織コミットメントを高める効果が期待できると考えている。

　加えて、実際に仕事を始めて、今、どのような業務ができるようになっているのか、できないことは何なのかの確認をして、面談記録として残し、必要に応じて現場の管理者や育成担当者と共有している。その他、仕事上・生活上の困りごとの有無を確認しつつ、よく使う日本語講座などを即興で行うなど、アットホームなミーティングにしている。最初に困りごと相談として受けたのは「宅配便が受け取れない」というものだった。「不在連絡票が入っていたので電話したが、全て日本語でわからなかった、ホームページにもアクセスしたが全部日本語で最後までわからなかった」と言った彼は、何枚もの不在連絡票を持ってそのフォローアップ研修に来たのだった。早速、電話をして、受け取り日時を予約して一件落着したが、生活も困らないようにと「生活ガイド」も作成していた私たちとしては盲点だった。改めて、日本での生活には外国人にとって多くの不便があることをこの一件だけでも感じた。

　確かに、QRコードで簡単にアクセスできるし、24時間電話で受け取り予約もできるが、「すべて日本語」なのだ。それでは、外国人にとってはハードルが高い。また、彼らは、日本語学校で、いわゆる正しい日本語を学んで来ているが、「眠いです」「眠たいです」「寝たいです」「眠たくないです」「眠れないです」など、少ししか違わない言葉に混乱していることもあり、日常的によく使われる表現や現場でよく使う言葉などもこのフォローアップ研修の中で行っている。研修当日は、みんなで話をしながら行うので、特に詳細なプランは持っていない。先日は、好きな食べ物の話から、「てんぷ

ら＋ごはん＝天丼」「とんかつ＋ごはん＝かつ丼」という事例から、「では、まぐろ＋ごはんは？」と質問したら、想像通り、「まぐろ丼」との回答えがあった。「まぐろ丼も通じるけど、『鉄火丼』とい言葉もあるのよ」と話したら、みんな一生懸命メモをしていた。

　現場での指導とは別に、この場は、業務理解の進捗確認だけでなく、みんなが元気に仕事できているか、悩んでいないか、外国人同士の関係性はどうか、などを直に確認する機会ともなっている。

● 公平な評価とモチベーションの向上

　外国人労働力が話題になる際、「安い労働力」と捉えているかのような場面が見受けられるが、当法人では、優秀人材に絞っての採用に限定しており、外国人も日本人も同じ条件下で採用をしている。"Equal pay for equal work" である。面接の際にも、"Equal pay for equal work" について説明をしており、だからこそ、「仕事に対して、自分のスキルを向上する努力を求める」ということをややしつこく説明している。私たちが必要としている人材は、「ただ日本に来たい」とか「日本が好きだ」という人でなく、「福寿会での仕事を一生懸命したいと思っている」こと、また、スキルを上げていくことで給与も上がる仕組みの中で、「自らのスキルアップに努力できる」ことが採用条件であることを話している。そして、日本人と同様に、介護技術の習得レベルを評価するための評価表やチェックリストも英訳し、外国人1人ひとりに渡している。実際に、その評価表に基づいて、スキルチェックと評価を行い、現場の育成担当者が本人へフィードバックしている。自分の行った業務がどのような視点で評価されているのかを知ってもらうことで、自らの学習意欲の向上にもつながるものと考えている。

　「公平にする」とは、当然厳しい側面もある。甘やかすこととは違う。できなければ良い評価にはつながらないものもある。しかし、大切なのは、外国人だから安い賃金でよいとか、できないと決めつけて大目にみることではなく、同じ評価基準が示されていること、同じ物差しで評価されること、同じチャンスがあるのだということをしっかりと伝え、理解をしてもらうのが当法人の考え方である。

　この仕組みのせいだけではないだろうが、留学生として来日した数名の外

国人は、2020年、特定技能試験を受験し、見事合格した。「長く日本で働きたいから頑張りました」と言う。彼らは、努力して試験にパスした。そのことは、彼らの報酬にも直結する。来日数か月の中で、彼らの努力とそもそもの能力の高さに改めて感心しているところである。

●採用に関わるリスクマネジメント

　外国人採用の際に、考えておかなければならないリスクとして、(ⅰ)日本との関係の変化によっての国との取引に支障が出る可能性があること、(ⅱ)さまざまな関連法令がありよく知らないと法令違反になる可能性があること、(ⅲ)採用した外国人が違法行為をした場合、採用した組織も責任を問われる可能性があること、などを押さえておく必要がある。

　そこで、当法人では、(ⅰ)については、複数の国から採用することでそのリスクを分散することにし、(ⅱ)については、関連官庁から資料を取り寄せ、不明点があれば随時相談をしながら、関連法令の情報収集をしたり、外国人雇用に関するセミナーに採用担当者が出席したりして、必要知識を補強した。また、取引をする業者（国内外問わず）は、法令順守で運営されていること、その国に精通していることを条件として選定し、法令違反リスクを回避することとした。(ⅲ)については、信頼できる業者や関係者からだけの採用に限定し、面接時にしっかりと対話して人物像を見極めることを重視するとともに、採用後の定着を図るように努めている。仕事を目的に来日した彼らには、日本で仕事をし続けることができるように能力向上のための教育研修はもちろんだが、良いコミュニティの中で日本の生活を送ってもらえるよう、組織内の交流を深め、来日した外国人が孤立しないように注意している（写真6）。

②外国人の受け入れを推進する組織作り

●法人方針の浸透

　当法人では、外国人が実際に来日する数か月以上前から管理者70名以上が集合する会議の場で、理事長自らが外国人受け入れに関する話を定期的に行った。また、外国人受け入れの必要性、受け入れ準備の進捗状況、来日予定の職員の紹介などについて人事部からも定期的に情報共有をしてきた。

写真6　新人研修最終日のBBQの様子
日本人も外国人も一緒。管理者やリーダー
も合流してチームごとに工夫して行う

写真7　創立記念祭で行われる入職式の様子
外国人も一緒に日本式入職式を体験。法人の仲間とし
て日本人と同様に式典の中で紹介

今の採用予定人数がどうなっているのか、どんな人材が来る予定なのか、そして、現場ではどんな準備が必要なのかを随時共有した。当初は賛成反対含めていろいろな思いの人がいただろうが、実際に来るのだという期待と不安の中で、実現するのだという実感を持つことができたのではないかと思うし、理事長自らが折に触れて外国人採用について話題にしていたことで、当法人にとっての重要事項なのだということが管理者間で共有されたように思う。公式行事である入職式に外国人も出席し、職員に紹介された（写真7）。

●現場リーダーの育成

　現場のリーダーを中心に海外リーダー研修を実施した（写真8、9）。3グループに分けて合計16名の職員が、現地の医療介護施設を見学し、実際に利用者さんとアクティビティを通じて交流をした。また、現地の日系企業においては日本人マネジャーや経営者からその国の職員をどのように育成・マネジメントしているかの実践的な講義や日本語学校に通っている学生への日本についてのプレゼンテーションなどを含む3泊4日のハードな研修であった。帰国後は、研修内容を法人内職員の前で報告をしてもらい、外国人を受け入れていくことに対して自分たちにどのような準備が必要なのかを発信してもらった。実際に参加した職員から聞かれた言葉は、「行く前に想像していたことと違うことが多かった」「学んだことをぜひ職場でみんなに伝えたい」「本当に学びになった」「自分のこれまでの指導方法を見直す必要があるかもと思った」「福寿会に来たらみんなを大事にしたいと強く思った」などであった。

写真8　海外リーダー研修の様子
マニラの高齢者施設で食事介助

写真9　海外リーダー研修
マニラの日本語学校で来日希望の学生と交流

　このリーダー研修は、大変効果があったと考えている。日本の中で外国人を受け入れる側として、日本人が外国に行くことで感じた外国人という感覚（その国では日本人が外国人）、苦手な言語で話をしなければならない恥ずかしい気持ちやもどかしい気持ちの実感、また、どんなことにその国の人のやさしさを感じたり、逆に不快に感じたりしたのか、そうした実体験をもって、今後何をすべきなのかを考えることにつながったのではないかと思う。当然コストのかかるものではあったが、リーダー自身の学びが深まったという効果だけにとどまらず、当法人の応募を検討している外国人にとっては、「受け入れに対して積極的である・理解がある」という理解につながり、外国人応募者の増加効果もあった。

● 交流機会の設定

　実際に来日してからは、医師・新卒採用者で毎年実施する納涼会に外国人職員も参加（写真10）してもらい、日本の宴会を楽しみつつ、人間関係を広めてもらったり、忘年会では各国の民族舞踊を披露してもらったりして、大いに盛り上がった。また、外国人労働者と配属先の担当者や管理者が集まり、自国の料理を持ちよるプチパーティ（写真11）なども行った。日本からは寿司と焼きそば、ベトナムからは春巻き、フィリピンからはシニガンなど、それぞれの国の料理の説明を含めて互いの国の料理を食べながらさまざまな話が進み楽しいひとときとなったと思う。自主発生的な交流だけには期待せず、交流機会自体を積極的に設定することが大切である。こうしたイベントを通して、職場以外の人間関係を構築していくことにもつながり、外国人が組織に定着する上で大きな効果があるものと考えている。

写真10 屋形船での納涼会
医局と新人職員（外国人含む）

写真11 配属部署の管理者や指導者と自国の料理の持ち寄りプチパーティ

● 自発的な工夫や取り組みを評価する

　ある日、育成担当者が、外国人職員と交換日記のような形で指導している場面に遭遇したことがある。ノートを見せてもらったところ、そこには、今日やった業務とその振り返りが日本語で記載されており、育成担当者からは、業務に対するコメントだけでなく、日本語で書かれた文章の修正、漢字の追加などがあった。育成担当者が法人で決めた定型的な指導をしているだけでなく、自分で工夫して育成・指導している姿であった。長い文章ではない。短い文章のやり取りだが、赤字で丁寧に書かれているコメントに人間的な温かさや優しさを強く感じた。

　また、職員同士で食事をしたり出かけたりすることもあると聞いている。当法人の公式行事でも管理者の指示でもない。別に外国人だから気を使って声をかけたということばかりでもないだろう。共に働く仲間として自然な形で行われているのだとしたら、日本の友人ができて心強いに違いない。

　このように、組織が仕組みを準備をしていくことはもちろん重要だが、受け入れ組織の職員1人ひとりの工夫・思いやり・相手を理解し仲間として前向きに受け入れようとする姿勢や考え方も極めて重要な要素である。決められたこととしてではなく、自発的な工夫や取り組みを認め、評価できる柔軟な組織風土が大切なのではないかと実感しており、当法人においても、今後ますます強化していきたい点の1つである。

● 外国人の積極的活用
　当法人においては、この先も戦略的に外国人採用を継続していく予定でい

る。すでに採用した外国人の中から今後、介護現場においてリーダーとして活躍する者も出てくると思われるが、それとは別に育成担当者としての役割も検討している。各国から来日する外国人労働者の業務や生活支援、定着サポートなどを行ってもらうことを想定している。

それに先立ち、通訳ビザを持つフィリピン人を採用した。当法人で最も多いのはフィリピン人なので、フィリピン人を採用したのだが、彼女はフィリピンでは看護師であり、日本語学校での勤務経験がある。また、日本で働いた経験もあり、JLPT日本語2級を有する大変優秀な人材である。現在、彼女は人事部採用課に所属し、外国人採用に関わるビザ関係の業務、新たに配属される職場の業務確認とマニュアルの追加や更新、母国語や英語でのフィリピン人職員とのやり取り、指導などを行っている。日本人職員との業務連携にも全く支障はない。むしろ大変助かっている。私たち日本人も一生懸命準備を重ねてきたが、彼女からの意見やアイデアの中には「目からうろこ」のものもたくさんある。

介護職として日本に来日する外国人には、今後、介護職のリーダーとしてキャリアアップしていく道や人事部・外国人育成に関する仕事をしていく道があることを外国人職員には説明している。長く日本で仕事をしたいと考えている外国人職員にとっては、大きな魅力の1つとなり得るだろう。

第2節　介護・福祉に対する認識や技能の異文化間の違いや共通点

（1）異文化間の違いとそれを克服するために

日本にも独自の文化があり、その多くは、日本人にとっては当たり前のことであろう。同様に、外国にも独自の文化があり、外国人にとっては当たり前のことである。しかし、両者が自然と理解し合うことはそれほど簡単ではない。例えば、宗教の問題である。祈りの時間の確保、ラマダンのときの飲食の制限、ヒジャブなどさまざまある。現在、当法人には、宗教的な特別な配慮が必要な外国人職員はいないが、今後外国人採用の拡大を検討しているため、当法人としても整備をしていく必要がある。

①まず意味ある情報収集を行う

　異文化間の理解を深めていくためには、外国人受け入れにあたって、相手の国のことをよく調べることがスタートになるだろう。他人から聞いた話、テレビで見た話を鵜呑みにするのではなく、採用をしようとしている組織として、あらゆる角度から情報収集することをお勧めする。私自身も、その国に関する書籍を数冊読んだ（堅苦しいものばかりでなく、ガイドブック、その国や国民が題材となっている小説、○時間で理解できるフィリピンなど）。また、日本国内で外国人採用をしている組織や業者から話を聞き、現地でも関係者と直接会い、話を聞いたりした。特に、宗教、ジェンダー、食事、休暇、雇用に関する注意点などは、現地で日本とその国の両方をよく知っている方からの話がとても参考になった。書籍ではわからなかったことも具体的に理解することができ、そうした出会いがあったことはとても良い価値があった。

②得られた事実を組織内に伝達し、広める

　その国の「ありのままの姿」をできる限り組織内に伝達し、広めることが大切だと思う。当法人では、理事長や人事部からの定期発信以外に海外リーダー研修に参加したリーダーたちが「報告会」を開催して研修報告資料の配布・プレゼンを行い、配属先でもできる限り自分たちの経験を伝えてもらった。異文化の違いや溝をなかったことにするのではなく、その違いや溝のようなものを正しく捉えることが目的である。違いがあるということを認識することが異文化理解の第一歩になるはずである。違いがあるから「困った」、違いがあるから「ダメだ」、ではなく、その違いを正しく認識したうえで、日本人と同様に求めることと、そうでないことを考えていく必要がある。

　ただし、「外国＝全部違う」ではないはずである。実際に、当法人でも海外リーダー研修に参加した職員から「介護サービスの状況には違いがあったけれど、介護の必要性は日本と同じだと思った」というコメントに代表されるように、「同じだ」という点も多々ある。そのことも同時に組織内で周知していくことが重要と考えている。

(2) ダイバーシティ組織作り

　ダイバーシティとは、多様性を意味し、国籍、性別、年齢などにこだわら

ずにさまざまな人材を登用し、多様な働き方を受容していこうという考え方である。海外での面接時にこんなことがあった。一見、女性のような服装をしていたが、男性と思われる学生が面接に来たがその逆もあった。そのとき、私はいろいろなことを考えた。能力的に問題があるわけではない。しかし、今の当法人の組織内で理解を得られるだろうか、2人同室の寮の部屋をどのように配分すればよいのだろうか、更衣室はどうしたらよいのか、制服はどちらの性別のものを用意したらよいのか、患者さんや利用者さんはその事実を受け入れてくれるだろうか、一瞬のうちにぐるぐると考えるべきことがたくさん浮かんできた。そこで、面接の後、個別に再度面接を行い、「私たちの組織には今、受け入れるための準備ができていない」ということを率直に伝えた。その学生たちからは、「私たちは別に気にしないから日本に行きたい」「部屋も制服もどちらでもよい、日本のやり方でよい」と言われた。

　しかし、そうはいかない。そのことで嫌な思いをする可能性がないとは言えない。そうなると、仕事への定着は難しくなる。では、その準備は簡単にできるか、というと、ハード面の整備だけでは済むまい。「本当にごめんなさい。うちの組織ではまだ受け入れるための準備ができていない」と伝えて、不採用とした。目の前で泣かれて胸が痛んだが、安易に採用とするわけにはいかないとの結論を出した。実は、このようなジェンダーに関する問題は、外国人採用云々ではなく、日本人採用においても共通の課題といえる。

　「多様性を認め、多様性を活かす」組織が求められていることは誰でも知っていることだが、実際にはたやすくないように思う。個人がどう考えるかだけでは解決しない。組織としてどのように実践するのか、形にするのか、ということが肝要になる。この先の組織のあり方を考えるとき、多様性とどう向き合っていくかは避けては通れない課題の1つである。外国人を受け入れるとは、多様性を認め、多様性を活かすことの一部であって、その全てではない。組織が継続して考えていくべき大きな課題といえる。

第3節　グローバル介護人材の定着の可能性と課題

（1）グローバル介護人材受け入れの課題

　今、日本は、外国人労働者の受け入れを具体的に推進する方向に大きく舵

を切り、外国人雇用に関する法令や仕組みにも変化がみられてきた。社会ではこの状況をどのように感じているのか。また、私たちは今後どのようにしていくべきなのかということは、私にも明確な答えはないが、ここではグローバル介護人材の受け入れについて限定し、国として考えるべきこと、受け入れ組織として考えるべきこと、そして一人の人間として考えるべきことに分けて考えてみたい。

①国として考えるべきこと
●介護サービスの質の保証
　高齢者人口が増加する中で、介護サービスの需要は今後ますます増大し、日本人だけではその介護サービスを提供することは難しいことは明らかであり、その解決策として外国人労働者を増やしたときに、介護サービスの質が低下することのないように一定の基準を維持していくことが必要である。現在、技能実習生や特定技能実習生という制度により、日本語能力や介護知識や技術は一定の質が担保されている、ということにはなっているが、特に、ケアの本質理解や基本知識については、十分ではない。

　当法人では、採用する人材の多くを出身国での「看護師」「介護職」「その他の医療職」に絞り、ケアに関する基本知識や理解を重視した採用を行っているが、監理団体などによって確保している人材の性質や能力に大きく差があることを採用する組織として実感する場が複数あったことから、採用する組織の努力によるものだけでなく、国としても質を保証するための仕組み作りをより強化してほしいと期待している。

●雇用する組織への支援策の強化
　現在は、採用する組織が、住居の用意、教育体制の整備を行っており、その多くが独自の努力によるものである。しかし、現時点では外国人の採用はどの組織でも簡単にできるとは言いがたい状況である。全国的に労働力が不足することが想定され、外国人採用を検討していかなければならない今、外国人を雇用する組織に対する国の支援策の強化を期待したい。

●看護補助者としての雇用推進と処遇改善

　介護職の処遇改善が強化される一方で、ほぼ同様の業務に従事している医療機関の看護補助者に対しての処遇改善策は遅れている。医療機関はそもそも利益率が低く、診療報酬改定もマイナス改定が続く中、組織の努力だけでは看護補助者の処遇改善策は大きくはとれない。高齢者の人口増大に伴う労働力不足は介護業界が注目されているが、医療業界も同様である。看護補助者としての外国人労働者の雇用は今後もさらに需要が見込まれる。日本で働く外国人が日本で働く理由の1つには当然「報酬」がある。報酬的なインセンティブは外国人労働者だけでなく、日本人労働者にとっても大きい。

②受け入れ組織として考えるべきこと

●サービスの質の保証と求める人材の確保

　人手不足の人材確保という考え方から脱却して、質の高い人材（組織の求める人材）を確保するという視点からずれないことが必要である。質の高い人材を確保して、育成と定着に力を入れることによって、自らの組織のサービスの質を保証していくことが必要である。人手不足だから外国人を採用するという考え方だけでは、組織の発展は見込めない。外国人に限らず、日本人にとっても組織のサービスの質を維持・向上させていくための教育・育成の仕組み作りは重要である。

●外国人雇用に関する知識の強化

　外国人の雇用には日本人の雇用とは異なることが多々ある。在留資格によって従事できる業務に違いがあるし、双方の国の法律が適用されることもある。また、日本人にはないけれど「この国の人を採用するにはこの条件は必須です」（例えば、フィリピンの病気休暇のようなもの）というものなど、多岐にわたる。外国人雇用に関する法令、手順は自組織の中でしっかりと確認をする必要がある。業者からの説明に甘んじず、こうしたことは、大使館や労働局、入国管理局に質問し回答を得ることができる。誰かの発言を鵜呑みにせずに、組織として正しく把握し、運用するという姿勢が重要である。

●取引相手を見極める

　外国人雇用に関わる業者は多数あるが、残念ながら全てが優良で良心的とは限らない。当法人が外国で取引する際に、現地で「名刺をもらったからといって全て信じてはダメよ」とアドバイスを受けたことがある。「住所は架空で実は存在しないということがある」と聞いて、驚愕したこともあった。法外な手数料を要求する業者もあった。私たちは幸い善良で能力の高い業者や関係者と出会うことができたので良かったが、外国人雇用に関わる他の組織からは「担当者が全く外国人採用の仕組みを詳細に理解していない」「良い話ばかりするが、一向に人材採用につながらない」「外国人の寮に行ったら、業者の担当者が一緒にいた（半同棲）」などさまざまなトラブルを聞かされたものである。自分の目で見て、疑問点はしっかり確認することが何より重要だろう。そのためにも、前述した外国人雇用に関する知識を組織内で蓄積していくことが必要である。

●なぜ外国人を採用しようとするのかを明確にする──戦略的人材確保のススメ

　どうして外国人を雇用するのか、その理由を明確にしておくべきであろう。何が正しいという答えはない。組織によって事情は異なるため、自分たちの組織にとって必要な人材はどのような人なのかを明確にすることは外国人採用においても同じである。優秀な人材に絞る必要がないかもしれないし、即戦力に絞るべきなのかもしれない。あるいは、経験がなくても育成していければよいのかもしれないが、自分たちはなぜ外国人を採用しようとしているのか、その理由を明確にしておくことが何より重要だと考える。

③一人の人間として考えるべきこと

●自分だったらどうだろうという想像力

　私たちは慣れ親しんだ自国の、慣れ親しんだ慣習の中で毎日生活をしている。そのような生活の中で、外国人労働者の考えや気持ちを本当に理解することはたやすくないという原点に立ってモノを考える必要があるのではないだろうか。「もし、自分が何らかの理由で外国で働くことになったとしたら……その国のことはよくわからない、だけど、何とかこの国でうまく成功したい、だけど、ずいぶん今までの生活とは違う」そんなことをリアルに想像

してみることも必要ではないだろうか。果たして自分は、その国の言葉を駆使して、最初から文化に馴染んで、何もかもうまくやれるだろうか。

　私は、若い頃、夫の留学に伴ってアメリカに3年間滞在した。幸いなことに、アメリカで仕事をする機会にも恵まれその3年間の経験は、そのときも楽しかったが、今もそのときの経験の多くを活かすことができる貴重な期間であったと感じている。渡米間もなくのとき、スーパーのレジで、"Plastic or Paper?"と聞かれたが、意味がわからなかった。何度聞き返してもそのレジの女性は"Plastic or Paper?"としか言わない。あげく、「全く困った人だわね」みたいな態度をとられたが、こちらは何度頭の中で"Plastic or Paper?"を繰り返しても意味がわからない。そうしたら、後ろに並んでいた人が、ビニール袋に入れるか紙袋に入れるかどちらがよいかという意味だと説明をしてくれた。「え？　選択できるの？」が、私が最初に思ったことである。時は、1996年。日本ではそんな選択肢はなかったし、聞かれることもなかった。しかし、このときの光景は今も忘れられない。こんな簡単なこともわからずにものすごく恥ずかしかったこと、「ちゃんと言ってくれたらわかったのに」と悔しいような、「バカにしないでよ」というような気持ち。そして、丁寧に説明してくれた人に対してありがたいと思ったこと……。

　外国人が日本語を日本人と同じように駆使するのは簡単ではないはずである。自分も外国でその国の言葉をその国の人と同じように駆使することができるだろうか？　言葉を駆使できないことは、モノを知らないこととは同義ではないはず。単純なことだが、こういうことを想像できることも外国人とともに働く私たちには求められることなのかもしれない。

●自分の知っていることは小さい範囲だという自覚と広げようとする好奇心

　アジアから来日する外国人労働者に対するステレオタイプの多くは、「貧しい国から出稼ぎに来た」というものではないだろうか。それは、事実なのだろうか？　国と国の経済力を比較したらそのようなことも言える場合があるが、発するその言葉の裏には、「貧しい国だから、自分たちよりも劣っている」というような変な差別意識や自分のほうが優位であるというような勘違いもあるのではないだろうか。

　私も実際にフィリピンやベトナムに行き、当初自分が想像していたことと

違うことが多くあって驚いた。日本で報道されていることは全てではなく、決して貧しいばかりではなかった。アジアというとゴミの山で小さな子どもがたたずんでいる光景や貧困に苦しんでいる人の生活がフォーカスされることがあるが、それは全てではない。私たちは、都合の良い情報だけを取捨選択してそれが全てだと思ってはいないだろうか。いや、自分の知っていることなどは、本当にわずかなもので、知らないことのほうが多いのである。何度かフィリピンやベトナムに行ったが、知っていることは極々一部である。そういう自覚とともに、「もっともっと相手を知りたい」という好奇心や興味が外国人とともに仕事をしていくうえでは必要ではないだろうか。

● 日本人としてどうありたいか

　外国人が、日本に来て働くとき、仕事を一緒にしている私たちを通して彼らは日本を見ている。日本はどこか別のところにあるのではない。外国人と面接したとき、「なぜ日本に来たいのか？」との質問に、彼らの回答の多くは、「日本人は親切で礼儀正しいと聞いているから」「日本の人は温かくて優しいから」「日本は文化が発展していて自分にもチャンスがあると思うから」「他の国に行った人は男尊女卑で大変な思いをしている人もいるし、アジア人だからと差別を受けて苦しんでいる人もいるが、日本なら大丈夫だと思ったから」というものである。私は、「ありがとう」とニッコリしながら、「本当に大丈夫かな」と心配になったりもする。

　同時に、こんなふうに日本を見ていてくれることに日本人としての誇りを感じたりもする。期待を持って来日した外国人が、期待通りの日本だったと思ってくれることを願いたい。外国人とともに働くこと、外国人を受け入れるということは、実は、日本人が「日本人としてどうありたいか」ということを考えることでもあるように思う。外国人を差別することなく、かといって、外国人だから優遇することもなく、同じ土俵で切磋琢磨できるように私たちも成長しなければならないのかもしれない。

（2）外国人定着のために受け入れ組織が備えるべきこと

①育成（学習促進）環境の整備

　仕事をすることが来日目的であるから、仕事が円滑にできるようにするこ

とが組織が充実させるべき第1の目標である。そのことは外国人労働者のためだけでなく雇用している組織にとっても重要である。育成プログラムの開発、育成担当者の育成を含めて育成・教育体制の整備は必要不可欠である。

②キャリアパスの構築

　日本で長く働きたいと考えている外国人は多い。それを実現するためには、資格取得やビザの変更が可能となるような仕組みが必要となる。来日した外国人が長く日本にいることができるようにキャリアパスを用意する必要がある。介護職として、初任者研修、実務者研修、介護福祉士国家資格というステップアップだけでなく、リーダーや教育育成担当者などの組織内でのステップアップの仕組みも魅力的ではないだろうか。

③ダイバーシティな組織風土作り

　人は、ただ給与をもらうためだけに働き続けられるだろうか。しかも外国で。組織は、誰にとっても同様で公平な機会があること示す必要がある。繰り返しになるが、ダイバーシティとは、外国人を差別することでも優遇することでもない。公平で同じ機会があること、そして、そのことを誰もが当然だと理解することではないだろうか。そうした意味では、私たち日本人はまだまた成長する必要があるのではなかろうか。

④環境変化への対応・リスクマネジメント

　2020年は、日本だけでなく、世界中が新型コロナウイルス感染症の感染制御のためさまざまな活動に大きな変化が生じた。当法人においても、来日予定だった約40名のフィリピン人が現在（2021年4月）まだフィリピン国内で待機している。誰も予想していなかった事態ではあるが、これからも、感染症だけでなく、予測できないさまざまな事象・コントロールできない事象が発生する可能性があるということを痛感させられた年であった。

　今、私たちは、来日予定だった40名と定期的にオンラインでミーティングをして、日本の状況説明をしたり、日本語の学習の進捗状況はどうかと確認したりして、1人ひとりの顔を見て、元気にしているかを確認している。オンラインミーティングは、大変喜ばれていて、年齢が20〜30代が中心の

彼らは、ITを便利に活用している。もしかしたら、日本以上に。彼らからはいろいろな質問があり、意欲的である。皆、「早く日本に来たい」と言っている。私たちも早く来てほしいと願っている。

　不測の事態が起きた時、どうするか。コントロールできないことを嘆くのではなく、コントロールできることに集中して知恵を絞り、できることをやっていく。環境変化への対応やリスクマネジメントは何も外国人採用だけではないのだが、外国人採用についても今後は考えておかねばならないだろう。

【参考文献】

エイミー・C・エドモンドソン／野津智子訳『チームが機能するとはどういうことか──「学習力」と「実行力」を高める実践アプローチ』英治出版、2014

厚生労働省「介護人材の処遇改善について」(第131回〈H28.10.12〉介護給付費分科会　資料5) https://www.mhlw.go.jp/file/05-Shingikai-12601000-Seisakutoukatsukan-Sanjikanshitsu_Shakaihoshoutantou/0000139536.pdf　最終閲覧2020.8.30

厚生労働省「第30回介護福祉士国家試験受験者数・合格者数の推移」(H30.3.28) https://www.mhlw.go.jp/　最終閲覧2020.8.30

近藤秀将『【第二版】外国人雇用の実務』中央経済社、2018

スティーブン・P・ロビンス／高木晴夫訳『【新版】組織行動のマネジメント──入門から実践へ』ダイヤモンド社、2011

塚田典子『介護現場の外国人労働者──日本のケア現場はどう変わるのか』明石書店、2010

日本介護福祉士養成協会「2018年度介護福祉士養成施設への入学者と外国人留学生」http://kaiyokyo.net/member/01_nyuugakusha_ryuugakusei.pdf　最終閲覧2020.8.30

深澤優子「看護師紹介・派遣会社の活用方法と選び方」『師長主任業務実践』364、付録1-8、2012

深澤優子「採用活動のプロセス管理──入口・出口の費用対効果を検証する」『看護管理』26(3)、254–259、2016

文部科学省「2019年度看護系大学に係る基礎データ」https://www.mext.go.jp　最終閲覧2020.8.30

HELPMANJAPAN「2019年介護職非従事者の意識調査」https://www.recruitcareer.co.jp/news/20190712.pdf　最終閲覧2020.8.30

終章 外国人介護労働者の受け入れを 成功させるために

塚田　典子

　本終章では、まず第1節で2020年2月9日から15日までの6日間、科研費研究でフィリピンおよびベトナムを訪問した際、フィリピンの日本語学校で、「特定技能1号」で日本へ来ることを目標として勉強していた生徒さんたちを対象に、簡単なアンケート調査を行うことができたので、その結果を紹介する。そして、第2節では、本書のまとめとして、日本へ入国する外国人介護労働者の受け入れを成功させるために、私たち受け入れ側はどうすればよいのか。外国人介護労働者たちが真に日本で安心して生活するためには、今後どのような視点や施策が必要なのか。約10年間の自身および他の研究者たちの研究の蓄積に答えを求めながら考察する。

第1節　在留資格「特定技能1号」で入国を目指す人たちの姿

(1) アンケート調査の目的と方法

　調査の目的は、「介護（Kaigo）」という言葉をどのように捉えているか。また日本での就労をどのくらい長く希望しているか。日本で生活するうえでの心配事はないか、などについて把握することとした。以下は、フィリピン・マニラの日本語学校で行ったアンケート調査の方法をまとめた。

- 調査実施日：2020年2月11日（火）午前
- 場所：マニラ国際アカデミー日本語学校の教室（以下「M日本語学校」）
- 調査法：集合アンケート調査
- 調査対象者：「特定技能1号」を目指す第1学年の4クラス計79名
- 主な調査内容：基本属性（性別、年齢、結婚形態、子どもの有無、学歴、専門分野）、「介護」の言葉の持つ意味、日本での仕事について（日本

で長く仕事をしたいか、将来のキャリアなど）、日本の生活に関する心配事および日本に知人がいるか否かなど。

• 調査票：日本語と英語併記で準備し、無記名で行った。

• 倫理的配慮：M日本語学校長に許可を得た後、回答者には、回答をしたくない質問は飛ばしてもよいことやアンケート調査の結果は個人が特定されないようにまとめること、また、どのような回答をしても日本語学校側に見せることはなく、日本語学校の評価には一切影響しないことを約束した。これに対する回答者の調査への同意の有無は、調査票の提出をもって同意したとみなした。

（2）アンケート調査の結果

①回答者の基本属性

　本アンケート調査の回答者79名は、「特定技能1号」で入国することを目

表1　回答者の基本属性（N＝79）

項　　目		度数（%）
性別	男性	16（26.7）
（n＝60）	女性	44（73.3）
年齢層	20代前半	17（28.3）
（n＝60）	20代後半	7（11.7）
	30代前半	36（60.0）
教育歴	大学卒	74（93.7）
（N＝79）	その他	5（6.3）
専門分野	看護	21（50.0）
	助産師	4（9.5）
	心理学	4（9.5）
	介護	3（7.1）
（n＝42）	経営	3（7.1）
	放射線テクノロジー	3（7.1）
	医療テクノロジー	2（4.8）
	バイオテクノロジー	1（2.4）
結婚の有無	独身	67（88.2）
（n＝76）	結婚している	9（11.8）
子どもの有無	子ども有	8（26.7）
（n＝30）	子ども無	22（73.3）
日本に知り合いがいるか	いる	18（28.6）
（n＝63）	いない	45（71.4）

※無回答を除いた相対度数（%）を採用した。

指してＭ日本語学校に同時期に入学した生徒である。表1に、回答者の基本属性をまとめた。表に示すように、回答者は女性が7割以上で男性より多く、年代層は30歳代前半が最も多い6割を占めた。

　また大学卒が9割以上を占め、専門は看護、助産師、放射線／医療／バイオテクノロジーなどの医療関連を専門とした回答者が7割を超えた。結婚形態は独身者が約9割で、子どものいる人は約27％いた。日本に知り合いがいるか否かを尋ねたところ、7割以上が「（知り合いは）いない」と答えた。

②フィリピンに「介護（Kaigo）」に相当する言葉があるか？

　「フィリピンに『介護（Kaigo）』に相当する言葉がありますか？」と尋ねてみた回答結果（無回答3名）を図1に示す。「ある」が44名の約58％、「無い」が32名で約42％いた。回答者は、日本語学校ですでに、日本語だけでなく、日本の介護に関する知識を学んでいる。したがって、フィリピンにおける一般的な若者とは異なる。また、「介護（Kaigo）」をどう定義するかも回答者個人に任せたため、おそらく思い

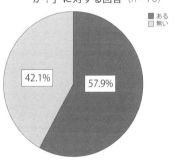

図1　「フィリピンに『介護（Kaigo）』に相当する言葉はありますか？」に対する回答（n=76）

ある
無い

42.1%　57.9%

思いに「介護とは」を考えて回答したと思われる。例えば、祖父母の世話をするので「介護」に相当する言葉は「ある」と答えた人、逆に、「日本のような自立支援を専門職が行うことはない」ので、フィリピンには「介護」に相当する言葉は「無い」と回答した人などがいたことが、次に示す表2の結果からわかった。

③フィリピンの「介護（Kaigo）」の概念は日本と同じか？

　次に、フィリピンに「介護（Kaigo）」に相当する言葉は「ある」と回答した44名に、「介護（Kaigo）の概念は日本と同じかどうか」について自由記述で尋ねた。そして、その質問に対する回答を、そのまま表2に示した。同時に、フィリピンには「介護（Kaigo）」という言葉は「無い」と回答した人も、意見を書いてくれていたので表の下半分にまとめた。

表2 「フィリピンの『介護』と日本の『介護』は同じか？」に対する主な意見

「介護（Kaigo）」に相当する言葉はフィリピンにも「ある」と回答した人の主な意見
• "Yes, it's the same in our concept in which taking care of people who is need of care." （#1）
• "Yes, it has the same concept as "Kaigo" since we also take care of the elder/or patients." （#2）
• "We Filipinos practice this to our family and relatives from our young age until we also grow old." （#8）
• "Yes, we have caregiver here in the Phil. and somehow same with your concept, except we don't have enough facilities here and equipment." （#15）
• "Yes, in the same, taking care of the people who need care especially elderly." （#17）
• "はい、Almost the same but some principles are different like independent support." （#24）
• "No, because in the Philippines we don't apply independence support." （#25）
• "In Japanese caregiving, there is what we called independent support wherein here in the Philippines, the patients are totally dependent to the caregivers regardless of their physical condition and ability." （#26）
• "No, because here in the Philippines, the concept of caregiving is where you do give everything to the patients." （#27）
• "Yes, we do, but I think it is slightly different because instead of relying on other people, the family members are the ones who usually take care of the elderly. Usually, we want them to be comfortable, so we do everything for their comfort." （#33）
• "Yes, but it is in different application because when we care someone, we give everything not only assisting." （#49）
• "Not the same. Care for elders here is done more as family obligation than a profession." （#68）
「介護（Kaigo）」に相当する言葉はフィリピンには「無い」と回答した人の主な意見
• "'KAIGO' is used to take good care of patients/elderly." （#3）
• "Something to do with care and assistance to someone." （#7）
• "Japanese way of caregiving is different…. Because Japanese have their own philosophy of caregiving." （#21）
• "日本のかいごはフィリピンのかいごとまったくちがいます。（フィリピンには）じりつしえんがないです。" （#31）
• "I was so impressed because "Kaigo" or Japan way of caregiving, independence, dignity and arranging of their environment is more important." （#39）
• "Kaigo is different from caregiving in the Philippines. The language and way of taking care of patients have different procedures." （#75）
• "It's different here because Japan has a modern facilities." （#78）

※ 表中下段の（ ）の日本語は筆者が加筆した。また、（#）は回答者のID番号を示す。

　表2に示すように、フィリピンでは、身内の高齢者（や親戚）の介護をするのは家族であるため、フィリピンにも「介護（Kaigo）」に相当する言葉は存在するが、日本でいうところの「介護」との違いも少しばかり見えてきた。回答者たちは、①高齢者や患者は介護者に100％頼り、介護者も全てをしてあげるもの、と考えている。また、②は①と関連するが、「介護」は専門職がするものではなく、家族がある意味「義務」としてやるものであると

考えている。③高齢者の尊厳（を護ったり）、自立支援などをしたりするという考え方はない。そして、④介護が施設で行われたり、器具を用いて行われたりしないことなどが、日本との違いであると考えていることがわかった。

④皆さんのおばあさんやおじいさん（祖父母）の世話をするのは誰か？

　実際に「皆さんのおばあさんやおじいさん（祖父母）の世話をするのは誰ですか？」と尋ねたところ、無回答3名を除き、全員が「自分がやった」あるいは「家族、いなければ叔母等親戚も協力してみんなで世話をする」と答え、表2の「介護は家族がやる」の結果を裏づけるように、回答者全員が「家族・親戚」が「祖父母の世話（介護）をする／した」と答えた。また多くの回答者が、それが「伝統的なやり方」であると考えていた。

⑤日本に来た後、将来はどの様な仕事をしたいのか？

　次に、「将来はどの様な仕事をしたいですか？」に対する回答を自由記述で書いてもらい、記述内容をアフター・コーディングして、「介護職」と「介護職以外」とに分けた結果（無回答1名）を図2に示した。図に示すように、78名の約95％が将来「介護職」に就きたいと答えていた。

図2　「将来はどの様な仕事をしたいですか？」に対する回答（n＝78）

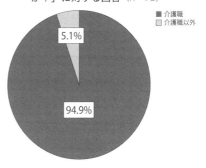

⑥日本で長く仕事をしたいと思うか？

　また、「日本で長く仕事をしたいと思いますか？」と尋ね、将来のキャリアも合わせて自由記述で書いてもらった。その記述内容から、「日本に長くいたい」と考えているかどうかを判断して、日本で長期滞在の意思があるかないかに分けて、図3に示した。

図3　「日本で長く仕事をしたいと思いますか？」に対する回答（N＝79）

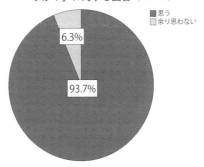

この質問には全員が答え、「母国に帰って看護師として働く」「別の仕事をする」「（日本で）恋に落ちたら日本に住む」「文化に馴染めたら長くいる」「一度母国へ帰る」という回答も5名ほどあったが、図に示すように79名の約94％が「できれば日本で長く住みたい」と思っていることがわかった。また、単に「できるなら働き続けたい」という回答だけでなく、「日本の市民権を得たい」「介護福祉士の資格を取り働きたい」（11名）、「資格をとって在留資格を得たい」（3名）、「在留資格を得たい」（2名）、「介護福祉士／看護師となって家族を呼び寄せたい」（3名）などの積極的な回答もみられた。

⑦これから日本で生活するにあたって、何か心配事があるか？

　最後の質問として、「これから日本で生活するにあたって、何か心配事がありますか？」と尋ねてみたところ、回答があった74名のうち、「心配事がある」としたのは32名（43.2％）、「心配事はない」は42名（56.8％）で半数を超えた。次に、「心配事がある」と回答した32名に「何が心配なのか？」について、自由記述で回答してもらった。その回答をアフター・コーディングした結果（複数回答）を、図4に示した。

　図に示すように、最も回答が多かったのは「気候・天候・季節・台風等」の心配で9名（28.1％）が挙がり、次に、「語学」と「生活費・生活」がそれぞれ7名（21.9％）で同率、「地震」の5名（15.6％）が続いた。

　さて、2月11日（火）の午前中に日本語学校でのアンケート調査を終え、生徒さんたちと写真を撮らせてもらった。皆、意気揚々として勉強していた

図4　「日本で生活するにあたって、何か心配事はありますか？」に対する回答（n＝32）

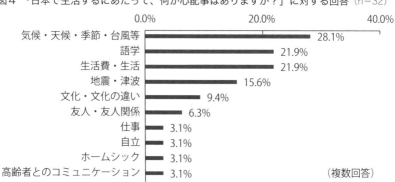

のが印象的であった（写真1参照）。そして、同日午後1時半、フィリピンの人材派遣機関Studio Kay International Corporation代表T氏とのヒアリングが実現した。そこで、フィリピンから日本へ受け入れた外国人労働者の失踪者や不法労働者がないよう、政府機関POEA（Philippine Overseas Employment Administration: フィリピン海外雇用庁）の出先機関POLO（Philippine Overseas Labor Office: フィリピン海外労働事務所）を通じて送り出し機関と受け入れ機関を厳しくチェックする仕組みがあることがわかった。図5は、実際に現地で

写真1　「特定技能1号」を目指して勉強する生徒や先生たちと

図5　フィリピンにおける「特定技能1号」の下での来日までの流れ

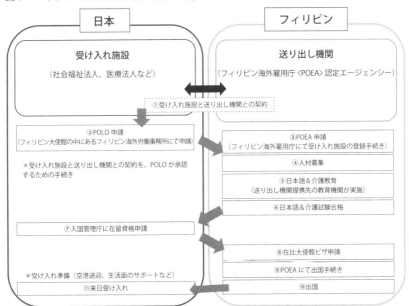

出典：福井淳一（2020）の受け入れ施設や人材派遣会社向けに作成された資料を引用[1]

1　本資料は、Magonote Global Corp.代表の福井淳一氏（フィリピン在住）が、日本から現地に「特定技能1号」の送り出しに関して相談に訪れる受け入れ施設や人材派遣会社の人たちを対象に、わかりやすく説明するために2020年に作成された資料を引用したものである。

使用されているこの仕組みの説明資料を借りたものである。このようにフィリピンは、人材派遣国として長い歴史を持ち、プライドを持って送り出し機関の質保証の取り組みをしていることがわかった。

「できれば日本に住み続けたい」「資格をとって日本で働き続けたい」と願い、眼を輝かせて勉強する生徒さんたちの期待に、日本の社会はどれだけ応えることができるだろうか。その眼の輝きをいつまで保つことができるだろうか。私たちは同じ社会で共に生きる「人」として受け入れる覚悟があるだろうか。そのようなことを自問しながら、M日本語学校を後にした。「特定技能1号」で入国する人たちは、日本の介護技術や日本語を学んで即戦力の介護人材として入国する。平野（2018）が言うように、要介護者の自立・人権までを含む介護知識と技能を必要とする高い専門性を誇る日本の「KAIGO」ブランドを、世界へ積極的に発進する絶好の機会かもしれない。

第2節　外国人介護労働者の受け入れを成功させるために

（1）日本はすでに移民の国!?──必要な社会統合政策

政府は「いわゆる移民政策をとることは全く考えていない」（安倍2016）と言っているが、実態は、移民の受け入れは将来の選択ではなく、今の日本社会の現実であるとする報告が数多くある（樋口2019；庵2019；鈴木2019；坂本2019；経済協力開発機構〈OECD〉／欧州連合〈EU〉2020）。山口（2020）は、とかく、外国人の受け入れ問題は、犯罪の増加や労働力不足の解消への効果が低く見積もられたり、日本人の雇用を優先すべきであるとされたりするなど、すでに日本社会の一員として暮らしている外国人の存在が矮小化されがちである。しかし、私たちは、そのような外国人たちとどのような日本社会を作っていくのかを急ぎ考えていかなければならない、と主張する。

また、外国人検挙数は、外国人の増加に従って増加しているわけではなく、むしろ減少しているとし、今後さらに犯罪を減少させていくためには、貧困や差別をなくすことや外国人児童に十分な教育環境を与えることなどの、いわゆる「共生策」が肝要であるとする。樋口（2019）も、深刻な人口の減少問題に直面する日本にとって、移民政策を先送りすることは賢明な判断ではないと主張する。

さらに平井（2019）は、身分に基づく在留資格（永住者・定住者等）で福祉に従事している人たちが1万人程度いるが、日本語をしっかりとマスターしていないため、日常会話はできても読み書きや敬語が苦手で、介護現場では申し送りや記録などの課題があると報告している。したがって、こうした人たちも統合政策のスキームの中に入れ込んでいく必要がある。しかも、これは何も永住者・定住者だけの問題ではない。高度人材の配偶者も同じで、日本語学習の機会が自治体によって大きく異なるため、高度人材の定住につながらない原因となっているとの報告もあり（大石2018）、おそらく言語は、定住、そして社会統合の最も重要で基礎的な部分を占めている。異文化集団間同志が、相互に分かり合える唯一の手段である共通の言語がなければ、社会は分裂をする危機をはらむことになる（井口2016）。

　実は、ドイツは、「移民の国ではない」と言っていたが、一転して現実を直視し「移民の国」であると認め、EU域外からも介護人材を受け入れ、その定着を目指している（塚田2015；吉田2020）。そして、永住許可申請を可能とする政策転換を打ち出すなどの努力をしたにもかかわらず、外国人介護労働者をドイツ国内に惹きつけることに苦戦していた時期もあったようであるが（石橋2017）、実質的に社会・経済、文化的生活に参加させ共同体への帰属感を高めて、統合政策を継続することによって、外国籍の介護専門職の割合は、2014年の8％から2019年には12％に増えたという（吉田2020）。

　「移民政策は採らない」と言っている間は、外国人労働者はそんな国に定着なぞしてくれるはずがない（赤羽ら2014；平井2019；山口2020）。一方で佐藤（2021）は、「入国時点の移民」ではなく、「将来の移民」を受け入れるのが日本の移民政策であると明言している。また井口（2016）も、日本は在留資格を変更あるいは更新して「永住権」を取得することが可能で、在留す

2　統合とは、EUが2004年に採択した『移民統合政策のためのEUの共通基本原則』によると、「すべての移民および加盟国の住民による相互の適応に向けたダイナミックな双方向のプロセスである」（p. 324）。斉藤里美「統合とは何かを模索する」（経済協力開発機構〈OECD〉／欧州連合〈EU〉2020、pp. 324–325）。
　　また、井口泰は、「外国人政策には、『同化（assimilation）』と『多文化主義（multiculturalism）』という理念が存在し、相互に対極にあるとされてきた。欧州委員会は、外国人政策に関し、『同化』と『多文化主義』に関する果てしのない理念的論争を避け、外国人と受入国の双方があゆみ寄ることにより、外国人の権利と義務を保障し、その社会参加を実現していくことを提唱し、その政策を『統合（integration）』と呼んでいる」（p. 24）としている（2016）。

る外国人の半数が永住権を取得している事実に鑑みると、長年すでに移民政策を実施していることになると主張する。そして、「外国人の入国をいくら規制しても、外国人には、出国の自由があるため、毎年の外国人の流入数や人口、あるいは日本の総人口をコントロールできるかのように考えるのは、欧州諸国の経験をみれば幻想にすぎない」（p. 23）と指摘している。

（2）激化する外国人介護労働者の争奪戦！──大切な介護人材

　東アジア諸国間においては、労働者の獲得競争が激化しており、台湾では、早ければ5〜10年後に、十分な外国人介護労働者を獲得できなくなるのではないか、との報告がある（鄭2020）。山口（2020）も、日本と台湾、韓国、シンガポールなどとの国際競争はすでに始まっており、もはや「日本が門戸さえ開けば外国から労働力が喜んでやってきて、受け入れ人数と滞在期間を日本の都合で自由に設定できるという前提はなりたたなくなっている」（p. 105）と警鐘を鳴らす。

　実はこの人材獲得競争、東アジア諸国のみならず、世界各国で過熱している（宮本2016；高橋2018；高畑2018；樋口2019；坂本2019）。例えば、台湾では他国に先がけてベトナムから介護人材を受け入れ、働きやすい環境作りを心掛けてきたにもかかわらず、より賃金の高い韓国に人材が流れる傾向があること（宮本2016）。ドイツでも専門技能を習得した専門介護士が、より経済的条件の良い国へ移動する東欧出身の介護士が増えていること（石橋2017）などである。また、欧州諸国では、2003年に筆者がドイツやオランダで「看護・介護分野の外国人労働者」に関する調査を実施した時点ですでに、例えばアフリカ等の看護師の足りない国からは、倫理道徳上の観点から看護師を受け入れるべきではない、との議論がなされていた（多々良ら2006）。

　さらに、高所得の国で多くの外国人医療・介護人材が働いているということは、低所得の国からしてみれば「頭脳流出」となる。そこで、WHO総会は2010年に「保健人材の国際雇用に関する行動規範」を採択して、低所得の国からの保健人材の受け入れは節度を持って行うことや、自国民と同じ待遇をすること等を求めている。加えて、2016年のWHO総会では外国保健人材の数を2030年までに半減させることなどが提言されている（林2016）。このような考え方1つをとってみても、長く外国人労働者に対して国の扉を

開いてこなかった日本が学ぶことは多い。

　さて、東アジアの国々の人口高齢化は、日本のスピードと同じかそれ以上に速く、人材獲得競争の報は看過できない。坂本（2019）は、先進国だから若者が集まるのではなく「働ける国」だから集まるのであって、間もなくしたら、「日本に（外国人が）きてくれるかどうか」が焦点になると警鐘を鳴らす。石橋（2017）も、母国で働くことと比べた場合、日本の介護分野で働くことは確かに条件が良いものの、他の国と比べた場合決して有利という訳ではない、と断言する。また、鈴木（2019）も「日本への労働力供給は無尽蔵ではない」（p. 43）と明言する。さらに高橋（2018）は、サウジアラビアがフィリピンに高度医療の病院を建設する例を挙げて、介護ニーズが高い国は、一方的に介護労働者を受け入れるのではなく、送り出し国への還元も含めた双方向の関係性を構築することが大切であるとしている。欧米諸国に遅れて外国人介護労働者を迎え入れ始めた日本。果たしてどれだけの外国人介護労働者を日本に惹きつけることができるだろうか。

（3）日本は「経由地」?!──選ばれる国、日本に

　中井（2011）は、2009年に日本で初めて受け入れたフィリピン人介護福祉士候補者49名を対象に、日本での就労に関する意識調査をしている。その結果、日本以外の第一就労希望国は「カナダ」49％、「アメリカ」が26.5％で、その理由は「高給料」（51％）、「親族が在住」（44.9％）、「言語が話せる」「市民権を取得できる」（ともに38.8％）で、次に「高いケア技術」「家族を呼び寄せられる」（ともに36.7％）であった。「高給料」と「高いケア技術」以外は日本にない。経済連携協定（EPA）の制度発足当初から候補者の活動の舞台は世界である。カルロス（2012）は、アメリカ、オーストラリア、カナダなどの条件の良い国々（所得は高く生活費が安い、英語が通じる、家族の呼び寄せと帰化が可能、看護師などのキャリアアップが可能）での就労を最終的な目的とし、日本を「経由地」としているのではないかと指摘している。

　また、高畑（2014）は、フィリピンの看護学部卒業者を「フェイスブック世代の高学歴中間層」（p. 146）と呼び、EPA介護福祉士の経験を国際労働力移動の第一歩としているのではないかと考察している。そして、彼ら・彼女らのように非常に流動性の高い人たちを日本につなぎとめるのは至難の業で

はないかと憂慮している。高橋（2018）も、より根本的な問題に迫り、「そもそも低賃金で雇用しているがゆえに人材が確保できないのであって、その点を改善しないままに、外国人介護労働者をリクルートしたとしても、国際的な競争が激化するなかで、人材確保は将来的には一層難しいものとなるであろう。育てた人材をいかに定着させていくかを考えるためには、言語政策を柱とした『移民政策』として社会への統合を視野に入れた総合的なスキームが必要」（pp. 27-28）であると主張している。

　日本は、外国人介護労働者の受け入れにさまざまなハードルを課して一見、彼ら・彼女らを選んでいるようにみえるが、実は日本が「選ばれている」といっても過言ではない。日本は「経由地」でよいのか？　ますます外国人介護労働者確保の競争が激化していく中で、「難しい日本語を習得してでも日本に来て働きたい」と思わせるだけの、他国にない魅力をどれだけ日本社会に準備することができるのか。今のうちから本腰を入れて取り組む必要があるのではないだろうか。

（4）国家資格取得後こそが正念場──安心して暮らす家族とキャリア形成

　関川（2020）は、在留資格「介護」による外国人留学生受け入れ実践を基に、外国人介護労働者の定着に向けて以下3点を提唱している。1点目は在留資格「介護」で資格取得後に引き続いて現場で就労することで、「特定技能」介護や技能実習生とは異なり、将来介護現場を担う専門職リーダーとして育成し、専門性の高い介護人材の確保につなげることである。また、EPA介護福祉士、技能実習生、「特定技能1号」などのいずれの外国人介護労働者であっても、日本で長期にわたって就労したいと考えている人たちには、キャリアプランを示して応援する組織的対応が必要であるという。

　2点目は「働きながら学べる」環境整備で、仮に技能実習生や「特定技能1号」で受け入れたとしても、施設での日本語研修を充実させ、勤務時間内に学習時間を認めたりOJTで教えたりするなど、資格取得に向けた学習環境が大切であるとする。3点目は、単にアパートを貸与するだけでなく、生活全般を支援する体制作りが必要で、特に有資格の外国人介護労働者の配偶者や子どもには「家族滞在」の在留資格が与えられるので、配偶者の仕事や子どもの教育など包括的な支援が必要となる。またこの支援は一施設だけで

行うのではなく、社会福祉協議会が行政や施設を巻き込んで、地域社会の一員として活動できるようにすることが大切であるとしている。

　この点に関連して高橋（2018）は、「日本人へのサービスの質は問題とされても、働く人の日本社会へのコミットメントに関しては多くは配慮されておらず、安価な労働力としてその労働を消費しようとしている」（p. 26）と現在の日本社会の盲点を突く。布尾・平井（2020）も、元インドネシア人の看護師・介護福祉士候補者のインタビュー調査から、日本で就労を続けるか否かは、家族（配偶者、子どもや両親）やキャリア形成の問題など、来日後にその人が置かれた環境が大きく影響するとし、彼らを真に日本に定着させたいのであれば、国家試験合格をゴールとするのではなく、合格後も継続して就労できるような環境作りに着手すべきであるとしている。高畑（2014）も、フィリピンからのEPA介護福祉士のうちどういった人が日本に定着したのかを追跡調査をした結果、①マニラ首都圏外の人、②インターネット環境があり、③（日本の）地域社会の受け入れがあったことを報告している。

　まとめると、すでに日本に住んでいる外国人介護労働者、これから定住する可能性のある外国人介護労働者たちがキャリアアップをすることができるよう支援すること、そして、外国人介護労働者の家族も安心して地域で生活できるよう支援することが肝要となる。また、その支援策は、先述した通り、地方自治体だけに任せるのではなく、国策として言語政策を基軸とした社会統合政策が展開されることが大切である（井口2016）。もちろん、全ての外国人介護労働者が日本での定住を希望するわけではないので、私たちと同様に、彼ら・彼女らにも「選択肢」があることが重要である。

（5）今こそ再び潜在介護士に光を！──試される日本社会の「本気度」

　第4次産業革命が起こっているとされる現在であるが、介護職員は人工知能（AI）やロボット等による代替可能性が低い100業種の中に入る（労働問題リサーチセンター・日本生産性本部2017）。したがって、日本語能力が必要とされる介護専門職は、潜在する介護福祉士やホームヘルパーが再び介護現場に目を向けてくれるよう掘り起こしが重要であろう（後藤2015）。結城（2016）は、外国人介護労働者が、身体のケアに加えて高齢者とコミュニケーションをとりながら、精神的な支えとなる役割を担う介護士になるため

には、それなりの時間と研修が必要である。その意味から今後人材不足が懸念されても介護従事者の主流が外国人であるべきではなく、その専門性を持つ外国人介護士を養成するためには、彼ら・彼女らの専門性を養成する日本人介護士が現場に定着していなければならないと主張している。

　日本は、女性が家庭で育児や介護等を担当してきた社会である。しかし、第Ⅰ部第2章で詳しく見たように、現在介護職は、国家資格のある専門職として位置づけられ、より専門を極める機能分化された「富士山型」の介護人材確保へと向かっている。そのため、賃金をはじめとする処遇や労働環境——特に賃金水準を全産業レベルまで高めたり、社会的評価を高めたりするなどの改善をし、介護専門職として胸を張って業務を遂行することができるような環境作りが「待ったなし！」である。

　ただ、日本の貨幣価値は東南アジア諸国と比べるとかなり高く、日本の介護職の賃金水準でも母国への仕送りが十分できる。現行の賃金水準のまま、多くの介護人材を確保する方法として、「業務独占」となっていない職種で、外国人介護士の受け入れが自由化されたなら、「円」を求めて安価な外国人労働者が流入し、結果的には介護サービスの「質」の低下を招きかねないと危惧されている（結城2013）。どれほど医療技術革新が進んでも最終的には従事する「人」次第となる介護職は、文化・習慣・言語が異なる外国人介護士が働くことになると、よほど十分な専門的知識・技能を取得していなければ、サービスの質の担保が難しくなることは想像にかたくない。

　では、そもそもなぜ日本の介護職員は介護現場で働かないのか？　日本総研が2018年に潜在介護人材（以前に介護業界で従事していて現在は業界で働いていない人材＋介護関連の資格は有しているが介護業界で就業したことがない人たち）1030名に行った調査結果によると、今後の就業意向は、「すぐにでも介護職として働きたい」（5.7％）、「いつか介護職として働きたい」（41.6％）で約4割強の回答者が「介護職として働きたい」と答えていた。また、入職促進策として「非常に効果があると思う」ことは、「賃金水準を相場や業務負荷などからみて納得感のあるものとする」が約45％、次に「子育ての場合でも安心して働ける環境（保育費補助や事業所内保育所の設置等）を整備している」が約40％であった。

　さらに、介護労働安定センターが2019年に実施した「令和元年度介護労

働実態調査結果」によると、前職の介護関係の仕事を辞めた理由（複数回答）として最多であった回答は「職場の人間関係の問題」（20%）、次に「結婚・出産・妊娠・育児のため」（18.3%）、「法人や施設・事業所の理念や運営のあり方への不満」（17.8%）が続き、これらが上位3項目を占めた。加えて、介護福祉士として働いていた人が職場を辞めた理由（複数回答）の上位3項目は、「業務に関連する心身の不調」（27.1%）、「法人や施設・事業所の理念や運営のあり方への不満」（25.7%）、そして「職場の人間関係の問題」（25%）で、「心身の不調」を除く項目は全てマネジメントに関連するものである。井口（2016）は、介護を含む技能実習生などの低技能労働者を受け入れるマネジメントの経験を積む大切さを説くが、その前に、北浦（2013）が以前から指摘しているように、そもそも介護現場におけるマネジメントの改善は喫緊の課題なのである。このマネジメント力の改善・向上なくして外国人労働者を受け入れることは、誰にとっても幸せなことではない。

　さて、外国人介護労働者や外国人留学生は、来日前からSNS等を活用して先輩の外国人介護士と連絡を取り、労働条件や待遇に関してだけでなく、勤務時間内に日本語学習や介護福祉士国家試験対策の時間があるかどうかなどの情報交換をしている（スシアナ・平野2015；新井2019）。また、特に地方では、日本人だけでなく、すでに外国人介護士の確保が困難になっているとの報告もある（新井2019）。加茂（2019）は、EPA介護福祉士候補者が大都市圏を希望する理由として、母国出身者が多いこととカトリック教会やモスリムモスクが存在する（徒歩で行ける）ことなどを挙げている。私たちが海外で生活をすると仮定すれば、これらの理由はいずれも容易に納得できる。このように、当然のことながら、外国人介護労働者も私たちと同じ人間である。私たち「日本人が魅力を感じない職場は、遅かれ早かれ、外国人にも見放されることは必至」（塚田2010、p. 93）であり、日本人潜在介護士を介護業界に呼び戻すことができるか否かが、実は外国人を含む介護人材確保の課題に対する日本社会の本気度を示す試金石とは言えないだろうか。

(6) さらに望まれる社会保障の整備・拡充！

　第Ⅰ部第1章の表4「外国人介護職員を雇用できる4つの在留資格とその特徴」で確認したように、日本の国家資格「介護福祉士」を取得した外国

人介護福祉士は、永続的に日本で就労が可能となる。例えば、EPA介護福祉士候補者で国家資格「介護福祉士」を取得した人は、在留資格「特定活動」を更新して永続的に日本での就労が可能となっている。また、2017年9月に創設された在留資格「介護」においても、介護福祉士の国家資格取得後は、在留資格を「留学」から「介護」に切り替えて、日本での永続的な就労が可能となる。さらに、同年11月から始まった技能実習制度下の「介護」領域での実習生は、3年あるいは5年目まで修了したのちは無試験で、2019年4月に創設された在留資格「特定技能1号」（最長5年間在留可能）に切り替えて8年から最長10年間の在留が可能となった。またその在留期間中に国家資格「介護福祉士」を取得すれば、在留資格「介護」に切り替え、永続的に日本での就労が可能となる。

　特に人材が不足する14の分野において外国人労働者の受け入れを行う「特定技能1号」の在留資格による入国は、制度上介護福祉士の国家資格を取得すれば、日本で永続的に就労が可能となった。永続的に日本での就労が可能になるということは、日本の社会保障制度が、外国人介護労働者にも適用される、されなければならない、ということを意味する。なぜなら、日本は、1981年の「難民の地位に関する条約」の批准に合わせて国籍要件が外され、日本に居住していれば日本人と同じように社会保障制度が原則として適用されることになっているからである（堀江2019）。ここで浮上してくるのが、社会保障協定の問題である。では、社会保障協定とは何か。

　国際的な人の移動が活発化する中で、日本の企業から派遣されて海外で働く人が増え、日本と実際に働く外国の両方の社会保障制度に加入することで、保険料を二重に負担しなければならない状況が起きたり、年金を受け取るためには一定期間その年金に加入しなければならないがせっかく負担してきた保険料が年金受給につながらなかったりする問題が生まれた。この「『保険料の二重負担』を防止するために加入すべき制度を二国間で調整する（二重加入の防止）」ことや「年金受給資格を確保するために、両国の年金制度への加入期間を通算することにより、年金受給のために必要とされる加入期間の要件を満たしやすくする（年金加入期間の通算）」ことを目的として、社会保障協定が締結されている（日本年金機構2020）。社会保障協定が締結されない条件下では、10年未満で帰国する人は納めた社会保険料の多くを損失

し（大石2018）、日本で働いた期間も母国の年金加入期間に算入できない。

　西村（2007）によると、この社会保障協定の締結は、ヨーロッパのEU加盟国間の労働力移動を促進するために1980年代から始まっており、ヨーロッパ諸国やカナダではすでに50か国近くと提携している。2020年3月25日現在、日本は23の国々と協定を署名済みで、うち20か国が発効済みである。表3は、社会保障協定の発効年月、年金加入の期間通算の有無および二重加入防止の対象となる社会保険制度を日本年金機構のホームページを基に作表したものである。「移民政策は採らない」と公言する日本では、しばしば労働力不足を補うための方策として、短期間の視点で外国人労働者受け入れに関する議論が行われてきた（石井・小島・是川2018）。しかし、昨今の一連の外国人介護労働者の日本での就労に関する施策をみると、中長期の視点で受け入れ体制を整備しなければならない。基本的人権（生存権）の保障の観点からだけでなく、日本で安心して働き、日本への定着を期待するのならば、社会保障制度の適用はなくてはならない政策となる。

　しかし、表3からも明らかなように、経済連携協定によるEPA介護福祉士候補者はインドネシア、フィリピンおよびベトナムから入国しているが、2020年3月25月現在、フィリピンとのみ社会保障協定が結ばれており、しかも協定は公的年金制度だけである。インドネシアとベトナムとの協定はまだで、ベトナムとは予備協議中であるとの報告はあるものの（堀江2019）、いつ発効準備に入るか未定である。また、介護技能実習生や「特定技能1号」の在留資格で入国する外国人介護労働者は、ベトナム、フィリピン、カンボジア、インド、タイ、ミャンマー、ネパール、モンゴルなど多くの国々からやってくるが、日本が社会保障協定を締結している国は非常に少ない。

　さらに、日本には韓国や中国からの外国人労働者が多いが、例えば中国との社会保障協定では、「二重加入防止」は年金制度で達成されているものの、「年金加入期間の通算」の規定は含まれていない。したがって、5年以上日本で就業する中国人（あるいは、日本から中国へ派遣され5年以上就業する日本人労働者）にとっては、「年金加入期間の通算」の規定が改正されない限り、両国の労働者にとって年金受給のための加入期間要件を満たすハードルは非常に高いということになる。このように、もしEPA介護福祉士をはじめとした、介護福祉士の資格を持つ外国人介護労働者の日本への定着を求めるの

表3　社会保障協定の締結相手国・発効年月・期間通算および二重加入防止の対象制度

相手国	協定発効年月	期間通算	二重加入防止の対象となる社会保険制度 日本	相手国
ドイツ	2000年2月	○	公的年金制度	公的年金制度
イギリス	2001年2月	−	公的年金制度	公的年金制度
韓国	2005年4月	−	公的年金制度	公的年金制度
アメリカ	2005年10月	○	公的年金制度 公的医療保険制度	公的年金制度（社会保障制度） 公的医療保険制度（メディケア）
ベルギー	2007年1月	○	公的年金制度 公的医療保険制度	公的年金制度 公的医療保険制度 公的労災保険制度 公的雇用保険制度
フランス	2007年6月	○	公的年金制度 公的医療保険制度	公的年金制度 公的医療保険制度 公的労災保険制度
カナダ	2008年3月	○	公的年金制度	公的年金制度（除：ケベック州年金制度）
オーストラリア	2009年1月	○	公的年金制度	退職年金保障制度
オランダ	2009年3月	○	公的年金制度 公的医療保険制度	公的年金制度 公的医療保険制度 公的雇用保険制度
チェコ	2009年6月（※）	○	公的年金制度 公的医療保険制度	公的年金制度 公的医療保険制度 公的雇用保険制度
スペイン	2010年12月	○	公的年金制度	公的年金制度
アイルランド	2010年12月	○	公的年金制度	公的年金制度
ブラジル	2012年3月	○	公的年金制度	公的年金制度
スイス	2012年3月	○	公的年金制度 公的医療保険制度	公的年金制度 公的医療保険制度
ハンガリー	2014年1月	○	公的年金制度 公的医療保険制度	公的年金制度 公的医療保険制度 公的雇用保険制度
インド	2016年10月	○	公的年金制度	公的年金制度
ルクセンブルグ	2017年8月	○	公的年金制度 公的医療保険制度	公的年金制度 公的医療保険制度 公的労災保険制度 公的雇用保険制度 公的介護保険公的家族給付
フィリピン	2018年8月	○	公的年金制度	公的年金制度
スロバキア	2019年7月	○	公的年金制度	公的年金制度 公的医療保険制度（現金給付） 公的労災保険制度 公的雇用保険制度
中国	2019年9月	−	公的年金制度	公的年金制度（被用者基本老齢保険）
イタリア	発効準備中	−	公的年金制度 公的医療保険制度	公的年金制度 公的雇用保険制度
スウェーデン	発効準備中	○	公的年金制度	公的年金制度
フィンランド	発効準備中	○	公的年金制度 公的医療保険制度	公的年金制度 公的雇用保険制度

（※）2018年8月1日に協定の一部を改正する議定書が発効した。

（注）1　上記「二重加入防止の対象となる社会保険制度」は、各社会保障協定の対象制度となっている年金制度、医療保険制度、労災保険制度、雇用保険制度の一般的な関係をまとめたものである。具体的には各社会保障協定や各国の国内制度による。

　　　2　協定発効年月が「発効準備中」となっているものについては、発効時期が決まっておらず、具体的な手続きを相手国と調整中。発効時期が決まり次第随時ホームページに具体的な取扱いに関する情報を掲載する。

出典：日本年金機構ホームページ（2020年3月25日現在のデータ）を基に筆者作成

ならば、社会保障協定という、1つの国の枠を越えた国家間の調整・取り決めも同時に重要になってくる。

さて石井ら（2018）は、外国人介護労働者受け入れのシナリオに対応した将来人口変動と公的年金財政シミュレーションを、①正規雇用で厚生年金に100％加入した場合と、②正規雇用50％と非正規雇用で国民年金に50％が加入した場合とに分けて行っている。その結果、外国人を厚生年金で適応した場合、基礎年金の水準低下幅の拡大が抑えられる効果があると報告している。もちろん、外国人介護労働者の受け入れ問題は、その他の社会保障制度との関係や、教育・文化・価値観の問題、治安や多文化共生、社会統合政策等のさまざまな側面から議論が尽くされるべきである。しかしまずは、日本で長く生活をするための経済基盤となる年金を左右する雇用形態は、日本における外国人介護労働者の貧困状態を生み出さないためにも、受け入れ当初から熟慮されなければならないことであろう。

（7）一歩一歩、今こそ拓くグローバル社会への道！

外国人労働者受け入れ側の「多文化主義」の受容や、二世代以降の「社会統合」「文化摩擦」の問題に関しては、現在の日本の状況は、1980年代半ばの欧州諸国の状況に類似しているとの報告がある（井口2013）。これはどういうことかというと、1990年初期には、欧州諸国でも、出入国管理政策と社会統合政策の相互の整合性が必ずしもとれておらず、外国人市民の言語習得は本人の「自助努力」に委ねられていたのである。この反省を現在の日本に適用すると、日本語能力が足りないことが、外国人の雇用や所得、社会生活に影響を与えることは明らかなのであるが、この問題解決を本人の自助努力や自治体の努力だけに任せるのは限界がある、ということになる。また、井口（2013）は、二世や三世世代の潜在力を活用するような「（第二または第三）世代効果」（p. 20）を考慮した外国人政策を考えることは、アメリカや欧州では今や当然のこととなっているが、日本はこの点が遅れているとも指摘する。

2014年に行われた、第4回目の正規滞在外国人の権利保障に関する国際比較調査の「移民統合政策指数（Migrant Integration Policy Index: MIPEX）」（2015）によると、EU28か国、ニュージーランド、ノルウェー、カナダ、

オーストラリア、アメリカ、スイス、アイスランド、トルコ、韓国および日本の合計38か国中、日本は27位であった。なかでも、教育、差別禁止、政治参加、国籍取得等の分野別評価が特に低かった（近藤2019）。折しも、本原稿を推敲中の2021年3月31日に、世界フォーラムから毎年発表されているジェンダーギャップ指数が発表されたが、日本は153か国のうち120位で、G7の中では最下位であった。特に女性の政治への参加が遅れている（世界フォーラム2021）。

　また、大石（2018）は、日本の長時間労働、ワークライフバランスや子育ての難しさはすでに国際社会で広く知られるところとなっており、法律で決められた基本的権利が享受しにくい職場は魅力的とは言えず、「日本は『住みたい国』だが、『働きたい国』ではない」（p. 555）との聞き取り調査結果を紹介している。さらに、日本では、「異文化に対する理解や、異なる文化を持つ人々と共に協調して生きていく態度などを育成する」国際理解教育が総合学習の時間などで行われてはいるものの、「諸外国の文化を知ることに力点があり、日本に住んでいる文化的な少数者との共生のあり方を考える多文化共生教育への取り組みは少ない」（p. 81）との指摘もある（近藤2019）。

　2018年現在、日本の総人口に占める外国人人口の割合は2％でOECDの国々と比べて非常に低い（労働政策研究・研修機構2019）。そのため、日本は外国人と共に暮らすことはおろか、共に働いていくことにさえ慣れていないのである。しかし、これからは日本でも、ますます複雑に流動する労働者やその家族の移動、留学生や難民の国際移動が起きるであろう。したがって、日本国内における外国人労働者とその家族の受け入れはまさにこれからが本番なのである。日本は移民受け入れ国としての「後発の利益」（佐藤2021、p. 326）を生かして、ドイツにみられるような、言語政策を柱とした「社会統合政策」で多様な人たちを包摂し、世界の潮流である「社会保護[3]」の方向に向かって遅ればせながら精力的に努力し始め

3　社会保護とは、真屋によると、「社会保障における所得保障を中心とした経済面に関しての生活保障の範疇を超えて、伝統的な社会保障を包摂しながら、あるいはそれらを核としながら、それらに関連する各種の政策・制度をも総合的に体系化し、すべての人々を社会的に包摂し、すべての人々にとっての実質的な社会参加を可能にし、すべての人々の生活の安定を実現するための社会経済的な前提条件を整備する、という発想に基づく総合的な政策概念である」（2014、p. 184）。

なければならない。そのためには、井口（2016）が言うように、自治体任せでなく国が自治体を支援し、協力しながら外国人労働者を受け入れる必要があるのではないだろうか。

　日本は、いよいよ正式に、世界へ向けて外国人介護労働者を受け入れるための門戸を開いた。身体的なケアのみならず自立支援も謳う専門職として育て、国家資格まで誕生させた日本の「KAIGO」職。この専門職「KAIGO」のコンセプトを東アジアへいかに広く展開していくことができるか。また人口高齢化が進む国々が直面する共通課題である介護人材不足問題をいかに上手く解決しつつ介護専門職の質を充実させていくことができるのか。日本を超えるスピードで人口高齢化が進む東アジア諸国にとって、日本がさまざまな壁を乗り越えて、良いお手本の国になれると素晴らしいと思う。

【謝辞】本終章第1節で紹介したフィリピンの海外視察研究および日本語学校におけるアンケート調査は、令和元年度に京都大学文学研究科安里和晃先生を研究代表者とする文部科学省科学研究費補助金基盤研究B「複雑化する介護のグローバルチャネルと日本の政策転換」の分担研究者として可能となりました。日本語学校での調査を許可していただいた、マニラ国際アカデミー（日本語学校・特定技能生・技能実習生教育機関）の代表アリステオ氏、また授業中にアンケート調査を快くご許可頂いたクラス担当の先生方、そして、調査にご協力いただいた79名の生徒の皆さんに、この場を借りて心より深く御礼申し上げます。

【参考文献】

赤羽克子・高尾公矢・佐藤可奈「介護人材不足と外国人労働者の受入れ課題——EPA介護福祉士候補者の受入れ実態を手がかりとして」『聖徳大学研究紀要：聖徳大学、聖徳大学短期大学部』（25）、21–29、2014

安倍晋三「第190回国会　衆議院　本会議　第11号、平成28年2月16日」会議録本文、014、2016 https://kokkai.ndl.go.jp/simple/detail?minId=119005254X01120160216&spkNum=0#s0 最終閲覧2021.4.8

新井康友「地域の現場から　介護人材確保対策による外国人介護士増加に関する一考察」『地域ケアリング』21（2）、75–77、2019

井口泰「外国人労働者問題と社会政策——現状評価と新たな時代の展望」『社会政策』8（1）、8–28、2016

庵功雄「外国人との対等な関係の構築へ——必要とされる〈やさしい日本語〉」『Journalism』（348）、69–76、2019

石井太・小島克久・是川夕「外国人介護労働者受入れシナリオに対応した将来人口変動と公的年金財政シミュレーションに関する研究」『人口問題研究』74（2）、164–184、2018

石井太・是川夕「国際人口移動の選択肢とそれらが将来人口を通じて公的年金財政に与える影響」『日本労働研究雑誌』57（9）、41–53、2015

石橋未来「外国人労働力は介護人材不足を解消しない——雇用環境の改善が先」『経済・社会構造分析レポート』経済構造分析レポート No.57、1–10、2017

大石奈々「高度人材・専門人材をめぐる受入れ政策の陥穽——制度的同型化と現実」『社会学評論』68(4)、549–566、2018

介護労働安定センター「令和元年度介護労働実態調査結果」2019　http://www.kaigo-center.or.jp/report/2020r02_chousa_01.html　最終閲覧2021.1.11

加茂浩靖「日本の介護サービス業における外国人介護職員の受入れ——経済連携協定（EPA）に基づく外国人介護福祉士候補者を中心として」『経済地理学年報』65(4)、280–294、2019

カルロス, マリア・レイナルース「フィリピン人労働者の多段階的移動の文化から見た介護士の日本への定着の課題」『インターカルチュラル：日本国際文化学会年報』10、127–135、2012

北浦正行「介護労働をめぐる政策課題——介護人材の確保と育成を中心に」『日本労働研究雑誌』55(12)、61–72、2013

経済協力開発機構（OECD）／欧州連合（EU）編著、斎藤里美・三浦綾希子・藤浪海監訳『図表でみる移民統合——OECD／EUインディケータ（2018年版）』明石書店、2020

厚生労働省「第167回社会保障審議会介護給付費分科会」参考資料1（平成30年12月19日）」参考資料3、2018　https://www.mhlw.go.jp/content/12601000/000518048.pdf　最終閲覧2021.1.10

後藤純一「EPA看護師・介護士受け入れ政策の課題」『労働法令通信』(2372)、2–6、2015

近藤敦『多文化共生と人権——諸外国の「移民」と日本の「外国人」』明石書店、2019

坂本信806「『移民ネグレクト』に終止符を　泥縄式の『労働開国』に懸念も」『月刊自治研』61(716)、18–25、2019

佐藤忍『日本の外国人労働者受け入れ政策——人材育成志向型』ナカニシヤ出版、2021

スシアナ・ヌグラハ、平野裕子「二国間経済連携協定に基づくインドネシア人看護師・介護福祉士候補者の来日前日本語予備教育の効果——第4陣と第5陣の比較を中心に」『こころと文化』14(2)、139–146、2015

鈴木江理子「外国人受け入れ、『タテマエ』の30年　移民社会の現実ふまえた政策転換を」『Journalism』(348)、37–44、2019

関川芳孝「外国人介護労働者の受け入れ環境整備について」『地域福祉研究』(48)、49–58、2020

高畑幸「過疎地・地方都市で働く外国人介護者——経済連携協定によるフィリピン人介護福祉士候補者49人の追跡調査から」『日本都市社会学会年報』2014(32)、133–148、2014

高畑幸「介護の専門職化と外国人労働者　日系人から結婚移民、介護福祉士まで」駒井洋監修・津崎克彦編著『産業構造の変化と外国人労働者——労働現場の実態と歴史的視点』第3章、pp. 66–82、明石書店、2018

高橋和「日本の移民政策と外国人介護労働者の受入れ——EPA協定で介護労働者は確保されるのか」『山形大学法政論叢』(68・69) 1–28、2018

多々良紀夫・塚田典子・Sarah Harper・George W. Leeson編著『イギリス・ドイツ・オランダの医療・介護分野の外国人労働者の実態』国際社会福祉協議会日本国委員会、2006

塚田典子編著『介護現場の外国人労働者——日本のケア現場はどう変わるのか』明石書店、2010

塚田典子「ドイツの外国人介護労働さ受け入れに関する最新情報」『保健福祉News　2015 No. 2』2–5、2015

鄭安君「台湾における外国人介護労働者の失踪問題——制度的弱者のジレンマと『総弱者化』の進行」『移民政策研究』12、148–163、2020

中井久子「フィリピン人介護福祉士候補者と受け入れ施設の意識から見たEPA制度の課題」『大阪人間科学大学紀要』(10)、1–11、2011

日本総研『平成29年度老人保健事業推進費等補助金　老人保健健康増進等事業　介護人材の働き方の実態及び働き方の意向等に関する調査研究事業　報告書』平成30年3月（2018）https://www.jri.co.jp/MediaLibrary/file/column/opinion/detail/20180410_1_fukuda.pdf　最終閲覧2021.1.10

日本年金機構「社会保障協定」2018　https://www.nenkin.go.jp/service/shaho-kyotei/index.html　最終閲覧2021.4.5

布尾勝一郎・平井辰也「外国人介護・看護労働者のキャリア形成」『日本語教育』(175)、34–49、2020

旗手明「技能実習制度からみた改定入管法——ローテーション政策の行方」宮島喬・藤巻秀樹・藤原進・鈴木恵理子編『開かれた移民社会へ』(別冊『環』24)、pp. 83–93、藤原書店、2019

林玲子「医療・介護人材の国際人口移動」『社会保障研究』1(3)、674–676、2016

樋口直人「移民国家に向け賽は投げられた　転換期との自覚を持った報道を」『Journalism』45–51、2019

平井辰也「外国人介護労働者受入れの問題と課題——EPA、技能実習、在留資格『介護』、と特定技能、定住者・永住者等」『月刊ゆたかなくらし』(444)、4–10、2019

平野裕子「グローバル化時代の介護人材確保政策——二国間経済連携協定での受入れから学ぶもの」『社会学評論』68(4)、496–513、2018

堀江奈保子「増加する外国人労働者と年金——加入期間通算を含む社会保障協定の拡大を」みずほ総合研究所、2019年2月7日、みずほインサイト・政策、2019

松本勝明「国境を越える労働者の移動に対応した社会保障」『社会政策』8(1)、45–56、2016

真屋尚生編著『社会保護政策論——グローバル健康福祉社会への政策提言』慶應義塾大学出版会、2014

宮本義信「台湾の外国人介護労働者の今日的動向——介護保険制度化をめぐる状況を中心に」『同志社女子大学生活科学』50(33)、33–43、2016

山口裕子「日本の外国人受け入れ政策の変遷と課題——技能実習制度から2018年入管法改正までを中心に」『北九州市立大学文学部紀要』(90)、87–108、2020

結城康博「社会保障制度における外国人介護士の意義」『淑徳大学研究紀要（総合福祉学部・コミュニティ政策学部）』(47)、111–127、2013

吉田恵子「ドイツでの外国からの介護専門職獲得における課題と対策」『地域ケアリング』22(1)、24–29、2020

労働政策研究・研修機構『データブック国際労働比較2019』2.　人口・労働力人口、第2-15表および第2-10-1表、2019　https://www.jil.go.jp/kokunai/statistics/databook/2019/ 02/d2019_T2-15.pdf　最終閲覧2021.1.12

労働問題リサーチセンター・日本生産性本部『新技術の労働に及ぼす影響に関する調査——新技術の導入の最前線の実態把握と考察（1）——報告書』平成29年3月（2017）

World Economic Forum "Global Gender Gap Report 2021 Insight Report March" 2021, p. 10 https://jp.weforum.org/reports/global-gender-gap-report-2021　最終閲覧2021.4.5

■執筆者紹介（執筆順）

白井 孝子（しらい・たかこ）

学校法人滋慶会東京福祉専門学校副校長。
看護師・介護支援専門員・介護教員・医療的ケア教員。
［主な著書］
『最新 介護福祉士養成講座』（共著、中央法規出版、2019年）、『介護の○と×シリーズ 医療的対応○と×』（中央法規出版、2013年）、『［改訂］介護に使えるワンポイント医学知識』（中央法規出版、2011年）。
＊執筆担当章：第Ⅰ部第2章

安里 和晃（あさと・わこう）

京都大学大学院文学研究科准教授（移民研究、東アジア諸国の福祉レジーム論）。
龍谷大学大学院経済学研究科修了（経済学博士）。
［主な著書］
『保育の計画と評価——子どもの育ちと実習への見通し』（共著、北大路書房、2021年近刊）、『新世界の社会福祉 第7巻 東アジア』（共著、旬報社、2020年）、『国際移動の親密圏——ケア・結婚・セックス』（京都大学学術出版会、2018年）。
＊執筆担当章：第Ⅰ部第3章

大槻 瑞文（おおつき・みずふみ）

「NPO法人W・I・N・G —路をはこぶ」「社会福祉法人ゆうのゆう」理事。
大阪大学人間科学部卒業。元毎日新聞記者。
https://www.yourwing.org
［主な著書］
『介護現場の外国人労働者——日本のケア現場はどう変わるのか』（共著、明石書店、2010年）、『少年——小学生連続殺傷事件・神戸からの報告』（共著、毎日新聞社、1997年）。
＊執筆担当章：第Ⅲ部第1章

牧野 裕子（まきの・ゆうこ）

社会福祉法人千里会法人統括部長、第2新横浜パークサイドホーム施設長兼務。
2010年より横浜市介護認定審査会委員、2013年より（社）横浜市社会福祉協議会高齢福祉部会役員、2019年より横浜市社会福祉審議会委員。
＊執筆担当章：第Ⅲ部第2章

大久保 昭教（おおくぼ・あきのり）

社会福祉法人近江ふるさと会会長。
元天理大学学長。元滋賀県教育委員長。元湖南師範大学客員教授。元滋賀医科大学経営委員。
＊執筆担当章：第Ⅲ部第3章

福井 淳一（ふくい・じゅんいち）

まごのてグローバル代表。
日本社会事業大学社会福祉学部福祉計画学科卒業。
介護福祉士、社会福祉士、精神保健福祉士。
＊執筆担当章：第Ⅳ部第 1 章

深澤 優子（ふかざわ・ゆうこ）

医療法人社団福寿会看護部長（教育管理）・事業推進部長。
R&D Nursing ヘルスケア・マネジメント研究所代表。
日本看護管理学会 学術活動推進委員、日本医療バランスト・スコアカード研究学会理事。
弘前大学教育学部特別教科（看護）教員養成課程卒業。
日本大学大学院グローバル・ビジネス研究科修了（MBA）、看護師。
［主な著書］
『看護事例でわかる部署目標・戦略策定　SWOT クロス分析』（日総研出版、2015 年）、『20 代ナースに伝えたい職業人としての心得』（共著、日本看護協会出版会、2014 年）
＊執筆担当章：第Ⅳ部第 2 章

■編著者紹介

塚田 典子（つかだ・のりこ）

日本大学商学部教授（専門：社会老年学）。
米国カリフォルニア大学ロサンゼルス校（Ph.D.）・マイアミ大学 老年学修士（MGS）。
［主な著書・論文］
『介護現場の外国人労働者——日本のケア現場はどう変わるのか』（編著、明石書店、2010年）、
『イギリス・ドイツ・オランダの医療・介護分野の外国人労働者』（国際社会福祉協議会日本国委員会、2006年）、「社会福祉施設における外国人介護労働者の受け入れとその支援」（『ソーシャルワーク研究』第46巻第1号、27–39頁、2020年）。
"The Need for Foreign LTC Workers in Japan," In F. J. Whittington, S. R. Kunkel, and K. de Medeiros (eds.), *Global Aging: Comparative Perspectives on Aging and the Life Course.* (Springer Publishing Company, 2019).
＊執筆担当章：はじめに、第Ⅰ部第1章、第Ⅱ部第1～3章、終章

日本の介護現場における外国人労働者
日本語教育、キャリア形成、家族・社会保障の充実に向けて

2021年9月10日　初版第1刷発行

編著者	塚 田 典 子
発行者	大 江 道 雅
発行所	株式会社明石書店

〒101-0021 東京都千代田区外神田6-9-5
電話 03（5818）1171
FAX 03（5818）1174
振替 00100-7-24505
https://www.akashi.co.jp/
装丁・組版　明石書店デザイン室
印刷・製本　モリモト印刷株式会社

ISBN978-4-7503-5275-6
（定価はカバーに表示してあります）

介護現場の外国人労働者
塚田典子編著
日本のケア現場はどう変わるのか
◎3800円

EPAインドネシア人看護師・介護福祉士の日本体験
浅井亜紀子・箕浦康子著
帰国者と滞在継続者の10年の追跡調査から
◎5500円

台湾の外国人介護労働者
鄭安君著
雇用主・仲介業者・労働者による選択とその課題
◎3500円

外国人の医療・福祉・社会保障 相談ハンドブック
移住者と連帯する全国ネットワーク編
◎2500円

医療通訳学習ハンドブック
医療現場で役立つ知識！8ヶ国語対応
G.アビー・ニコラス・フリュー／一枝あゆみ、岩本弥生、西村明夫、三木紅虹著
◎3600円

産業構造の変化と外国人労働者
駒井洋監修 津崎克彦編著
移民・ディアスポラ研究7
労働現場の実態と歴史的視点
◎2800円

外国人労働者の循環労働と文化の仲介
「ブリッジ人材」と多文化共生　村田晶子著
◎3000円

多文化な職場の異文化間コミュニケーション
外国人社員と日本人同僚の葛藤・労働価値観・就労意識
加賀美常美代編著
◎3800円

【増補】新 移民時代
西日本新聞社編
外国人労働者と共に生きる社会へ
◎1600円

移民が導く日本の未来
毛受敏浩著
ポストコロナと人口激減時代の処方箋
◎2000円

アンダーコロナの移民たち
日本社会の脆弱性があらわれた場所
鈴木江理子編著
◎2500円

移民の人権　外国人から市民へ
近藤敦著
◎2400円

日本の移民統合　全国調査から見る現況と障壁
永吉希久子編
◎2800円

芝園団地に住んでいます
住民の半分が外国人になったとき何が起きるか
大島隆著
◎1600円

外国人の子ども白書
荒牧重人、榎井縁、江原裕美、小島祥美、志水宏吉、南野奈津子、宮島喬、山野良一編
権利・貧困・教育・文化・国籍と共生の視点から
◎2500円

にほんでいきる　外国からきた子どもたち
毎日新聞取材班編
◎1600円

〈価格は本体価格です〉